Unternehmensgewinne von Personengesellschaften im Abkommensrecht im Spannungsfeld zwischen Art. 7 OECD-MA und § 15 EStG

Europäische Hochschulschriften

Publications Universitaires Européennes
European University Studies

Reihe II
Rechtswissenschaft

Série II Series II
Droit
Law

Bd./Vol. 4591

PETER LANG
Frankfurt am Main · Berlin · Bern · Bruxelles · New York · Oxford · Wien

Karsten Gschwandtner

Unternehmensgewinne von Personengesellschaften im Abkommensrecht im Spannungsfeld zwischen Art. 7 OECD-MA und § 15 EStG

PETER LANG
Internationaler Verlag der Wissenschaften

Bibliografische Information der Deutschen Nationalbibliothek
Die Deutsche Nationalbibliothek verzeichnet diese Publikation in der Deutschen Nationalbibliografie; detaillierte bibliografische Daten sind im Internet über <http://www.d-nb.de> abrufbar.

Zugl.: Jena, Univ., Diss., 2007

27
ISSN 0531-7312
ISBN 978-3-631-56522-3

www.peterlang.de

Vorwort

Die vorliegende Arbeit wurde von der Juristischen Fakultät der Friedrich-Schiller-Universität Jena im Dezember 2006 als Dissertation angenommen. Berücksichigt sind Rechtsprechung und Literatur bis Ende 2006.

Ich danke Frau Prof. Dr. Anna Leisner-Egensperger für die Betreuung meines Promotionsvorhabens und Herrn Prof. Dr. Christoph Ohler, LL.M. (Brügge) für die Übernahme und zügige Erstellung des Zweitgutachtens.

Meinen Eltern danke ich für die Förderung meiner Ausbildung und Carmen für ihre Geduld während meiner Arbeit an dieser Untersuchung.

Stuttgart, im April 2007 Karsten Gschwandtner

Inhaltsverzeichnis

Abkürzungsverzeichnis

a.A.	anderer Ansicht
Abs.	Absatz
Abschn.	Abschnitt
a. F.	alte Fassung
AG	Aktiengesellschaft
AktG	Aktiengesetz
Anh.	Anhang
Anm.	Anmerkung
AO	Abgabenordnung
AStG	Außensteuergesetz
Aug.	August
Art.	Artikel
Aufl.	Auflage
AWD	Außenwirtschaftsdienst des Betriebsberaters (Zeitschrift) ab 1975 RIW/AWD
BayObLG	Bayerisches Oberstes Landesgericht
BB	Der Betriebsberater (Zeitschrift)
Bd.	Band
BFH	Bundesfinanzhof
BFH/NV	Sammlung der Entscheidungen des Bundesfinanzhofs
BFHE	Sammlung der Entscheidungen des Bundesfinanzhofs
BGB	Bürgerliches Gesetzbuch
BGH	Bundesgerichtshof
BGHZ	Entscheidungssammlung des Bundesgerichtshofs in Zivilsachen
BMF	Bundesministerium der Finanzen
bspw.	Beispielsweise
BStBl. I	Bundessteuerblatt Teil I
BStBl. II	Bundessteuerblatt Teil II
BT-Drucks.	Drucksachen des Deutschen Bundestages
BTR	British Tax Review (Zeitschrift, Großbritannien)
Buchst.	Buchstabe
BVerfG	Bundesverfassungsgericht
BVerfGE	Entscheidungen des Bundesverfassungsgerichts
CFA	Committee of Fiscal Affairs
DB	Der Betrieb (Zeitschrift)
DBA	Doppelbesteuerungsabkommen
ders.	derselbe

dies.	dieselbe
DStR	Deutsches Steuerecht (Zeitschrift)
DStZ	Deutsche Steuerzeitung (Zeitschrift)
EFG	Entscheidungen der Finanzgerichte (Zeitschrift)
EG	Vertrag zur Gründung der Europäischen Gemeinschaft
ErbStG	Erbschaftsteuergesetz
EStG	Einkommensteuergesetz
ET	European Taxation (Zeitschrift, Niederlande)
et al.	Et altera
EU	Europäische Union
EuGH	Europäischer Gerichtshof
f, ff	folgende, fortfolgende
FG	Finanzgericht
FR	Finanzrundschau (Zeitschrift)
GbR	Gesellschaft bürgerlichen Rechts
GmbH	Gesellschaft mit beschränkter Haftung
GmbHG	Gesetz betreffend die Gesellschaften mit beschränkter Haftung
GmbHR	GmbH-Rundschau (Zeitschrift)
HFR	Höchstrichterliche Finanzrechtsprechung (Zeitschrift)
HGB	Handelsgesetzbuch
Hrsg.	Herausgeber
Hs.	Halbsatz
IBFD	Bulletin for International Taxation (Zeitschrift)
Intertax	International Taxation (Zeitschrift)
IPR	Internationales Privatrecht
IStR	Internationales Steuerrecht (Zeitschrift)
i.V.m.	in Verbindung mit
IWB	Internationale Wirtschaftsbriefe (Zeitschrift)
JbFStR	Jahrbuch der Fachanwälte für Steuerrecht
KG	Kommanditgesellschaft
KStÄndGE 1982	Körperschaftsteueränderungsgesetz von 1982
KStG	Körperschaftsteuergesetz
LLC	Limited Liability Company
Ltd.	private company limited by shares
NJW	Neue Juristische Wochenschrift (Zeitschrift)
Nov.	November
Nr.	Nummer
OECD	Organisation for Economic Cooperation and Development
OECD-MA	OECD-Musterabkommen
OECD-MK	OECD-Musterkommentar
OFD	Oberfinanzdirektion

OHG	Offene Handelsgesellschaft
OLG	Oberlandesgericht
Okt.	Oktober
RFH	Reichsfinanzhof
RFHE	Sammlung der Entscheidungen des Reichsfinanzhofs
RG	Reichsgericht
RGZ	Entscheidungssammlung des Reichsgerichts in Zivilsachen
RIW	Recht der internationalen Wirtschaft (Zeitschrift)
RIW/AWD	Recht der internationalen Wirtschaft/Außenwirtschaftsdienst des Betriebsberaters (Zeitschrift) bis 1974 AWD
Rn.	Randnummer
S.	Seite oder Satz (in Verbindung mit Rechtsnorm)
Sep.	September
Stbg	Die Steuerberatung (Zeitschrift)
StBJB	Steuerberaterjahrbuch
StBKR	Steuerberaterkongressreport
StBp	Die steuerliche Betriebsprüfung (Zeitschrift)
StuW	Steuer und Wirtschaft (Zeitschrift)
SWI	Steuer und Wirtschaft International (Zeitschrift, Österreich)
Tz.	Textziffer
u. a.	und andere
USA	United States of America
vgl.	vergleiche
Wpg	Die Wirtschaftsprüfung (Zeitschrift)
WÜRV	Wiener Übereinkommen über das Recht der Verträge

Literaturverzeichnis

Aigner, Hans-Jörgen/Züger, Mario, Sind Entnahmen aus Personengesellschaften abkommensrechtlich "Dividenden"?, SWI 2000, 254

Aigner, Hans-Jörgen/Züger, Mario, Abkommensvergünstigungen für im Quellenstaat ansässige Gesellschafter von Personengesellschaften?, SWI 2000, 308

Aigner, Hans-Jörgen/Züger, Mario, Die Lösung des OECD-Steuerausschusses für Qualifikationskonflikte bei Personengesellschaften, in: Gassner, Wolfgang/Lang, Michael/Lehner, Eduard, Personengesellschaften im Recht der Doppelbesteuerungsabkommen, 2000, Wien, S. 47

Arnold, Brian J., At Sixes and Sevens: The Relationship between the Taxation of Business Profits and Income from Immovable Property under Tax Treaties, IBFD 2006, 5

Arthur Andersen & Co. GmbH, (Hrsg.), Doppelbesteuerungsabkommen Deutschland – USA Kommentar, 1990

Ault, Hugh J., The role of the OECD commentaries in the interpretation of tax treaties in: Alpert, Herbert H./van Raad, Kees (editors), 1993, Boston

Ault, Hugh J., The Role of the OECD Commentaries in the Interpretation of Tax Treaties, Intertax 1994, 144

Avery Jones, John F., et al., The interpretation of Tax Treaties with with particular Reference to Article 3(2) of the OECD Model, BTR 1984, 14-54 und 90-108

Avery Jones, John F./de Broe, Luc/Wielle, Micheline van de et al., Credit and Exemption under Tax Treaties in Cases of Differing Income Characterisation, BTR 1996, 212

Bächle, Eberhard/Rupp, Thomas, Internationales Steuerrecht, 2002

Baker, Philip, Double Taxation Conventions, Loseblattsammlung, Stand Sep. 2005

Baranowski, Karl-Heinz, Besteuerung von Auslandsbeziehungen, 2. Aufl. 1996

Baranowski, Karl-Heinz, Anmerkung zum Urteil des BFH vom 21.07.1999, IStR 1999, 724

Baranowski, Karl-Heinz, Anmerkung zum BFH Urteil vom 17.12.1997, I R 34/94, IWB, Fach 3a, Gruppe 1, S. 689

Becker, Helmut, Die Besteuerung von Betriebsstätten, DB 1989, 10

Becker, Jan Dierk, Die atypisch stille Gesellschaft als Outbound-Finanzierungsalternative, 2005

Bendlinger, Stefan, "Dealing at arm's length" bei temporären DBA-Betriebsstätten, SWI 1997, 104

Bendlinger, Stefan/Görl, Maximilian/Paaßen, Karl-Heinz/Remberg, Meinhard, Neue Tendenzen der OECD zur Ausweitung des Betriebsstättenbegriffs und deren Beurteilung aus Sicht des Maschinen- und Anlagenbaus, IStR 2004, 145

Benecke, Andreas/Schnitger, Arne, Lösung von Qualifikationskonflikten im internationalen Steuerrecht - der "abgeleitete" Qualifiaktionskonflikt, RIW 2002, 439

Bezzenberger, Gerold/Keul, Thomas, in: Münchener Handbuch des Gesellschaftsrechts, Bd. 2, 2. Aufl. 2004

Binz, Mark K./Sorg, Martin H., Die GmbH & Co. KG im Gesellschafts- und Steuerrecht, 10, Aufl. 2005

Bitz, Horst, in: Littmann, Eberhard/Bitz, Horst/Pust, Hartmut, Das Einkommensteuerrecht, Loseblattsammlung, Stand Nov. 2006

Blaurock, Uwe, Zur stillen Beteiligung mehrerer Personen an einer Apotheke, NJW 1972, 1119

Blaurock, Uwe, Handbuch der Stillen Gesellschaft, 6. Aufl. 2003

Breithecker, Volker/Zisowski, Ute, Die gewerbliche Prägung nach § 15 Abs. 3 Nr. 2 EStG, BB 1998, 508

Brenner, Dieter, Personengesellschaften im Internationalen Steuerrecht, in: Haarmann, Wilhelm (Hrsg.), Unternehmensstrukturen und Rechtsformen im Internationalen Steuerrecht, 1996, S. 63

Breuninger, Gottfried E./Prinz, Ulrich, Die atypisch stille Gesellschaft im Internationalen Steuerrecht, DStR 1995, 927

Brinkmann, Jan, Der Einfluss des Europäischen Rechts auf die Unternehmensbesteuerung 1996

Brunschot, Frank van, The Judiciary and the OECD Model Tax Convention and its Commentaries, IBFD 2005, 5

Buciek, Klaus, Aktuelle Entwicklung zur Betiebsstättenbesteuerung, DStZ 2003, 139

Buciek, Klaus, in: Flick, Hans/ Wassermeyer, Franz/ Wingert, Karl-Dieter/ Kempermann, Michael, Doppelbesteuerungsabkommen Deutschland - Schweiz, Kommentar, Loseblattsammlung, Stand Okt. 2006

Burmester, Gabriele, Ausgewählte international-steuerrechtliche Probleme der stillen Gesellschaft, in: Haarmann, Wilhelm (Hrsg.), Unternehmensstrukturen und Rechtsformen im Internationalen Steuerrecht, 1996, S. 122

Christoffel, Hans Günther/Dankmeyer, Udo, Das Steuerbereinigungsgesetz 1986: Die gesetzliche Verankerung der sog. Geprägerechtsprechung, DB 1986, 347

Daniels, A.H.M., Issues in Interantional Taxation, 1991, Deventer, Boston

Debatin, Helmut, Auslegungsmaximen zum internationalen Steuerrecht, AWD 1969, 477

Debatin, Helmut, Außensteuerrechtliche und internationalrechtliche Behandlung von Rechtsträgern und daran bestehenden Beteiligungen, DB 1977, Beilage 13/77

Debatin, Helmut, System und Auslegung der Doppelbesteuerungsabkommen, DB 1985, Beilage Nr. 23

Debatin, Helmut, Entwicklungstendenzen im Internationalen Steuerrecht und nationalen Außensteuerrecht im Lichte der neueren höchstrichterlichen Rechtsprechung, DStZ 1987, 211

Debatin, Helmut, Subjektfähigkeit ausländischer Wirtschaftsgebilde im deutschen Steuerrecht, BB 1988, 1155

Debatin, Helmut, Subjektiver Schutz unter Doppelbesteuerungsabkommen, BB 1989, Beilage 2

Debatin, Helmut, Das Betriebstättenprinzip der deutschen Doppelbesteuerungsabkommen (Teil I und II), DB 1989, 1692 und 1739

Debatin, Helmut, Das neue Doppelbesteuerungsabkommen mit den USA (Teil 1), DB 1990, 598

Debatin, Helmut, Doppelbesteuerungsabkommen und innerstaatliches Recht, DStR 1992, Beihefter zu Heft 23

Debatin, Helmut, Zur Behandlung von Beteiligungen an Personengesellschaften unter den Doppelbesteuerungsabkommen im Lichte der neueren Rechtsprechung des Bundesfinanzhofs, BB 1992, 1181

Diehl, Wolfram, Qualifikationskonflikte im Außensteuerrecht, FR 1978, 517

Djanani, Christiana, Internationales Steuerrecht, 2. Aufl. 1998

Djanani, Christiana/Brähler, Gernot/Hartmann, Die abkommensrechtliche Behandlung von Ausschüttungen aus US-amerikanischen S-Corporations, Thomas, IStR 2003, 456

Djanani, Christiana/Brähler, Gernot/Hartmann, Thomas, Die Finanzverwaltung und die autonome Abkommensauslegung, IStR 2004, 481

Drüen, Klaus-Dieter, Über Zweck und Grenzen der Abfärberegelung des § 15 Abs. 3 Nr. 1 EStG, FR 2000, 177

Dudenredaktion, in: Duden, Das Bedeutungswörterbuch, 2002

Ellis, Maarten J., The Role of the OECD Commentaries on the OECD Model in the Tax Treaty Interpration Process - Response to Mr. Justice van Brunschot, IBFD 2005, 11

Ellis, Maarten J., The Role of the OECD Commentaries on the OECD Model in the Tax Treaty Interpration Process - Response to David Ward, IBFD 2006, 103

Fahrenberg, Jürgen/Henke, Ulf, Das BMF-Schreiben zur steuerlichen Einordnung der US-LLC aus Beratersicht, IStR 2004, 485

Farnschläder, Marion/Kahl, Ilona, Anwendung des § 15 Abs. 3 Nr. 2 EStG bei Beteiligung an ausländischen Personengesellschaften, IWB Fach 3, Gruppe 3, S. 1179

Felix, Günther, Gepräge-OHG, Gepräge-KG und Gepräge-GbR - Verborgene Blüten im kautelarjuristischen Blickfeld?, NJW 1997, 1040

Ferrers, Tony, Australia's High Court goes international - An enterprising business profit, Intertax 1991, 184

Fischer-Zernin, Justus, Sondervergütungen und DBA, RIW 1991, 493

Förster, Hartmut, Praxis der Besteuerung von Auslandsbeziehungen, 2. Aufl., 2003

Frotscher, Gerrit, Internationales Steuerrecht, 2001

Gassner, Wolfgang/Konezy, Gerd, in: Gassner, Wolfgang/Lang, Michael/Lehner, Eduard, Personengesellschaften im Recht der Doppelbesteuerungsabkommen, 2000, Wien, S. 237

Gloria, Christian, Die Doppelbesteuerungsabkommen der Bundesrepublik Deutschland und die Bedeutung der Lex Fori Klausel für ihre Auslegung, RIW 1986, 970

Görl, Maximilian, in: Vogel, Klaus/Lehner, Moris, Doppelbesteuerungsabkommen, Kommentar, 4. Aufl. 2003

Göttsche, Max/Stangl, Ingo, Der Betriebsstättenerlass des BMF vom 24.12.1999 - Anmerkungen und Zweifelsfragen, DStR 2000, 498

Gosch, Dietmar, Rechtsprechung im besonderen Blickpunkt der Außenprüfung, StBp 2000, 57

Greif, Martin, Steuergestaltung bei einer international tätigen Personengesellschaft, in: Haarmann, Wilhelm (Hrsg.), Unternehmensstrukturen und Rechtsformen im Internationalen Steuerrecht, 1996, S. 89

Greif, Martin, in: Mössner, Jörg Manfred u. a., Steuerrecht international tätiger Unternehmen, 3. Aufl., 2005

Groh, Manfred, Nach der Wiedereinführung der Geprägetheorie, DB 1987, 1006

Groh, Manfred, Die atypisch stille Gesellschaft als fiktive Gesamthandsgesellschaft, in: Drenseck, Walter/Seer, Roman, Festschrift für Heinrich Wilhelm Kruse, 2001, S. 417

Grützner, Dieter, in: Becker, Helmut/Höppner, Horst-Dieter/Grotherr, Siegfried/Kroppen, Heinz-Klaus (Hrsg.), DBA - Kommentar, Loseblattsammlung, Teil 2, Stand Okt. 2005

Gündisch, Stephan, Personengesellschaften im DBA-Recht, 2004

Gündisch, Stephan, Analoge Abkommensanwendung zur Überwindung von Qualifikationskonflikten, IStR 2005, 829

Günkel, Manfred, Einschaltung ausländischer Besitzgesellschaften, in: StBJB 1998/1999, S. 143

Günkel, Manfred/Lieber, Bettina, BMF-Schreiben zur steuerlichen Behandlung von Gewinnanteilen aus atypisch stillen Beteiligungen nach den DBA, IWB, Fach 3, Gruppe 2, S. 871

Günkel, Manfred/Lieber, Bettina, Abkommensrechtliche Qualifikation von Sondervergütungen, Irrwege der Finanzverwaltung, FR 2000, 853

Günkel, Manfred/Lieber, Bettina, Duplik zu H. Krabbe, Abkommensrechtliche Behandlung von Sondervergütungen, FR 2001, 132

Günkel, Manfred, Personengesellschaften mit ausländischen Gesellschaftern - Zurechnung von Beteiligungen und Sonderbetriebsausgaben/-einnahmen, in: StBJB 2003/2004, S. 667

Günkel, Manfred, in: Becker, Helmut/Höppner, Horst-Dieter/Grotherr, Siegfried/Kroppen, Heinz-Klaus (Hrsg.), DBA - Kommentar, Teil 2, Loseblattsammlung, Stand Okt. 2005

Haep, Günter, in: Hermann, Carl/Heuer, Gerhard/Raupach, Arndt, Einkommensteuer- und Körperschaftsteuergesetz Kommentar, Loseblattsammlung, Stand Juli 2006

Hahn, Hartmut, Zur Auslegung von Doppelbesteuerungsabkommen: Der Grundsatz der Entscheidungsharmonie im Crash-Test, in: Gocke Rudolf/Gosch, Dietmar/Lang, Michael, Körperschaftsteuer, Internationales Steuerrecht, Doppelbesteuerung, Festschrift für Franz Wassermeyer zum 65. Geburtstag, 2005, S. 631

Heinicke, Wolfgang, in: Schmidt, Ludwig, Einkommensteuergesetz Kommentar, 25. Aufl. 2006

Heintschel von Heinegg, Wolff, in: Ipsen, Knut, Völkerrecht, 5. Aufl. 2004

Heldrich, Andreas, in: Palandt, Kommentar zum BGB, 65. Aufl. 2006

Hemmelrath, Alexander, Besonderheiten bei der Beteiligung von Steuerinländern an Personengesellschaften in DBA-Staaten, IStR 1995, 570

Hemmelrath, Alexander, in: Vogel, Klaus/Lehner, Moris, Doppelbesteuerungsabkommen, Kommentar, 4. Aufl. 2003

Henke, Ulf/Lang, Michael, Qualifizierung ausländischer Rechtsgebilde am Beispiel der Delaware-LLC, IStR 2001, 514

Henkel, Udo, Subjektfähigkeit grenzüberschreitender Kapitalgesellschaften, RIW 1991, 565

Henkel, Udo, in: Becker, Helmut/Höppner, Horst-Dieter/Grotherr, Siegfried/Kroppen, Heinz-Klaus (Hrsg.), DBA - Kommentar, Loseblattsammlung, Stand Okt. 2005, Teil 1 Abschn. 4

Herdegen, Matthias, Völkerrecht, 5. Aufl. 2006

Herlinghaus, Andreas, Anmerkung zum Urteil des Schleswig-Holsteinischen FG vom 06.09.2001 II 1124/97, EFG 2001, 1535, EFG 2001, 1537

Herzig, Norbert/Kessler, Wolfgang, Einzelfragen zum Gepräge-Gesetz, DStR 1986, 643

Hey, Andreas, Eigenkapitalersetzender Charakter der stillen Einlage des GmbH-Gesellschafters, wirtschaftliche, bilanzielle, gesellschafts- und strafrechtliche Aspekte, GmbHR 2001, 1100

Hey, Friedrich E. F., Gesellschafts- und steuerrechtliche Aspekte der Limited Liability Company, RIW 1992, 916

Hey, Friedrich E. F., Stellung der US (Delaware) Ltd. im internationalen Steuerrecht, in: Burmester, Gabriele/Endres, Dieter, Außensteuerrecht, Doppelbesteuerungsabkommen und EU-Recht im Spannungsverhältnis, Festschrift für Helmut Debatin, 1997, S. 121

Hintzen, Lothar, Die Anerkennung ausländischer Personengesellschaften nach deutschem Steuerrecht, DStR 1971, 327

Hintzen, Lothar, Zur Qualifikation körperschaftsteuerpflichtiger Personengesellschaften, StuW 1974, 319

Hock, Bernhard, Zur Besteuerungspraxis bei grenzüberschreitenden Beteiligungen an gewerblichen Personengesellschaften, Wpg 1996, 106

Hoffmann, Bernd von/Thorn, Karsten, Internationales Privatrecht, 8. Aufl. 2005

Hopt, Klaus J., in: Baumbach, Adolf/Hopt, Klaus J., 32. Aufl. 2006

Hörger, Helmut/Kemper, Nicolas, GmbH & Co KG - Kein Gepräge bei Bestellung einer Kommanditisten-Kapitalgesellschaft zur Geschäftsführerin, DB 1987, 758

Jacobs, Otto H. (Hrsg.), Internationale Unternehmensbesteuerung, Deutsche Investitionen im Ausland, Ausländische Investitionen im Inland, 5. Aufl. 2002

Jacobs, Otto H. (Hrsg.), Unternehmensbesteuerung und Rechtsform, 3. Aufl. 2002

Jarrass, Hans D., in: Jarrass, Hans D./Pieroth, Bodo, Grundgesetz für die Bundesrepublik Deutschland – Kommentar, 8. Aufl. 2006

Kaminski, Bert/Strunk, Günther, BFH-Urteil zu Betriebsstätte und E-Commerce, IWB Fach 3 Gruppe 2, 1037

Kappe, Klaus, Besteuerung von Gewinnanteilen aus US-Personengesellschaften und Zinsen aus Gesellschafterdarlehen nach dem DBA-USA, DStR 1987, 479

Kempermann, Michael, Bestandsaufnahme der jüngeren BFH-Rechtsprechung zur "Abfärberegelung" des § 15 Abs. 3 EStG, DStR 2002, 664

Kerath, Andreas, Maßstäbe zur Auslegung und Anwendung von Doppelbesteuerungsabkommen unter besonderer Berücksichtigung des Verständigungsverfahrens, 1995

Kessler, Wolfgang/Maywald, Andreas/Peter, Markus, Anmerkung zur Verfügung der OFD Karlsruhe vom 11.11.1998, S 1301 A - St 332, IStR 1999, 439, IStR 1999, 439

Kessler, Wolfgang/Peter, Markus, OECD klärt Zweifelsfragen zur Server-Betriebsstätte, IStR 2001, 238

Klebau, Bodo, Einzelprobleme bei der Auslegung von Doppelbesteuerungsabkommen, RIW 1985, 125

Klein, Martin, in: Hermann, Carl/Heuer, Gerhard/Raupach, Arndt, Einkommensteuer- und Körperschaftsteuergesetz Kommentar, Loseblattsammlung, Stand Juli 2006

Kleinedam, Hans-Jochen, Zur veranlassungsorientierten Steuerentstrickung bei grenzüberschreitenden Vorgängen im Unternehmensbereich, IStR 2000, 577

Kleinedam, Hans-Jochen, Die abkommensrechtliche Behandlung von Erträgen aus Beteiligungen im ausländischen Betriebsstättenvermögen oder: Ist der Betriebsstättenvorbehalt gerechtfertigt?, IStR 2004, 1

Kluge, Volker, Die Auslegung von Doppelbesteuerungsabkommen RIW/AWD 1975, 90

Kluge, Volker, Die Anerkennung ausländischer Gesellschaften im deutschen Steuerrecht, DStR 1976, 365

Kluge, Volker, Das internationale Steuerrecht, Gemeinschaftsrecht, Außensteuerrecht, Abkommensrecht, 4. Aufl. 2000

Kluge, Volker, Betriebsstättenvorbehalt und Methodenartikel - ein Beitrag zur autonomen Abkommensauslegung, in: Gocke Rudolf/Gosch, Dietmar/Lang, Michael, Körperschaftsteuer, Internationales Steuerrecht, Doppelbesteuerung, Festschrift für Franz Wassermeyer zum 65. Geburtstag, 2005, S. 663

Knebel, Andreas, Die ausländische Personengesellschaft - ein steuerliches Gestaltungsinstrument?, DStR 1999, 1421

Knobbe-Keuk, Brigitte, Europäische Entwicklung im Gesellschafts- und Unternehmensrecht, JbFfSt 1990/1991, S. 69

Knobbe-Keuk, Brigitte, "Qualifikationskonflikte" im internationalen Steuerrecht der Personengesellschaften, RIW 1991, 306

Knobbe-Keuk, Brigitte, Anmerkung zum Urteil des BFH vom 23.06.1992 - IX R 182/87, DB 1992, 2070

Knobbe-Keuk, Brigitte, Bilanz- und Unternehmenssteuerrecht, 9. Aufl. 1993

Kocmánková, Jana, Investitionen in der Tschechischen Republik in Form der atypisch stillen Gesellschaft, IStR 1999, 558

Köhler, Franz, Das Betriebsstättenprinzip im Recht der deutschen Doppelbesteuerungsabkommen bei Mitunternehmergebilden, RIW 1991, 1024

Köster, Thomas, in: Hermann, Carl/Heuer, Gerhard/Raupach, Arndt, Einkommensteuer- und Körperschaftsteuergesetz Kommentar, Loseblattsammlung, Stand Juli 2006

Kolb, Andreas/Lang, Michael/Loukota, Helmut/Waldenburger, Robert/Waters, Mike/Wolff, Ulrich, Server as a Permanent Establishment and Dual Resident Companies - Case Studies, SWI 2002, 477

Koller, Ingo, in: Koller, Ingo/Roth, Wulf-Henning/Morck, Winfried, Handelsgesetzbuch Kommentar, 5. Aufl. 2005

Krabbe, Helmut, Betriebsstätten-Verwaltungsgrundsätze und Personengesellschaften, IWB, Fach 3, Gruppe 2, S. 863

Krabbe, Helmut, Qualifikationskonflikte bei atypisch stillen Gesellschaften, IStR 1999, 591

Krabbe, Helmut, Die Personengesellschaft im internationalen Steuerrecht, in: StBJB 2000/2001, 183

Krabbe, Helmut, Abkommensrechtliche Behandlung von Sondervergütungen - Eine Replik, FR 2001, 129

Krabbe, Helmut, Personengesellschaft und Unternehmensgewinne nach den DBA, IStR 2002, 145

Krabbe, Helmut, OECD-Musterabkommen 2003, IStR 2003, 253

Krabbe, Helmut, Anmerkung zum BMF-Schreiben zur steuerlichen Einordnung der US-LLC, IStR 2004, 354

Krabbe, Helmut, Steuerliche Behandlung der Personengesellschaften nach den Doppelbesteuerungsabkommen, IWB, Fach 3, Gruppe 2, Seite 753

Kroppen, Heinz-Klaus, Ausgewählte Fragen zum Betriebsstättenerlass, StBJB 1999/2000, S. 137

Kroppen, Heinz-Klaus, Ausländische Grundstücksinvestitionen, IWB Fach 3, Gruppe 3, S. 967

Kroppen, Heinz-Klaus, in: Becker, Helmut/Höppner, Horst-Dieter/Grotherr, Siegfried/Kroppen, Heinz-Klaus (Hrsg.), DBA - Kommentar, Teil 2, Loseblattsammlung, Stand Okt. 2005

Kruse, Heinrich Wilhelm, in: Tipke, Klaus/Kruse, Heinrich Wilhelm, Abgabenordnung/Finanzgerichtsordnung Kommentar, Loseblattsammlung, Stand Sep. 2006

Küspert, Klaus, Sondervergütungen inländischer Personengesellschafter nach dem DBA-USA, RIW 1988, 461

Kumpf, Wolfgang, in: Herrmann, Carl/Heuer, Gerhard/Raupach, Arndt, Einkommensteuer und Körperschaftsteuer – Kommentar, Loseblattsammlung, Stand Juli 2006

Lang, Michael, Hybride Finanzierungen im Internationalen Steuerrecht, 1991, Wien

Lang, Michael, Die abkommensrechtliche Behandlung von ausländischen Personengesellschaften mit Steuersubjektivität im Ausland, in: Kleinedam, Hans-Jochen (Hrsg.), Festschrift für Lutz Fischer, 1997, S. 713

Lang, Michael, Die Bedeutung des originär innerstaatlichen Rechts für die Auslegung von Doppelbesteuerungsabkommen, in: Burmester, Gabriele/Endres, Dieter, Außensteuerrecht, Doppelbesteuerungsabkommen und EU-Recht im Spannungsverhältnis, Festschrift für Helmut Debatin zum 70. Geburtstag, 1997, S. 283

Lang, Michael, Personengesellschaften im DBA-Recht, SWI 2000, 60

Lang, Michael, Qualifikationskonflikte bei Personengesellschaften, IStR 2000, 129

Lang, Michael, Qualifikationskonflikte im Recht der Doppelbesteuerungsabkommen, in: Kirchhof, Paul/Lehner, Moris/Raupach, Arndt/Rodi, Michael

(Hrsg.), Staaten und Steuern, Festschrift für Klaus Vogel zum 70. Geburtstag, 2000, S. 907

Lang, Michael/Wimpissinger, Christian, Die Einkünfte von Gesellschaftern einer Personengesellschaft aus abkommensrechtlicher Sicht, in: Gassner, Wolfgang/Lang, Michael/Lehner, Eduard, Personengesellschaften im Recht der Doppelbesteuerungsabkommen, 2000, Wien, S. 85

Lang, Michael, Ausländische Betriebsstättenverluste und DBA-Auslegung, SWI 2002, 86

Lang, Michael, Die Vermeidung der Doppelbesteuerung und der doppelten Nichtbesteuerung als DBA-Auslegungsmaxime?, IStR 2002, 609

Lang, Michael, Ist der Betriebsstättenvorbehalt bloß im Quellenstaat anwendbar?, SWI 2003, 319

Lang, Michael, Vermeidung der Doppelbesteuerung und der doppelten Nichtbesteuerung als Auslegungsmaxime für Doppelbesteuerungsabkommen?, in: Haarmann, Wilhelm (Hrsg.), Auslegung und Anwendung von Doppelbesteuerungsabkommen, 2004, S. 83

Langbein, Volker, "Treaty Overriding" durch nationales Recht, RIW 1984, 531

Langbein, Volker, Doppelbesteuerungsabkommen im Spannungsfeld zwischen nationalem Recht und Völkerrecht, RIW 1988, 875

Lechner, Eduard, Die Abkommensberechtigung von Personengesellschaften, in: Gassner, Wolfgang/Lang, Michael/Lehner, Eduard, Personengesellschaften im Recht der Doppelbesteuerungsabkommen, 2000, Wien, S. 69

Lieber, Bettina, in: Becker, Helmut/Höppner, Horst-Dieter/Grotherr, Siegfried/Kroppen, Heinz-Klaus (Hrsg.), DBA - Kommentar, Teil 2, Loseblattsammlung, Stand Okt. 2005

Loukota, Helmut, Lösung internationaler Qualifikationskonflikte, SWI 1999, 70

Loukota, Helmut, in: Gassner, Wolfgang/Lang, Michael/Lehner, Eduard, Personengesellschaften im Recht der Doppelbesteuerungsabkommen, 2000, Wien, S. 15

Loukota, Helmut, Antwort des Verfassers von EAS.2670 auf Wassermeyer, IStR 2006, 273, IStR 2006, 274

Lüdicke, Jürgen, Neue Entwicklung zur beschränkten Steuerpflicht, StBKR 1996, S. 425

Lüdicke, Jürgen, Neue Entwicklungen der Besteuerung von Personengesellschaften im internationalen Steuerrecht, StBJB 1997/1998, S. 449

Lüdicke, Jürgen, Anmerkung zum Urteil des BFH vom 24.03.1999 - I R 114/97 IStR 1999, 409

Lüdicke, Jürgen, Anmerkung 2 zum Urteil des BFH vom 01.11.2001, I R 14/01 DStR 2002, 671

Lüthi, Daniel, Die Anwendung des OECD-(bzw. DBA-) Betriebsstättenkonzepts auf den elektronischen Geschäftsverkehr in: Locher, Peter/Rolli, Ber-

nard/Spori, Peter, Internationales Steuerrecht in der Schweiz, Festschrift zum 80. Geburtstag von Walter Ryser, 2005, Bern, S. 121
Maier, Jochen, in: Löwenstein, Ulrich/Looks, Christian, Betriebsstättenbesteuerung, 2003
Manke, Klaus, in: Vogel, Klaus, Grundfragen des internationalen Steuerrechts, 1985, S. 195
Maunz, Theodor, in: Maunz, Theodor/Dürig, Günter, Grundgesetz- Kommentar, Loseblattsammlung, Stand Juni 2006
Meilicke, Wienand/Portner, Rosemarie, Grenzen für den Übergang zur Freistellungs- zur Anrechnungsmethode, IStR 2004, 397
Menck, Thomas, OECD-Bericht zur Personengesellschaft und zum Qualifikationskonflikt - ein Überblick, IStR 1999, 147
Menck, Thomas, in: Becker, Helmut/Höppner, Horst-Dieter/Grotherr, Siegfried/Kroppen, Heinz-Klaus (Hrsg.), DBA - Kommentar, Loseblattsammlung, Stand Okt. 2005, Teil 1 Abschn. 6
Mittermaier, Johannes E., Besteuerung von Personengesellschaften USA-Deutschland, 1999
Möbus Susanne, Finanzverwaltung versus OECD bei der Behandlung ausländischer Personengesellschaften?, GmbHR 2004, 1202
Morlock, Günter, Gewerblich geprägte Personengesellschaft im DBA-Recht, in: StBJB 2003/2004, S. 712
Müller, Gerd-Jürgen/Funk, Thomas E./Müller, Helmut, Die neue BFH-Rechtsprechung zur Abfärbung- Halten einer gewerblichen Personengesellschaftsbeteiligung durch eine vermögensverwaltende Personengesellschaft – Nichtanwendungserlass, BB 2005, 2271
Müller, Marion/Wangler, Clemens, Qualifikationskonflikte bei der Beteiligung inländischer Investoren an ausländischen Personengesellschaften, IStR 2003, 145
Müller, Michael A., Double-Dip-Modelle bei der deutschen Personengesellschaft, IStR 2005, 181
Müller, Rolf, Die atypisch ausgestaltete stille Gesellschaft im Abkommensrecht, IStR 1996, 266
OECD, Issues in international taxation: No. 6 "The Application of the OECD Model Tax Convention to Partnerships", Paris, 1999
Ostendorf, Claudia, Behandlung von Sondervergütungen der Mitunternehmer im internationalen Steuerrecht,1994
Pearsall, Judy (editor), The New Oxford Dictionary of English, 1998, Oxford
Pernice, Ingolf, in: Dreier, Horst (Hrsg.), Grundgesetz – Kommentar, 1998
Pijl, Hans, The OECD Commentary as a Source of International Law and the Role of the Judiciary, IBFD 2006, 216
Piltz, Detlev J., Die Personengesellschaften im internationalen Steuerrecht der Bundesrepublik Deutschland, 1981

Piltz, Detlev J., Qualifikationskonflikte im internationalen Steuerrecht unter besonderer Berücksichtigung von Personengesellschaften, in: Fischer, Lutz (Hrsg.) Besteuerung internationaler Konzerne, 1993, S. 21

Piltz, Detlev J., Hybride Finanzierungen in Doppelbesteuerungsabkommen, in: Piltz, Detlev J./Schaumburg, Harald, Unternehmensfinanzierung im Internationalen Steuerrecht, 1995, S. 125

Piltz, Detlef J., Veräußerung von Sonderbetriebsvermögen unter den Doppelbesteuerungsabkommen (OECD-Musterabkommen und DBA-Schweiz), IStR 1996, 457

Piltz, Detlev J., Grenzüberschreitende Sondervergütungen bei Personengesellschaften, in: Lüdicke, Jürgen (Hrsg.), Besteuerungspraxis bei grenzüberschreitender Tätigkeit, 2003, S. 137

Piltz, Detlev J., Wann liegt eine DBA-Vertreter-Betriebsstätte vor?, IStR 2004, 181

Piltz, Detlev, J., in: Mössner, Jörg Manfred u. a., Steuerrecht international tätiger Unternehmen, 3. Aufl., 2005

Piltz, Detlev J., Zur Ermittlung und Besteuerung grenzüberschreitender Sondervergütungen - das Verhältnis von nationalem Recht und DBA, in: Gocke, Rudolf/Gosch, Dietmar/Lang, Michael, Körperschaftsteuer, Internationales Steuerrecht, Doppelbesteuerung, Festschrift für Franz Wassermeyer zum 65. Geburtstag, 2005, S. 747

Piltz, Detlev J., in: Debatin, Helmut/Wassermeyer, Franz, Doppelbesteuerung Kommentar Band I, Loseblattsammlung, Stand Mai 2006

Pinkernell, Reimar, Ertrag- und umsatzsteuerrechtliche Behandlung des grenzüberschreitenden Softwarevertriebs über das Internet, StuW 1999, 281

Pöllath, Reinhard, in: Vogel, Klaus/Lehner, Moris, Doppelbesteuerungsabkommen, Kommentar, 4. Aufl. 2003

Pott, Hans-Michael, Die Kollision unterschiedlicher Formen der Gesellschaftsbesteuerung im internationalen Steuerrecht, 1982

Pott, Hans-Michael, Die Vereinbarkeit des Entwurfs eines § 8a KStG (KStÄndGE 1982) mit dem Völkerrecht, StuW 1982, 223

Prinz, Ulrich/Breuninger, Gottfried E., Steuergestaltung mit ausländischen Personengesellschaften, IWB, Fach 10, Gruppe 2, 1293

Prokisch, Rainer, Fragen der Auslegung von Doppelbesteuerungsabkommen, SWI 1994, 52

Prokisch, Rainer, in: Vogel, Klaus/Lehner, Moris, Doppelbesteuerungsabkommen, Kommentar, 4. Aufl. 2003

Pyszka, Tillmann, Lizenz- und Zinszahlungen einer Personengesellschaft an ihren ausländischen Mitunternehmer, IStR 1998, 745

Pyszka, Tillmann, Aktuelle Fragen zur atypischen stillen Gesellschaft in internationalen Steuerrecht IStR 1999, 577

Raad, Kees van, The 1977 OECD Model Conventionan Commentay - Selected suggestions for amendment of the Articles 7 and 5, Intertax 1992, 671
Raad, Kees van, The Term 'Enterprise' in the Model Double Taxation Conventions - Seventy Years of Confusion, Intertax 1994, 491
Raad, Kees van, Interpretation and Application of Tax Treaties by Tax Courts, ET 1996, 3
Raad, Kees van, International Coordination of Tax Treaty Interpretation and Application, in: Kirchhof, Paul/Lehner, Moris/Raupach, Arndt/Rodi, Michael, Staaten und Steuern, Festschrift für Klaus Vogel zum 70. Geburtstag, 2000, S.1091
Radenborgh, Lucas van, in: Sudhoff, Heinrich, Personengesellschaften, 8. Auflage 2005
Raupach, Arndt, Unternehmen und Unternehmer im Recht der Doppelbesteuerungsabkommen, in: Kirchhof, Paul/Lehner, Moris/Raupach, Arndt/Rodi, Michael (Hrsg.), Staaten und Steuern, Festschrift für Klaus Vogel zum 70. Geburtstag, 2000, S. 1067
Reimer, Ekkehart, Interpretation of Tax Treaties, ET 1999, 458
Reiß, Wolfram, in: Kirchhof, Paul, EStG Kompaktkommentar, 6. Aufl. 2006
Reiß, Wolfram, in: Kirchhof, Paul/Söhn, Hartmut, Einkommensteuergesetz Kommentar, Loseblattsammlung, Stand Sep. 2006
Reith, Thomas, Internationales Steuerrecht, 2004
Reuter, Dieter, Verbesserung der Risikokapitalausstattung der Unternehmen durch Mitarbeiterbeteiligungen, NJW 1984, 1849
Richter, Wolfgang/ Markl, Richard, in: Lademann, Fritz (Hrsg.), Kommentar zum Einkommensteuergesetz, Loseblattsammlung, Stand Mai 2006
Riemenschneider, Sven, Abkommensberechtigung von Personengesellschaften und abkommensrechtliche Behandlung der Einkünfte aus Beteiligungen inländischer Gesellschafter an ausländischen Personengesellschaften, 1995
Rosenberger, Florian, Nochmals: Qualifikationskonflikt bei doppelstöckigen Mitunternehmerschaften, IStR 2006, 591
Roth, Andreas, in: Herrmann, Carl/Heuer, Gerhard/Raupach, Arndt, Einkommensteuer und Körperschaftsteuer – Kommentar, Loseblattsammlung, Stand Juli 2006
Roth, Günter H., Handels- und Gesellschaftsrecht, 6. Aufl. 2001
Roxan, Ian, Judical Overrides of Double Tax Conventions: The Case of a Permanent Establishment, Intertax 1997, 367
Säcker, Franz Jürgen, in: Münchener Kommentar, BGB, Bd. 1, 4. Aufl. 2001
Sangen-Emden, Marion/Sedemund, Jan, in: Heidel, Thomas/Pauly, Stephan, Steuerrecht in der anwaltlichen Praxis, 3. Aufl. 2002
Scapa, Anna/Henie, Lars A., Avoidance of Double Non-Taxation under the OECD Model Tax Convention, Intertax 2005, 266
Schaumburg, Harald, Internationales Steuerrecht, 2. Aufl. 1998

Schaumburg, Harald, Die Personengesellschaft im Internationalen Steuerrecht, Stbg 1999, 97 und 156

Scherer, Thomas, in: Debatin, Helmut/Wassermeyer, Franz, Doppelbesteuerung Kommentar Band V, Loseblattsammlung, Stand Mai 2006

Schild, Claus/Ehlermann, Christian, in:Grotherr, Siegfried (Hrsg.), Handbuch der internationalen Steuerplanung, 2. Aufl. 2003

Schild, Eugen, Die Abfärberegelung des § 15 Abs. 3 Nr. 1 EStG unter dem Blickwinkel des BFH-Urteils vom 11.8.1999, XI R 12/98, DStR 2000, 576

Schmalz, Andrea, Die Veräußerung von Beteiligungen an Personengesellschaften im internationalen Steuerrecht unter Berücksichtigung des Partnership-Reports der OECD, IStR 2003, 290

Schmid, Reinhold, Steuerbilanzielle Fragestellungen bei Sonderbetriebsvermögen im Verhältnis von Obergesellschaft zu Untergesellschaft bei doppelstöckigen Personengesellschaften, DStR 1997, 941

Schmidt Christian, Zur DBA Anwendung und inländischen Steuerpflicht bei im Sitzstaat rechtsfähigen ausländischen Personengesellschaften IStR 1996, 14

Schmidt, Christian, Die atypisch stille Gesellschaft in deutschen Internationalen Steuerrecht - Wie begründet ist die herrschende Meinung?, IStR 1996, 213

Schmidt, Christian/Dendorfer, Wilhelm, Beteiligungen an US-amerikanischen Immobilienfonds, IStR 2000, 46

Schmidt, Christian, Personengesellschaften im internationalen Steuerrecht nach dem OECD-Bericht " The Application of the OECD Model Tax Convention to Partnerships" und den Änderungen im OECD-MA und im OECD-Kommentar im Jahre 2000, IStR 2001, 489

Schmidt, Christian, Personengesellschaften im Abkommensrecht (Teil 1 und Teil 2), Wpg 2002, 1134

Schmidt, Christian/Blöchle, Daniel, Anrechnungs- oder Freistellungsmethode bei (bloßen) Immobilieneinkünften aus Personengesellschaften, wenn die Zielländer dem Intransparenzprinzip folgen, IStR 2003, 685

Schmidt, Karsten, in: Münchener Kommentar HGB, Bd. 2, 2002

Schneider, Norbert, in: Hermann, Carl/Heuer, Gerhard/Raupach, Arndt, Einkommensteuer- und Körperschaftsteuergesetz Kommentar, Loseblattsammlung, Stand Juli 2006

Schnieder, Ernst-August, Die atypische stille Gesellschaft im Recht der deutschen DBA, IStR 1999, 392

Schröder, Siegfried, Abkommensberechtigung und Qualifikationskonflikte nach DBA bei Mitunternehmerschaften, StBp 1989, 7 und 25

Schröder, Siegfried/Strunk, Günther, in: Mössner, Jörg Manfred u. a., Steuerrecht international tätiger Unternehmen 3. Aufl., 2005

Schuch, Josef/Bauer, Josef, Die Überlegungen des OECD-Steuerausschusses zur Lösung von Qualifikationskonflikten, in: Gassner, Wolfgang/Lang, Michael/Lehner, Eduard, Personengesellschaften im Recht der Doppelbesteuerungsabkommen, 2000, Wien, S. 27

Schwarz, Michael, Einkunftsabgrenzung und Gestaltungsmöglichkeiten beim grenzüberschreitenden Electronic Commerce, FR 2003, 280

Shelton, Ned, Interpretation and Application of Tax Treaties, 2004, UK

Sonnenberger, Hans Jürgen, in: Münchener Kommentar BGB, 4. Aufl. 2006, Bd. 10, IPR

Stein, Torsten/Buttlar, Christian von, Völkerrecht, 11. Aufl. 2005

Stein, Torsten, Völkerrecht und nationales Steuerrecht im Widerstreit?, IStR 2006, 505

Staringer, Klaus, Leistungsbeziehungen zwischen der Personengesellschaft und den Gesellschaftern aus abkommensrechtlicher Sicht, in: Gassner, Wolfgang/Lang, Michael/Lehner, Eduard, Personengesellschaften im Recht der Doppelbesteuerungsabkommen, 2000, Wien, S. 103

Stegemann, Dieter, Zur abkommensrechtlichen Behandlung der Gewinne aus einer atypischen Unterbeteiligung an einem Kommanditanteil, IStR 2002, 329

Steimel, Frank, Seminar A: Das OECD-Musterabkommen - 2000 und darüber hinaus: Electronic Commerce und die Abkommensentwicklung in die New Economy, IStR 2000, 490

Strobl, Elisabeth/Schäfer, Karl, Berücksichtigung von Auslandsverlusten bei atypisch stiller Gesellschaft, IStR 1993, 206

Strunk, Günther/Kaminski, Bert, Anmerkungen zum Betriebsstättenerlass, IStR 2000, 33

Strunk, Günther/Kaminski, Bert, Aufgabe des Grundsatzes der funktionalen Zuordnung von Wirtschaftgütern zu Betriebsstätten? -Irrungen und Wirrungen im Internet-Geschäft-, IStR 2001, 161

Strunk, Günther/Kaminski, Bert, Aktuelle Entwicklungen bei der Besteuerung von ausländischen Betriebsstätten und Personengesellschaften in Abkommensfällen, IStR 2003, 181

Stuhlfelner, Ulrich, in: Heidelberger Kommentar zum Handelsgesetzbuch, 6. Aufl. 2002

Stuhrmann, Gerd, in: Blümich Einkommensteuer, Körperschaftsteuer, Gewerbesteuer, Kommentar, Loseblattsammlung Stand Aug. 2006

Sutter, Franz Philipp, Die Abkommensrechtliche Stellung der atypisch stillen Beteiligung, in: Gassner, Wolfgang/Lang, Michael/Lehner, Eduard, Personengesellschaften im Recht der Doppelbesteuerungsabkommen, 2000, Wien, S. 205

Tiefel, Torsten, Behandlung atypisch stiller Beteiligungen nach dem DBA-Schweiz, IWB, Fach 3, Gruppe 2, 795

Tillmanns, Wolfhard/Mössner, Jörg Manfred, in: Mössner, Jörg Manfred u.a., Steuerrecht international tätiger Unternehmen, 3. Aufl. 2005

Tischbirek, Wolfgang, in: Vogel, Klaus/Lehner, Moris, Doppelbesteuerungsabkommen, Kommentar, 4. Aufl. 2003

Uelner, Adalbert, Beschluss des Großen Senats vom 25. Juni 1984, Stellungnahme und Fallbesprechungen, in: JbFAStR 1985/1986

Vogel, Klaus, Zur Abkommensberechtigung ausländischer Personengesellschaften, IStR 1999, 5

Vogel, Klaus, Probleme der Auslegung von Doppelbesteuerungsabkommen, SWI 2000, 103

Vogel, Klaus, The Influence of the OECD Commentaries on Treaty Interpretation, Intertax 2000, 612

Vogel, Klaus, Transnationale Auslegung von Doppelbesteuerungsabkommen, IStR 2003, 523

Vogel, Klaus, in: Vogel, Klaus/Lehner, Moris, Doppelbesteuerungsabkommen, Kommentar, 4. Aufl. 2003

Vogel, Klaus, Auslegung von Doppelbesteuerungsabkommen, in: Haarmann, Wilhelm (Hrsg.), Auslegung und Anwendung von Doppelbesteuerungsabkommen, 2004, S. 1

Wachter, Thomas, Gewerblich geprägte GmbH & Co. KG bei Beteiligung von Auslandsgesellschaften, GmbHR 2005, 1181

Wacker, Roland, in: Schmidt, Ludwig, Einkommensteuergesetz Kommentar, 25. Aufl. 2006

Wälzholz, Eckhard, Vor- und Nachteile der britischen private company limited by shares (Ltd.) in der Rechtspraxis, IWB Fach 5, Gruppe 2, GB, 423

Ward, David A., The Role of the OECD Commentaries on the OECD Model in the Tax Treaty Interpration Process, IBFD 2006, 97

Wassermeyer, Franz, Die Auslegung von Doppelbesteuerungsabkommen durch den Bundesfinanzhof, StuW 1990, 404

Wassermeyer, Franz, Kann eine ausländische Kapitalgesellschaft im Inland unbeschränkt steuerpflichtig sein?, DB 1990, 244

Wassermeyer, Franz, Merkwürdigkeiten bei der Auslegung von DBA durch die Finanzverwaltung, IStR 1995, 49

Wassermeyer, Franz, Anmerkung zum Beschluss des BGH vom 13.10.1994 - 5 StR 134/94, IStR 1995, 83

Wassermeyer, Franz, Die Beurteilung der Abkommensberechtigung ausländischer Personengesellschaften durch Deutschland als dem Nichtansässigkeitsstaat der Personengesellschaft, IStR 1998, 489

Wassermeyer, Franz, Duplik auf: "Zur Abkommensberechtigung ausländischer von Personengesellschaften" von Klaus Vogel, IStR 1999, 8

Wassermeyer, Franz, Anmerkung zum Beschluss des BFH vom 15.12.1998 - I B 45/98, IStR 1999, 118

Wassermeyer, Franz, Soll Deutschland die Abkommensberechtigung von Personengesellschaften in seinem DBA verankern?, IStR 1999, 481

Wassermeyer, Franz, Anmerkung zum BMF Schreiben vom 24.09.1999, IStR 2000, 627

Wassermeyer, Franz, Podiumsdiskussion: Grenzüberschreitende Sondervergütungen und Betriebsstätteneinkünfte, in: Lüdicke, Jürgen, Besteuerungspraxis bei grenzüberschreitender Tätigkeit, 2003, S. 208

Wassermeyer, Franz, in: Debatin, Helmut/Wassermeyer, Franz, Doppelbesteuerung Kommentar Band I, Loseblattsammlung, Stand Mai 2006

Wassermeyer, Franz, Qualifikationskonflikt bei doppelstöckigen Mitunternehmerschaften, IStR 2006, 273

Wattel, Peter J./Marres, Otto, The Legal Status of the OECD Commentary and Static or Ambulatory Interpretation of Tax Treaties, ET 2003, 222

Weber-Fas, Rudolf, Prinzipien der Abkommensinterpretation im zwischenstaatlichen Steuerrecht, RIW 1982, 803

Weber-Grellet, Heinrich, in: Schmidt, Ludwig, Einkommensteuergesetz Kommentar, 25. Aufl. 2006

Weggenmann, Hans, Sondervergütungen unbeschränkt steuerpflichtiger Mitunternehmer einer ausländischen Personengesellschaft in der Rechtsprechung des BFH und aus Sicht der OECD, IStR 2002, 1

Weggenmann, Hans, Die Empfehlung der OECD an den Ansässigkeitsstaat zur Lösung von Einordnungskonflikten in Bezug auf Sondervergütungen, IStR 2002, 614

Werheim, Michael/Brodthage, Sven, Die Abfärbetheorie bei teilweise gewerblich tätigen Personengesellschaften, DStR 2003, 485

Werner, Rüdiger, Die Ltd. & Co. KG - eine Alternative zur GmbH & Co. KG?, GmbHR 2005, 288

Weßling, Johannes/Romswinkel Marco, Gewerbliche Prägung des § 15 Abs. 3 Nr. 2 EStG, Stbg 2004, 501

Wingert, Dieter/Krause, Michael, Handkommentar der wichtigsten DBA, 1993

Wolff, Ulrich, Generalthema I: Doppelte Nichtbesteuerung, IStR 2004, 542

Wolff, Ulrich, Auslegungsfragen zu DBA-Regelungen über Unternehmensgewinne, in: Gocke Rudolf/Gosch, Dietmar/Lang, Michael, Körperschaftsteuer, Internationales Steuerrecht, Doppelbesteuerung, Festschrift für Franz Wassermeyer zum 65. Geburtstag, 2005, S. 647

Wolff, Ulrich, in: Debatin, Helmut/Wassermeyer, Franz, Doppelbesteuerung Kommentar Band VI, DBA-USA, Loseblattsammlung, Stand Mai 2006

Zenthöfer, Wolfgang/Schulze zur Wische, Dieter, Einkommensteuer, 8. Aufl. 2004

Zutt, Jürg, in: Staub, Hermann, Großkommentar HGB, 4. Aufl. 2004

1. Teil: Vorfragen

A) Einleitung

I) Die Personengesellschaft im Recht der Doppelbesteuerungsabkommen

Nach Angaben des Bundesministeriums für Finanzen gibt es in Deutschland insgesamt 3,3 Millionen Unternehmen. Davon sind 0,5 Millionen Kapitalgesellschaften und 2,8 Millionen Personenunternehmen. Von diesen sind wiederum 2,4 Millionen Einzelunternehmen und 0,4 Millionen Personengesellschaften.

Internationale Wirtschaftsbeziehungen werden für viele dieser Unternehmen im Zuge der Globalisierung immer bedeutender. Dies gilt nicht zuletzt für den in Deutschland immer noch starken Mittelstand. Mittelständische Unternehmen werden traditionell in der Rechtsform der Personengesellschaft geführt. Auch diese treiben im Zuge der Globalisierung die Erschließung des weltweiten Marktes voran, so dass ein gewisser Trend zu Investitionen über die Staatsgrenzen hinweg über Personengesellschaften zu beobachten ist[1]. Steuerlich werden diese internationalen Wirtschaftsbeziehungen durch Doppelbesteuerungsabkommen geregelt, die Personengesellschaften jedoch wenig Aufmerksamkeit schenken. Sie nehmen die beschränkte Eigenständigkeit dieser Wirtschaftsgebilde nicht wahr, sondern behandeln sie lediglich als Betriebsstätte im anderen Vertragsstaat. Damit soll es gelingen, die Personengesellschaften grundsätzlich in die abkommensrechtlichen Grundregeln für die Behandlung von Unternehmen einzupassen, so dass von der Einführung von entsprechenden Sonderregelungen in die einzelnen DBA meist abgesehen wird. Eines der Hauptprobleme bei der Behandlung von Personengesellschaften im Abkommensrecht ist, dass einige Staaten Personengesellschaften als eigenständiges Steuersubjekt auffassen (Intransparenzprinzip), während andere Staaten, wie auch Deutschland, für Zwecke der Besteuerung von Personengesellschaften auf die Gesellschafter durchgreifen (Transparenzprinzip). Dies kann in den Vertragsstaaten zur Annahme unterschiedlicher Steuersubjekte führen.

Im internationalen Wirtschaftsverkehr fällt der mit Abstand größte Teil der Einkünfte unter den Begriff der Unternehmensgewinne. Ihre Bedeutung ist weiter wachsend[2]. Allerdings driften die nationalen Regelungen zur Besteuerung der Unternehmensgewinne in Bezug auf Personengesellschaften, insbesondere

---

[1] Schild, Claus/Ehlermann, Christian, in: Grotherr, Siegfried (Hrsg.), Handbuch der internationalen Steuerplanung, 2. Aufl. 2003, S. 1390.

[2] Raupach, Arndt, Unternehmen und Unternehmer im Recht der Doppelbesteuerungsabkommen, in: Kirchhof, Paul/Lehner, Moris/Raupach Arndt/Rodi (Hrsg.), Festschrift für Klaus Vogel, 2000, S. 1067, (1069).

von den nur in wenigen Staaten bekannten Sondervergütungen weit auseinander[3]. Daraus können wiederum Differenzen der Vertragsstaaten hinsichtlich des Steuerobjekts folgen.

Dies dürfte Anlass genug sein, sich näher mit den Unternehmensgewinnen von Personengesellschaften im Abkommenrecht zu beschäftigen.

II) Vorteile grenzüberschreitender Gestaltungen mittels Personengesellschaften

Durch Einschaltung von Personengesellschaften kann zunächst Doppelbesteuerung vermieden werden. Bei Gründung einer Kapitalgesellschaft im Ausland stellt sich das Problem, dass es bei Ausschüttung der im Ausland erwirtschafteten Gewinne, die eine deutsche Personengesellschaft oder eine deutsche natürliche Person als Gesellschafter erhalten, zu wirtschaftlicher Doppelbesteuerung der Gewinne kommt, da ein internationales Schachtelprivileg für Dividenden fehlt. Außerdem fehlt eine Möglichkeit zur Anrechnung der im ausländischen Staat gezahlten Körperschaftsteuer auf die deutsche Einkommensteuer des Gesellschafters. Dies kann durch die Einschaltung einer deutschen transparent besteuerten Personengesellschaft vermieden werden. Auch im Abkommensfall kommt es grundsätzlich nur zur einmaligen Besteuerung der Personengesellschaftseinkünfte bei den Gesellschaftern.

Durch die Einschaltung einer Personengesellschaftssgestaltung kann zudem erreicht werden, dass bei Annahme von Unternehmensgewinnen im Sinne des Art. 7 OECD-Musterabkommen[4] die Besteuerung der Einkünfte ausschließlich im Sitzstaat der Personengesellschaft vorgenommen wird. Dies folgt daraus, dass unter Zugrundelegung des Transparenzprinzips eine Personengesellschaft, die in einem anderen Staat als ihre Gesellschafter ansässig ist, jeweils eine Betriebsstätte der von ihren Gesellschaftern betriebenen Unternehmen darstellt. Dies kann aus deutscher Sicht sehr reizvoll sein, da in vielen Staaten geringere Steuersätze als in der Bundesrepublik gelten.

III) Gang der Untersuchung

Gegenstand dieser Arbeit ist die Behandlung von Unternehmensgewinnen von Personengesellschaften im Abkommensrecht insbesondere bei Beteiligung von Deutschland als Vertragsstaat. Es sollen die Unterschiede zwischen Unternehmensgewinnen von Personengesellschaften im Abkommensrecht und im innerstaatlichen deutschen Steuerrecht herausgearbeitet werden unter Berücksichti-

[3] Brenner, Dieter, Personengesellschaften im Internationalen Steuerrecht, in: Haarmann, Wilhelm (Hrsg.), Unternehmensstrukturen und Rechtsformen im Internationalen Steuerrecht, 1996, S. 63.

[4] Nachfolgend als OECD-MA bezeichnet.

gung einiger Besonderheiten des § 15 EStG, die im internationalen Vergleich nicht unbedingt eine Entsprechung finden. Die Untersuchung setzt Kenntnisse über Regelungsgegenstand und Funktionsweise von Doppelbesteuerungsabkommen ebenso voraus wie Grundkenntnisse über die abkommensrechtliche Behandlung von Personengesellschaften. Grundlage für die Ausarbeitung ist das OECD-MA, so dass die Ergebnisse dieser Arbeit auf Abkommen übertragbar sind, die dem OECD-MA nachgebildet sind.

Im ersten Teil der Untersuchung sollen Grundzüge zur Personengesellschaft als solcher dargestellt werden. Es werden die Wirtschaftgebilde dargestellt, die nach deutschem innerstaatlichen Recht als Personengesellschaft eingeordnet werden. Es wird weiter auf die steuerliche Behandlung nach dem Transparenzprinzip eingegangen. Anschließend wird das Verfahren aufgezeigt, nach dem entschieden wird, ob ein ausländisches Wirtschaftsgebilde aus der Sicht Deutschlands als Personengesellschaft behandelt werden muss.

Einen wichtigen Teil der Untersuchung nimmt die Auslegung von Doppelbesteuerungsabkommen ein, die als völkerrechtliche Verträge nach besonderen Regeln ausgelegt werden müssen. Dies deshalb, weil insbesondere die Bestimmung des Begriffs des abkommensrechtlichen Unternehmensgewinns für die behandelte Problematik elementar ist und sich im Laufe der Untersuchung zeigen wird, dass das innerstaatliche Recht der Vertragsstaaten im Regelungsbereich der Doppelbesteuerungsabkommen möglichst auszublenden ist. Anschließend soll auf den im Internationalen Steuerrecht häufig bemühten Begriff des Qualifikationskonflikts eingegangen werden.

Ein weiterer wichtiger Punkt für den Umgang mit Personengesellschaften im Recht der Doppelbesteuerungsabkommen ist die Frage nach ihrer Berechtigung, Abkommensschutz in Anspruch zu nehmen. Diese Frage hängt wiederum stark mit den international unterschiedlichen Besteuerungskonzepten für Personengesellschaften zusammen.

Der zweite Teil der Arbeit beschäftigt sich mit den Unternehmensgewinnen von Personengesellschaften, wozu zunächst die Einkünfte aus Gewerbebetrieb nach deutschem innerstaatlichem Steuerrecht in Grundzügen dargestellt werden, sowie die Besonderheiten, die § 15 EStG mit der gewerblichen Infektion und der gewerblichen Prägung von Personengesellschaften, mit dem Sondervergütungskonzept und mit der Behandlung der atypisch stillen Gesellschaft bereithält. Anschließend wird der Frage nach dem Inhalt des abkommensrechtlichen Begriffs der Unternehmensgewinne nachgegangen sowie der systematischen Einordnung derselben im OECD-MA, bevor untersucht wird, ob sich die Besonderheiten im Rahmen des § 15 EStG auf das Abkommensrecht übertragen lassen. Dabei wird jeweils eine getrennte Betrachtung von Outbound-Fall und von Inbound Fall vorgenommen.

Der dritte Teil enthält eine Zusammenfassung der in der vorliegenden Arbeit erarbeiteten Ergebnisse.

B) Begriff der Personengesellschaft

Es finden sich zwei grundlegende Konzepte zur Organisation von Gesellschaften: Personengesellschaften und Kapitalgesellschaft. Im Folgenden sollen die Merkmale von Personengesellschaften zur Abgrenzung von den Kapitalgesellschaften dargestellt werden. Anschließend wird auf das Verfahren zur Einordnung ausländischer Wirtschaftsgebilde entweder als Personengesellschaft oder als Kapitalgesellschaft zum Zwecke der Besteuerung im Inland eingegangen.

I) Innerstaatliches Verständnis

Die Personengesellschaft ist gekennzeichnet durch eine enge Bindung der Gesellschafter untereinander und zu der Tätigkeit der Personengesellschaft. In den meisten Fällen haben Personengesellschaften keine Organe und die Willensbildung erfolgt grundsätzlich nach dem Einstimmigkeitsprinzip. Die Gesellschafter stehen im Vordergrund und führen die Geschäfte in der Regel selbst. Es besteht persönliche Haftung der Gesellschafter und die Anteile an der Gesellschaft dürfen grundsätzlich nicht frei übertragen werden.

Im Gegensatz dazu sind Kapitalgesellschaften auf eine Vielzahl von Mitgliedern ausgelegt. Sie haben selbständige Organe[5] und die Willensbildung erfolgt meist nach dem Mehrheitsprinzip. Die Stellung der Gesellschafter gründet weniger auf der inneren Verbundenheit mit den Mitgesellschaftern sondern mehr auf dem Bestreben, Kapital gewinnbringend einzusetzen. Es besteht keine persönliche Haftung der Gesellschafter und die Gesellschaftsanteile sind frei auf Dritte übertragbar. Außerdem sind die Gesellschafter an der Geschäftsführung regelmäßig nicht selbst beteiligt.

1) Erscheinungsformen von Gesellschaften im Zivilrecht

Das Zivilrecht bietet verschiedene Organisationsformen für Personengesellschaften. Die Grundform ist die Gesellschaft bürgerlichen Rechts. Darauf bauen die Personenhandelsgesellschaften OHG und KG auf. Weitere Formen der Personengesellschaft sind die Stille Gesellschaft, die Partnerschaftsgesellschaft, die Europäische Wirtschaftliche Interessengemeinschaft und die Partnerreederei.

Körperschaften sind der Verein bürgerlichen Rechts, die Aktiengesellschaft, die Kommanditgesellschaft auf Aktien, die Europäische Aktiengesellschaft, die Gesellschaft mit beschränkter Haftung, die Genossenschaft und der Versicherungsverein auf Gegenseitigkeit.

---

[5] Prinzip der Selbstorganschaft.

2) Steuerrechtliche Behandlung

Es existiert keine allgemeine Regelung für die Besteuerung der einzelnen Gesellschaftsformen. Die entsprechenden Regelungen finden sich in den jeweiligen Einzelsteuergesetzen. Diese bestimmen unabhängig von der zivilrechtlichen Einordnung wie die jeweilige Gesellschaft zu besteuern ist.

Nach deutschem innerstaatlichen Steuerrecht werden Gewinne von Personengesellschaften direkt ihren jeweiligen Gesellschaftern zugerechnet und bei diesen besteuert, ohne dass eine Besteuerung der Gesellschaft selbst erfolgen würde (Transparenzprinzip). Die Gewinne von Kapitalgesellschaften unterliegen zunächst auf Ebene der Gesellschaft der Körperschaftsteuer. Nach Ausschüttung, also Weiterleitung der Gewinne an die Gesellschafter, unterliegen die Ausschüttungen bei den Gesellschaftern der Einkommensteuer (Intransparenzprinzip).

II) Internationales Verständnis, Einordnung ausländischer Gesellschaften zu Besteuerungszwecken nach dem Typenvergleich

Im Rahmen der Besteuerung im Abkommensrecht hat es der Rechtsanwender naturgemäß mit mehreren Rechtsordnungen zu tun. Die Beurteilung der Besteuerung von Wirtschaftsgebilden, die nach dem Recht von anderen Staaten als dem Recht der Bundesrepublik errichtet wurden, ist problematisch. Die ausländischen Rechtsordnungen nehmen nicht zwingend dieselbe Einteilung in Personengesellschaften und Kapitalgesellschaften vor wie das deutsche Recht. Falls eine Unterscheidung in Personengesellschaften und Kapitalgesellschaften vorgenommen wird, ist es wahrscheinlich, dass die rechtliche Ausgestaltung der jeweiligen Gesellschaften nicht deckungsgleich mit den Vorgaben des deutschen Rechts ist. Insbesondere sind Personengesellschaften nach ausländischen Rechtsordnungen teilweise rechtsfähig und Körperschaftsteuersubjekt[6].

Die Einordnung von ausländischen Wirtschaftsgebilden ist von Bedeutung, da im Rahmen der beschränkten Steuerpflicht eines ausländischen Wirtschaftsgebildes zu entscheiden ist, ob es der Körperschaftsteuer oder der Einkommensteuer unterfällt. Im Rahmen der Besteuerung der Beteiligung einer unbeschränkt steuerpflichtigen Person an einer ausländischen Gesellschaft können sich je nach

6 Im romanischen Rechtskreis werden Personengesellschaften überwiegend als Körperschaften behandelt (vor allem Belgien, Spanien, Brasilien, Ecuador, Panama, Venezuela). Im angelsächsischen Rechtskreis und beispielsweise in Österreich, Frankreich und Italien werden Personengesellschaften entsprechend dem deutschen Verständnis behandelt und sind insbesondere keine juristischen Personen, Raupach, Arndt, Unternehmen und Unternehmer im Recht der Doppelbesteuerungsabkommen, in: Kirchhof, Paul/Lehner, Moris/Raupach, Arndt/Rodi, Michael (Hrsg.), Festschrift für Klaus Vogel, 2000, S. 1067, (1083).

Einordnung der Gesellschaft Einkünfte aus Kapitalvermögen oder Einkünfte aus Gewerbebetrieb ergeben[7].

Für Zwecke der Besteuerung in Abkommensfällen ist daher eine Einordnung von Wirtschaftsgebilden, die nach dem Recht von anderen Staaten als dem Recht der Bundesrepublik errichtet wurden, vorzunehmen. Allgemein ist diese Beurteilung nach dem Recht des Staates vorzunehmen, der im konkreten Fall über die steuerliche Erfassung der jeweiligen Einnahmen entscheidet[8]. Die Einordnung kann daher je nach der nationalen Rechtsordnung des betreffenden Staates unterschiedlich ausfallen[9]

1) Grundsätze der Einordnung ausländischer Wirtschaftsgebilde im deutschen Steuerrecht

Zunächst ist zu klären, ob für die Einordnung für Zwecke der Abkommensanwendung die Grundsätze des Internationalen Privatrechts heranzuziehen sind, oder ob eine steuerrechtlich autonome Betrachtung zu erfolgen hat. Für die im Rahmen dieser Arbeit untersuchten Personengesellschaften folgt die ertragsteuerrechtlich autonome Beurteilung schon aus § 15 Abs. 1 Nr. 2 EStG, da hier nicht an die bürgerlich-rechtliche Rechtsform angeknüpft wird, sondern an die Mitunternehmereigenschaft des jeweiligen Gesellschafters[10], also ein spezifisch steuerrechtliches Merkmal. Aber auch aus anderen Gesichtspunkten ergibt sich, dass für Zwecke der Anwendung der deutschen Steuerrechtsordnung auf Wirtschaftsgebilde, die nach dem Recht eines anderen Staates gegründet wurden, die Einordnung allein nach dem deutschen Recht entscheidend ist. Schon der Reichsfinanzhof (RFH)[11] hat ausgeführt, dass der verfassungsrechtliche Gleichheitsgedanke eine Einordnung nach der lex fori erfordere. Der Gesetzgeber habe die juristischen Personen des deutschen bürgerlichen Rechts bewusst dem KStG unterstellt. Demgegenüber habe keine Veranlassung bestanden, besondere Bestimmungen über die Behandlung ausländischer juristischer Personen zu treffen und sie ohne weiteres ausdrücklich den deutschen juristischen Personen gleichzustellen. Die Schaffung einer solchen Vorschrift sei schon deshalb bedenklich, weil ihre Auswirkungen auf die Mannigfaltigkeit der ausländischen juristischen Personen gar nicht zu übersehen sei. Daraus könne sich eine Rechtslage ergeben, die der Verwirklichung des Grundsatzes, wirtschaftlich gleiche Verhältnisse nach Möglichkeit gleich zu behandeln, entgegenstehen würde. Daher sei die

[7] Kluge, Volker, DStR 1976, 365.
[8] Debatin, Helmut, BB 1988, 1155; Müller, Marion/Wangler, Clemens, IStR 2003, 145, (146).
[9] Frotscher, Gerrit, Internationales Steuerrecht, 2001, S. 160.
[10] Kluge, Volker, DStR 1976, 365.
[11] RFH, Urteil vom 12.02.1930 – VI A 899/27, RFHE 27, 73, (78); so auch BFH, Urteil vom 17.07.1968 – I 121/64; BFHE 93/1, BStBl. II 1968, 695 und Debatin, Helmut, BB 1988, 1155, (1158).

Entscheidung über die einkommensteuerrechtliche Behandlung juristischer Personen beziehungsweise ihrer Gesellschafter nach den leitenden Gedanken des Einkommensteuer- und Körperschaftsteuergesetzes zu treffen[12].

Henkel gelangt diesbezüglich zu dem selben Ergebnis[13]. Das Steuerrecht treffe eine eigene Wertung, die nicht durch die Hinzuziehung des IPR unterlaufen werden dürfe. Demzufolge komme es auch nicht auf die zivilrechtliche Frage an, ob Gesellschaften, deren Sitz und Geschäftsleitung in verschiedenen Staaten liegen, möglicherweise nach der Sitztheorie keine steuerliche Subjektfähigkeit zukommen könne. Das System der §§ 1 bis 3 KStG kenne die Anerkennung ausländischer Rechtsformen als inländisches Körperschaftsteuersubjekt. Insbesondere § 2 Abs. 1 KStG spreche von Körperschaften, Personenvereinigungen und Vermögensmassen, ohne sich auf den Katalog der inländischen Rechtsformen des § 1 KStG zu beschränken. Daher seien Rechtsformen ausländischen Rechts nach dem schon vom RFH mit der Venezuela-Entscheidung[14] entwickelten sogenannten Typenvergleich anzuerkennen.

a) Vergleich des ausländischen Wirtschaftgebildes mit den vom deutschen Recht vorgegebenen Rechtsformen

Nach den vom RFH[15] entwickelten Grundsätzen des Typenvergleichs ist in zwei Stufen vorzugehen: Zunächst ist das ausländische Wirtschaftsgebilde im Hinblick auf seine Stellung in dem jeweiligen ausländischen Staat zu untersuchen. Es sind die wesentlichen Strukturmerkmale der ausländischen Gesellschaft zu ermitteln[16]. Anschließend ist auf dieser Grundlage zu ermitteln, welchem deutschen Rechtstyp das Wirtschaftsgebilde am ehesten entspricht. Dabei ist das Gesamtbild der Verhältnisse entscheidend[17]. Eine vollständige Übereinstimmung der jeweiligen Merkmale ist also nicht erforderlich.

In der Rechtsprechung des BFH[18], bei der Finanzverwaltung[19] und in der Literatur[20] hat sich diese Vorgehensweise weitestgehend durchgesetzt.

---

[12] So im Grundsatz auch Wassermeyer, Franz, DB 1990, 244.

[13] Henkel, Udo, RIW 1991, 565, (568 f).

[14] RFH, Urteil vom 12.02.1930 – VI A 899/27, RFHE 27, 73.

[15] RFH, Urteil vom 12.02.1930 – VI A 899/27, RFHE 27, 73.

[16] Gündisch, Stephan, Personengesellschaften im DBA-Recht, 2004, S. 9.

[17] Müller, Marion/Wangler, Clemens, IStR 2003, 145, (146).

[18] BFH, Urteil vom 17.07.1968 – I 121/64; BFHE 93/1, BStBl. II 1968, 695 (Liechtensteinische Treuunternehmen); BFH, Urteil vom 06.11.1980 – IV R 182/77, BFHE 132, 92, BStBl II 1981, 220 (Liechtensteinische Anstalt); BFH, Urteil vom 03.03.1988 – I R 134/84, BFHE 153, 14, BStBl. II 1988, 588 (Thailändische KG); BFH, Urteil vom 23.06.1992 – IX R 182/87, BFHE 168, 285, BStBl II 1992, 972 (Liechtensteinische AG).

[19] BMF vom 19.03.2004 – IV B 4 – S 1301 USA – 22/04 (US-LLC); BStBl. I 2004, 411.

[20] Diehl, Wolfram, FR 1978, 517, (518;); Kluge, Volker, DStR 1976, 365; Knobbe-Keuk, Brigitte, DB 1992, 2070; Debatin, Helmut, DB 1977, Beilage 13/77, S. 2; Pott, Hans-Michael,

Lediglich *Hintzen*[21] hat sich gegen die Anwendung dieser Methode des Typenvergleichs ausgesprochen. Seines Erachtens lasse die herrschende Auffassung sowohl ausländisches Steuerrecht und Privatrecht als auch deutsches Internationales Privatrecht zu Unrecht außer Betracht. Nach seiner Auffassung soll die Einordnung nach ausländischem Recht ausschlaggebend sein. Demzufolge sei eine ausländische Personengesellschaft, die nach dem Recht ihres Sitzstaates Rechtsfähigkeit besitze und aufgrund dessen körperschaftsteuerpflichtig sei, auch in Deutschland so zu behandeln. Gestützt werde diese Überlegung von dem Gedanken der Wettbewerbsgerechtigkeit. Danach sei für die Einordnung einer ausländischen Gesellschaft die Wettbewerbslage in dem Land maßgeblich, in dem die Gesellschaft in Konkurrenz mit anderen Unternehmen Gewinne erzielt und nicht die Wettbewerbslage des Wohnsitzstaates eines Gesellschafters, in den die Gewinne fließen.

Der Gedanke der Wettbewerbsfähigkeit eignet sich jedoch nicht als Argument gegen die Anwendung der Einordnung nach der lex fori. Überzeugend weist *Kluge*[22] darauf hin, dass der Begriff der Wettbewerbsgerechtigkeit weder im Gesetz noch sonst wo niedergelegt sei. Auch wenn die Entscheidung über die Einordnung eines Wirtschaftsgebildes eine wichtige Vorentscheidung für die Art und Weise der Besteuerung bedeute, so habe die Überlegung zur wettbewerbsrechtlichen Stellung der ausländischen Unternehmung im Rahmen des § 1 KStG ebenso wenig wie bei der Frage nach der Mitunternehmerschaft nach § 15 Abs. 1 Nr. 2 EStG zu suchen. Zudem stellt die Frage welche Wettbewerbslage entscheidend sein soll das Kernproblem des Internationalen Steuerrechts dar und keinen Grundsatz, auf dem eine Argumentation aufzubauen wäre.

Die Einordnung ausländischer Wirtschaftsgebilde für Zwecke der Besteuerung in Deutschland in Abhängigkeit von der Einordnung des Sitzstaates des Wirtschaftsgebildes als rechtsfähig oder als nicht rechtsfähig ist auch aus einem anderen Gesichtspunkt unpraktikabel. Die Einordnung ausländischer Rechtsgebilde entspräche dann nicht der Einordnung vergleichbarer deutscher Rechtsgebilde sondern hinge von der Entscheidung des ausländischen Gesetzgebers ab[23].

Die Kollision unterschiedlicher Formen der Gesellschaftsbesteuerung im internationalen Steuerrecht, 1982, S. 53; Knobbe-Keuk, Brigitte, RIW 1991, 306, (313); Krabbe, Helmut, Die Personengesellschaft im internationalen Steuerrecht, in: StBJB 2000/2001, 183, (184); Morlock, Günter, Gewerblich geprägte Personengesellschaft im DBA-Recht , in: StBJB 2003/2004, S. 712, (713); Hey, Friedrich E. F., Stellung der US (Delaware) Ltd. im internationalen Steuerrecht, in: Burmester, Gabriele/Endres, Dieter, Festschrift für Helmut Debatin, 1997, 121, (135); Henke, Ulf/Lang, Michael, IStR 2001, 514, (515); Prinz, Ulrich/Breuninger, Gottfried E., IWB, Fach 10, Gruppe 2, 1293 (1298 f) Schmidt, Christian/Blöchle, Daniel, IStR 2003, 685 (686).

[21] Hintzen, Lothar, DStR 1971, 327, (333); ders., StuW 1974, 319, (321).

[22] Kluge, Volker, DStR 1976, 365, (366).

[23] Diehl, Wolfram, FR 1978, 517, (519).

Ausgangspunkt zur Beantwortung der Frage nach der subjektiven Körperschaftssteuerpflicht ist demzufolge allein die Wertung des deutschen Steuerrechts[24] und nicht die zivilrechtliche Wertung. Daher kommt der Rechtsfähigkeit des Wirtschaftsgebildes bei Durchführung des Typenvergleichs auch keine ausschlaggebende Bedeutung zu[25].

b) Generell-abstrakte versus individuell-konkrete Betrachtung

Zu klären ist, ob der Typenvergleich auf Basis des allgemein geltenden ausländischen Gesellschaftsrechts vorzunehmen ist, also ohne Berücksichtigung der gesellschaftsvertraglich festgelegten besonderen Bestimmungen (generell-abstrakte Betrachtung), oder ob die speziellen gesellschaftsvertraglichen und mit den allgemeinen gesellschaftsrechtlichen Vorgaben zu vereinbarenden Regelungen zu berücksichtigen sind (individuell-konkrete Betrachtung).

aa) Ansicht der Rechtsprechung: eher generell-abstrakte Betrachtung

Die Rechtsprechung hat zu dieser Frage nur vage Stellung bezogen. Im bereits zitierten Urteil vom 23.06.1992[26] zu einer liechtensteinischen AG spricht sich der BFH eher für die generell-abstrakte Betrachtung aus, wenn er formuliert, dass bei einem Typenvergleich eine Gesamtwürdigung der maßgebenden ausländischen Bestimmungen über die Organisation und Struktur der Gesellschaft vorzunehmen sei und nicht entscheidend sei, wie die inneren Verhältnisse der Gesellschaft im Einzelfall ausgestaltet seien. Weitere Entscheidungen sprechen die Frage überhaupt nicht an[27]. Der RFH[28] spricht in der Venezuela Entscheidung von der „Würdigung der ausländischen Gesellschaft in ihrer Gesamtheit, unter Beachtung ihrer wirtschaftlichen Stellung und ihres rechtlichen Aufbaues nach venezolanischem Rechte". Demnach soll wohl eine Betrachtung auch der gesellschaftsvertraglichen Regelungen stattfinden, ohne dass dies jedoch eindeutig klargestellt wird.

---

24 Müller, Marion/Wangler, Clemens, IStR 2003, 145, (146).

25 RFH, Urteil vom 12.02.1930 – VI A 899/27, RFHE 27, 73; BFH, Urteil vom 03.02.1988 – I R 134/84, BFHE 153, 14, BStBl. II 1988, 588.

26 BFH, Urteil vom 23.06.1992 – IX R 182/87, BFHE 168, 285, BStBl. II 1992, 972.

27 BFH, Urteil vom 19.03.1996 – VIII R 15/94, BFHE 180, 146, BStBl. II 1996, 312 (B.V. niederländischen Rechts); FG Baden-Württemberg, Urteil vom 19.03.1997 – 3 K 171/92 (Schweizer AG); In den Entscheidungen wird jeweils auch nicht darauf eingegangen, warum anhand des Typenvergleichs die untersuchten Gesellschaften als Kapitalgesellschaften beurteilt werden. Es bleibt bei der lapidaren Feststellung, dass es sich aufgrund des Typenvergleichs um Kapitalgesellschaften handle.

28 RFH, Urteil vom 12.02.1930 – VI A 899/27, RFHE 27, 73, (79).

bb) Ansicht der Literatur: individuell-konkrete Betrachtung

Die Literatur spricht sich jedenfalls für die Anwendung der individuell-konkreten Betrachtung aus[29]. Demzufolge sei der Typenvergleich anhand der Strukturmerkmale der ausländischen Gesellschaft durchzuführen, wie sie sich aus der Satzung und dem ausländischen Gesellschaftsrecht ergeben. Zu entscheiden sei über einen konkreten Steuerzahler und dessen konkrete Steuerpflicht und nicht über einen abstrakten Fall. Im deutschen Steuerrecht seien dem Gesetzgeber die deutschen Gesellschaftstypen mit ihren zulässigen Abweichungen vom gesetzlichen Leitbild bekannt gewesen, so dass er pauschalierend die Steuerpflicht für bestimmte Gesellschaftstypen bejahen oder verneinen konnte[30]. Im Hinblick auf die Vielzahl der ausländischen Rechtsformen und deren Gestaltungsmöglichkeiten war die Begründung einer pauschalen Steuerpflicht nicht möglich. Daher kommt gesellschaftsvertraglichen Regelungen ein größeres Gewicht zu als bei den bekannten deutschen Rechtsformen.

cc) Stellungnahme

Der individuell-konkreten Betrachtung ist der Vorzug zu geben. Nur unter Berücksichtigung auch der Satzung der zu beurteilenden Gesellschaft neben dem gesetzlichen Leitbild des ausländischen Gesellschaftsrechts kann eine vollständige Überprüfung des Wirtschaftgebildes vorgenommen werden. Dies zeigt sich insbesondere an Rechtsordnungen, die ein flexibles Gesellschaftsrecht mit zahlreichen Gestaltungsmöglichkeiten vorsehen. So beinhalten zum Beispiel die US-amerikanischen LLC-Gesetze die Möglichkeit, dass entweder nur die Gesellschafter die Geschäftsführung innehaben oder ausschließlich Dritte. Der Gesellschaftsvertrag der LLC kann außerdem vorsehen, dass die Gesellschafter die unbeschränkte Haftung gegenüber den Gesellschaftsgläubigern übernehmen, die Gesellschaftsanteile nicht übertragbar sind oder dass die Gesellschaft bei Tod, dauernder Geschäftsunfähigkeit oder Insolvenz eines Gesellschafters aufgelöst wird, was eher für die Einordnung als Personengesellschaft spräche. Genauso kann aber im Gesellschaftsvertrag festgelegt werden, dass keiner der Gesell-

---

[29] Henkel, Udo, RIW 1991, 565, (567); Greif, Martin, in: Mössner, Jörg Manfred u. a., Steuerrecht international tätiger Unternehmen 3. Aufl., 2005, Tz. E 143; Hey, Friedrich E. F., Stellung der US (Delaware) Ltd. im internationalen Steuerrecht, in: Burmester, Gabriele/Endres, Dieter, Festschrift für Helmut Debatin, 1997, S. 121, (138 f); Henke, Ulf/Lang, Michael, IStR 2001, 514, (515); Krabbe, Helmut, IStR 2004, 354; Lüdicke, Jürgen, Neue Entwicklungen der Besteuerung von Personengesellschaften im internationalen Steuerrecht, StBJB 1997/1998, S. 449, (453); Weßling, Johannes/Romswinkel Marco, Stbg 2004, 501, (503).

[30] Hey, Friedrich E. F., Stellung der US (Delaware) Ltd. im internationalen Steuerrecht, in: Burmester, Gabriele/Endres, Dieter, Festschrift für Helmut Debatin, 1997, S. 121, (139); Lüdicke, Jürgen, Neue Entwicklungen der Besteuerung von Personengesellschaften im internationalen Steuerrecht, StBJB 1997/1998, S. 449, (453).

schafter persönlich haftet, dass die Gesellschaftsanteile frei übertragbar sind oder dass der Bestand der LLC unabhängig von Umständen in der Person der einzelnen Gesellschafter ist[31].

Es könnte daher zu Fehlbeurteilungen kommen, wenn lediglich das gesetzliche Leitbild des ausländischen Gesellschaftsrechts im Rahmen des Typenvergleichs herangezogen würde. Jedoch ist eine Einschränkung zu machen, soweit es um das Merkmal der Kapitalaufbringung geht. Wie nachfolgend dargestellt[32], stellt eine gesellschaftsvertragliche Verpflichtung zur Erbringung einer Vermögenseinlage kein Kriterium für das Vorliegen einer Kapitalgesellschaft dar. Eine deutsche Personengesellschaft verliert durch eine entsprechende Regelung im Gesellschaftsvertrag nicht ihre Eigenschaft als Personengesellschaft. Demzufolge ist die individuell-konkrete Betrachtung so durchzuführen, dass neben dem ausländischen Gesellschaftsrecht die Satzung des jeweiligen Wirtschaftsgebildes mit einzubeziehen ist. Regelungen in der Satzung, die grundsätzlich für das Vorliegen einer Kapitalgesellschaft einerseits oder einer Personengesellschaft andererseits sprechen und vom gesellschaftsrechtlichen Leitbild des ausländischen Gesellschaftsrechts abweichen, sind darauf zu untersuchen, ob diese Abweichungen nach dem deutschen Gesellschaftsrecht ebenfalls möglich sind, ohne dass das Wirtschaftgebilde seine Eigenschaft als Kapitalgesellschaft oder Personengesellschaft verliert.

c) Kriterien für die Überprüfung im Rahmen des Rechtstypenvergleichs

Es stellt sich die Frage, welche Kriterien für den Vergleich des ausländischen Wirtschaftsgebildes mit den zur Verfügung stehenden inländischen Rechtsformen heranzuziehen sind. Es gibt jedoch keine abschließende und allgemeingültige Aufstellung solcher Kriterien. Zuletzt hat die Finanzverwaltung im Schreiben zur steuerlichen Einordnung der US-LLC[33] die wesentlichen maßgeblichen Kriterien zusammengetragen. Dabei bezieht die Finanzverwaltung in die Untersuchung sowohl die gesetzlichen Grundlagen ein wie auch die individuellen Vereinbarungen im Gesellschaftsvertrag und folgt demnach ebenfalls der individuell-konkreten Betrachtung.

---

[31] Henke, Ulf/Lang, Michael, IStR 2001, 514, (516).

[32] Vgl. 1. Teil B)II)1)c)ee).

[33] BMF vom 19.03.2004 – IV B 4 – S 1301 USA – 22/04 (US-LLC), BStBl. I 2004, 411; Die Finanzverwaltung will unter der Verfügung aber kein allgemeingültiges Werkzeug sehen. Grundsätzlich bleibe es bei der Einordnung nach dem Gesellschaftstyp entsprechend den Tabellen 1 und 2 im Anhang zum Betriebsstättenerlass (BMF vom 24.12.1999, IV B 4 – S 1300 – 111/99, BStBl. I 1999, 1076 ff). Grund für das schreiben betreffend die US-LLC war die weitgehende Dispositionsfreiheit der Gesellschafter nach US-Gesellschaftsrecht. Vgl. Krabbe, Helmut, IStR 2004, 354.

aa) Geschäftsführung und Vertretung

Ein Merkmal für die Einordnung des Wirtschaftsgebildes als Personengesellschaft liegt vor, wenn die Geschäftsführungs- und Vertretungsbefugnis auf alle oder einzelne Gesellschafter beschränkt ist. Bei der AG oder GmbH erlaubt demgegenüber der Grundsatz der Fremdorganschaft, dass auch beliebige Dritte mit der Geschäftsführung und Vertretung betraut werden können[34] (vgl. § 76 Abs. 3 AktG und § 6 Abs. 2 GmbHG).

bb) Haftung

Für das Vorliegen einer Kapitalgesellschaft spricht, wenn keiner der Gesellschafter persönlich für die Verbindlichkeiten des Wirtschaftsgebildes oder für Ansprüche gegen dieses haftet, während die Gesellschafter von Personengesellschaften regelmäßig persönlich für die Schulden der Gesellschaft haften.

cc) Übertragbarkeit der Anteile

Die freie Übertragbarkeit der Anteile, bestehend aus Vermögens- und Mitgliedschaftsrechten, an der Gesellschaft mit der Folge, dass der Erwerber in vollem Umfang in die Gesellschafterstellung des Veräußerers eintritt ist eine wesentliche Eigenschaft für eine Kapitalgesellschaft. Soweit im Gesellschaftsvertrag nicht anders geregelt, bedarf die Übertragung der Gesellschaftsanteile nicht der Zustimmung der Mitgesellschafter, gleich ob die Übertragung unter Lebenden oder von Todes wegen erfolgt.

Bei der Personengesellschaft besteht demgegenüber eine enge Bindung mit der Person und dem Vermögen ihrer Gesellschafter. Daher ist die Übertragung der Anteile an Personengesellschaften regelmäßig ausgeschlossen oder lediglich eingeschränkt oder nur mit Zustimmung der übrigen Gesellschafter möglich. Ebenso ist der Ein- beziehungsweise Austritt von der Zustimmung der vorhandenen beziehungsweise übrigen Gesellschafter abhängig[35].

dd) Gewinnzuteilung

Bei der Kapitalgesellschaft ist ein Gewinnfeststellungsbeschluss Voraussetzung für die Zuteilung des Gewinnanteils an die jeweiligen Gesellschafter.

Bei einer Personengesellschaft kann der Gesellschafter ohne Ausschüttungsbeschluss unmittelbar über seinen Gewinnanteil verfügen. Für OHG und KG folgt dies aus § 120 Abs. 1 HGB in Verbindung mit § 121 HGB.

---

[34] Randenborgh, Lucas van, in: Sudhoff, Heinrich, Personengesellschaften, 8. Auflage 2005, § 1, Rn. 21.

[35] Randenborgh, Lucas van, in: Sudhoff, Heinrich, Personengesellschaften, 8. Auflage 2005, § 1, Rn. 15.

ee) Kapitalaufbringung

Aufgrund des Leitgedankens des Gläubigerschutzes wird in Deutschland bei Kapitalgesellschaften ein gesetzliches Mindestkapital vorgeschrieben. Dieses kann entweder in Geld oder in Sachwerten erbracht werden, nicht jedoch in Form von Dienstleistungen[36]. Gesellschafter einer AG oder einer GmbH können von ihrer Einlageverpflichtung nach § 66 Abs. 1 AktG beziehungsweise § 19 Abs. 2 GmbHG nicht befreit werden.

Aufgrund der persönlichen Haftung der Gesellschafter bei Personengesellschaften, besteht hier keine Verpflichtung, Eigenkapital bereitzustellen. Das Schreiben zur steuerlichen Einordnung der US-LLC[37] geht davon aus, dass der Verzicht auf eine Einlageverpflichtung im Gesellschaftsvertrag für das Vorliegen einer Personengesellschaft spreche. Dem ist nicht in dieser Generalität zu folgen. Es ist durchaus üblich, dass bei Personengesellschaften deutschen Rechts gesellschaftsvertraglich die Verpflichtung zur Erbringung einer Kapitaleinlage vorgesehen ist, obwohl dies gesetzlich nicht vorgeschrieben ist. Trotzdem behält das Wirtschaftsgebilde seine Eigenschaft als Personengesellschaft. Im Hinblick auf die Verpflichtung zur Aufbringung eines Mindestkapitals ist daher vom gesellschaftsrechtlichen Leitbild der jeweiligen Rechtsordnung auszugehen[38].

ff) Lebensdauer der Gesellschaft

Das Kriterium der unbegrenzten Lebensdauer als Merkmal von Kapitalgesellschaften hat durch die Änderung des § 131 HGB[39] an Unterscheidungskraft verloren, wonach nun auch bei OHG und KG Umstände in der Person der Gesellschafter (Tod, Kündigung, Insolvenz eines Gesellschafters) weitestgehend keine Auswirkung auf den Fortbestand der Gesellschaft haben[40]. Lediglich wenn die Lebensdauer nach ausländischem Recht oder nach dem Gesellschaftsvertrag begrenzt ist oder es sich nicht um eine Personenhandelsgesellschaft handelt, kann das Kriterium der Lebensdauer berücksichtigt werden.

Unbegrenzte Lebensdauer liegt vor, wenn das ausländische Gesellschaftsrecht zwar die Auflösung der Gesellschaft aus den vorgenannten oder vergleichbaren Gründen vorsieht, die Gesellschafter aber trotz Vorliegens eines Auflösungsgrundes die Fortsetzung der Gesellschaft vereinbaren können und diese

---

[36] Fahrenberg, Jürgen/Henke, Ulf, IStR 2004, 485, (487).

[37] BMF vom 19.03.2004 – IV B 4 – S 1301 USA – 22/04 (US-LLC), BStBl. I 2004, 411.

[38] So auch Fahrenberg, Jürgen/Henke, Ulf, IStR 2004, 485, (487); an dieser Stelle ist damit eine Ausnahme von der unter 1. Teil B)II)1)b) vertretenen individuell-konkreten Betrachtungsweise zu machen.

[39] Änderung des § 131 HGB durch Handelsrechtsreformgesetz vom 22.06.1998, BGBl. I 1998, 1474.

[40] Henke, Ulf/Lang, Michael, IStR 2001, 514, (518).

Fortsetzung von vornherein ohne weitere Bedingungen im Gesellschaftsvertrag festgelegt ist.

gg) Gewinnverteilung

Die Art und Weise der Gewinnverteilung ist ebenfalls kein besonders geeignetes Kriterium zur Abgrenzung von Personengesellschaft und Kapitalgesellschaft. Zwar Findet bei Personengesellschaften im Grundsatz Gewinnverteilung nach Köpfen statt und bei Kapitalgesellschaften nach Aktiennennbeträgen, Geschäftsanteilen oder Einlagen. In der Praxis kommt jedoch die Gewinnverteilung nach Köpfen bei Personengesellschaften äußerst selten vor[41]

hh) Formale Gründungsvoraussetzungen

Kapitalgesellschaften bedürfen zu ihrer Entstehung der Eintragung ins Handelsregister als konstitutive Voraussetzung.

Personengesellschaften gelangen regelmäßig schon mit Abschluss des Gesellschaftsvertrages zur Entstehung.

Um diesem Kriterium Unterscheidungskraft beimessen zu können, müsste es eine Aussage über die innere Verbundenheit mit den Mitgesellschaftern treffen[42], was sich allerdings nicht aus fehlenden beziehungsweise vorhandenen Gründungsvoraussetzungen ableiten lässt.

ii) Nicht zu berücksichtigende Kriterien

Neben der Rechtsfähigkeit ist auch die Anzahl der Gesellschafter kein unterscheidungsgeeignetes Merkmal[43]. Dass die fehlende Rechtsfähigkeit der ausländischen Gesellschaft trotzdem im Ergebnis zu einer Behandlung als Kapitalgesellschaft führen kann, wurde bereits erwähnt[44].

Dass die Anzahl der Gesellschafter weder Kriterium für das Vorliegen einer Kapitalgesellschaft noch für das Vorliegen einer Personengesellschaft sein kann, folgt aus den Ausführungen des Großen Senats des BFH[45] zur Frage der Behandlung einer Publikums-KG als nichtrechtsfähiger Verein im Sinne des § 1 Abs. 1 Nr. 5 KStG beziehungsweise als nichtrechtsfähige Personenvereinigung im Sinne des § 3 Abs. 1 KStG. Nach dem Großen Senat würde die Ab-

---

[41] Fahrenberg, Jürgen/Henke, Ulf, IStR 2004, 485, (488); .

[42] So RFH, Urteil vom 12.02.1930 – VI A 899/27, RFHE 27, 73, (80).

[43] BMF vom 19.03.2004 – IV B 4 – S 1301 USA – 22/04 (US-LLC), BStBl. I 2004, 411, unter IV.9..

[44] Vgl. 1. Teil B)II)1)a) unter Hinweis auf die Rechtsprechung des RFH, Urteil vom 12.02.1930 – VI A 899/27, RFHE 27, 73; BFH, Urteil vom 03.02.1988 – I R 134/84, BFHE 153, 14, BStBl. II 1988, 588.

[45] BFH, Beschluss vom 25.06.1984, GrS 4/82, BFHE 141, 405, BStBl. II 1984, 751.

grenzung von Personengesellschaft und nichtrechtsfähigem Verein zu schwierigen Subsumtionsfragen führen, die der Gesetzgeber so nicht gewollt haben könne. Insbesondere könne die Grenze zwischen „Publikumsgesellschaft“ und „normaler Gesellschaft“ nicht in befriedigender Weise gezogen werden.

2) Konkrete Entscheidungsfindung

Fraglich ist, wie die einzelnen Unterscheidungskriterien zu gewichten sind, und wie sich daraus die Einordnung des Wirtschaftsgebildes als Personengesellschaft oder Kapitalgesellschaft ergibt.

Die Rechtsprechung hat bisher nur allgemein gehaltene Formeln verwendet[46] und es jeweils dabei belassen, die Merkmale aufzuzählen, die für das ermittelte Ergebnis sprechen.

Das Schreiben des BMF zur steuerlichen Einordnung der US-LLC[47] bietet nun Ansatzpunkte für eine systematische Einordnung ausländischer Wirtschaftsgebilde unter das System von Kapitalgesellschaften und Personengesellschaften nach deutschem Recht.

Das BMF stellt klar, dass keines der genannten Kriterien allein ausschlaggebend für die Einordnung des Wirtschaftsgebildes ist[48]. Nach dem BMF ist entscheidend für welche Rechtsform die Mehrheit der oben genannten Kriterien[49] spricht. Diesen Kriterien wird demzufolge gleiches Gewicht beigemessen. Dabei ist das Kriterium der unbegrenzten Lebensdauer nur unter den dort genannten Voraussetzungen einzubeziehen.

Die Ausgestaltung der Geschäftsführung besitzt jedenfalls Unterscheidungskraft für die Einordnung eines Wirtschaftsgebildes als Personengesellschaft oder Kapitalgesellschaft. Im Falle der Eigengeschäftsführung wird die personale Verbundenheit der Gesellschafter untereinander deutlich, welche schon nach der Venezuela Entscheidung[50] für das Vorliegen einer Personengesellschaft spricht[51].

---

[46] RFH, Urteil vom 12.02.1930 – VI A 899/27, RFHE 27, 73; BFH, Urteil vom 17.07.1968 – I 121/64, BFHE 93/1, BStBl. II 1968, 695 (Liechtensteinische Treuunternehmen); BFH, Urteil vom 06.11.1980 – IV R 182/77, BFHE 132, 92, BStBl II 1981, 220 (Liechtensteinische Anstalt); BFH, Urteil vom 03.03.1988 – I R 134/84, BFHE 153, 14, BStBl. II 1988, 588 (Thailändische KG); BFH, Urteil vom 23.06.1992 – IX R 182/87, BFHE 168, 285, BStBl II 1992, 972 (Liechtensteinische AG).

[47] BMF vom 19.03.2004 – IV B 4 – S 1301 USA – 22/04 (US-LLC), BStBl. I 2004, 411, dort unter V..

[48] Ebenso schon Hey, Friedrich E. F., Stellung der US (Delaware) Ltd. im internationalen Steuerrecht, in: Burmester, Gabriele/Endres, Dieter, Festschrift für Helmut Debatin, 1997, S. 121, (136); Henke, Ulf/Lang, Michael, IStR 2001, 514, (519).

[49] Siehe 1. Teil B)II)1)c)aa) bis ff).

[50] RFH, Urteil vom 12.02.1930 – VI A 899/27, RFHE 27, 73, (80).

[51] Hey, Friedrich E. F., RIW 1992, 920, (921).

Dem Haftungskriterium ist aufgrund des Wesenskerns des deutschen Rechts, wonach Gesellschafter von Kapitalgesellschaften auf das Gesellschaftsvermögen beschränkt haften, während Gesellschafter von Personengesellschaften mit Ausnahme der Kommanditisten persönlich für Gesellschaftsverbindlichkeiten haften, eine wichtige Rolle beizumessen. Dass die GmbH & Co. KG als Personengesellschaft eingestuft wird, obwohl letztlich keine persönliche Haftung besteht, zeigt aber, dass auch das Haftungskriterium nicht alleine ausschlaggebend sein kann[52].

Das Merkmal der freien Übertragbarkeit der Anteile an der Gesellschaft ist im deutschen Recht wesentlich für Kapitalgesellschaften und ist daher als Kriterium für die Abgrenzung zur Personengesellschaft maßgeblich.

Schließlich eignet sich die Frage der Notwendigkeit eines Ausschüttungsbeschlusses zur Gewinnzuteilung als Abgrenzungsmerkmal gerade für die Einordnung des Wirtschaftgebildes in steuerlicher Hinsicht[53]. Hintergrund ist, dass bei Kapitalgesellschaften der Gewinn sowohl bei der Gesellschaft selbst versteuert wird und nach Ausschüttung bei den jeweiligen Gesellschaftern. Aufgrund des Transparenzprinzips bei der Besteuerung von Personengesellschaften existiert keine unterschiedliche Gesellschafter- und Gesellschaftssphäre. Da der Gewinn der Personengesellschaft in steuerlicher Hinsicht unmittelbar den Gesellschaftern zugerechnet wird, muss auch keine gesonderte Entscheidung der Gesellschafter über die Ausschüttung des Gewinns erfolgen.

Bedeutsam ist auch die Kapitalaufbringung als Ausfluss des in Deutschland stark ausgeprägten Gläubigerschutzes.

Aus dem vorgenannten BMF Schreiben[54] geht nicht hervor, wie die Kriterien „Gewinnverteilung" und „formale Gründungsvoraussetzungen" in die Prüfung einzubeziehen sind, da diese Kriterien offenbar nicht in die Mehrheitsbetrachtung der einzelnen Kriterien einfließen sollen. Da es sich grundsätzlich um Kriterien mit Entscheidungskraft handelt sind sie in einem ersten Schritt in die Gesamtbetrachtung einzubeziehen und bei der Entscheidungsfindung zu berücksichtigen. Erst wenn sich danach kein einheitliches Bild zugunsten einer Einordnung als Kapitalgesellschaft oder Personengesellschaft ergibt, sind die beiden letztgenannten Kriterien auszublenden und es kommt abschließend auf die ersten fünf Kriterien[55] an. Die Kriterien „Gewinnverteilung" und „formale Gründungsvoraussetzungen" haben damit auf den ersten Blick nicht wirklich Einfluss auf die Entscheidungsfindung. Nur wenn ausnahmsweise auch das Kriterium „Lebensdauer der Gesellschaft" in die Untersuchung einzubeziehen ist, kann es unter den dann sechs Hauptkriterien zu einer Pattsituation kommen. In diesem

[52] Henke, Ulf/Lang, Michael, IStR 2001, 514, (519).

[53] A. A.: Henke, Ulf/Lang, Michael, IStR 2001, 514, (519), die dem Kriterium des Ausschüttungsbeschlusses nur eine durchschnittliche Bedeutung beimessen.

[54] BMF vom 19.03.2004 – IV B 4 – S 1301 USA – 22/04 (US-LLC), BStBl. I 2004, 411.

[55] Siehe 1. Teil B)II)1)c)aa) bis ee).

Fall können die beiden letztgenannten Kriterien den Ausschlag entweder zugunsten einer Kapitalgesellschaft oder zugunsten einer Personengesellschaft geben[56].

III) Zusammenfassung 1

Die steuerliche Behandlung von Personengesellschaften und Kapitalgesellschaften im innerstaatlichen deutschen Steuerrecht unterscheidet sich grundlegend. Die Besteuerung von Personengesellschaften erfolgt nach dem Transparenzprinzip, wonach die Einkünfte nicht bei der Gesellschaft selbst der Besteuerung unterworfen werden, sondern auf der Ebene der Gesellschafter bei deren Veranlagung zur Einkommensteuer (Trennungsprinzip). Kapitalgesellschaften sind eigenständige Steuersubjekte und unterliegen der Körperschaftsteuer. Für ein ausländisches Wirtschaftsgebilde ist bei der Prüfung der beschränkten Steuerpflicht festzustellen, ob es als Personengesellschaft oder als Kapitalgesellschaft einzuordnen ist. Danach richtet sich, ob ein an dem Wirtschaftsgebilde beteiligter unbeschränkt Steuerpflichtiger Einkünfte aus Gewerbebetrieb oder aus Kapitalvermögen bezieht. Diese Einordnung der ausländischen Entität geschieht nach den Grundsätzen des Rechtstypenvergleichs. Für diese Vorgehensweise hat bereits der RFH[57] nachfolgende Leitlinien entwickelt, denen auch die herrschende Meinung folgt.

Demzufolge sind zunächst die Strukturmerkmale der ausländischen Gesellschaft zu ermitteln, bevor der vergleichbare Rechtstyp des innerstaatlichen Rechts zu suchen ist. Eine vollständige Übereinstimmung wird dabei kaum erzielt werden können, so dass nur eine weitest gehende Vergleichbarkeit des ausländischen Rechtsgebildes mit einer der Rechtsformen des deutschen innerstaatlichen Rechts erforderlich ist. Die Untersuchung richtet sich nach herrschender Ansicht alleine am innerstaatlichen Steuerrecht aus ohne Berücksichtigung des Internationalen Privatrechts. Gemäß der jedenfalls in der Literatur vorherrschenden individuell-konkreten Betrachtung ist dabei nicht nur das gesetzliche Leitbild der zu beurteilenden ausländischen Gesellschaft heranzuziehen, sondern auch deren Satzung.

Der Typenvergleich richtet sich grundsätzlich an den folgenden Einzelkriterien aus:

- Geschäftsführung und Vertretung
- Haftung
- Verkehrsfähigkeit der Gesellschaftsanteile
- Gewinnverteilung
- Kapitalaufbringung
- Lebensdauer der Gesellschaft

[56] Fahrenberg, Jürgen/Henke, Ulf, IStR 2004, 485, (488).
[57] RFH, Urteil vom 12.02.1930 – VI A 899/27, RFHE 27, 73.

- Gewinnverteilung
- Formale Gründungsvoraussetzungen

Keines der genannten Kriterien kann alleine ausschlaggebend für die Einordnung eines ausländischen Wirtschaftsgebildes sein. Insoweit wird hier die Auffassung der Finanzverwaltung zur Einordnung der US-LLC geteilt[58]. Das ausländische Wirtschaftsgebilde ist demnach wie diejenige Organisationsform zu behandeln, für die die Mehrzahl der genannten Kriterien spricht. Grundsätzlich sind die Kriterien gleich gewichtet. Jedoch ist die Lebensdauer der Gesellschaft nur heranzuziehen, wenn das ausländische Gesellschaftsrecht oder der Gesellschaftsvertrag eine Begrenzung der Lebensdauer vorsieht. Im Übrigen ist zu unterscheiden zwischen Hauptkriterien (Kriterien 1 bis 5) und Nebenkriterien (Kriterien 7 und 8). Dabei kann meist alleine mit den fünf Hauptkriterien eine zuverlässige Einordnung vorgenommen werden. Die Nebenkriterien sind dann als ausschlaggebend heranzuziehen, wenn sich bei ausnahmsweiser Einbeziehung des Kriteriums „Lebensdauer der Gesellschaft" zwischen den dann sechs Hauptprüfkriterien eine Pattsituation ergibt[59].

---

[58] BMF vom 19.03.2004 – IV B 4 – S 1301 USA – 22/04 (US-LLC); BStBl. I 2004, 411.

[59] So die zutreffende Interpretation von Fahrenberg, Jürgen/Henke, Ulf, IStR 2004, 485, (488).

C) Auslegung von Doppelbesteuerungsabkommen

Zum besseren Verständnis der nachfolgenden Ausführungen in dieser Arbeit soll zunächst auf die Regeln für die Anwendung und das Verständnis von Doppelbesteuerungsabkommen eingegangen werden.

Auch DBA bedürfen wie sonstige Regelungswerke zur Ermittlung ihres Inhalts der Auslegung. Rechtsvorschriften werden allgemein erst durch die Anwendung von Auslegungsregeln auf Lebenssachverhalte anwendbar. Auslegung bedeutet, einen Text zum Verständnis zu bringen[60]. Die Abkommensauslegung beginnt im Verhältnis zwischen Finanzverwaltung und Steuerpflichtigem im Zusammenhang mit der Ermittlung des steuerpflichtigen Einkommens[61]. Dabei sind im Vergleich zum innerstaatlichen Recht einige Besonderheiten zu beachten, die zum einen mit dem Charakter der Abkommen als völkerrechtliche Verträge zusammenhängen, zum anderen in den Abkommen selbst angelegt sind.

Zwar werden die Abkommen gemäß Art. 59 Abs. 2 GG durch Zustimmung der Gesetzgebungsorgane zu geltendem Recht, so dass der Steuerpflichtige und nicht nur der vertragsschließende Staat, sich auf die Steuervergünstigung des jeweiligen Abkommens berufen kann[62], jedoch werden sie nach der mittlerweile wohl herrschenden Vollzugstheorie[63] dadurch kein nationales Gesetz, sondern sie bleiben völkerrechtliche Verträge. Das Zustimmungsgesetz ist demnach der reine parlamentarische Anwendungsbefehl, der den völkerrechtlichen Vertrag innerstaatlich für verbindlich erklärt. Der Vertrag wird daher auch als völkerrechtlicher Vertrag angewandt und nicht als ein neben dem Vertrag stehendendes Gesetz[64], was eher dem völkerrechtsfreundlichen Charakter des Grundgesetzes entspricht[65]. Somit sind für die Auslegung nicht die jeweils innerstaatlichen

---

[60] Vogel, Klaus, in: Vogel, Klaus/Lehner, Moris, Doppelbesteuerungsabkommen, Kommentar, 4. Aufl. 2003, Einl., Rn. 98; ders. SWI 2000, 103, (104).

[61] Raad, Kees van, International Coordination of Tax Treaty Interpretation and Application, in: Kirchhof, Paul/Lehner, Moris/Raupach, Arndt/Rodi, Michael (Hrsg.), Festschrift für Klaus Vogel, 2000, S. 1092, (1099 ff).

[62] Tillmanns, Wolfhard/Mössner, Jörg Manfred, in: Mössner, Jörg Manfred u.a., Steuerrecht international tätiger Unternehmen, 3. Aufl. 2005, Tz. B 398.

[63] Pernice, Ingolf, in: Dreier, Horst (Hrsg.), Grundgesetz – Kommentar, 1998, Art. 59, Rn. 48; Henkel, Udo, in: Becker, Helmut/Höppner, Horst-Dieter/Grotherr, Siegfried/Kroppen, Heinz-Klaus (Hrsg.), DBA - Kommentar, Loseblattsammlung, Stand Okt. 2005, Teil 1 Abschn. 4, Rn. 8; Jarrass, Hans D., in: Jarrass, Hans D./Pieroth, Bodo, Grundgesetz für die Bundesrepublik Deutschland – Kommentar, 8. Aufl. 2006, Art. 25, Rn. 1a.

[64] So auch BVerfG, Urteil vom 12.07.1994 – 2 BvE 3/92, 5/93, 7/93, 8/93, BverfGE 90, 286 (Entscheidung zum Somalia Einsatz der Bundeswehr).

[65] Jarrass, Hans D., in: Jarrass, Hans D./Pieroth, Bodo, Grundgesetz für die Bundesrepublik Deutschland – Kommentar, 8. Aufl. 2006, Art. 25, Rn. 1a.

Auslegungsgrundsätze heranzuziehen, sondern es ist nach den besonderen Auslegungsregeln für völkerrechtliche Verträge zu verfahren[66].

Nach der früher herrschenden Ansicht der Transformationslehre[67] resorbiert das Zustimmungsgesetz den Völkerrechtsvertrag als innerstaatliche Rechtsquelle. Damit werden Abkommensbestimmungen als innerstaatliches Gesetz verabschiedet und es werden beispielsweise nachträgliche Änderungen des Vertrages möglich.

I) Allgemeines

Sowohl nach der Rechtsprechung als auch nach der Literatur stellen die Abkommen einen in sich geschlossenen Regelungskreis dar, der von dem innerstaatlichen Recht beider Vertragsstaaten grundsätzlich unabhängig ist[68]. Sie verwenden eine eigene Begriffssprache, die im Grundsatz internationalen Gepflogenheiten folgt[69]. Allein mit diesem Grundsatz lässt sich jedoch noch nicht festlegen, wo der eigene Regelungskreis eines DBA anfängt, und wo er endet[70]. Grundsätzlich könnten die Abkommen auch als vollständige und eigenständige Steuergesetze abgefasst werden, die Steuersubjekt, Steuertatbestand, Bemessungsgrundlage und Tarif abschließend regeln[71]. Solche Abkommen sucht man in der Abkommenspraxis jedoch vergebens. Die Vertragsstaaten beschränken

---

66 Vogel, Klaus, IStR 2003, 523, (525); ders., Auslegung von Doppelbesteuerungsabkommen, in: Haarmann, Wilhelm (Hrsg.), Auslegung und Anwendung von Doppelbesteuerungsabkommen, 2004, S. 1, (7).

67 Maunz, Theodor, in: Maunz, Theodor/Dürig, Günter, Grundgesetz- Kommentar, Loseblattsammlung, Stand Juni 2006, Art. 59, Rn. 22 ff; Debatin, Helmut, DStR 1992, Beihefter zu Heft 23, S. 1; ders., DB 1985, Beilage Nr. 23, S. 1.

68 Schaumburg, Harald, Internationales Steuerrecht, 2. Aufl. 1998, Tz. 16.51; Kerath, Andreas, Maßstäbe zur Auslegung und Anwendung von Doppelbesteuerungsabkommen unter besonderer Berücksichtigung des Verständigungsverfahrens, 1995, S. 191; Wassermeyer, Franz, in: Debatin, Helmut/Wassermeyer, Franz, Doppelbesteuerung Kommentar Band I, Loseblattsammlung, Stand Mai 2006, Art. 3, Rn. 71a; ders., StuW 1990, 404, (405); BFH Urteil vom 15.01.1971, III R 125/69, BStBl. 1971 II, 379; BFH, Urteil vom 15.06.1973 – I R 118/07, BFHE 110, 187, BStBl. II 1973, 810.

69 Kerath, Andreas, Maßstäbe zur Auslegung und Anwendung von Doppelbesteuerungsabkommen unter besonderer Berücksichtigung des Verständigungsverfahrens, 1995, 191; Wassermeyer, Franz, in: Debatin, Helmut/Wassermeyer, Franz, Doppelbesteuerung Kommentar Band I, Loseblattsammlung, Stand Mai 2006, Art. 3, Rn. 71a; Debatin, Helmut, DB 1985, Beilage Nr. 23, S. 3; BFH, Urteil vom 23.02.2005 – I R 13/04, HFR 2005, 1062.

70 Wassermeyer, Franz, StuW 1990, 404, (405).

71 Wassermeyer, Franz, StuW 1990, 404 (409); Kluge, Volker, Das internationale Steuerrecht, Gemeinschaftsrecht, Außensteuerrecht, Abkommensrecht, 4. Aufl. 2000, Rn. R 46.

sich darauf, zur Vermeidung von Doppelbesteuerung nur das Mindeste zu regeln[72].

Häufig haben die in den Abkommen verwendeten Begriffe eine andere Bedeutung als ihnen im nationalen Recht des jeweiligen Anwendestaates zukommt. Dabei nehmen sie jedoch bei bestimmten Begrifflichkeiten Bezug auf die jeweiligen innerstaatlichen Vorschriften. Entweder durch eine ausdrückliche allgemeine Anknüpfung an das Recht des Anwendestaates (vgl. zum Beispiel Art. 6 Abs. 2 und Art. 10 Abs. 3 OECD-MA) oder durch eine stillschweigende Anknüpfung an die Begriffe des innerstaatlichen Steuerrechts[73]. Dies ist häufig dort der Fall, wo zwischen den im Abkommen verwendeten und den aus dem innerstaatlichen Steuerrecht bekannten Begriffen Parallelen bestehen. Dieser Umstand kann dann zu unterschiedlicher Qualifikation führen, beispielsweise der Einkünfte oder der abkommensberechtigten Person, wenn ein im Abkommen verwendeter Begriff auch in beiden Vertragsstaaten verwendet wird, jedoch mit nicht exakt deckungsgleicher Bedeutung, und dies bei Aushandlung des Abkommens unerkannt bleibt. In der Folge werden dann beide Vertragsstaaten stillschweigend von dem von ihnen aus dem innerstaatlichen Steuerrecht bekannten Begriffsinhalt ausgehen. Die Vertragsstaaten berücksichtigen in diesem Fall nicht, dass zwischen Begriffen aus dem Abkommensrecht und dem innerstaatlichen Recht der Vertragsstaaten allenfalls Begriffsparallelität nicht jedoch Begriffsidentität besteht[74]. Hinzu kommt, dass DBA als bilaterale völkerrechtliche Verträge sprachlich häufig allgemeiner gefasst sind als die detaillierteren innerstaatlichen Steuervorschriften[75]. Um unterschiedliche Vertragsauslegung durch die Vertragsstaaten zu verhindern oder wenigsten einzudämmen, wird teilweise die Installation eines internationalen Steuergerichtshofs für wünschenswert gehalten[76].

II) Ziel der Auslegung

Bei der Auslegung von Doppelbesteuerungsabkommen werden im Vergleich zur Auslegung von nationalen Gesetzen andere Ziele verfolgt. Bei der Auslegung nationaler Gesetze ist der wirkliche Wille des Gesetzes zu erforschen. Dieser ist der „objektivierte Wille des Gesetzgebers" nicht etwa der historische Wille der

---

72 Wassermeyer, Franz, in: Debatin, Helmut/Wassermeyer, Franz, Doppelbesteuerung Kommentar Band I, Loseblattsammlung, Stand Mai 2006, Art. 3, Rn. 76.

73 Wassermeyer, Franz, in: Debatin, Helmut/Wassermeyer, Franz, Doppelbesteuerung Kommentar Band I, Loseblattsammlung, Stand Mai 2006; Art. 3, Rn. 76.

74 Debatin, Helmut, DStZ 1987, 211 (212).

75 Scapa, Anna/Henie, Lars A., Intertax 2005, 266, (275).

76 Raad, Kees van, International Coordination of Tax Treaty Interpretation and Application, in: Kirchhof, Paul/Lehner, Moris/Raupach, Arndt/Rodi, Michael (Hrsg.), Festschrift für Klaus Vogel, 2000, S. 1093.

gesetzgebenden Körperschaft oder des Gesetzesverfassers[77]. Dieser Wille des Gesetzes kann sich im Laufe der Zeit wandeln beziehungsweise entwickeln, während der historische Wille der an der Gesetzgebung Beteiligten den Veränderungen der Lebenswirklichkeit und der Rechtsanschauungen nicht zugänglich ist[78].

Ziel der Auslegung völkerrechtlicher Verträge ist die Ermittlung des normativen Gehalts der Vertragsvorschrift. Dazu ist der objektive Wille der Norm zu erfassen[79]. Im Unterschied zu innerstaatlichen Gesetzen ist der normative Wille der beiden Vertragsparteien zu erforschen[80]. Demzufolge spielt bei der Ermittlung des objektivierten Gehalts einer Abkommensnorm der subjektive Wille der Vertragsstaaten eine größere Rolle als bei der Auslegung von innerstaatlichen Gesetzen[81].

III) Auslegung nach der Wiener Vertragsrechtskonvention

Seit Deutschland durch das Zustimmungsgesetz vom 03.08.1985[82] mit Wirkung ab dem 20.08.1987[83] der Wiener Vertragsrechtskonvention (WÜRV) vom 23.05.1969[84] beigetreten ist, gelten für die Auslegung der Abkommen die Art. 31 ff WÜRV[85]. Darin sind allgemeine Auslegungsregeln für die Auslegung

---

[77] BVerfG, Entscheidung vom 17.05.1960 – 2 BvL 11/59, 2 BvL 11/60, BverfGE 11, 126; Henkel, Udo, in: Becker, Helmut/Höppner, Horst-Dieter/Grotherr, Siegfried/Kroppen, Heinz-Klaus (Hrsg.), DBA - Kommentar, Teil 2, Loseblattsammlung, Stand Okt. 2005, Teil 1, Abschn. 4, Rn. 18.

[78] Weber-Fas, Rudolf, RIW 1982, 803, (804).

[79] BFH, Urteil vom 15.06.1973 – I R 118/07, BFHE 110, 187, BStBl. II 1973, 810.

[80] BVerfG, Urteil vom 04.05.1955, 1 BvF 1/55, BVerfGE 4, 157 (168); Piltz, Detlev J., Personengesellschaften im internationalen Steuerrecht der Bundesrepublik Deutschland, 1981, S. 126; Debatin, Helmut, DStR 1992, Beihefter zu Heft 23, S. 6; Diehl, Wolfram, FR 1978, 517; Roxan, Ian, Intertax 1997, 367, (371).

[81] Henkel, Udo, in: Becker, Helmut/Höppner, Horst-Dieter/Grotherr, Siegfried/Kroppen, Heinz-Klaus (Hrsg.), DBA - Kommentar, Teil 2, Loseblattsammlung, Stand Okt. 2005, Teil 1, Abschn. 4, Rn. 20.

[82] BGBl. II 1985, 926.

[83] BGBl. II 1987, 757.

[84] BGBl. II 1985, 927.

[85] Kluge, Volker, Das internationale Steuerrecht, Gemeinschaftsrecht, Außensteuerrecht, Abkommensrecht, 4. Aufl. 2000, Rn. R 36; Vogel, Klaus, IStR 2003, 523, (525); ders., Auslegung von Doppelbesteuerungsabkommen, in: Haarmann, Wilhelm (Hrsg.), Auslegung und Anwendung von Doppelbesteuerungsabkommen, 2004, S. 1, (7); Baker, Philip, Double Taxation Conventions, Loseblattsammlung, Stand Sep. 2005, Tz. E.02; Hahn, Hartmut, Zur Auslegung von Doppelbesteuerungsabkommen: Der Grundsatz der Entscheidungsharmonie im Crash-Test, in: Gocke Rudolf/Gosch, Diemtmar/Lang, Michael, Festschrift für Franz Wassermeyer, 2005, S. 631, (640); Reith, Thomas, Internationales Steuerrecht, 2004, Tz. 4.279; BFH, Urteil vom 16.12.1998 – I R 40/97, BFHE 187, 544, BStBl. II 1999, 207; Supreme

von völkerrechtlichen Verträgen enthalten[86]. Der bis dahin bestehende Streit[87], wie der Wille der Vertragsparteien zu erforschen sei, konnte damit beigelegt werden. Es wurde somit anerkannt, dass die Auslegung völkerrechtlicher Verträge grundsätzlich auf Grundlage der grammatikalischen, der systematischen, der teleologischen und der historischen Auslegung vorzunehmen ist[88], was schon vor der unmittelbaren Geltung der WÜRV Praxis des BFH war[89].

Es besteht jedoch ein wesentlicher Unterschied zwischen DBA und sonstigen völkerrechtlichen Verträgen. DBA regeln nicht in erster Linie die Beziehung zwischen den Vertragstaaten, sondern konzentrieren sich auf Privatrechtssubjekte, deren Steuerbelastung zu ermitteln ist. Dennoch ist das WÜRV auch für DBA als völkerrechtliche Verträge gültig[90]. Nach Art. 31 Abs. 1 WÜRV[91] ist

---

Court of Canada, The Queen v. Crown Forest Industries Ltd., 95 Dominion Tax Cases 5393 (1995).

[86] Raad, Kees van, ET 1996, 3.

[87] Vgl. dazu näher: Heintschel von Heinegg, Wolff, in: Ipsen, Knut, Völkerrecht, 5. Aufl. 2004, § 11, Rn. 4 f; Kluge, Volker, RIW/AWD 1975, 90 ff; Riemenschneider, Sven, Abkommensberechtigung von Personengesellschaften und abkommensrechtliche Behandlung der Einkünfte aus Beteiligungen inländischer Gesellschafter an ausländischen Personengesellschaften, 1995, S. 30; es ging dabei darum, ob der Abkommensinhalt mittels eines objektiven oder eines subjektiven Ansatzes zu ermitteln sei.

[88] Debatin, Helmut, DStR 1992, Beihefter zu Heft 23, S. 6.

[89] BFH, Urteil vom 15.06.1973 – I R 118/07, BFHE 110, 187, BStBl. II 1973, 810.

[90] Ault, Hugh J., The role of the OECD commentaries in the interpretation of tax treaties, in: Alpert, Herbert H./Raad, Kees van (editors), 1993, Boston, S. 61, (64); ders., Intertax 1994, 144, (145).

[91] **Art. 31 WÜRV:** Allgemeine Auslegungsregel

(1) Ein Vertrag ist nach Treu und Glauben in Übereinstimmung mit der gewöhnlichen, seinen Bestimmungen in ihrem Zusammenhang zukommenden Bedeutung und im Lichte seines Ziels und Zweckes auszulegen.

(2) Für die Auslegung eines Vertrages bedeutet der Zusammenhang außer dem Vertragswortlaut samt Präambel und Anlagen
   a) jede sich auf den Vertrag beziehende Übereinkunft, die zwischen den Vertragsparteien anlässlich des Vertragsabschlusses getroffen wurde;
   b) jede Urkunde, die von einer oder mehreren Vertragsparteien anlässlich des Vertragsabschlusses abgefasst und von den anderen Vertragsparteien als eine sich auf den Vertrag beziehende Urkunde angenommen wurde.

(3) Außer dem Zusammenhang sind in gleicher Weise zu berücksichtigen
   a) jede spätere Übereinkunft der Parteien über die Auslegung des Vertrages oder die Anwendung seiner Bestimmungen;
   b) jede spätere Übung bei der Anwendung des Vertrages, aus der die Übereinstimmung der Vertragsparteien über seine Auslegung hervorgeht;
   c) jeder in den Beziehungen zwischen den Vertragsparteien anwendbare einschlägige Völkerrechtssatz.

(4) Eine besondere Bedeutung ist einem Ausdruck beizulegen, wenn feststeht, dass die Vertragsparteien dies beabsichtigen.

zunächst auf den Wortlaut[92] abzustellen[93]. Eine besondere Bedeutung eines Ausdrucks darf nach Art. 31 Abs. 4 WÜRV nur angenommen werden, wenn feststeht, dass die Vertragsparteien dies beabsichtigt haben. Es kommt somit nicht auf den vom Vertragstext losgelösten Willen der Vertragsschließenden an, sondern maßgeblich ist der im Vertragstext objektivierte Wille der Vertragsparteien[94]. Der Vertragstext ist damit die Grundlage, von der aus ein Vertragsbegriff oder eine Vertragsnorm auf den zu regelnden Sachverhalt hin mit Hilfe der Auslegungsmethoden gleichsam „zu Ende zu denken" ist[95].

Die Ermittlung des Willens der Vertragsparteien nach dem WÜRV geht vom Text des Vertrages aus. Art. 31 Abs. 1 WÜRV enthält die Grundregel, dass ein Vertrag bona fide in Übereinstimmung mit der gewöhnlichen Bedeutung der im Vertrag verwendeten Worte in ihrem Zusammenhang und im Lichte des Ziels des Vertrages ausgelegt werden soll[96]. Dabei kommt es auf den übereinstimmenden Willen der Parteien bei Vertragsschluss an. Demzufolge ist auch bei der Heranziehung des Textes des Vertrages zu Auslegungszwecken der Sinngehalt des einzelnen Wortes zur Zeit des Abschlusses des Vertrages heranzuziehen (sogenannte historische Interpretation)[97]. Zu berücksichtigen ist, dass bei der Wortlautauslegung sich der eigentliche Sinngehalt eines Wortes oft erst aus dem Zusammenhang ergibt. Die strittigen Worte sind somit nicht isoliert, sondern im Zusammenhang des jeweiligen Satzes, Absatzes und Artikels zu interpretieren[98]. Eine enge Definition[99] des Begriffs des maßgeblichen Zusammenhangs enthält Art. 31 Abs. 2 WÜRV.

---

92 Damit geht das WÜRV vom objektiven Ansatz aus, der subjektive Ansatz wurde nicht übernommen.

93 Wassermeyer, Franz, in: Debatin, Helmut/Wassermeyer, Franz, Doppelbesteuerung Kommentar Band I,Loseblattsammlung, Stand Mai 2006, Art. 3, Rn. 77.

94 Riemenschneider, Sven, Abkommensberechtigung von Personengesellschaften und abkommensrechtliche Behandlung der Einkünfte aus Beteiligungen inländischer Gesellschafter an ausländischen Personengesellschaften, 1995, S. 31.

95 Heintschel von Heinegg, Wolff, in: Ipsen, Knut, Völkerrecht, 5. Aufl. 2004, § 11, Rn. 5.

96 Klebau, Bodo, RIW 1985, 125, (127).

97 Stein, Torsten/Buttlar, Christian von, Völkerrecht, 11. Aufl. 2005, Rn. 83; Herdegen, Matthias, Völkerrecht, 5. Aufl. 2006, § 15, Rn. 28.

98 Riemenschneider, Sven, Abkommensberechtigung von Personengesellschaften und abkommensrechtliche Behandlung der Einkünfte aus Beteiligungen inländischer Gesellschafter an ausländischen Personengesellschaften, 1995, S. 31; so im Ergebnis auch Wassermeyer, Franz, in: Debatin, Helmut/Wassermeyer, Franz, Doppelbesteuerung Kommentar Band I,Loseblattsammlung, Stand Mai 2006, Art. 3, Rn. 78, der feststellt, dass die Auslegung nach dem Wortlaut durch Zusammenhang und Zweck der einzelnen Vorschrift verändert werden kann.

99 Ault, Hugh J., The role of the OECD commentaries in the interpretation of tax treaties, in: Alpert, Herbert H./Raad, Kees van (editors), 1993, Boston, S. 61, (62); ders., Intertax 1994, 144, (145).

In der primären Heranziehung des Wortlauts ist jedoch kein Vorrang der Auslegung nach dem Wortlaut zu sehen[100]. Vielmehr stellt der Wortlaut lediglich die Grenze der Auslegung dar.

Im Ergebnis ist keiner der in Art. 31 Abs. 1 WÜRV genannten Auslegungsinstrumenten der Vorrang einzuräumen. Vielmehr stehen alle nebeneinander und ergänzen sich gegenseitig[101]. Daraus ergibt sich gleichzeitig, dass für den Fall, dass die Wortlautauslegung zu einem Ergebnis führt, der Vorgang der Auslegung damit noch nicht beendet ist. Es ist vielmehr erforderlich, das anhand des Wortlauts gewonnene Auslegungsergebnis mit Hilfe der übrigen Auslegungsmethoden zu überprüfen[102]. Es besteht aber eine Vermutung dafür, dass der Wortlaut des Vertragstextes am ehesten den Willen der vertragsschließenden Parteien widerspiegelt und demzufolge den Ausgangspunkt des Auslegungsprozesses darstellen muss[103]. Entsprechend sieht auch *Heintschel von Heinegg*[104] in der Vertragsauslegung einen einheitlichen Vorgang, der Wortlautauslegung, systematische und teleologische Auslegung gleichermaßen einbezieht. Dies folgt schon aus der Überschrift des Art. 31 Abs. 1 WÜRV: „Allgemeine Auslegungsregel".

IV) Bedeutung des nationalen Rechts für die Abkommensauslegung

Das OECD-MA enthält mit Art. 3 Abs. 2 OECD-MA eine eigene Auslegungsnorm, nicht etwa eine Verweisungsnorm[105] auf das innerstaatliche Recht der Vertragsstaaten, die in Fällen helfen soll, die sonst nicht entschieden werden könnten[106]. Art. 3 Abs. 2 OECD-MA hat den Charakter einer lex specialis Norm und geht den Art. 31 ff WÜRV insoweit vor, als die Vorschrift die Frage regeln will, nach welchem Recht über die Bestimmung eines Abkommensbegriffs entschieden werden soll[107]. Art. 3 Abs. 2 OECD-MA bringt das Interesse der Ver-

---

[100] Wassermeyer, Franz, in: Debatin, Helmut/Wassermeyer, Franz, Doppelbesteuerung Kommentar Band I,Loseblattsammlung, Stand Mai 2006, Art. 3, Rn. 77.
[101] Debatin, Helmut, DB 1985, Beilage Nr. 23, S. 6.
[102] Hahn, Hartmut, Zur Auslegung von Doppelbesteuerungsabkommen: Der Grundsatz der Entscheidungsharmonie im Crash-Test, in: Gocke Rudolf/Gosch, Diemtmar/Lang, Michael, Festschrift für Franz Wassermeyer, 2005, S. 631, (641).
[103] Klebau, Bodo, RIW 1985, 125, (127).
[104] Heintschel von Heinegg, Wolff, in: Ipsen, Knut, Völkerrecht, 5. Aufl. 2005, § 11, Rn. 12.
[105] Wassermeyer, Franz, in: Debatin, Helmut/Wassermeyer, Franz, Doppelbesteuerung Kommentar Band I,Loseblattsammlung, Stand Mai 2006, Art. 3, Rn. 71.
[106] Kerath, Andreas, Maßstäbe zur Auslegung und Anwendung von Doppelbesteuerungsabkommen unter besonderer Berücksichtigung des Verständigungsverfahrens, 1995, S. 195; so auch Klebau, Bodo, RIW 1985, 125, (127).
[107] Klebau, Bodo, RIW 1985, 125.

tragsstaaten zum Ausdruck, das Abkommen aus der Sicht seines jeweiligen innerstaatlichen Steuerrechts zur Anwendung zu bringen[108].

In für sonstige völkerrechtliche Verträge ungewöhnlichem Maße stellt das OECD-MA mit Art. 3 Abs. 2 Bezug zum Recht der vertragsschließenden Staaten her[109]. Die WÜRV nimmt keinerlei Bezug zum innerstaatlichen Recht eines Vertragsstaates. Sie bezieht sich allein auf die jeweiligen Regelungen des internationalen Rechts[110]. Fraglich ist aber unter welchen Voraussetzungen es tatsächlich zur Anwendung des innerstaatlichen Rechts kommt.

Diese Frage hängt mit dem Verständnis der in Art. 3 Abs. 2 OECD-MA verwendeten Klausel „wenn der Zusammenhang nichts anderes erfordert" zusammen. Zwei Lesarten des Art. 3 Abs. 2 OECD-MA sind denkbar[111]:

- Dieses Abkommen ist bei seiner Anwendung durch beide Vertragsstaaten übereinstimmend aus sich heraus auszulegen. Ein in diesem Abkommen nicht definierter Ausdruck hat jedoch dann die Bedeutung, die ihm nach dem Recht des anzuwendenden Staates zukommt, wenn der Zusammenhang dies erfordert und die zuständigen Behörden sich nicht auf eine gemeinsame Auslegung geeinigt haben[112] oder
- jeder im Abkommen nicht definierte Ausdruck hat die Bedeutung, die ihm im innerstaatlichen Recht zukommt – es sei denn, der Zusammenhang erfordert anderes.

Es geht also darum, ob der Schwerpunkt der Abkommensauslegung im Vertragskontext liegt oder im innerstaatlichen Recht der Vertragsstaaten[113]. Entsprechend dieser beiden Lesarten haben sich zwei Ansichten herausgebildet. Nach der völkerrechtlichen Theorie wird einer autonomen Auslegung aus dem Abkommen selbst der Vorrang eingeräumt, während nach der sogenannten landesrechtlichen Theorie im Abkommen nicht definierte Begriffe nach dem Recht des jeweiligen Anwendestaates auszulegen sind.

1) Völkerrechtliche Theorie

Die völkerrechtliche Theorie wurde im Schrifttum entwickelt. Ihr entspricht die erste der oben dargestellten Lesarten des Art. 3 Abs. 2 OECD-MA. Dem entsprechend soll das innerstaatliche Recht nur subsidiär zur Anwendung kommen, da die Doppelbesteuerungsabkommen als völkerrechtliche Verträge einen eige-

---

[108] Wassermeyer, Franz, in: Debatin, Helmut/Wassermeyer, Franz, Doppelbesteuerung Kommentar Band I, Loseblattsammlung, Stand Mai 2006, Art. 3, Rn. 71.

[109] Stein, Torsten, IStR 2006, 505, (507).

[110] Shelton, Ned, Interpretation and Application of Tax Treaties, 2004, UK, Tz. 4.70.

[111] Kluge, Volker, Das internationale Steuerrecht, Gemeinschaftsrecht, Außensteuerrecht, Abkommensrecht, 4. Aufl. 2000, Rn. R 51.

[112] Kluge (vgl. Fn. 111) räumt ein, dass diese Formulierung sehr weitgehend sei, jedoch in Art. 3 Abs. 2 DBA-Schweden 1992 so verwendet werde.

[113] Raad, Kees van, ET 1996, 3, (4).

nen Rechtskörper mit einer eigenständigen Rechtsaussage darstellten, so dass einer Auslegung aus sich selbst heraus, also einer vertragsimmanenten Auslegung, der Vorrang einzuräumen sei[114]. Der Rückgriff auf das innerstaatliche Recht sei nur „eine letzte Auslegungshilfe“, um zu verhindern, dass die Abkommensanwendung in einem „non liquet“ ende[115]. Wie jedes Recht beanspruchten auch die DBA eine eindeutige Rechtsaussage, weshalb die Abkommen sich auch einer eigenen Begriffssprache bedienten[116]. Wenn die Abkommen Begriffe verwendeten, die so auch im innerstaatlichen Recht der Abkommensstaaten vorkämen, bestehe daher allenfalls Begriffsparallelität, keine Begriffsidentität[117]. Eine eindeutige, bestimmte Rechtsaussage sei nur dadurch zu erreichen, dass der Inhalt der Abkommensbegriffe so weit als möglich aus dem Sinn- und Vorschriftenzusammenhang des Abkommens selbst ermittelt werde[118]. Würde man vorrangig die Aussage des innerstaatlichen Rechts der Vertragsstaaten heranziehen, würden bei divergierender innerstaatlicher Begriffsbedeutung für den fraglichen Abkommensbegriff, verschiedene Auslegungen als gleichermaßen gültig anerkannt. Dies vertrage sich jedoch nicht mit dem Anspruch der Abkommen, einen eigenständigen Normgehalt zu setzen[119]. Der eigenständige Normgehalt verlange auch die darauf bezogene Auslegung, die die Abkommensaussage mit ihrem rechtsimmanenten Anspruch auf Gemeinsamkeit und Eindeutigkeit für beide Vertragsstaaten zur Geltung bringe[120].

Schaumburg[121] führt dazu weitergehend aus, dass die Abkommensregelungen auf gemeinsame Rechtsfolgen für die Vertragsstaaten gerichtet seien, was not-

[114] Gloria, Christian, RIW 1986, 970, (971) m.w.N; Debatin, Helmut, DStZ 1987, 211 (212); ders. DB 1985, Beilage Nr. 23, S. 6; ders. AWD 1969, 477, (484); ders., DB 1990, 598, (603); Schaumburg, Harald, Internationales Steuerrecht, 2. Aufl. 1998, Tz. 16.54; Knobbe-Keuk, Brigitte, RIW 1991, 306, (310); Klebau, Bodo, RIW 1985, 125, (127); Kluge, Volker, RIW/AWD 1975, 90 (95 f); Djanani, Christiana, Internationales Steuerrecht, 2. Aufl. 1998, Wien, S. 128; Djanani, Christiana/Brähler, Gernot/Hartmann, Thomas, IStR 2003, 456, (457); Lang, Michael, Die Bedeutung des originär innerstaatlichen Rechts für die Auslegung von Doppelbesteuerungsabkommen, in: Burmester, Gabriele/Endres, Dieter, Festschrift für Helmut Debatin, 1997, S. 283, (295); ders., in: Kirchhof, Paul/Lehner, Moris/Raupach, Arndt/Rodi, Michael (Hrsg.), Festschrift für Klaus Vogel, 2000, S. 907, (911); so wohl auch Diehl, Wolfram, FR 1978, 517; Shelton, Ned, Interpretation and Application of Tax Treaties, 2004, UK, Tz. 4.68.

[115] Debatin, Helmut, DStR 1992, Beihefter zu Heft 23, S. 7.

[116] Debatin, Helmut, DStZ 1987, 211; Kerath, Andreas, Maßstäbe zur Auslegung und Anwendung von Doppelbesteuerungsabkommen unter besonderer Berücksichtigung des Verständigungsverfahrens, 1995, S. 190.

[117] Debatin, Helmut, DB 1985, Beilage Nr. 23, S. 3.

[118] Debatin, Helmut, DStZ 1987, 211 (212); Lang, Michael, in: Kirchhof, Paul/Lehner, Moris/Raupach, Arndt/Rodi, Michael (Hrsg.), Festschrift für Klaus Vogel, 2000, S. 907, (923).

[119] Debatin, Helmut, AWD 1969, 477 (480).

[120] Debatin, Helmut, DStZ 1987, 211 (212).

[121] Schaumburg, Harald, Internationales Steuerrecht, 2. Aufl. 1998, Tz. 16.54.

wendigerweise eine einheitliche Anwendung der Normen durch die Vertragsstaaten voraussetze. Dieses Ziel sei jedoch nur zu erreichen, wenn die Abkommen aufgrund der ihnen innewohnenden Regelungshomogenität aus sich selbst heraus ausgelegt würden, so dass das Ergebnis der Auslegung auch von beiden Vertragsstaaten akzeptiert werde. Ein Anhaltspunkt für diese Ansicht sei auch die Tatsache, dass die Abkommenspraxis sich einer zunehmend adaptierten einheitlichen Sprache bediene. Auch wenn der Begriff des „Zusammenhangs" von *Vogel*[122] umfassend und weitreichend zu verstehen sein soll, könne der Verweis auf das jeweilige innerstaatliche Recht nur als völlig nachrangig bewertet werden[123].

Auch die Rechtsprechung folgt dieser Ansicht. Der BFH[124] formuliert, dass die Heranziehung innerstaatlichen Rechts erst dann zulässig und geboten sei, wenn eine Auslegung aus dem Abkommen selbst nicht möglich sei. In einer anderen Entscheidung heißt es: „Es bedarf deshalb der Auslegung der Vorschrift, die sich in erster Linie an den Sinn- oder Vorschriftenzusammenhang des Abkommens selbst, in zweiter Linie erst an den Grundsätzen des innerdeutschen Rechts zu orientieren hat"[125]. Im Urteil vom 21.08.1985[126] hatte der BFH den Begriff des Arbeitgebers im Sinne von Art 15 Abs. 2 DBA-Spanien zu bestimmen. Der BFH führte dazu aus, dass die DBA ihre eigene Begriffsprache hätten, was die Abkommensauslegung zu berücksichtigen habe. Als Richtschnur für die Auslegung eines DBA sei daher nachstehende Reihenfolge maßgebend, die auch in der Literatur breite Anerkennung erfährt[127]:

- Wortlaut und Definitionen des Abkommens,
- Sinn und Vorschriftenzusammenhang innerhalb des Abkommens
- Begriffsbestimmungen des innerstaatlichen Rechts.

Diese Prüfungsreihenfolge wurde schließlich bestätigt im Urteil des BFH vom 11.04.1990[128] und kann seither als gefestigte Rechtsprechung angesehen werden[129].

---

122 Vgl. dazu unter 1. Teil C)IV)2).

123 Arthur Andersen & Co. GmbH (Hrsg.), Doppelbesteuerungsabkommen Deutschland – USA Kommentar, 1990, Art. 3, Rn. 27.

124 BFH Urteil vom 15.01.1971 - III R 125/69, BFH BStBl. II 1971, 379, (378).

125 BFH Urteil vom 28.04.1982 - I R 151/78, BStBl. II 1982, 566.

126 BFH, Urteil vom 21.08.1985 - I R 63/80, BFHE 144, 428; BStBl. II 1986, 4.

127 Debatin, Helmut, AWD 1969, 477 (479); ders., DStZ 1987, 211 (213); ders.,DB 1985, Beilage Nr. 23, S. 5; Djanani, Christiana, Internationales Steuerrecht, 2. Aufl. 1998, Wien, S. 129; Loukota, Helmut, in: Gassner, Wolfgang/Lang, Michael/Lehner, Eduard, Personengesellschaften im Recht der Doppelbesteuerungsabkommen, 2000, Wien, S. 15, (23); Weber-Fas, Rudolf, RIW 1982, 803, (807).

128 BFH, Urteil vom 11.04.1990 - I R 75/88; BFHE 160, 513; DB 1990, 1697.

129 BFH, Urteil vom 30.05.1990 - I R 179/86, BFHE 161,84, BStBl. II 1990, 906; BFH, Urteil vom 10.11.1993 – I R 53/91, BFHE 173, 53, BStBl. II 1994, 218; BFH, Urteil vom

2) Landesrechtliche Theorie

Die sogenannte landesrechtliche Theorie wird hauptsächlich von *Vogel*[130] beschrieben und herrscht insbesondere in Common-Law Staaten vor[131]. Danach sei es nicht möglich, Art. 3 Abs. 2 OECD-MA einen systematischen Vorrang der Auslegung aus dem Zusammenhang des Abkommens vor der Bezugnahme auf das nationale Recht zu entnehmen, so dass jeder Staat die im Abkommen nicht definierten Begriffe nach seinem innerstaatlichen Recht auszulegen habe. Als Begründung wird vor allem angeführt, dass die Tatsache, ob der Zusammenhang etwas anderes *erfordere* als den Rückgriff auf das innerstaatliche Recht, sich erst feststellen lasse, nachdem zuvor die Bedeutung des innerstaatlichen Rechts festgestellt worden sei und ein solcher Rückgriff zu keinem eindeutigen Ergebnis geführt habe. Im Ergebnis spreche dies eher für einen Vorrang der Auslegung nach dem innerstaatlichen Recht. Neben der vorrangigen Auslegung nach der lex fori Regel sei auch eine Auslegung aus dem Zusammenhang des Abkommens heraus vorzunehmen. Aus der Abwägung beider Auslegungsmöglichkeiten sei dann zu prüfen, ob der Zusammenhang eine abweichende Auslegung erfordere[132]. Dabei führten nur Gründe von besonderem Gewicht zu einer Abweichung von dem Grundsatz der Anwendung innerstaatlichen Rechts[133]. Schließlich heiße es in Art. 3 Abs. 2 OECD-MA: „(…) wenn der Zusammenhang nichts anderes erfordert" und nicht: „(…) wenn der Zusammenhang keine andere – oder überhaupt keine – Auslegung ergibt"[134]. Ein solcher gewichtiger Grund soll zum Beispiel gegeben sein, wenn das DBA eine Definition des betreffenden Begriffs bereithält[135].

Avery Jones meint, der oben dargestellten Ansicht des BFH[136] lägen die normalen Auslegungsregeln für völkerrechtliche Verträge zu Grunde, die für DBA jedoch nicht anzuwenden seien. Maßgeblich sei die in den Abkommen selbst enthaltene Auslegungsregel des Art. 3 Abs. 2 OECD-MA[137].

16.12.1998 – I R 40/97, BFHE 187, 544, BStBl. II 1999, 207; BFH, Urteil vom 25.02.2004 – I R 42/02, BFHE 206, 5, BB 2004, 1282.

[130] Vogel, Klaus, in: Vogel, Klaus, Doppelbesteuerungsabkommen, Kommentar, 3. Aufl. 1996, Art. 3 Rn. 70; so auch Wassermeyer, Franz, StuW 1990, 404, (410).

[131] Klebau, Bodo, RIW 1985, 125, (126).

[132] Vogel, Klaus, in: Vogel, Klaus, Doppelbesteuerungsabkommen, Kommentar, 3. Aufl. 1996, Art. 3 Rn. 70, 74.

[133] Raad, Kees van, Intertax 1994, 491, (493).

[134] Vogel, Klaus, in: Vogel, Klaus, Doppelbesteuerungsabkommen, Kommentar, 3. Aufl. 1996, Art. 3 Rn. 71.

[135] Wassermeyer, Franz, StuW 1990, 404, (410).

[136] Siehe unter 1. Teil C)IV)1).

[137] Avery Jones, John F. et al., BTR 1984, 14 und 90, (104).

Neuerdings stellt *Vogel*[138] jedoch klar, dass er lediglich den Begriff „Zusammenhang" weit auslegen will. Die von ihm vertretene Meinung sei gerade nicht landesrechtlich sondern vermittelnd. Jedoch ändert die Klarstellung nichts daran, dass gewichtige Gründe für die Abweichung von der Anwendung innerstaatlichen Rechts vorliegen müssen. Es besteht demzufolge immer noch ein erheblicher Unterschied zu der völkerrechtlichen Theorie.

3) Mittelmeinung

Wassermeyer[139] vertritt zu der Frage, inwieweit das innerstaatliche Recht der Vertragsstaaten in die Abkommensauslegung hineinspielt, eine Mittelmeinung. Es sei zunächst von dem Grundsatz auszugehen, dass die Vertragstaaten in dem Abkommen grundsätzlich alles regeln könnten. Soweit sich ausdrückliche Regelungen im Abkommen fänden gingen diese daher vor, auch soweit es sich um Teilregelungen handele. Sofern in Abkommen termini technici vorkämen, die im Abkommen selbst nicht abschließend definiert seien, aber im innerstaatlichen Steuerrecht der Vertragsstaaten regelmäßig definiert würden, gebe es eine Vermutung dafür, dass das Abkommen allgemein auf das Recht des Anwendestaates verweise[140]. Beide vorgenannten Ansichten würden dem Ausdruck „wenn der Zusammenhang nichts anderes erfordert" bei weitem zu viel Bedeutung beimessen. Vernünftigtigerweise lasse sich keine Begründung für die Anwendung innerstaatlichen Rechts nur ultima ratio oder etwa dem Abkommensrecht vorrangig finden[141]. Bei der Auslegung der Abkommen ginge es nur um die Frage, ob die Abkommen eine eigene Definition des fraglichen Begriffes vorsähen oder ob auf das Recht des Anwendestaates zurückgegriffen werden solle. Dazu geeignet sei eine typisierte Betrachtungsweise, wobei sich die Typisierung im Laufe der Jahre ändern könne, wenn sich beispielsweise der Bedeutungsgehalt eines international verwendeten Begriffs ändere. Die Abkommen enthielten insbesondere eigenständige Definitionen, wenn der Quellenstaat ein eingeschränktes Besteuerungsrecht in Anspruch nehme, und der Ansässigkeitsstaat die Quellensteuer anrechnen solle[142].

---

138 Vogel, Klaus, in: Vogel, Klaus/Lehner, Moris, Doppelbesteuerungsabkommen, Kommentar, 4. Aufl. 2003, Art. 3, Rn. 121.

139 Wassermeyer, Franz, in: Debatin, Helmut/Wassermeyer, Franz, Doppelbesteuerung Kommentar Band I,Loseblattsammlung, Stand Mai 2006, Art. 3, Rn. 82.

140 Vgl. auch Wassermeyer, Franz, StuW 1990, 404, (405).

141 Vgl. dazu ausführlich Kluge, Volker, Das internationale Steuerrecht, Gemeinschaftsrecht, Außensteuerrecht, Abkommensrecht, 4. Aufl. 2000, Rn. R 46 ff, wo ausführlich die Schwachpunkte der Begründungsversuche sowohl der völkerrechtlichen als auch der landesrechtlichen Theorie dargestellt werden.

142 Wassermeyer, Franz, in: Debatin, Helmut/Wassermeyer, Franz, Doppelbesteuerung Kommentar Band I, Loseblattsammlung, Stand Mai 2006, Art. 3, Rn. 82.

4) Stellungnahme

Dem Wortlaut von Art. 3 Abs. 2 OECD-MA kann nach obiger Darstellung keine eindeutige Aussage hinsichtlich des Vorrangs einer Auslegung aus dem Abkommen heraus oder der Auslegung nach dem innerstaatlichen Recht der Vertragsstaaten entnommen werden[143].

Die Landesrechtliche Theorie überzeugt nicht, weil das allgemeine Völkerrecht, insbesondere die Art. 31 ff WÜRV, gebietet, Verträge möglichst vertragsimmanent zu interpretieren. Daraus lässt sich ohne weiteres schließen, eine vom innerstaatlichen Recht abweichende Auslegung sei immer schon erforderlich, wenn das Abkommen dazu irgendeine Aussage enthält[144]. Ein praktischer Nachteil dieser Ansicht ist, dass die entscheidende Bedeutung des innerstaatlichen Rechts der Vertragsstaaten, diesen ermöglicht, den durch die Abkommen gewährten Steueranspruch durch Änderungen des eigenen innerstaatlichen Rechts zu erweitern[145]. Im Unterschied zum deutschen Steuerrecht gilt im Abkommensrecht der Vorrang der spezielleren Einkunftsart (sogenannte isolierende Betrachtungsweise[146]). Schon dieser systematische Unterschied zwischen innerstaatlichem Recht und Abkommensrecht zeigt, dass bei der Übertragung der für das innerstaatliche Recht entwickelten Auslegungsgrundsätze auf das Abkommensrecht Vorsicht geboten ist[147].

Um zu entscheiden, welcher Auslegungsart bei nicht eindeutigem Wortlaut des Art. 3 Abs. 2 OECD-MA der Vorrang einzuräumen ist, ist zur Ermittlung des Inhalts der Klausel auf den Sinn und Zweck der DBA abzustellen[148], da der Wortlaut regelmäßig durch Ziel und Zweck des Vertrages zumindest mitbestimmt wird[149]. Dieser wird überwiegend in der Vermeidung der Doppelbesteue-

---

[143] Vogel, Klaus, in: Vogel, Klaus/Lehner, Moris, Doppelbesteuerungsabkommen, Kommentar, 4. Aufl. 2003, Art. 3, Rn. 119.

[144] Gloria, Christian, RIW 1986, 970, (976).

[145] Shelton, Ned, Interpretation and Application of Tax Treaties, 2004, UK, Tz. 4.74.

[146] Wassermeyer, Franz, in: Debatin, Helmut/Wassermeyer, Franz, Doppelbesteuerung Kommentar Band I, Loseblattsammlung, Stand Mai 2006, vor Art. 6-22, Rn. 21; Riemenschneider, Sven, Abkommensberechtigung von Personengesellschaften und abkommensrechtliche Behandlung der Einkünfte aus Beteiligungen inländischer Gesellschafter an ausländischen Personengesellschaften, 1995, S. 103; Schaumburg, Harald, Internationales Steuerrecht, 2. Aufl. 1998, Tz. 16.207. Isolierende Betrachtungsweise in diesem Sinne bedeutet, dass die eigene Begriffssprache und das Gefüge der eigenständigen Konkurrenzregeln des Abkommensrechts einen Rückgriff auf die Begriffswelt etwa der sieben Einkunftsarten des EStG verbietet.

[147] Vgl. auch Wassermeyer, Franz, in: Debatin, Helmut/Wassermeyer, Franz, Doppelbesteuerung Kommentar Band I, Loseblattsammlung, Stand Mai 2006, vor Art. 6-22, Rn. 21.

[148] Kerath, Andreas, Maßstäbe zur Auslegung und Anwendung von Doppelbesteuerungsabkommen unter besonderer Berücksichtigung des Verständigungsverfahrens, 1995, S. 188; Gloria, Christian, RIW 1986, 970, (976); Wassermeyer, Franz, StuW 1990, 404, (405).

[149] Klebau, Bodo, RIW 1985, 125, (127).

rung gesehen[150]. Einzuschränken ist diese Maxime allerdings auf Fälle innerhalb des Anwendungsbereichs des jeweiligen DBA. Der Steuerpflichtige muss also in einem oder in beiden Vertragsstaaten ansässig sein[151], damit das Abkommen überhaupt anwendbar ist[152]. Lässt der Wortlaut des Abkommens zwei Auslegungsvarianten zu, von denen eine die Doppelbesteuerung ausschließt, während die andere Variante Doppelbesteuerung zur Folge hat, dann ist die erste Variante die nach Art. 31 WÜRV richtige[153].

Teilweise wird vertreten, Sinn und Zweck von DBA könne nicht die Vermeidung der Doppelbesteuerung sein, da sie Doppelbesteuerung teilweise bewusst in Kauf nähmen[154], weshalb sich aus dem Ziel der Vermeidung von Doppelbesteuerung keine Auslegungsmaxime gewinnen lasse. Dies widerspricht jedoch dem in der Überschrift oder Präambel klar deklarierten Zweck jedes DBA. Selbst wenn ein Abkommen in bestimmten Situationen Doppelbesteuerung zu-

---

[150] Riemenschneider, Sven, Abkommensberechtigung von Personengesellschaften und abkommensrechtliche Behandlung der Einkünfte aus Beteiligungen inländischer Gesellschafter an ausländischen Personengesellschaften, 1995, S. 39, 83; Klebau, Bodo, RIW 1985, 125, (127); Kerath, Andreas, Maßstäbe zur Auslegung und Anwendung von Doppelbesteuerungsabkommen unter besonderer Berücksichtigung des Verständigungsverfahrens, 1995, S. 188; Lang, Michael, IStR 2002, 609, (610); der. Vermeidung der Doppelbesteuerung und der doppelten Nichtbesteuerung als Auslegungsmaxime für Doppelbesteuerungsabkommen?, in: Haarmann, Wilhelm (Hrsg.), Auslegung und Anwendung von Doppelbesteuerungsabkommen, 2004, S. 83; Loukota, Helmut, in: Gassner, Wolfgang/Lang, Michael/Lehner, Eduard, Personengesellschaften im Recht der Doppelbesteuerungsabkommen, 2000, Wien, S. 15, (22); Gloria, Christian, RIW 1986, 970, (976); Roxan, Ian, Intertax 1997, 367, (371); Brunschot, Frank van, IBFD 2005, 5, (8); Raad, Kees van, ET 1996, 3, (4); Wolff, Ulrich, IStR 2004, 542, (545); ÖVwGH, Entscheidung vom 25.09.2001, 99/14/0217, IStR 2001, 754; einschränkend Wassermeyer, Franz, in: Debatin, Helmut/Wassermeyer, Franz, Doppelbesteuerung Kommentar Band I, Loseblattsammlung, Stand Mai 2006, Art. 3, Rn. 78, sieht die Vermeidung von Doppelbesteuerung nur als allgemeinen Zweck der Abkommen, dem daher bei der Auslegung nur sekundäre Bedeutung beizumessen sei. Es sei der Zweck der jeweils auszulegenden einzelnen Abkommensnorm zu ermitteln.

[151] Lang, Michael, IStR 2002, 609, (610); ders., Vermeidung der Doppelbesteuerung und der doppelten Nichtbesteuerung als Auslegungsmaxime für Doppelbesteuerungsabkommen?, in: Haarmann, Wilhelm (Hrsg.), Auslegung und Anwendung von Doppelbesteuerungsabkommen, 2004, S. 83, (86); ders., Lang, Michael, SWI 2002, 86, (91). Bei Dopplebesteuerung bleibt es demnach beispielsweise, wenn der Steuerpflichtige in beiden Vertragsstaaten nur beschränkt steuerpflichtig ist.

[152] Schuch, Josef/Bauer, Josef, Die Überlegungen des OECD-Steuerausschusses zur Lösung von Qualifikationskonflikten, in: Gassner, Wolfgang/Lang, Michael/Lehner, Eduard, Personengesellschaften im Recht der Doppelbesteuerungsabkommen, 2000, Wien, S. 27, (35).

[153] Loukota, Helmut, SWI 1999, 70, (75).

[154] Lang, Michael, Vermeidung der Doppelbesteuerung und der doppelten Nichtbesteuerung als Auslegungsmaxime für Doppelbesteuerungsabkommen?, in: Haarmann, Wilhelm (Hrsg.), Auslegung und Anwendung von Doppelbesteuerungsabkommen, 2004, S. 83, (87); ders., Lang, Michael, SWI 2002, 86, (91).

lassen sollte, heißt dies nicht, dass die Vermeidung von Doppelbesteuerung nicht die primäre Intention des Abkommens sein kann.

Der Zweck der Vermeidung der Doppelbesteuerung wird nur durch Anwendung der völkerrechtlichen Theorie erreicht. Nur so werden beide Vertragsstaaten in mehr Fällen zu einer übereinstimmenden Auslegung kommen. Doppelbesteuerung kann sich dann nicht mehr ergeben, auch wenn in den Vertragstaaten ein unterschiedliches Verständnis eines Abkommenbegriffs besteht. Insbesondere die Ansicht *Vogels*[155], die dem Ausdruck „erfordern" ein besonderes Gewicht beimisst, führt dazu, dass die nach völkerrechtlichen Auslegungsgrundsätzen ermittelten Ergebnisse nur bei besonderer Überzeugungskraft herangezogen werden können. Dies würde zur Maßgeblichkeit des Rechts des Anwendestaates und damit zu Fällen von Doppelbesteuerung führen[156]. Ein sich aus dem Abkommen erschließender Begriff ist für beide Vertragsparteien verbindlich und durch eine gemeinsame Begrifflichkeit kann Doppelbesteuerung vermieden werden. Das Ziel, einem Ausdruck genau eine Bedeutung beizuordnen, hat auch Art. 31 Abs. 1 WÜRV[157], der als „Allgemeine Auslegungsregel" Art. 3 Abs. 2 OECD-MA zunächst vorgeht[158]. Aufgrund Sinn und Zweck eines DBA ist auf ein Verständnis des Abkommens als eigener Regelungskreis abzustellen, der durch seine eigene Begriffswelt eindeutige Rechtsaussagen trifft[159]. Würde erst das innerstaatliche Steuerecht dem DBA Inhalt und Tragweite vermitteln, hätten die Abkommen keine eigene Normaussage mehr[160]. Die Frage, ob der Zusammenhang etwas anderes erfordert, also eine andere Auslegung als das innerstaatliche Recht gebietet, kann nur beantwortet werden, wenn zuvor ermittelt wurde, welche Rechtsaussage nach dem Zusammenhang getroffen werden soll[161].

V) Der Einfluss von Änderung des innerstaatlichen Rechts auf die Abkommensanwendung

Trotz des Vorrangs einer Auslegung aus dem Vertrag heraus, sind dennoch Fälle denkbar, in denen es zur Anwendung des innerstaatlichen Rechts der Vertragsstaaten kommt. Dies ist insbesondere der Fall in Bereichen, die das Abkommen überhaupt nicht zu regeln beabsichtigt, wie zum Beispiel der Gewin-

---

155 Vogel, Klaus, in: Vogel, Klaus, Doppelbesteuerungsabkommen, Kommentar, 3. Aufl. 1996, Art. 3 Rn. 71, siehe unter 1. Teil C)IV)2).

156 Lang, Michael, Die Bedeutung des originär innerstaatlichen Rechts für die Auslegung von Doppelbesteuerungsabkommen, in: Burmester, Gabriele/Endres, Dieter, Festschrift für Helmut Debatin, 1997, S. 283, (288 f).

157 Raad, Kees van, ET 1996, 3, (4).

158 Siehe unter 1. Teil C)VI).

159 Djanani, Christiana/Brähler, Gernot/Hartmann, Thomas, IStR 2004, 481, (482); Debatin, Helmut, DStZ 1987, 211; ders., DB 1985, Beilage Nr. 23, S. 3.

160 Debatin, Helmut, AWD 1969, 477 (479).

161 Gloria, Christian, RIW 1986, 970, (976).

nermittlung[162]. Es fragt sich dann, ob das innerstaatliche Recht, auf das Art. 3 Abs. 2 OECD-MA verweist, das Recht zum Zeitpunkt des Vertragsschlusses ist oder ob von einer Verweisung auf das jeweils gültige Recht der Vertragsstaaten auszugehen ist[163].

Hierzu werden zwei Ansichten vertreten. Die Vertreter der herrschenden wandelbaren Interpretation[164] gehen davon aus, dass Art. 3 Abs. 2 OECD-MA auf das jeweils gültige Recht der Vertragsstaaten verweist, während nach der statischen Interpretation[165] nur eine Verweisung auf das zum Zeitpunkt des Vertragsschlusses geltende Recht vorgesehen ist.

1) Wandelbare Interpretation

Für die Anwendung einer wandelbaren Interpretation spricht zunächst der Praktikabilitätsgedanke. Im Rahmen dieses Ansatzes erfordere nicht jede Änderung des innerstaatlichen Rechts eine Übereinkunft mit dem anderen Vertragsstaat durch ein förmliches Verständigungsverfahren oder sogar eine Vertragsänderung. Schwierig wäre es auch, die unter Umständen viele Jahre nicht mehr geltende frühere Rechtslage zu ermitteln[166].

Darüber hinaus seien Doppelbesteuerungsabkommen gerade auch zur Regelung zukünftiger Sachverhalte geschaffen, worunter sowohl der aktuelle Stand der Rechtsordnung zu verstehen sei, wie auch der darunter zu subsumierende Lebenssachverhalt[167]. Schließlich sei zu berücksichtigen, dass auch Doppelbesteuerungsabkommen letztlich Steuerrechtsnormen und damit Eingriffsnormen darstellten, für die das Rechtsstaatsprinzip eine klare Verständlichkeit für den Steuerpflichtigen postuliere. Dem könne nicht entsprochen werden, wenn eine andere als die aktuell gültige Rechtslage zur Anwendung komme[168].

---

[162] Buciek, Klaus in: Flick,Hans/ Wassermeyer, Franz/ Wingert, Karl-Dieter/ Kempermann, Michael, Doppelbesteuerungsabkommen Deutschland - Schweiz, Kommentar, Loseblattsammlung, Stand Okt. 2006, Art. 7, Rn. 281.

[163] Baker, Philip, Double Taxation Conventions, Loseblattsammlung, Stand Sep. 2005, Tz. E.23.

[164] Kerath, Andreas, Maßstäbe zur Auslegung und Anwendung von Doppelbesteuerungsabkommen unter besonderer Berücksichtigung des Verständigungsverfahrens, 1995, S. 201; Klebau, Bodo, RIW 1985, 125, (131); Shelton, Ned, Interpretation and Application of Tax Treaties, 2004, UK, S. Tz. 4.80; Stein, Torsten, IStR 2006, 505, (507) Vogel, Klaus, in: Vogel, Klaus/Lehner, Moris, Doppelbesteuerungsabkommen, Kommentar, 4. Aufl. 2003, Einl., Rn. 186 und Art. 3, Rn. 116; Raad, Kees van, Intertax 1992, 671, (673); Wattel, Peter J./Marres, Otto, ET 2003, 222, (235); OECD-MK zu Art. 3, Tz. 11.

[165] Pott, Hans-Michael, StuW 1982, 223, (228); Supreme Court of Canada, The Queen v. Melford Developments Inc., 82 Dominion Tax Cases 6281 (1982).

[166] Klebau, Bodo, RIW 1985, 125, (129); Vogel, Klaus, in: Vogel, Klaus/Lehner, Moris, Doppelbesteuerungsabkommen, Kommentar, 4. Aufl. 2003, Einl., Rn. 186.

[167] Klebau, Bodo, RIW 1985, 125, (130).

[168] Klebau, Bodo, RIW 1985, 125, (131).

Innerhalb der wandelbaren Interpretation des Art. 3 Abs. 2 OECD-MA vertritt *Avery Jones*[169] einen eingeschränkten Ansatz. Er unterscheidet zwischen „express limitation" und „implied limitation".

Nach der ersten Variante komme innerstaatliches Recht nur zur Anwendung, wenn nicht der Zusammenhang etwas anderes erfordere. Zum Zusammenhang in diesem Sinne gehörten auch die ursprünglichen Auswirkungen des Abkommens im Zeitpunkt des Vertragsschlusses. Bei schwerwiegenden Änderungen des innerstaatlichen Rechts sei daher ohne weiteres zu rechtfertigen, dass die Änderung nicht mehr bei der Abkommensanwendung zu berücksichtigen sei. In diesem Fall wirke sich die Änderung des innerstaatlichen Rechts so aus, dass von der ursprünglichen Wirkung des Vertrags zu stark abgewichen werde.

Die „implied limitation" entwickelt *Avery Jones* aus allgemeinen Grundsätzen, die ausdrücklich oder stillschweigend Gegenstand jedes Doppelbesteuerungsabkommens seien. Diese Grundsubstanz eines Abkommens dürfe nicht durch einseitige Änderungen angegriffen werden. Außerdem stelle jedes Doppelbesteuerungsabkommen ein ausgehandeltes Gleichgewicht dar, welches nicht durch schwerwiegende Änderungen gestört werden dürfe.

2) Statische Interpretation

Die Vertreter der statischen Interpretation führen an, dass bei Anwendung der jeweils geltenden Rechtslage die Vertragsstaaten versucht wären, nach Vertragsschluss ihr eigenes innerstaatliches Steuerrecht so abzuändern, dass sich im Rahmen von DBA-Fällen ihre eigenen Besteuerungsrechte erweitern. Die DBA seien bei Geltung einer bestimmten Rechtslage abgeschlossen worden. Änderungen dieser Rechtslage könnten die Regelungen der Abkommen daher aushöhlen, was dem Abkommenssinn zuwider laufe. DBA nähmen regelmäßig auf das innerstaatliche Recht der Vertragsstaaten Bezug, welches aufgrund der sparsamen und abstrakten Abkommenssprache zur Ausfüllung der DBA benötigt werde. Daraus ergebe sich ein schutzwürdiges Vertrauen des jeweils anderen Vertragsstaates am Fortbestand der ursprünglichen Rechtslage[170].

3) Stellungnahme

Zwar sind praktikable Lösungen für den Rechtsanwender angenehm, jedoch ist alleine die Praktikabilität einer bestimmten Vorgehensweise kein Argument für

---

[169] Avery Jones, John F. et al., BTR 1984, 14-54 und 90-108, (47 f); für eine Einschränkung der wandelbaren Interpretation auch Langbein, Volker, RIW 1984, 531, (539); ders. RIW 1988, 875, (880) und Lang, Michael, Die Bedeutung des originär innerstaatlichen Rechts für die Auslegung von Doppelbesteuerungsabkommen, in: Burmester, Gabriele/Endres, Dieter, Festschrift für Helmut Debatin, 1997, S. 283, (291).
[170] Pott, Hans-Michael, StuW 1982, 223, (228).

ihre Richtigkeit. Daher lässt sich die Frage nach dem Vorrang der wandelbaren beziehungsweise statischen Interpretation des Art. 3 Abs. 2 OECD-MA nur anhand anerkannter Auslegungsmethoden beantworten.

Der Wortlaut der Vorschrift in der Fassung seit 1995 legt die Anerkennung der wandelbaren Interpretation nahe. Danach soll der im Abkommen nicht definierte Begriff die Bedeutung haben, die ihm im Anwendungszeittraum[171] zukommt. Zu diesem Ergebnis führt auch die Anwendung der in der internationalen Rechtsprechung angewandten systematischen Interpretationsmethode, die zum Ziel hat, dasjenige Auslegungsergebnis zu ermitteln, das die einen Wirklichkeitsausschnitt beherrschenden Rechtssätze zu einem möglichst widerspruchsfreien, kohärenten Sinnganzen zusammenfügt[172]. Es ist daher zu untersuchen, ob den Abkommen andere dynamische Verweisungen bekannt sind, aus denen sich ein Gesamtkonzept für das Abkommensverständnis entnehmen lässt. In diesem Fall wäre es naheliegend, dass auch Art. 3 Abs. 2 OECD-MA entsprechend zu verstehen ist[173]. Dass eine dynamische Anwendung des Abkommens grundsätzlich intendiert ist, ist Art. 2 Abs. 4 OECD-MA zu entnehmen, der bestimmt, dass auch Steuern, die nach Unterzeichung des Abkommens entwickelt werden, in den Anwendungsbereich des Abkommens fallen sollen.

Art. 2 Abs. 4 OECD-MA ist damit eindeutig zukunftsbezogen. Aus dem Gesamtzusammenhang des OECD-MA ergibt sich, dass dies auch für Art. 3 Abs. 2 OECD-MA zu gelten hat[174]. Andernfalls könnte es zu dem paradoxen Ergebnis kommen, dass das Abkommen zwar für aktuell erhobene Steuern gilt, sich jedoch auf einen Rechtsstand bezieht, der einer möglicherweise nicht mehr erhobenen Steuer zu Grunde liegt[175].

Die Einschränkungen, die *Avery Jones*[176] vornehmen will, sind grundsätzlich nachvollziebar. Es soll damit vermieden werden, dass die Besteuerungsfolgen bei Abkommensanwendung im Laufe der Zeit zu stark vom ursprünglichen Willen der Vertragsparteien abweichen und im Extremfall in ihr Gegenteil verkehrt werden. Im Rahmen der „express limitation“ werden sich jedoch Probleme bei der Bestimmung der Grenze ergeben, ab der von der ursprünglichen Wirkung des Abkommens zu stark abgewichen wird. Dies geht wiederum zu Lasten der Rechtssicherheit. Folgt man der hier vertretenen Ansicht, wonach sämtliche Abkommensbegriffe vorrangig abkommensautonom auszulegen sind, ist es nur schwer vorstellbar, dass die „implied limitation“ überhaupt relevant wird. Da bei

---

[171] In der englischen Fassung: „at any time“.

[172] Säcker, Franz Jürgen, in: Münchener Kommentar, BGB, Bd. 1, 4. Aufl. 2001, Einl., Rn. 125.

[173] Weber-Fas, RIW 1982, 803, (806).

[174] Avery Jones, John F. et al., BTR 1984, 14-54 und 90-108, (36).

[175] Kerath, Andreas, Maßstäbe zur Auslegung und Anwendung von Doppelbesteuerungsabkommen unter besonderer Berücksichtigung des Verständigungsverfahrens, 1995, S. 201.

[176] Avery Jones, John F. et al., BTR 1984, 14-54 und 90-108, (47f).

der Abkommensauslegung immer auch der Sinn und Zweck des Vertrages zu berücksichtigen ist, wird die Änderung des innerstaatlichen Rechts der Vertragsstaaten kaum das Abkommen schwerwiegend ändern können.

VI) Das Gebot der Entscheidungsharmonie

In der Rechtswissenschaft wurde das Gebot der Entscheidungsharmonie entwickelt, das mittlerweile offenbar auch vom BFH als Auslegungsmaxime herangezogen wird. Dieses Gebot besagt, dass eine Auslegung anzustreben sei, die am ehesten die Aussicht bietet, in beiden beteiligten Vertragsstaaten akzeptiert zu werden[177]. Damit gebe es keinen „deutschen Weg“ der Abkommensauslegung[178]. Dahinter steckt die Überlegung, dass nur so die Verteilung des Steuerguts zwischen den Vertragsstaaten angemessen und effektiv erfolgen kann. Nur so könne die nach Anwendung eines DBA verbleibende Besteuerung in einem Vertragsstaat mit der Besteuerung im anderen Vertragsstaat harmonieren[179].

Gegen die Existenz des Gebots der Entscheidungsharmonie spricht sich zu Recht eine Reihe von Autoren[180] aus. Zwar wäre es aus praktischen Gesichtspunkten wünschenswert, den Vertragsstaaten eine gemeinsame Auslegung „aufzuzwingen“, denn das Gebot der Entscheidungsharmonie wäre tatsächlich geeignet, die Verteilung des Steuerguts zwischen den Vertragsstaaten angemessen und effektiv zu gestalten und Doppelbesteuerung zu vermeiden.

Den Vertretern des Gebots der Entscheidungsharmonie gelingt es jedoch nicht, eine Rechtsgrundlage für ein solches Gebot aufzuzeigen, weder aus dem Völkerrecht noch aus dem innerstaatlichen Recht[181]. Das Gebot der Entscheidungsharmonie kann demzufolge nur im Rahmen der systematischen oder teleologischen Auslegung Bedeutung erlangen. Voraussetzung dafür wäre allerdings, dass sich aus dem objektivierten Vertragsinhalt ergibt, dass die Vertragsparteien

---

177 Vogel, Klaus, in: Vogel, Klaus/Lehner, Moris, Doppelbesteuerungsabkommen, Kommentar, 4. Aufl. 2003, Einl., Rn. 113; ders., IStR 2003, 523, (525); Buciek, Klaus, DStZ 2003, 139, (143); Kappe, Klaus, DStR 1987, 479, (481); Reith, Thomas, Internationales Steuerrecht, 2004, Tz. 4.279; BFH, Urteil vom 17.11.1999 - I R 7/99, BFHE 191, 18, BStBl. II 2000, 605; BFH, Urteil vom 24.03.1999 – I R 114/97, BFHE 188, 315, BStBl. II 2000, 399; offengelassen noch im Urteil des BFH vom 09.10.1985 – I R 128/80, BFHE 145, 341; BStBl II 1988, 810.

178 Vogel, Klaus, IStR 2003, 523, (525).

179 Gündisch, Stephan, Personengesellschaften im DBA-Recht, 2004, S. 38.

180 Hahn, Hartmut, Zur Auslegung von Doppelbesteuerungsabkommen: Der Grundsatz der Entscheidungsharmonie im Crash-Test, in: Gocke Rudolf/Gosch, Diemtmar/Lang, Michael, Festschrift für Franz Wassermeyer, 2005, S. 631, (645); Gündisch, Stephan, Personengesellschaften im DBA-Recht, 2004, S. 41; Wassermeyer, Franz, in: Debatin, Helmut/Wassermeyer, Franz, Doppelbesteuerung Kommentar Band I, Loseblattsammlung, Stand Mai 2006, Art. 3, Rn. 78.

181 Wassermeyer, Franz, in: Debatin, Helmut/Wassermeyer, Franz, Doppelbesteuerung Kommentar Band I, Loseblattsammlung, Stand Mai 2006, Art. 3, Rn. 78.

sich bei der Auslegung an der Entscheidungsharmonie ausrichten wollten. Es bleibt damit nur, das einzelne Abkommen nach solchen Anhaltspunkten zu durchforsten. Eine generelle Existenz des Gebots der Entscheidungsharmonie muss jedoch abgelehnt werden[182]. Bei Annahme der Existenz des Gebots der Entscheidungsharmonie würde die Nichtbeachtung des Gebots durch ein Gericht die Entscheidung fehlerhaft machen. Ein Problem für die zur Entscheidung berufenen Gerichte bestünde dann darin, dass in den Rechtsordnungen der einzelnen Staaten unterschiedliche Auslegungsregeln gelten[183]. Es fiele den nationalen Gerichten daher schwer zu prognostizieren, welche Auslegungsvariante im anderen Vertragsstaat die beste Chance hätte, angewandt zu werden. *Gündisch*[184] sieht, entsprechend der Situation im Internationalen Privatrecht, das Gebot der internationalen Entscheidungsharmonie in Konkurrenz zum Grundsatz der innerstaatlichen Entscheidungsharmonie[185]. Im Internationalen Privatrecht könnten neben den Grundsatz der internationalen Entscheidungsharmonie weitere zu beachtende Prinzipien treten, wie eben die innerstaatliche Entscheidungsharmonie. Da demnach DBA nicht nur möglichst einheitlich, sondern nach Möglichkeit auch in Übereinstimmung mit den Regelungen des innerstaatlichen Steuerrechts des jeweiligen Anwendestaates auszulegen seien, könne es auch keine Pflicht zur Herstellung einer internationalen Entscheidungsharmonie geben. Hinzu kommt, dass das Gebot der Entscheidungsharmonie die Vertragsstaaten zur Manipulation der ursprünglich gewollten Verteilung des Steuerguts einladen könnte. Bestimmend für die Abkommensauslegung wäre bei Berücksichtigung des Gebots der Entscheidungsharmonie nämlich die jeweils restriktivere Rechtsordnung[186].

VII) Die Bedeutung von Musterabkommen und Musterkommentar

Der OECD-Musterkommentar (OECD-MK) wird von der Working Party No. 1 des Committee of Fiscal Affairs (CFA) erarbeitet und ständig fortgeschrieben. Das CFA ist jedoch nicht mit gesetzgebender Gewalt ausgestattet, so dass die

[182] Henkel, Udo, in: Becker, Helmut/Höppner, Horst-Dieter/Grotherr, Siegfried/Kroppen, Heinz-Klaus (Hrsg.), DBA - Kommentar, Loseblattsammlung, Stand Okt. 2005, Teil 1 Abschn. 4, Rn. 46; Wassermeyer, Franz, in: Debatin, Helmut/Wassermeyer, Franz, Doppelbesteuerung Kommentar Band I, Loseblattsammlung, Stand Mai 2006, Art. 3, Rn. 78.

[183] Hahn, Hartmut, Zur Auslegung von Doppelbesteuerungsabkommen: Der Grundsatz der Entscheidungsharmonie im Crash-Test, in: Gocke Rudolf/Gosch, Diemtmar/Lang, Michael, Festschrift für Franz Wassermeyer, 2005, S. 631, (633).

[184] Gündisch, Stephan, Personengesellschaften im DBA-Recht, 2004, S. 41.

[185] Hoffmann, Bernd von/Thorn, Karsten, Internationales Privatrecht, 8. Aufl. 2005, § 6, Rn. 71 f.

[186] Hahn, Hartmut, Zur Auslegung von Doppelbesteuerungsabkommen: Der Grundsatz der Entscheidungsharmonie im Crash-Test, in: Gocke Rudolf/Gosch, Diemtmar/Lang, Michael, Festschrift für Franz Wassermeyer, 2005, S. 631, (644).

darin enthaltenen Empfehlungen nicht innerstaatliches geltendes Recht darstellen können[187]. Daher erübrigt sich auch, der Frage nachzugehen, ob spätere Änderungen des OECD-MK auch für diejenigen DBA zu beachten sind, die vor der Änderung des Kommentars in Kraft getreten sind[188].

1) Die Bedeutung des Musterabkommens und des Musterkommentars für Gerichte

Eine Bindung für Steuerpflichtige oder Gerichte an den OECD-MK kommt nicht in Betracht, da der OECD-MK zwar den Charakter eines Vertrages haben kann, dem aber die gesetzgeberische Legitimation als Voraussetzung für eine Bindung von Gerichten fehlt[189]. Völkerrechtlich mag es theoretisch möglich sein, den OECD-MK als einen von Vertretern der OECD-Mitgliedstaaten im Steuerausschuss abgeschlossenen Vertrag anzusehen. Verfassungsrechtlich jedoch müsste, soweit ersichtlich, in allen Staaten das Parlament oder eine Kammer des Parlaments dem Abschluss des OECD-MK als völkerrechtlichem Vertrag zustimmen oder nach Vertragsschluss ein entsprechendes Gesetz erlassen. Dies wurde jedoch bisher noch nie angedacht[190]. Dennoch spielen die Überlegungen des Fiskalausschusses durch seine Fachautorität bei Gerichtsentscheidungen eine gewisse Rolle[191]. Das OECD-MA ist ebenfalls kein gültiger völkerrechtlicher Vertrag, so dass es weder für die Mitgliedstaaten der OECD noch für die übrigen Staaten bindend ist[192]. Das OECD-MA hat demnach ausschließlich Empfehlungscharakter[193].

Teilweise wird vertreten, Musterabkommen und Musterkommentar würden die anwendenden Steuerverwaltungen binden, ähnlich wie dies bei internen Verwaltungsvorschriften der Fall sei[194]. *Vogel*[195] begründet dies damit, dass sich

[187] Gündisch, Stephan, Personengesellschaften im DBA-Recht, 2004, S. 43.

[188] Zum Meinungsstand: Lang, Michael, IStR 2000, 129, (134); Weggenmann, Hans, IStR 2002, 614, (621); Wattel, Peter J./Marres, Otto, ET 2003, 222, (224 ff).

[189] Ellis, Maarten J., IBFD 2005, 11, (12); ders., IBFD 2006, 103, (104); Pijl, Hans, IBFD 2006, 216, (222); Brunschot, Frank van, IBFD 2005, 5, (7); Ward, David A., IBFD 2006, 97, (99).

[190] Vogel, Klaus, SWI 2000, 103, (106).

[191] Vogel, Klaus, IStR 2003, 523, (527).

[192] Raad, Kees van, ET 1996, 3, (4).

[193] Wassermeyer, Franz, in: Debatin, Helmut/Wassermeyer, Franz, Doppelbesteuerung Kommentar Band I, Loseblattsammlung, Stand Mai 2006, vor Art. 1, Rn. 34; Pijl, Hans, IBFD 2006, 216, (224).

[194] Vogel, Klaus, SWI 2000, 103, (108); ders. IStR 2003, 523, (527); ders. Auslegung von Doppelbesteuerungsabkommen, in: Haarmann, Wilhelm (Hrsg.), Auslegung und Anwendung von Doppelbesteuerungsabkommen, 2004, S. 1, (14); Brunschot, Frank van, IBFD 2005, 5, (7).

aus Art. 18 Buchst. c OECD-Verfahrensordnung ergebe, dass die Mitgliedsstaaten durch Empfehlungen, wie sie der OECD-MK darstelle, verpflichtet seien, zu prüfen ob die empfohlenen Maßnahmen angebracht (englisch: „opportune") seien. Nach anderer Auffassung bestehe keine völkerrechtliche Verpflichtung, dem OECD-MA zu folgen, oder eine völkerrechtliche Verbindlichkeit bei der Abkommensauslegung den Aussagen des OECD-MK zu folgen[196]. Der Musterkommentar sei lediglich dahingehend zu verstehen, dass es sich um eine Empfehlung der OECD handele, die Vorschriften der Abkommen, soweit sie sich am OECD-MA orientieren, entsprechend dem Musterkommentar auszulegen.

Wenig hilfreich ist die Ansicht von *Frotscher*[197], der meint, der Musterkommentar sei nur in dem Maße bindend, als er das Abkommen zutreffend auslege. Es ist fraglich, welche Rolle der Kommentar noch spielen soll, wenn zunächst geprüft werden muss, ob er das Abkommen zutreffend auslegt. Die maßgebliche Auslegung ist dann schon denknotwendig auf anderem Wege gefunden, so dass ein Rückgriff auf den MK sich erübrigt.

2) Die Bedeutung des Musterabkommens und des Musterkommentars bei der Auslegung

Für die Lösung der Frage nach dem Einfluss des OECD-MK auf die Abkommensauslegung ist zu klären, ob der Kommentar ein Auslegungsmittel im Sinne der Art. 31 und 32 WÜRV[198] ist. Eine mittelbare Bindung an den OECD-MK würde eintreten, wenn der Kommentar die gewöhnliche Bedeutung im Sinne des Art. 31 Abs. 1 WÜRV festlegen, ein ergänzendes Auslegungsmittel im Sinne des Art. 32 WÜRV darstellen oder eine besondere Bedeutung eines Abkommensbegriffs im Sinne des Art. 31 Abs. 4 WÜRV festschreiben würde[199].

---

[195] Vogel, Klaus, SWI 2000, 103, (108); ders., Intertax 2000, 612, (614); ders., IStR 2003, 523, (527); ders. Auslegung von Doppelbesteuerungsabkommen, in: Haarmann, Wilhelm (Hrsg.), Auslegung und Anwendung von Doppelbesteuerungsabkommen, 2004, S. 1, (14).

[196] Henkel, Udo, in: Becker, Helmut/Höppner, Horst-Dieter/Grotherr, Siegfried/Kroppen, Heinz-Klaus (Hrsg.), DBA - Kommentar, Teil 2, Loseblattsammlung, Stand Okt. 2005, Teil 1, Abschn. 4, Rn. 43; Wassermeyer, Franz, in: Debatin, Helmut/Wassermeyer, Franz, Doppelbesteuerung Kommentar Band I, Loseblattsammlung, Stand Mai 2006, vor Art. 1, Rn. 34.

[197] Frotscher, Gerrit, Internationales Steuerrecht, 2001, S. 107.

[198] **Art. 32 WÜRV:** Ergänzende Auslegungsregel:

> Ergänzende Auslegungsmittel, insbesondere die vorbereitenden Arbeiten und die Umstände des Vertragsabschlusses, können herangezogen werden, um die sich unter Anwendung des Art. 31 ergebende Bedeutung zu bestätigen oder die Bedeutung zu bestimmen, wenn die Auslegung nach Art. 31
>
> a) die Bedeutung mehrdeutig oder dunkel lässt oder
>
> b) zu einem offensichtlich sinnwidrigen oder unvernünftigen Ergebnis führt.

[199] So Weggenmann, Hans, IStR 2002, 614, (621).

Prokisch[200] ist der Auffassung, der Kommentar bestimme die „gewöhnliche Bedeutung" der Ausdrücke des Abkommens im Sinne des Art. 31 Abs. 1 WÜRV. Der Kommentar sei damit ein Teil der Vereinbarung der Vertragsparteien. Dies kann, wenn überhaupt, jedoch nur für den Kommentar in der Fassung gelten, die er zur Zeit des Vertragsschlusses hatte[201], und soweit das fragliche Abkommen sich an das OECD-MA anlehnt. Darüber hinaus haben die OECD-Mitgliedstaaten dem OECD-MK zwar zugestimmt, er ist jedoch nicht förmlich mit den jeweiligen Abkommen geschlossen worden[202]. Aus dem selben Grund scheidet die Annahme aus, bei dem OECD-MK handele es sich um Übereinkünfte im Sinne des Art. 31 Abs. 2 WÜRV[203]. Es handelt sich gerade nicht um „zwischen den Vertragsstaaten" getroffene Vereinbarungen[204], da sie von keiner Vertragspartei abgefasst sind, sondern lediglich vom Steuerausschuss der OECD als Organ einer internationalen Organisation[205].

Fraglich ist auch, ob OECD-MA und Musterkommentar ergänzende Auslegungsmittel im Sinne von Art. 32 WÜRV sind[206]. Da die Vertragsverhandlungen regelmäßig mit großer Sorgfalt geführt werden, wäre es ungewöhnlich, wenn die Voraussetzungen des Art. 32 WÜRV, also Mehrdeutigkeit, Dunkelheit oder Sinnwidrigkeit des Auslegungsergebnisses nach Art. 31 WÜRV vorlägen[207]. Art. 32 WÜRV bezieht sich nur auf die Materialien des jeweiligen Vertrages und nicht auf Dokumente wie das OECD-MA oder den OECD-MK, die allge-

---

200 Prokisch, Rainer, SWI 1994, 52; in diesem Sinne wohl auch Loukota, Helmut, in: Gassner, Wolfgang/Lang, Michael/Lehner, Eduard, Personengesellschaften im Recht der Doppelbesteuerungsabkommen, 2000, Wien, S. 22 f.

201 Vogel, Klaus, IStR 2003, 523, (528); ders., in: Vogel, Klaus/Lehner, Moris, Doppelbesteuerungsabkommen, Kommentar, 4. Aufl. 2003, Einl., Rn. 127; Lang, Michael, in: Kirchhof, Paul/Lehner, Moris/Raupach, Arndt/Rodi, Michael (Hrsg.), Festschrift für Klaus Vogel, 2000, S. 907, (920); ders., Intertax 2000, 612, (615).

202 Avery Jones, John F. et al., BTR 1984, 14-54 und 90-108, (92); Ault, Hugh J., The role of the OECD commentaries in the interpretation of tax treaties, in: Alpert, Herbert H./Raad, Kees van (editors), 1993, Boston, S. 61, (63); ders., Intertax 1994, 144, (145); Wassermeyer, Franz, in: Debatin, Helmut/Wassermeyer, Franz, Doppelbesteuerung Kommentar Band I, Loseblattsammlung, Stand Mai 2006, vor Art. 1, Rn. 34..

203 A. A. Wattel, Peter J./Marres, Otto, ET 2003, 222, (227).

204 Vogel, Klaus, in: Vogel, Klaus/Lehner, Moris, Doppelbesteuerungsabkommen, Kommentar, 4. Aufl. 2003, Einl., Rn. 125; Shelton, Ned, Interpretation and Application of Tax Treaties, 2004, UK, Tz. 4.79; Reimer, Ekkehart, ET 1999, 458, (468).

205 Wassermeyer, Franz, in: Debatin, Helmut/Wassermeyer, Franz, Doppelbesteuerung Kommentar Band I, Loseblattsammlung, Stand Mai 2006, vor Art. 1, Rn. 41; Schaumburg, Harald, Internationales Steuerrecht, 2. Aufl. 1998, Tz. 16.78.

206 So die Eidgenössische Steuerrekurskommission, Entscheid vom 03.03.2005 – SRK 2003-159.

207 Ault, Hugh J., The role of the OECD commentaries in the interpretation of tax treaties, in: Alpert, Herbert H./Raad, Kees van (editors), 1993, Boston, S. 61, (63); ders., Intertax 1994, 144, (145); si auch Ward, David A., IBFD 2006, 97, (98).

mein bekannt oder zumindest leicht zugänglich sind. Daher besteht kein Grund, sie entsprechend Art. 32 WÜRV erst in zweiter Linie heranzuziehen[208].

Häufig werden in DBA Ausdrücke und Begrifflichkeiten verwendet, die auch das OECD-MA oder der OECD-MK verwenden[209]. Es ist nur schwer vorstellbar, dass in diesen Fällen bei den Vertragsparteien nicht von vornherein eine entsprechende Vorstellung von der Bedeutung dieser Ausdrücke oder Begrifflichkeiten vorherrscht.

Ault[210] schlägt daher vor, Art. 31 Abs. 4 WÜRV als Brücke zwischen Art. 31 und Art. 32 WÜRV zu nutzen. Dann könne Art. 31 WÜRV so interpretiert werden, dass ergänzende Auslegungsmittel herangezogen werden könnten, um den Willen der Vertragsparteien zu ermitteln, einen Begriff in einer bestimmten Art und Weise verwenden zu wollen. Begründet wird diese Einbeziehung des O-ECD-MK damit, dass der OECD-MK den Hintergrund darstelle, vor dem die jeweiligen Abkommensvorschriften gestrickt würden. Zwar sei jedes Abkommen einzigartig, der überwiegende Teil der Vorschriften sei jedoch jeweils aus dem OECD-MA übernommen. Es sei daher logisch anzunehmen, dass die Vertragsparteien für die spätere Auslegung der Normen auch die Interpretation des OECD-MK übernehmen wollten[211]. In diesem Fall wären OECD-MA und O-ECD-MK unmittelbar und nicht lediglich subsidiär heranzuziehen, weshalb auch die Annahme eines ergänzenden Auslegungsmittels im Sinne des Art. 32 WÜRV ausscheidet[212].

Der BFH zieht das OECD-MA und den OECD-MK zu Auslegungszwecken heran, wenn andere Auslegungsmittel nicht zum Ergebnis führen oder um die mit sonstigen Auslegungsmethoden erhaltene Lösung zu bestätigen[213]. Begründet wird dieses Vorgehen jedoch nicht; es ergibt sich allerdings aus den Ausführungen des BFH, dass er OECD-MA und OECD-MK als Auslegungshilfe nutzt[214].

---

[208] Vogel, Klaus, in: Vogel, Klaus/Lehner, Moris, Doppelbesteuerungsabkommen, Kommentar, 4. Aufl. 2003, Einl., Rn. 125; Reimer, Ekkehart, ET 1999, 458, (468).

[209] Wassermeyer, Franz, in: Debatin, Helmut/Wassermeyer, Franz, Doppelbesteuerung Kommentar Band I, Loseblattsammlung, Stand Mai 2006, vor Art. 1, Rn. 41.

[210] Ault, Hugh J., The role of the OECD commentaries in the interpretation of tax treaties, in: Alpert, Herbert H./Raad, Kees van (editors), 1993, Boston, S. 61, (65); ders., Intertax 1994, 144, (146).

[211] So ebenfalls Djanani, Christiana, Internationales Steuerrecht, 2. Aufl. 1998, Wien, S. 130; Vogel, Klaus, SWI 2000, 103, (108); Ward, David A., IBFD 2006, 97, (99).

[212] Wassermeyer, Franz, in: Debatin, Helmut/Wassermeyer, Franz, Doppelbesteuerung Kommentar Band I, Loseblattsammlung, Stand Mai 2006, vor Art. 1, Rn. 38.

[213] BFH, Urteil vom 26.02.1992 – I R 85/91, BFHE 168, 52, BStBl. II 1992, 937; BFH, Urteil vom 14.09.1994 – I R 116, 93, BFHE 176, 125, BStBl. II 1995, 238

[214] Henkel, Udo, in: Becker, Helmut/Höppner, Horst-Dieter/Grotherr, Siegfried/Kroppen, Heinz-Klaus (Hrsg.), DBA - Kommentar, Teil 2, Loseblattsammlung, Stand Okt. 2005, Teil 4, Abschn. 4, Rn. 43.

Tatsache ist, dass die Steuerverwaltung, ebenso wie Gerichte und Steuerpflichtige bei der Auslegung der Abkommensnormen den OECD-MK zur Hilfe nehmen. Damit wurde de facto ein Zustand geschaffen, der sich nur äußerst schwer mit den Regelungen der Art. 31 ff WÜRV in Übereinstimmung bringen lässt. Am ehesten nachvollziehbar ist die Herleitung von *Ault*. Teilweise ist der Umgang mit dem OECD-MK allerdings nicht ganz einfach, da er zu den Antworten für viele behandelte Probleme oft auch die genaue Gegenposition enthält[215].

Insofern hat der OECD-MK den Charakter einer Empfehlung beziehungsweise einer Auslegungshilfe[216], die jedoch nicht von vornherein in ihrer Bedeutung über der Bedeutung anderer Auslegungsargumente steht[217]. Der Steuerausschuss der OECD ist nur Organ einer internationalen Organisation und nicht Vertragspartei eines bilateralen Vertrages[218]. Um normative Wirkung entfalten zu können, fehlt es dem OECD-MK wie auch dem OECD-MA an demokratischer Legitimation. Die Tatsache, dass er die Arbeit eines anerkanntermaßen hochrangigen Autorenteams darstellt, könnte allenfalls dazu führen, dass sich Gerichte durch die Argumente der Autoren überzeugen lassen[219]. Der OECD-MK kann daher als so etwas wie die Wiedergabe der herrschenden Meinung betrachtet werden.

VIII) Die Einordnung der Art. 31 ff WÜRV in das Gesamtkonzept des Auslegungsvorgangs

Die Art. 31 ff WÜRV werden nach alldem wie folgt in den Gesamtzusammenhang der Abkommensauslegung einbezogen. Die Art. 31 ff WÜRV kommen erst zur Anwendung, wenn der fragliche Abkommensbegriff sich nicht aus dem Abkommen selbst erschließt[220], aber jedenfalls bevor über Art. 3 Abs. 2 OECD-MA das Recht des Anwendestaates/Quellenstaates zur Anwendung kommen kann[221]. Das Abkommen ist damit im Ergebnis nach den Vorschriften des WÜRV auszulegen, um zu einer Definition eines unklaren Abkommensbegriffs zu kommen. Erst wenn die Auslegung aus dem Abkommen selbst heraus, auch

---

215 Ellis, Maarten J., IBFD 2006, 103.

216 Debatin, Helmut, DStR 1992, Beihefter zu Heft 23, S. 6; Baker, Philip, Double Taxation Conventions, Loseblattsammlung, Stand Sep. 2005, Tz. E.10; Roxan, Ian, Intertax 1997, 367, (372).

217 Lang, Michael, IStR 2000, 129, (134); Vogel, Klaus, SWI 2000, 103, (110).

218 Wassermeyer, Franz, in: Debatin, Helmut/Wassermeyer, Franz, Doppelbesteuerung Kommentar Band I, Loseblattsammlung, Stand Mai 2006, vor Art. 1, Rn. 41.

219 Vogel, Klaus, IStR 2003, 523, (527); Vogel, Klaus, SWI 2000, 103, (110); Ward, David A., IBFD 2006, 97, (99).

220 Wassermeyer, Franz, StuW 1990, 404, (409).

221 Vgl. Gloria, Christian, RIW 1986, 970, (975).

nach Anwendung der Art. 31 WÜRV, ergebnislos bleibt, ist auf das Recht des Anwendestaates/Quellenstaates zurückzugreifen.

Bei Art. 3 Abs. 2 OECD-MA handelt es sich um eine vertragsimmanente Auslegungsregel mit der gleichen Wirkung wie sie die Art. 31 ff WÜRV haben. Für die Auslegung des Art. 3 Abs. 2 OECD-MA selbst kann logischerweise nur auf die Art. 31 ff WÜRV[222] zurückgegriffen werden, da sich Art. 3 Abs. 2 OECD-MA nur auf andere Vorschriften aber nicht auf sich selbst beziehen kann[223].

IX) Zusammenfassung 2

Wichtig für die Arbeit mit DBA ist es, ihr Verhältnis zum innerstaatlichen Recht der Vertragsstaaten zu kennen. Allgemein anerkannt ist, dass die Abkommen einen eigenständigen Regelungskreis bilden, unabhängig vom innerstaatlichen Recht der Vertragstaaten.

Soweit in den Abkommen Begriffe verwendet werden, die auch im innerstaatlichen Steuerrecht der Vertragsstaaten vorkommen, ist grundsätzlich von einem unterschiedlichen Begriffsinhalt auszugehen. Es besteht allenfalls Begriffsparallelität, jedoch keine Begriffsidentität. Eine Ausnahme von diesem Grundsatz gilt nur, falls das Abkommen ausdrücklich am Recht der Vertragsstaaten anknüpft (so etwa im Fall von Art. 6 Abs. 2 und Art. 10 Abs. 3 OECD-MA).

Ziel der Auslegung des Abkommenstextes ist die Ermittlung des normativen Gehalts der anzuwendenden Vorschrift. Grundlage dafür ist der normative Wille der Vertragsparteien. Zu erforschen ist der im Vertragstext objektivierte Wille der Vertragsparteien. Der Auslegungsvorgang folgt den Regeln der Art. 31 ff WÜRV. Demnach kommt dem Wortlaut der Abkommensnormen eine wichtige Bedeutung zu, jedoch nicht in dem Sinne, dass die Wortlautauslegung vorrangig vor anderen zulässigen Auslegungsregeln wie der grammatischen, teleologischen, systematischen oder historischen Auslegung ist. Da aber der Wortlaut einer Abkommensvorschrift die Vermutung für sich hat, am ehesten den Willen der vertragsschließenden Parteien widerzuspiegeln, ist das so gewonnene Ergebnis mit Hilfe der anderen Auslegungsmethoden zu überprüfen.

Die Formulierung in Art. 3 Abs. 2 OECD-MA, wonach jeder im Abkommen nicht definierte Ausdruck die Bedeutung hat, die ihm nach dem innerstaatlichen Recht des Anwendestaates zukommt, „wenn der Zusammenhang nichts anderes erfordert", ist so zu verstehen, dass die Abkommensauslegung vorrangig aus dem Abkommen selbst heraus vorzunehmen ist. Das heißt, das innerstaatliche

---

222 Shelton, Ned, Interpretation and Application of Tax Treaties, 2004, UK, Tz. 4.71.

223 Klebau, Bodo, RIW 1985, 125, (127); Kerath, Andreas, Maßstäbe zur Auslegung und Anwendung von Doppelbesteuerungsabkommen unter besonderer Berücksichtigung des Verständigungsverfahrens, 1995, S. 199; Gloria, Christian, RIW 1986, 970, (975).

Recht der Vertragsstaaten ist erst heranzuziehen, wenn sich nach Ausschöpfung aller Auslegungsmöglichkeiten aus dem Abkommen selbst kein Ergebnis ergibt. Wenn also die abkommenseigenen Definitionen, der Wortlaut des Abkommens wie auch der Sinn und Vorschriftenzusammenhang des DBA zu keinem Ergebnis führen, ist auf die Begriffsbestimmungen des innerstaatlichen Rechts der Vertragsstaaten zurückzugreifen. Die Anwendung dieser sogenannten völkerrechtlichen Theorie entspricht der herrschenden Meinung in der Literatur und der Rechtsprechung des BFH. Auf diese Weise wird Sinn und Zweck der jeweiligen DBA, die Vermeidung von Doppelbesteuerung, eher erreicht. Durch die Verwendung einheitlicher Begrifflichkeiten durch die Vertragsstaaten können Qualifikationskonflikte, die zu Doppelbesteuerung oder Keinmalbesteuerung führen können, eher vermieden werden.

Soweit dennoch für Zwecke der Auslegung von Abkommensvorschriften auf das innerstaatliche Recht der Vertragsstaaten zurückgegriffen werden muss, sei es aufgrund ausdrücklicher Anordnung durch das Abkommen[224] oder ausnahmsweise aufgrund von Art. 3 Abs. 2 OECD-MA, ist das innerstaatliche Recht in der Fassung zum Zeitpunkt, zu dem sich der jeweils zu beurteilende Sachverhalt zugetragen hat, anzuwenden. Damit wird in der vorliegenden Arbeit der Theorie der wandelbaren Interpretation von DBA der Vorzug gegeben.

Das Gebot der Entscheidungsharmonie besagt, dass eine Auslegung von DBA anzustreben sei, die am ehesten die Aussicht bietet, in beiden beteiligten Vertragsstaaten akzeptiert zu werden. Dies erscheint grundsätzlich sinnvoll, da nur so die Verteilung des Steuerguts zwischen den Vertragsstaaten angemessen und effektiv erfolgen kann und die nach Anwendung eines DBA verbleibende Besteuerung in einem Vertragsstaat mit der Besteuerung im anderen Vertragsstaat harmonieren kann. Jedoch findet sich keine Rechtsgrundlage für dieses in der Rechtswissenschaft entwickelte Gebot, weder im Völkerrecht noch im innerstaatlichen Recht. Problematisch ist außerdem, dass das Gebot der Entscheidungsharmonie die Vertragsstaaten zur Manipulation der ursprünglich gewollten Verteilung des Steuerguts einladen könnte. Bestimmend für die Abkommensauslegung wäre bei Berücksichtigung des Gebots der Entscheidungsharmonie nämlich die jeweils restriktivere Rechtsordnung.

OECD-MA und OECD-MK sind für die Gerichte der Vertragsstaaten nicht bindend, da ihnen eine entsprechende Legitimation durch Gesetzgebungsorgane fehlt.

Der OECD-MK hat auch keine unmittelbare Bedeutung für die Abkommensauslegung, sondern lediglich den Charakter einer Auslegungshilfe oder Empfehlung für die Auslegung von Abkommen, die dem OECD-MA nachgebildet sind. Der Musterkommentar ist aber insbesondere kein Mittel der Auslegung, das anderen

[224] Vgl. zum Beispiel Art. 6 Abs. 2 OECD-MA.

Auslegungsargumenten vorgeht. In diesem Sinne wendet auch der BFH den OECD-MK an. Ein gewisses Gewicht erhält der OECD-MK dadurch, dass er von einem hochrangigen Autorenteam verfasst wurde. Der Rechtsanwender hat den Musterkommentar damit aus Sicht des Verfassers als die Wiedergabe der herrschenden Meinung zu den angesprochenen Problemkreisen zu berücksichtigen.

D) Qualifikationskonflikte

I) Die Entstehung von Konfliktsituationen im Abkommensrecht

Schwierigkeiten bei der Auslegung von Abkommensbegriffen entstehen dann, wenn das anzuwendende Abkommen Ausdrücke verwendet, die gleichzeitig durch das innerstaatliche Recht der Vertragsstaaten besetzt sind, welches möglicherweise noch dazu eine von der Abkommenssystematik unterschiedliche Systematik verfolgt[225]. Nach dem Ziel der Abkommen müssten die Einkünfte einer Person in beiden Vertragsstaaten identisch eingeordnet und zugeordnet werden. Nicht selten wird aber die eigentlich von den Vertragsstaaten gewollte Steueraufteilung verfehlt. Häufig wenden die Vertragsstaaten den Objekttatbestand der Verteilungsnormen unterschiedlich an, so dass sie daraus unterschiedliche Besteuerungskompetenzen ableiten. Konflikte entstehen insbesondere bei der Einschaltung von Personengesellschaften durch die Anwendung von unterschiedlichen Besteuerungskonzepten[226]. Oft sind die unterschiedlichen innerstaatlichen Steuerrechtsordnungen der Grund oder die unterschiedliche Interpretation des Abkommens durch die beteiligten Staaten. Divergierende Ergebnisse der Vertragsstaaten bei der Abkommensanwendung können jedoch auch entstehen aufgrund unterschiedlicher Sachverhaltsbeurteilung der Vertragsstaaten[227], worauf im Rahmen dieser Arbeit jedoch nicht eingegangen wird.

Alle diese Konstellationen, in denen die Vertragsstaaten zu einer unterschiedlichen Verteilung der Besteuerungsrechte kommen, werden in der Literatur als Qualifikationskonflikt bezeichnet[228]. Daraus ist bereits ersichtlich, dass der Begriff des Qualifikationskonflikts im internationalen Steuerrecht äußerst uneinheitlich verwendet wird[229].

---

[225] So geht das deutsche innerstaatliche Steuerrecht vom Vorrang der umfassenderen Einkunftsart (zum Beispiel Einkünfte aus Gewerbebetrieb) vor den eingeschränkteren Einkunftsarten aus (vgl. § 20 Abs. 3, § 21 Abs. 3, § 23 Abs. 2 EStG), während das OECD-MA den eingeschränkteren Einkunftsarten den Vorrang einräumt (vgl. Art. 7 Abs. 7 OECD-MA).

[226] Personengesellschaften können entweder selbst als Steuersubjekt behandelt und selbst besteuert werden (Intransparenzprinzip) oder es kann auf die hinter der Personengesellschaft stehenden Gesellschafter durchgesehen werden (Transparenzprinzip).

[227] Siehe hierzu: Benecke, Andreas/Schnitger, Arne, RIW 2002, 439.

[228] Menck, Thomas, in: Becker, Helmut/Höppner, Horst-Dieter/Grotherr, Siegfried/Kroppen, Heinz-Klaus (Hrsg.), DBA - Kommentar, Loseblattsammlung, Stand Okt. 2005, Teil 1 Abschn. 6, Rn. 2.

[229] Benecke, Andreas/Schnitger, Arne, RIW 2002, 439; Gündisch, Stephan, Personengesellschaften im DBA-Recht, 2004, S. 45; Schuch, Josef/Bauer, Josef, Die Überlegungen des OECD-Steuerausschusses zur Lösung von Qualifikationskonflikten, in: Gassner, Wolfgang/Lang, Michael/Lehner, Eduard, Personengesellschaften im Recht der Doppelbesteuerungsabkommen, 2000, Wien, S. 27, (29).

Es soll nachfolgend untersucht werden, was unter den Begriffen „Qualifikation“ und „Qualifikationskonflikt“ zu verstehen ist und ob diese Diktion sich zur Umschreibung der Problemkreise des Internationalen Steuerrechts allgemein und dieser Arbeit im Besonderen eignet. Dazu wird zunächst auf die Bedeutung des Begriffs „Qualifikation“ in der Rechtswissenschaft eingegangen, bevor auf das speziell im Abkommensrecht verwendete Verständnis des Qualifikationsbegriffs eingegangen wird. Schließlich sollen die Gründe für den Begriffsinhalt des Qualifikationskonflikts in dieser Arbeit herausgearbeitet werden.

1) Der Begriff der Qualifikation im Internationalen Privatrecht

Grundsätzlich wird der Begriff „Qualifikation“ im juristischen Sinne nicht im Sinne von Erwerb einer bestimmten Fähigkeit verwendet, sondern im Zusammenhang mit der Bestimmung der Rechtsnatur, Beurteilung oder Subsumtion einer Rechtsnorm[230]. Ursprünglich stammt der Begriff aus dem Internationalen Privatrecht[231]. Dort wird unter Qualifikation die Subsumtion des zu beurteilenden Sachverhalts unter den im Tatbestand der Kollisionsnorm enthaltenen Anknüpfungsgegenstand verstanden. Nicht Gegenstand der Qualifikation ist das Anknüpfungsmoment, welches ausgelegt wird[232]. Der Anknüpfungsgegenstand ist dabei ein materiell-rechtlich geprägter Systembegriff, wie beispielsweise Ehe, Rechtsnachfolge von Todes wegen oder vermögensrechtliche Ehewirkungen[233]. Unter dem Anknüpfungsmoment sind beispielsweise die Staatsangehörigkeit, die Belegenheit einer Sache oder der gewöhnliche Aufenthalt[234] zu verstehen. Für die Kollisionsregeln des Internationalen Privatrechts über die Bestimmung der anwendbaren Rechtsordnung werden Rechtsverhältnisse charakterisiert und somit qualifiziert[235].

Im einzelnen sind Begriff und Gegenstand der Qualifikation auch im Internationalen Privatrecht umstritten[236] und es existiert dem gemäß kein einheitliches Verständnis.

---

[230] Sonnenberger, Hans Jürgen, in: Münchener Kommentar BGB, 4. Aufl. 2006, Bd. 10, IPR, Einl. Rn. 494.

[231] Debatin, Helmut, DStR 1992, Beihefter zu Heft 23, S. 7; Knobbe-Keuk, Brigitte, RIW 1991, 306; Vogel, Klaus, in: Vogel, Klaus/Lehner, Moris, Doppelbesteuerungsabkommen, Kommentar, 4. Aufl. 2003, Einl. Rn. 151.

[232] Hoffmann, Bernd von/Thorn, Karsten, Internationales Privatrecht, 8. Aufl. 2005, § 6, Rn. 1.

[233] Gündisch, Stephan, Personengesellschaften im DBA-Recht, 2004, S. 46.

[234] Hoffmann, Bernd von/Thorn, Karsten, Internationales Privatrecht, 8. Aufl. 2005, § 6, Rn. 1.

[235] Debatin, Helmut, DStR 1992, Beihefter zu Heft 23, S. 7.

[236] Dazu näher Sonnenberger, Hans Jürgen, in: Münchener Kommentar BGB, 4. Aufl. 2006, Bd. 10, IPR, Einl. Rn. 494 ff.

2) Übertragung des Qualifikationsbegriffs in das Internationale Steuerrecht

Im Unterschied dazu geht es im Rahmen der Anwendung von Doppelbesteuerungsabkommen nicht darum, die für den zu beurteilenden Sachverhalt anzuwendende Rechtsordnung festzulegen. Vielmehr haben Doppelbesteuerungsabkommen den Zweck, die Besteuerungsberechtigung der Vertragsstaaten voneinander abzugrenzen. Das Internationale Privatrecht erklärt für einen Sachverhalt nur eine Rechtsordnung für anwendbar. Im Abkommensrecht kann auf einen Sachverhalt (auf dieselben Einkünfte) auch die Steuerrechtsordnung beider Vertragsstaaten zur Anwendung kommen, und zwar in den Fällen, in denen dem Quellenstaat ein Quellensteuerrecht verbleibt. Im Internationalen Steuerrecht soll ein bestimmter Sachverhalt unter die Abkommensregelungen subsumiert werden. Es geht demzufolge letztlich lediglich um die Auslegung von Abkommensnormen[237].

II) Verschiedene Definitionen des Qualifikationskonflikts

Den Begriff „Qualifikationskonflikt" verwenden zahlreiche Autoren[238]. Oftmals wird es – mehr oder weniger reflektiert – als Qualifikationskonflikt bezeichnet, wenn die Vertragsstaaten bei der Anwendung des Abkommens entweder die Einkünfte unterschiedlichen Abkommensnormen oder unterschiedlichen Steuersubjekten zuordnen.

Gängig ist eine Unterscheidung zwischen objektivem und subjektivem Qualifikationskonflikt[239], wobei der subjektive Qualifikationskonflikt dann vorliegen soll, wenn die Vertragsstaaten die Subjektfähigkeit einer Person unterschiedlich beurteilen, zum Beispiel eine Personengesellschaft einmal transparent und einmal intransparent behandeln[240]. Von objektivem Qualifikationskonflikt wird ge-

---

[237] Knobbe-Keuk, Brigitte, RIW 1991, 306; Piltz, Detlev J., Qualifikationskonflikte im internationalen Steuerrecht unter besonderer Berücksichtigung von Personengesellschaften, in: Fischer, Lutz (Hrsg.) Besteuerung internationaler Konzerne, 1993, S. 21, (23).

[238] Benecke, Andreas/Schnitger, Arne, RIW 2002, 439; Vogel, Klaus, in: Vogel, Klaus/Lehner, Moris, Doppelbesteuerungsabkommen, Kommentar, 4. Aufl. 2003, Einl. Rn. 151 ff; Debatin, Helmut, DStR 1992, Beihefter zu Heft 23, S. 7; Wassermeyer, Franz, in: Debatin, Helmut/Wassermeyer, Franz, Doppelbesteuerung Kommentar Band I, Loseblattsammlung, Stand Mai 2006, Art. 1, Rn. 28 e; Knobbe-Keuk, Brigitte, RIW 1991, 306; Scapa, Anna/Henie, Lars A., Intertax 2005, 266, (267); Schmidt, Christian, Wpg 2002, 1134, 1232.

[239] Debatin, Helmut, BB 1992, 1181, (1182); Ostendorf, Claudia, Behandlung von Sondervergütungen der Mitunternehmer im internationalen Steuerrecht,1994, S. 126; Riemenschneider, Sven, Abkommensberechtigung von Personengesellschaften und abkommensrechtliche Behandlung der Einkünfte aus Beteiligungen inländischer Gesellschafter an ausländischen Personengesellschaften, 1995, S. 179;.

[240] Knobbe-Keuk, Brigitte, RIW 1991, 306.

sprochen, wenn das Objekt der Besteuerung, meist also die Einkünfte einer Person, im innerstaatlichen Steuerrecht der Vertragsstaaten unterschiedlich eingeordnet wird[241], und aufgrund dessen die Vertragsstaaten unterschiedliche Abkommensnormen anwenden würden, wodurch Doppel- oder Keinmalbesteuerung auftreten kann[242].

Häufig findet sich auch die Differenzierung in positiven und negativen Qualifikationskonflikt[243], wobei erstgenannter für die Doppelbesteuerungssituation steht, letzterer für die doppelte Nichtbesteuerung.

Verbreitet ist auch ein Verständnis des Qualifikationskonflikts, wonach dieser allgemein für einen Fall von Doppelbesteuerung oder für einen Fall von doppelter Nichtbesteuerung steht[244].

Einige Autoren haben sich mit der Abgrenzung des Qualifikationsbegriffs im Sinne des Internationalen Steuerrechts von demjenigen im Internationalen Privatrecht ausführlicher auseinandergesetzt. Ihre Überlegungen werden im folgenden dargestellt.

1) Eingeschränktes Verständnis

Vogel[245] grenzt die Qualifikation im Internationalen Steuerrecht von der im Internationalen Privatrecht ab. Die Verteilungsnormen der Doppelbesteuerungsabkommen stellten keine Kollisionsnormen dar wie im Internationalen Privatrecht. Sie regelten nicht die Frage, ob innerstaatliches oder ausländisches Privatrecht zur Anwendung komme. Die Problemlage, die auftauche, wenn eine DBA-Norm Begriffe des innerstaatlichen materiellen Rechts aufgreife, unterscheide sich daher grundsätzlich von dem „Qualifikationsproblem" des Internationalen Privatrechts und solle mit diesem nicht verwechselt werden.

Dennoch spricht sich *Vogel* dafür aus, von einem „Qualifikationsproblem" zu sprechen, wenn ein Abkommen Ausdrücke aus dem innerstaatlichen Recht der Vertragsstaaten verwendet, insbesondere dann, wenn der Ausdruck in den Rechtsordnungen der Vertragsstaaten eine unterschiedliche Bedeutung habe. Die

---

241 Gündisch, Stephan, Personengesellschaften im DBA-Recht, 2004, S. 50.

242 Müller, Marion/Wangler, Clemens, IStR 2003, 145, (150).

243 Benecke, Andreas/Schnitger, Arne, RIW 2002, 439 ff; Menck, Thomas, in: Becker, Helmut/Höppner, Horst-Dieter/Grotherr, Siegfried/Kroppen, Heinz-Klaus (Hrsg.), DBA - Kommentar, Loseblattsammlung, Stand Okt. 2005, Teil 1 Abschn. 6, Rn. 9; Piltz, Detlev J., Qualifikationskonflikte im internationalen Steuerrecht unter besonderer Berücksichtigung von Personengesellschaften, in: Fischer, Lutz (Hrsg.) Besteuerung internationaler Konzerne, 1993, S. 21, (24).

244 Zum Beispiel Benecke, Andreas/Schnitger, Arne, RIW 2002, 439 ff; Menck, Thomas, in: Becker, Helmut/Höppner, Horst-Dieter/Grotherr, Siegfried/Kroppen, Heinz-Klaus (Hrsg.), DBA - Kommentar, Loseblattsammlung, Stand Okt. 2005, Teil 1 Abschn. 6, Rn. 3.

245 Vogel, Klaus, in: Vogel, Klaus/Lehner, Moris, Doppelbesteuerungsabkommen, Kommentar, 4. Aufl. 2003, Einl. Rn. 151.

sich daraus ergebenden spezifischen Probleme seien zwar Auslegungsfragen, die sich allerdings durch ihre Eigenart deutlich von anderen Auslegungsfragen unterschieden.

Die Frage, ob innerstaatliches materielles Steuerrecht auf ausländische Rechtssubjekte[246] anzuwenden sei, sei keine Qualifikation. Sinnvollerweise sei hier mit dem BFH[247] von „Einordnung" in das innerstaatliche Recht zu sprechen. Auch keine Qualifikation liege vor bei der Auslegung von Abkommensbegriffen, die nicht zugleich Rechtsbegriffe der Vertragsstaaten seien[248] oder bei der durch das Abkommen vorbehaltenen Ermessensausübung.

Ebenfalls kein Qualifikationsproblem liege vor, soweit durch unterschiedliche Abgrenzung der materiellen Steuertatbestände in den beteiligten Vertragsstaaten Wirtschaftsvorgänge oder Vermögensgegenstände doppelt erfasst oder freigestellt würden[249].

2) Enges Verständnis: Qualifikationskonflikt als Subsumtionskonflikt

Debatin[250] hält die Verwendung des Begriffs des Qualifikationskonflikts aufgrund der unterschiedlichen Wirkungsweisen von Internationalem Privatrecht und Internationalem Steuerrecht für grundsätzlich fehl platziert.

Die richtige systematische Differenzierung habe dabei anzusetzen, dass die Abkommensbegriffe wesensmäßig nach ihrem eigenen Normgehalt auszulegen seien, welcher für beide Staaten zwangsläufig gleich sei. Ausgeschlossen sei dadurch allerdings nicht, dass die Vertragsstaaten eine bestimmte Abkommensvorschrift unterschiedlich auslegten. Dabei handele es sich jedoch nicht um eine Besonderheit des Abkommensrechts, sondern lediglich um einen Subsumtionskonflikt.

Für Qualifikationsdivergenzen blieben nach Ausklammerung der reinen Subsumtionskonflikte nur Fälle, in denen die Vertragstaaten ohne Abkommensverstoß[251] unterschiedliche Auslegungen vertreten. Dies könne der Fall sein, wenn das Abkommen zur Umschreibung des Anwendungsgegenstandes einer Norm auf das innerstaatliche Recht Bezug nehme. Hier könne es dazu kommen, dass das in Bezug genommene Recht der beiden Vertragsstaaten voneinander abweiche, was in diesem Fall vom Abkommen gebilligt sei.

---

246 Vgl. hierzu Typenvergleich: 1. Teil B)II).
247 BFH, Urteil vom 12.01.1973 – III R 30/72, BFHE 108, 546, BStBl. II 1973, 440.
248 Vogel nennt hier das Beispiel des Sportlers in Art. 17 OECD-MA.
249 Vogel, Klaus, in: Vogel, Klaus/Lehner, Moris, Doppelbesteuerungsabkommen, Kommentar, 4. Aufl. 2003, Einl. Rn. 152 f.
250 Debatin, Helmut, DStR 1992, Beihefter zu Heft 23, S. 7.
251 Ein Abkommensverstoß zumindest eines der Vertragsstaaten liegt nach Debatin vor, wenn aufgrund falscher Auslegung nicht das eine richtige Ergebnis gefunden wird.

3) Fiskalausschuss der OECD im Partnership-Report

Der Finanzausschuss der OECD ist in der Veröffentlichung „The Application of the OECD Model Tax Convention to Partnerships“[252] auch auf Qualifikationskonflikte eingegangen. Ziel des Fiskalausschusses war es weniger, eine systematische Gesamtlösung der aufgetretenen Probleme zu erarbeiten; es ging vielmehr darum, anhand von typischen Fallgruppen sachgerechte Lösungen zu finden. Die Ergebnisse des OECD-Parntership-Reports sind dann im OECD-MK umgesetzt worden. Im OECD-Partnership-Report wird der Begriff „conflict of qualification“ verwendet. Der Fiskalausschuss stellt dar, dass conflicts of qualification immer dann auftauchten, wenn Quellen- und Ansässigkeitsstaat zur unterschiedlichen Anwendung von Abkommensvorschriften aufgrund ihres jeweiligen innerstaatlichen Rechts kämen[253].

Nicht zu den conflicts of qualifikation gehören nach dem OECD-Partnership-Report „conflicts of income allocation“, also Konflikte bei der Zurechnung von Einkünften. Zurechnungskonflikte dieser Art entstünden, wenn einer der beiden Vertragsstaaten das zu beurteilende Wirtschaftsgebilde transparent, der andere intransparent besteuere[254].

Die conflicts of income allocation führen nicht zu einer Zuordnung eines Steuerfalles zu zwei verschiedenen Abkommensnormen. Problematisch ist damit nicht, welche Abkommensnorm anzuwenden ist, sondern welchem Steuersubjekt die Einkünfte zuzurechnen seien. Demzufolge führen Unterschiede im innerstaatlichen Recht der Vertragsstaaten zu zwei unterschiedlich gelagerten Konflikten. Zum einen führen sie zur Anwendung unterschiedlicher Abkommensnormen, zum anderen führen sie, trotz Anwendung derselben Abkommensnorm, zur Zurechung der Einkünfte an unterschiedliche Personen[255].

4) Qualifikation als Auslegung eines materiell-rechtlich geprägten Begriffs

Eine ausführliche Auseinandersetzung mit dem Begriff der Qualifikation im Internationalen Steuerrecht findet sich bei *Gündisch*[256].

Gündisch leitet den Begriff der Qualifikation im Internationalen Steuerrecht durch eine Korrektur des Qualifikationsbegriffs im Internationalen Privatrecht her. Entscheidend für die Qualifikation im Internationalen Privatrecht sei, dass

[252] The Application of the OECD Model Tax Convention to Partnerships, 1999, Paris, im Folgenden: OECD-Partnership-Report.

[253] OECD-Partnership-Report, Tz. 94; Menck, Thomas, IStR 1999, 147 (148).

[254] OECD-Partnership-Report, Tz. 124.

[255] Loukota, Helmut, in: Gassner, Wolfgang/Lang, Michael/Lehner, Eduard, Personengesellschaften im Recht der Doppelbesteuerungsabkommen, 2000, Wien, S. 15, (19).

[256] Gündisch, Stephan, Personengesellschaften im DBA-Recht, 2004, S. 45 ff; ders. IStR 2005, 829, (832 ff).

die im Anknüpfungsgegenstand der Kollisionsnormen verwendeten Begriffe Systembegriffe mit materiell-rechtlicher Prägung seien, so dass sie auf Grundlage unterschiedlicher Rechtsordnungen unterschiedlich ausgelegt werden könnten. Demzufolge müsse für die Qualifikation im Internationalen Steuerrecht unerheblich sein, ob Gegenstand der Qualifikation ein Systembegriff oder ein sonstiger Begriff sei. Die Beschränkung des Qualifikationsbegriffs im Internationalen Privatrecht hänge mit dem Bezug der Kollisionsnormen zu mindestens zwei verschiedenen Rechtsordnungen zusammen. Im Internationalen Privatrecht könnten nur Kollisionsnormen auf Grundlage verschiedener Rechtsordnungen ausgelegt werden, im Gegensatz zu Sachnormen. Da es diese Unterscheidung im Internationalen Steuerrecht nicht gebe, könne nur entscheidend sein, dass die auszulegende Norm auf Grundlage von zwei verschiedenen Rechtsordnungen ausgelegt werden könne.

Für die Qualifikation im Internationalen Steuerrecht seien daher vier Elemente prägend:

- Es geht um die Auslegung eines Begriffes,
- der materiell-rechtlich geprägt ist,
- der Bestandteil des Tatbestandes einer Rechtsnorm ist,
- die mindestens Bezug zu zwei Rechtsordnungen hat.

Unter Qualifikationsproblem sei demzufolge diejenige Auslegung zu verstehen, bei der ein materiell-rechtlich geprägter und zum Tatbestand der Vorschrift eines Abkommens gehörender Begriff auf Grundlage des innerstaatlichen Rechts der beteiligten Vertragsstaaten unterschiedlich verstanden werde.

Die Qualifikationsfrage sei die Frage nach der für die Auslegung allein maßgeblichen Rechtsordnung.

Ein Qualifikationskonflikt sei der Zustand, der eintrete, wenn keine für die Auslegung maßgebliche Rechtsordnung bestimmt werden könne. Ein Qualifikationskonflikt sei demnach dann gegeben, wenn die Qualifikationsfrage nicht positiv beantwortet werden könne[257].

III) Kritik an den dargestellten Konzepten

Obige Ausführungen zeigen, dass der im Internationalen Steuerrecht verwendete Qualifikationsbegriff sich von der Qualifikation im Internationalen Privatrecht unterscheidet, insbesondere weil Gegenstand der Qualifikation im Internationalen Privatrecht der Tatbestand einer Rechtsnorm, genauer: einer Kollisionsnorm, und kein Sachverhalt ist.

Das heißt jedoch nicht, dass der Begriff der Qualifikation nicht auch im Internationalen Steuerrecht Verwendung finden kann. Insbesondere besteht nicht die Gefahr, dass der Bedeutungsinhalt des Begriffs dadurch unpräziser wird,

---

[257] Gündisch, Stephan, Personengesellschaften im DBA-Recht, 2004, S. 59 f; ders., IStR 2005, 829, (835).

weil es sich schon im Ausgangspunkt um graduell unterschiedlich gelagerte Probleme in zwei unterschiedlichen Rechtsgebieten handelt. Während das Internationale Privatrecht die auf einen Tatbestand anzuwendende Rechtsordnung festlegen will, beabsichtigt das Abkommensrecht das Besteuerungsrecht zuweisen. Im Internationalen Steuerrecht fehlt daneben der Bezug zwischen Sachnorm und Kollisionsnorm, so dass ein einheitlicher Auslegungsvorgang vorliegt[258]. Es spricht daher nichts dagegen, den Qualifikationsbegriff im Internationalen Steuerrecht als eigenständigen Begriff zu verwenden. Eine Verwässerung des Begriffs ist aufgrund der unterschiedlichen Rechtsgebiete nicht zu befürchten. Fraglich ist nur, mit welcher Bedeutung.

Auszugehen ist von der Überlegung, dass in der Rechtswissenschaft Begriffe eine Ordnungsaufgabe haben, die es gestattet, gleichartige Probleme zusammenzufassen und für sie gemeinsam geltende Regelungen zu entwickeln[259]. Andererseits ist die Frage zu stellen, ob die Einengung des Qualifikationsbegriffs geeignet ist, bestimmte Rechtsfolgen auszulösen[260].

Daher macht es keinen Sinn den Inhalt des Qualifikationsbegriffs im Abkommensrecht so stark einzuengen, dass Subsumtionskonflikte jeglicher Art ausgeklammert werden, wie dies *Debatin*[261] versucht. *Debatin* nimmt sämtliche Konflikte vom Begriff des Qualifikationskonflikts aus, die mit dem Einfluss des Verständnisses der Begriffswelt der innerstaatlichen Rechtsordnungen auf das Abkommensrecht zusammenhängen, bei denen die Vertragsstaaten zu unterschiedlichen Rechtsfolgen kommen, weil diese Art von Konflikten in den Bereich des Qualifikationskonfliktes des Internationalen Privatrechts gehen.

Ebenfalls zu eng erscheint die von *Vogel*[262] favorisierte Verwendung des Qualifikationsbegriffs. Er stellt auf die Identität der im innerstaatlichen Recht der Vertragsstaaten und im Abkommensrecht verwendeten Begriffe ab. Es wird nicht einfach sein, im Bereich von völkerrechtlichen Verträgen, die in mehreren Sprachen verfasst sind, die alle die gleiche Gültigkeit zuerkannt bekommen, wirklich identische Begriffe zu finden. Es wird in vielen Fällen lediglich eine große Ähnlichkeit der Begriffe geben. Dies zeigt schon der Vergleich der deutschen Fassung des Art. 7 OECD-MA mit § 15 EStG. Art. 7 OECD-MA ist überschrieben mit „Unternehmensgewinne", § 15 EStG mit „Einkünfte aus Gewerbebetrieb". Dennoch besteht Einigkeit darüber, dass im Grundsatz dieselbe Einkunftskategorie gemeint sein soll.

---

258 Kluge, Volker, Das internationale Steuerrecht, Gemeinschaftsrecht, Außensteuerrecht, Abkommensrecht, 4. Aufl. 2000, Rn. R 69.

259 Vogel, Klaus, in: Vogel, Klaus/Lehner, Moris, Doppelbesteuerungsabkommen, Kommentar, 4. Aufl. 2003, Einl. Rn. 152.

260 Kluge, Volker, Das internationale Steuerrecht, Gemeinschaftsrecht, Außensteuerrecht, Abkommensrecht, 4. Aufl. 2000, Rn. R 68.

261 Debatin, Helmut, DStR 1992, Beihefter zu Heft 23, S. 7, siehe unter 1. Teil D)II)2).

262 Siehe unter 1. Teil D)II)1).

Es führt allerdings ebenfalls nicht weiter, wenn einige Autoren den Qualifikationskonflikt generell als Fall von Doppelbesteuerung oder als Fall von doppelter Nichtbesteuerung sehen[263], da so mit dem Ergebnis einer Auslegung begonnen wird. Zur Entwicklung einer Lösung des Qualifikationskonflikts wird dann – quasi rückwärtsgerichtet – an den Auslegungsvorgang angeknüpft. Damit wird aber die Entstehung des Qualifikationskonflikts in Frage gestellt, da dieser bei richtiger Abkommensauslegung nicht hätte entstehen dürfen[264].

Sinnvoll erscheint die Unterscheidung von Qualifikationsproblem und Qualifikationskonflikt, die *Gündisch* vornimmt[265]. Der Qualifikationskonflikt beschreibt demnach nicht den Umstand, dass die beiden Vertragsstaaten möglicherweise zu unterschiedlichen Ergebnissen bei der Abkommensanwendung kommen könnten, sondern nur den Zustand, der eintritt, wenn durch das Aufeinandertreffen verschiedener Rechtsordnungen verschiedene Ergebnisse denkbar sind. Mit dieser Sichtweise kann jedenfalls dem Einwand *Kluges* begegnet werden, bei der Feststellung eines Qualifikationskonflikts werde mit dem Ergebnis der Auslegung begonnen[266], da klar wird, dass der Qualifikationskonflikt nur das Endstadium nach Ausschöpfung sämtlicher Subsumtions- und Auslegungsmöglichkeiten ist. Allerdings stellt diese Ansicht darauf ab, dass das Qualifikationsproblem durch die Auslegung nach der für das Problem maßgeblichen Rechtsordnung zu lösen sei. Die Frage des Vorrangs einer der betroffenen Rechtsordnungen als Lösung des Qualifikationsproblems hat jedoch mit der Frage des Ursprungs des Problems nichts zu tun[267]. Auch wenn ein Abkommensbegriff Bezug zu mindestens zwei Rechtsordnungen hat, muss nicht eine der Rechtsordnungen maßgeblich für die Lösung sein. Vorrangig sollte eine Auslegung aus dem Abkommen selbst heraus[268] gewählt werden durch die Fortentwicklung einer den nationalen Sprachgebrauch übergreifenden „internationalen Steuersprache"[269].

---

[263] Zum Beispiel Benecke, Andreas/Schnitger, Arne, RIW 2002, 439 ff; Menck, Thomas, in: Becker, Helmut/Höppner, Horst-Dieter/Grotherr, Siegfried/Kroppen, Heinz-Klaus (Hrsg.), DBA - Kommentar, Loseblattsammlung, Stand Okt. 2005, Teil 1 Abschn. 6, Rn. 3.

[264] Kluge, Volker, Das internationale Steuerrecht, Gemeinschaftsrecht, Außensteuerrecht, Abkommensrecht, 4. Aufl. 2000, Rn. R 65.

[265] Gündisch, Stephan, Personengesellschaften im DBA-Recht, 2004, S. 59.

[266] Kluge, Volker, Das internationale Steuerrecht, Gemeinschaftsrecht, Außensteuerrecht, Abkommensrecht, 4. Aufl. 2000, Rn. R 65.

[267] Kluge, Volker, Das internationale Steuerrecht, Gemeinschaftsrecht, Außensteuerrecht, Abkommensrecht, 4. Aufl. 2000, Rn. R 67.

[268] Vgl. dazu 1. Teil C)IV)4).

[269] Vogel, Klaus, in: Vogel, Klaus/Lehner, Moris, Doppelbesteuerungsabkommen, Kommentar, 4. Aufl. 2003, Einl. Rn. 163.

IV) Hier verwendeter Qualifikationsbegriff

Es zeigt sich, dass dem Begriff der Qualifikation oder des Qualifikationskonflikts aufgrund der unterschiedlichen Verwendung im Internationalen Steuerrecht oft nicht die notwendige Ordnungsfunktion zukommt, so dass er unglücklich gewählt ist und eher auf seine Verwendung verzichtet werden sollte. Obwohl dem Begriff des Qualifikationskonflikts die notwendige Präzision fehlt, hat er sich dennoch eingebürgert[270]. Dies dürfte auch damit zusammenhängen, dass unter dieser Plakatierung alles oder nichts unterzubringen ist[271]. Es soll daher auch vorliegend nicht auf die Verwendung des Begriffs verzichtet werden.

In dieser Arbeit soll im Wesentlichen die Unterscheidung des Fiskalausschusses[272] in Qualifikationskonflikt und Zuordnungskonflikt übernommen werden. Gänzlich außerhalb des Problemkreises liegt die Frage, ob ein ausländisches Wirtschaftsgebilde als Personengesellschaft oder als Körperschaft zu behandeln ist.

1) Der Qualifikationskonflikt

Zunächst werden vorliegend als Qualifikationskonflikt Konflikte aufgrund unterschiedlicher Bestimmung der anzuwendenden Verteilungsnorm durch die Vertragsstaaten bezeichnet, die aufgrund des unterschiedlichen Verständnisses von im Abkommen verwendeten Begriffen im jeweiligen innerstaatlichen Steuerrecht der Vertragsstaaten entstehen. Darunter fallen beispielsweise Fälle der divergierenden Qualifikation von Einkünften als Unternehmensgewinne durch einen der Vertragsstaaten und als Zinsen durch den anderen Vertragsstaat im Bereich von Sondervergütungen. Die Untersuchung solcher Qualifikationskonflikte stellt den Schwerpunkt dieser Arbeit dar.

In ihrem innerstaatlichen Recht regeln die Vertragsstaaten die Abgrenzung verschiedener Einkünfte, um materielle Steuer- und Steuerentlastungsansprüche zu begründen oder zu bemessen[273]. Dem allgemeinen Verständnis in Staaten, die dem Civil Law Rechtskreis angehören, entspricht es, Unternehmensgewinne oder Einkünfte aus Gewerbebetrieb aufgrund der Rechtsform des Unternehmens festzulegen[274]. Die Common Law Staaten stellen demgegenüber auf die Art der Einkünfte ab[275], was auch dem Abkommenskonzept entspricht. Nicht nur wenn dies durch Art. 3 Abs. 2 OECD-MA angezeigt ist, sondern ganz allgemein nei-

---

270 Knobbe-Keuk, Brigitte, RIW 1991, 306.

271 Debatin, Helmut, DStR 1992, Beihefter zu Heft 23, S. 7.

272 Siehe unter 1. Teil D)II)3).

273 Menck, Thomas, in: Becker, Helmut/Höppner, Horst-Dieter/Grotherr, Siegfried/Kroppen, Heinz-Klaus (Hrsg.), DBA - Kommentar, Loseblattsammlung, Stand Okt. 2005, Teil 1 Abschn. 6, Rn. 3

274 Vgl. § 8 Abs. 2 KStG.

275 Gündisch, Stephan, Personengesellschaften im DBA-Recht, 2004, S. 53.

gen die Vertragsstaaten dazu, die innerstaatlichen Begriffswelten in das Abkommensrecht zu projizieren.

Weitere Qualifikationskonflikte sind Konflikte innerhalb derselben Verteilungsnorm. Hier können die Vertragsstaaten unterschiedlicher Auffassung hinsichtlich des Vorliegens einer Betriebsstätte, über den Arbeitsort bei selbständiger Tätigkeit oder über die Angemessenheit von Zinsen oder Lizenzgebühren sein. Die Besonderheit dieser Auslegungsdifferenzen ist, dass sie zu Unterschieden im Besteuerungsergebnis führen, ohne dass die Zuordnung zu einer bestimmten Einkunftsart durch die Vertragsstaaten unterschiedlich beurteilt würde[276].

In beiden Fällen des Qualifikationskonflikts geht es um die Auslegung von materiell-rechtlich geprägten Begriffen im Recht der Abkommen, die den Rechtsordnungen der Vertragsstaaten aus ihrem innerstaatlichen Recht bekannt sind.

2) Der Zuordnungskonflikt - kein Qualifikationskonflikt

Nicht von Qualifikationskonflikt sondern von Zuordnungskonflikt wird in dieser Arbeit gesprochen, wenn die Vertragsstaaten verschiedene Besteuerungskonzepte bei der Besteuerung von Personengesellschaften anwenden, also ein Staat die Personengesellschaft intransparent behandelt und deshalb selbst als Steuersubjekt ansieht, während der andere Staat dem Transparenzprinzip folgend die hinter der Gesellschaft stehenden Gesellschafter besteuert. Es kommt dann zu Steuersubjektdivergenzen.

Die Unterscheidung von Qualifikation und Zuordnung ist vorzunehmen, weil sich der Ausgangspunkt des Konflikts im Abkommen unterschiedlich darstellt. Beim Zuordnungskonflikt geht es um die Divergenz bei der steuerpflichtigen Person, die Abkommensschutz beanspruchen kann. Zwar beruhen mögliche unterschiedliche Annahmen auf dem innerstaatlichen Steuerrecht der Vertragsstaaten. Jedoch ist der Rückgriff auf das jeweilige innerstaatliche Recht in Art. 4 Abs. 1 OECD-MA ausdrücklich angeordnet. Es ist daher auch kein Raum, nach der vorrangig anwendbaren Rechtsordnung zu suchen oder nach einer abkommensautonomen Lösung. Der Zuordnungskonflikt ist gewissermaßen im Abkommen selbst angelegt[277]. Im Rahmen der Verteilungsnormen (Art. 6 bis 22 OECD-MA) ist es nicht generell ausgeschlossen, eine Lösung durch die Anwendung einer vorrangigen nationalen Rechtsordnung zu finden[278] oder durch abkommensautonome Auslegung. Die Differenzierung in objektiven und subjek-

---

[276] Kluge, Volker, Das internationale Steuerrecht, Gemeinschaftsrecht, Außensteuerrecht, Abkommensrecht, 4. Aufl. 2000, Rn. R 71.

[277] Davon geht auch Wassermeyer, Franz, in: Debatin, Helmut/Wassermeyer, Franz, Doppelbesteuerung Kommentar Band I, Loseblattsammlung, Stand Mai 2006, Art. 1, Rn. 28 f aus.

[278] So zum Beispiel der Fiskalausschuss der OECD, 2. Teil C)IV)2)a)dd).

tiven Qualifikationskonflikt[279] trägt der unterschiedlichen Ausgangslage der Problemstellung nicht ausreichend Rechnung und ist daher abzulehnen.

3) Die Einordnung von ausländischen Rechtsgebilden - keine Qualifikation

Ebenfalls soll in dieser Arbeit die Bestimmung der Behandlung von ausländischen Rechtsgebilden als Personen- oder als Kapitalgesellschaft nicht Gegenstand der Qualifikation sein. Dieser Problemkreis soll als Einordnung[280] bezeichnet werden. Der für diese Einordnung anzuwendende Typenvergleich[281] hat nichts mit Subsumtion oder Auslegung zu tun, sondern es handelt sich um eine logisch anders strukturierte Frage[282].

V) Zusammenfassung 3

Die Abkommensanwendung gestaltet sich dann schwierig, wenn das anzuwendende Abkommen Begriffe verwendet, die auch im innerstaatlichen Recht der Vertragsstaaten vorkommen, wo sie unterschiedliche Bedeutung haben können. Dies führt häufig zu Konflikten bei der Ermittlung der anzuwendenden Verteilungsnorm. Solche Konfliktsituationen können insbesondere bei der Einschaltung von Personengesellschaften entstehen, wenn die Vertragsstaaten für diese unterschiedliche Besteuerungskonzepte vorsehen. In diesem Zusammenhang wie auch sonst im Zusammenhang mit DBA fällt häufig der Begriff „Qualifikationskonflikt". Der Begriff „Qualifikation" entstammt eigentlich dem Internationalen Privatrecht, wo darunter die Subsumtion des zu beurteilenden Sachverhalts unter den im Tatbestand der Kollisionsnorm enthaltenen Anknüpfungsgegenstand verstanden wird.

Im Unterschied zur Handhabung einer Vielzahl von Autoren ist der Begriff des Qualifikationskonflikts im Abkommensrecht nur auf bestimmte Fallgruppen anzuwenden, da ihm ansonsten keine Ordnungsfunktion mehr zukommt, und er damit letztlich unbrauchbar würde. Der Verfasser versteht unter dem Begriff „Qualifikationskonflikt" im Abkommensrecht die Situation, die entsteht, wenn die Vertragsstaaten bei der Subsumtion von Einkünften unter abkommensrechtliche Verteilungsnormen unterschiedliche Verteilungsnormen unterstellen. Allerdings nur soweit dies auf dem divergierenden Verständnis von Begriffen beruht, die sowohl im Abkommen als auch im jeweiligen innerstaatlichen Steuerrecht der Vertragsstaaten verwendet werden. Außerdem sind Qualifikationskon-

[279] Siehe oben 1. Teil D)II).
[280] So auch BFH, Urteil vom 12.01.1973 – III R 30/72, BStBl. II 1973, 440.
[281] Siehe 1. Teil B)II).
[282] Vogel, Klaus, in: Vogel, Klaus/Lehner, Moris, Doppelbesteuerungsabkommen, Kommentar, 4. Aufl. 2003, Einl. Rn. 153.

flikte Konflikte innerhalb derselben Verteilungsnorm. So können die Vertragsstaaten unterschiedlicher Auffassung sein hinsichtlich des Vorliegens einer Betriebsstätte oder über die Angemessenheit von Zinsen oder Lizenzgebühren. Dieser Fall führt zu Unterschieden im Besteuerungsergebnis, obwohl beide Vertragsstaaten dieselbe Verteilungsnorm anwenden.

Gemeinsam ist den beiden dargestellten Fällen des Qualifikationskonflikts, dass sie auf die Auslegung von materiell-rechtlich geprägten Begriffen im Abkommensrecht zurückzuführen sind, die den innerstaatlichen Rechtsordnungen der Vertragsstaaten bekannt sind.

Von Zuordnungskonflikt ist dagegen zu sprechen, wenn die beteiligten Vertragsstaaten im Rahmen der Besteuerung von Personengesellschaften unterschiedliche Personen als Steuersubjekt ansehen. Diese Situation kann sich ergeben, wenn einer der Vertragsstaaten das Transparenzprinzip anwendet und demzufolge die jeweiligen Gesellschafter als Steuerschuldner betrachtet, während der andere Staat dem Intransparenzprinzip folgt und so die Gesellschaft selbst als Steuerschuldner auffasst.

Die Untersuchung, ob eine ausländische Gesellschaft nach dem Typenvergleich für Abkommenszwecke als Personen- oder Kapitalgesellschaft zu behandeln ist, ist ebenfalls kein Qualifikationsvorgang. Besser sollte von der „Einordnung“ einer Gesellschaft gesprochen werden.

E) Die Abkommensberechtigung von Personengesellschaften

I) Einführung

Unter Abkommensberechtigung ist die rechtliche Möglichkeit zu verstehen, die Abkommensnormen und damit den durch diese verkörperten Abkommensschutz in Anspruch zu nehmen[283]. DBA müssen ihre Wirkung auf die Steuerobjekte auch einem Steuersubjekt zuordnen, also bestimmen, wen die Rechtswirkungen des Abkommens treffen sollen[284]. Wer abkommensberechtigt ist, genießt also Abkommensschutz[285]. Dieser Abkommensschutz gilt dann in beiden Vertragsstaaten.

Die Abkommensberechtigung von Personengesellschaften ist bedeutsam für die Frage, ob eine Gesellschaft des einen Vertragsstaates selbst die Entlastung von der Quellensteuer des anderen Vertragsstaates für aus diesem Staat bezogene Einkünfte geltend machen kann. Kann der Gesellschaft keine Abkommensberechtigung beigemessen werden, können unter Umständen nur die Gesellschafter, jeweils beschränkt auf ihren Geschäftsanteil, Abkommensschutz gegen die Quellenbesteuerung in Anspruch nehmen[286]. Art. 7 OECD-MA, der in dieser Arbeit hauptsächlich behandelt wird, sieht anders als die Art. 10 Abs. 2 und 11 Abs. 2 OECD-MA keine Möglichkeit einer eingeschränkten Quellenbesteuerung vor, sondern schließt diese ganz aus, indem das Besteuerungsrecht insgesamt entweder dem Vertragsstaat des Unternehmens oder dem Betriebsstättenstaat zugeteilt wird, sofern dort die Geschäftstätigkeit des Unternehmens durch eine Betriebsstätte im Abkommenssinn ausgeübt wird und soweit die erzielten Einkünfte der Betriebsstätte zuzurechnen sind.

Das OECD-MA knüpft den persönlichen Schutzbereich seiner Regelungen zum einen an die Eigenschaft als „Person“ zum anderen an eine gewisse Bindung dieser Person an zumindest einen der beiden Vertragsstaaten an, die als

[283] Manke, Klaus, in: Vogel, Klaus, Grundfragen des internationalen Steuerrechts, 1985, S. 195, (197).

[284] Piltz, Detlev J., Die Personengesellschaften im internationalen Steuerrecht der Bundesrepublik Deutschland, 1981, S. 127.

[285] Raupach, Arndt, in: Kirchhof, Paul/Lehner, Moris/Raupach, Arndt/Rodi, Michael (Hrsg.), Festschrift für Klaus Vogel, 2000, S. 1067, (1077); Riemenschneider, Sven, Abkommensberechtigung von Personengesellschaften und abkommensrechtliche Behandlung der Einkünfte aus Beteiligungen inländischer Gesellschafter an ausländischen Personengesellschaften, 1995, S. 64.

[286] Riemenschneider, Sven, Abkommensberechtigung von Personengesellschaften und abkommensrechtliche Behandlung der Einkünfte aus Beteiligungen inländischer Gesellschafter an ausländischen Personengesellschaften, 1995, S. 65 f.

„Ansässigkeit“ bezeichnet wird[287]. Dies folgt aus Art. 1 OECD-MA, wonach nur Personen, die in einem oder in beiden Vertragsstaaten ansässig sind, der Geltung des Abkommens unterfallen. Über die Eigenschaft als ansässige Person hinaus müssen der Person für ihre Abkommensberechtigung auch die Einkünfte zugerechnet werden können[288], was sich regelmäßig nach dem innerstaatlichen Recht der Vertragsstaaten bestimmt[289]. Dies wird erst dann der Fall sein, wenn der jeweilige Vertragsstaat nach seinem innerstaatlichen Recht die Person als Steuersubjekt anerkennt[290]. Demzufolge ist aus der grundsätzlichen Abkommensberechtigung einer an der Einkünfteerzielung beteiligten Person oder Gesellschaft nicht zu folgern, dass ihr die Einkünfte oder das Vermögen nach dem Steuerrecht des Anwendestaates auch steuerlich zuzurechnen sind[291].

Voraussetzung der Abkommensberechtigung ist demzufolge das Vorliegen einer in einem Vertragstaat ansässigen Person, der nach dem innerstaatlichen Recht die fraglichen Einkünfte zugeordnet werden.

1) Der Begriff der abkommensrechtlichen Person

Unter dem Begriff Person sind nach Art. 3 Abs. 1 Buchst. a OECD-MA natürliche Personen, Gesellschaften und alle anderen Personenvereinigungen zu verstehen. Nur diese können Abkommensschutz beanspruchen. In Art. 3 Abs. 1 Buchst. b OECD-MA ist der Begriff „Gesellschaft“ schließlich als juristische Person oder Rechtsträger definiert, die für die Besteuerung wie juristische Personen behandelt werden.

2) Die abkommensrechtliche Ansässigkeit

Nicht jede Person erhält jedoch Abkommensschutz. Voraussetzung ist die Ansässigkeit im Sinne des Art. 4 Abs. 1 OECD-MA der zu beurteilenden Person in einem der Vertragsstaaten. Danach ist eine Person abkommensrechtlich ansäs-

---

[287] Lang, Michael, Vermeidung der Doppelbesteuerung und der doppelten Nichtbesteuerung als Auslegungsmaxime für Doppelbesteuerungsabkommen?, in: Haarmann, Wilhelm (Hrsg.), Auslegung und Anwendung von Doppelbesteuerungsabkommen, 2004, S. 83, (86); Riemenschneider, Sven, Abkommensberechtigung von Personengesellschaften und abkommensrechtliche Behandlung der Einkünfte aus Beteiligungen inländischer Gesellschafter an ausländischen Personengesellschaften, 1995, S. 66 f.

[288] Krabbe, Helmut, Die Personengesellschaft im internationalen Steuerrecht, in: Steuerberaterjahrbuch 2000/2001, S. 183, 185.

[289] BFH, Urteil vom 18.12.1986 – I R 52/83, BFHE 149, 440, BStBl. II 1988, 521; Küspert, Klaus, RIW 1988, 461, (463).

[290] Wassermeyer, Franz, in: Debatin, Helmut/Wassermeyer, Franz, Doppelbesteuerung Kommentar Band I, Loseblattsammlung, Stand Mai 2006, Art. 1, Rn. 17.

[291] Lüdicke, Jürgen, Neue Entwicklungen der Besteuerung von Personengesellschaften im internationalen Steuerrecht, StBJB 1997/1998, S. 449, (454 f).

sig, wenn sie nach dem Recht dieses Staates dort aufgrund ihres Wohnsitzes, ihres ständigen Aufenthalts, des Ortes ihrer Geschäftsleitung oder eines anderen ähnlichen Merkmals steuerpflichtig ist. Dies sind die Merkmale, an die das innerstaatliche deutsche Steuerrecht regelmäßig die unbeschränkte Steuerpflicht knüpft[292]. Ob die Voraussetzungen der Ansässigkeit im Abkommenssinn vorliegen, bestimmt sich damit letztlich nach dem innerstaatlichen Steuerrecht des jeweiligen Vertragsstaates[293]. Demzufolge können die Begriffe Ansässigkeit und unbeschränkte Steuerpflicht gleichgesetzt werden[294].

Die meisten deutschen DBA enthalten keine besonderen Regelungen über die Abkommensberechtigung von Personengesellschaften[295], so dass auch Personengesellschaften in die Regelungen der Art. 1, 3 und 4 OECD-MA einzupassen sind. Eine Personengesellschaft stellt aus Sicht des deutschen innerstaatlichen Steuerrechts als „andere Personenvereinigung" im Sinne des Art. 3 Abs. 1 Buchst. a OECD-MA eine Person im Sinne des OECD-MA dar[296]. Sie ist jedoch nicht als ansässig in einem der Vertragsstaaten im Sinne von Art. 4 Abs. 1 OECD-MA zu bewerten, da sie nicht aufgrund ihres Sitzes oder des Ortes ihrer Geschäftsleitung der Besteuerung unterliegt. Der transparent besteuerten Personengesellschaft fehlt es damit an der für Abkommenszwecke notwendigen Steuerrechtssubjektivität[297]. Abkommensberechtigt können demnach nur die Gesellschafter der Personengesellschaft sein[298]. Dazu ist es jedoch wiederum nicht notwendig, dass die Gesellschafter in einem der Vertragsstaaten unbe-

---

292 Vgl. § 1 Abs. 1 S. 1 EStG und 1 Abs. 1 KStG.

293 Krabbe, Helmut, Die Personengesellschaft im internationalen Steuerrecht, in: Steuerberaterjahrbuch 2000/2001, S. 183, (185).

294 Jacobs, Otto H., Internationale Unternehmensbesteuerung, Deutsche Investitionen im Ausland, Ausländische Investitionen im Inland, 5. Aufl. 2002, S. 562; Riemenschneider, Sven, Abkommensberechtigung von Personengesellschaften und abkommensrechtliche Behandlung der Einkünfte aus Beteiligungen inländischer Gesellschafter an ausländischen Personengesellschaften, 1995, S. 67; Manke, Klaus, in: Vogel, Klaus, Grundfragen des internationalen Steuerrechts, 1985, S. 195, (200); Krabbe, Helmut, IWB, Fach 3, Gruppe 2, Seite 753 (754).

295 Schröder, Siegfried, StBp 1989, 7 und 25, (7).

296 Hock, Bernhard, Wpg 1996, 106, (108); Debatin, Helmut, BB 1989, Beilage 2, S. 1, (3); Raupach, Arndt, Unternehmen und Unternehmer im Recht der Doppelbesteuerungsabkommen, in: Kirchhof, Paul/Lehner, Moris/Raupach, Arndt/Rodi, Michael (Hrsg.), Festschrift für Klaus Vogel, 2000, S. 1067, (1080); Schmidt, Christian/Blöchle, Daniel, IStR 2003, 685 (687); Schmalz, Andrea, IStR 2003, 290, (291). Dies gilt auch im Rahmen aller deutschen DBA.

297 Piltz, Detlev J., Die Personengesellschaften im internationalen Steuerrecht der Bundesrepublik Deutschland, 1981, S. 130 f; Riemenschneider, Sven, Abkommensberechtigung von Personengesellschaften und abkommensrechtliche Behandlung der Einkünfte aus Beteiligungen inländischer Gesellschafter an ausländischen Personengesellschaften, 1995, S. 74.

298 Schröder, Siegfried, StBp 1989, 7 und 25, (8).

schränkt steuerpflichtig sind. Ihnen muss nur das Einkommen der Personengesellschaft zurechenbar sein[299].

Jacobs[300] erachtet die Ergebnisse, die man durch die Gleichbehandlung der Begriffe Ansässigkeit und unbeschränkte Steuerpflicht erhält, jedoch als unbefriedigend, da deutsche Personengesellschaften im Ausland häufig als eigene Steuersubjekte betrachtet würden, aber dennoch den damit eigentlich verbundenen Abkommensschutz nicht für sich selbst geltend machen könnten. Zur Lösung schlägt er vor, das Merkmal der Ansässigkeit nicht an das Vorliegen einer unbeschränkten Steuerpflicht der Person im Abkommenssinn zu knüpfen, sondern abschwächend an die Anerkennung einer wie auch immer gearteten steuerlichen Eigenständigkeit der Personengesellschaft im Rahmen des Besteuerungsverfahren zu koppeln.

Auch *Lang*[301] äußert Bedenken, ob die Steuersubjekteigenschaft der geeignete Anknüpfungspunkt für die Beurteilung der Abkommensberechtigung von Personengesellschaften sein kann. Streng genommen spiele das originär innerstaatliche Verständnis von der Steuersubjektivität keine Rolle. Entscheidend sei, dass die Personengesellschaft nach Art. 4 Abs. 1 OECD-MA „steuerpflichtig" sei. Dies sei mittels Auslegung aus dem Abkommen selbst zu ermitteln. Personen könnten in unterschiedlichem Ausmaß Träger von Rechten und Pflichten sein. Dabei gebe es eine ungeheuere Bandbreite. Die Personengesellschaft sei Gegenstand vieler deutscher Steuerrechtsnormen, so dass sie schon allein aufgrund dessen „steuerpflichtig" nach Art. 4 Abs. 1 OECD-MA sein könne. So verwirkliche die Betätigung der Personengesellschaft den Einkünftetatbestand des § 15 EStG. Darüber hinaus werde der Gewinn der Personengesellschaft verfahrensrechtlich einheitlich festgestellt.

Eine solche weite Auslegung des Art. 4 Abs. 1 MA ist jedoch nicht unproblematisch. Auch wenn die Personengesellschaft Trägerin von Rechten und Pflichten sein kann, also beispielsweise als Arbeitgeberin zur Einbehaltung von Lohnsteuer verpflichtet sein kann, wird so noch keine umfassende Steuerpflicht begründet, wie dies Art. 4 Abs. 1 MA voraussetzt. Auch die Gewerbesteuerpflicht von Personengesellschaften knüpft nicht an ihren Sitz oder den Ort der Geschäftsleitung an, sondern folgt aus der Belegenheit des Betriebes (Territorialprinzip der Gewerbesteuer)[302].

---

[299] OECD-MK zu Art. 4, Tz. 8.4; Scapa, Anna/Henie, Lars A., Intertax 2005, 266, (272).

[300] Jacobs, Otto H., Internationale Unternehmensbesteuerung, Deutsche Investitionen im Ausland, Ausländische Investitionen im Inland, 5. Aufl. 2002, S. 445.

[301] Lang, Michael, Die abkommensrechtliche Behandlung von ausländischen Personengesellschaften mit Steuersubjektivität im Ausland, in: Kleinedam, Hans-Jochen (Hrsg.), Festschrift für Lutz Fischer, 1997, S. 713, (716).

[302] Krabbe, Helmut, IWB, Fach 3, Gruppe 2, Seite 753 (754).

II) Transparente und intransparente Besteuerung der Personengesellschaft

Da, abweichend von der Wertung des Sitzsstaates, der andere Vertragsstaat einer Personengesellschaft gleichwohl Abkommensberechtigung zusprechen kann, wenn er diese nach seinem innerstaatlichen Steuerrecht als Steuersubjekt behandelt, ergeben sich, anders als bei natürlichen und juristischen Personen, bei Personengesellschaften bei der Abkommensanwendung aufgrund der potentiell unterschiedlichen steuerlichen Behandlung in den jeweiligen Vertragsstaaten erhebliche Schwierigkeiten[303].

Es ist offensichtlich, dass dann Probleme auftreten können, wenn Sitzstaat der Gesellschaft und Ansässigkeitsstaat der Gesellschafter oder der Quellenstaat nicht einheitlich entweder eine transparente oder eine intransparente Besteuerung der Personengesellschaft vornehmen. Die Vertragstaaten gehen dann jeweils von unterschiedlichen Steuersubjekten aus (im ersten Fall von den Gesellschaftern und im anderen Fall von der Gesellschaft selbst), denen dann auch der Abkommensschutz zustehen soll. Es sind folgende Situationen zu unterscheiden[304]:

- Behandlung der Personengesellschaft in beiden Vertragsstaaten intransparent;
- Behandlung der Personengesellschaft in beiden Vertragsstaaten als transparent;
- Sitzstaat der Personengesellschaft folgt dem Intransparenzprinzip, Ansässigkeitsstaat des Gesellschafters folgt dem Transparenzprinzip;
- Sitzstaat der Personengesellschaft folgt dem Transparenzprinzip, der Ansässigkeitsstaat des Gesellschafters folgt dem Intransparenzprinzip.

Aus der Sicht der Bundesrepublik Deutschland als Vertragsstaat sind die Fallgruppen zwei, drei und vier relevant, auf die nachfolgend näher eingegangen werden soll. Es ist letztlich die Frage zu klären, ob der andere Staat bei einer in dem ersten Vertragsstaat ansässigen Personengesellschaft für Zwecke des DBA die von ihr erzielten Einkünfte ebenfalls wie der erste Vertragsstaat zurechnen muss, also an die Behandlung der Personengesellschaft in ihrem Sitzstaat gebunden ist oder umgekehrt, oder ob jeder Vertragsstaat eine autonome Betrachtung vornimmt. Aus der international unterschiedlichen steuerlichen Behandlung von Personengesellschaften ergibt sich ein weiteres Problem hinsichtlich der Behandlung von Gewinnausschüttungen an die Gesellschafter[305]. Entsprechend dem körperschaftlichen Modell wären diese als Dividenden zu qualifizieren;

---

[303] Schaumburg, Harald, Internationales Steuerrecht, 2. Aufl. 1998, Tz. 16.168.

[304] Eine weitere Untergliederung der Fallgruppen findet sich bei Reith, Thomas, Internationales Steuerrecht, 2004, Tz. 4.167 ff.

[305] Siehe dazu: Aigner, Hans-Jörg/Züger, Mario, SWI 2000, 308, (312).

nach dem Transparenzprinzip wäre dieser Vorgang gar nicht erst steuerlich zu erfassen, weil es sich um eine steuerfreie Entnahme handeln würde[306].

1) Transparente Behandlung der Personengesellschaft in Sitzstaat und Ansässigkeitsstaat des Gesellschafters

In den beteiligten Staaten gilt die Personengesellschaft zwar nach Art. 3 Abs. 1 Buchst. a OECD-MA als „andere Personenvereinigung" als Person im Abkommenssinn, jedoch wird ihr mangels Steuersubjektfähigkeit im Sinne des Art. 4 Abs. 1 OECD-MA keine Ansässigkeit zuerkannt und damit auch keine Abkommensberechtigung[307]. Abkommensberechtigt sind dann die Gesellschafter[308]. Dies gilt auch für Fälle, in denen die Gesellschafter in einem Drittstaat ansässig sind. Der Quellenstaat wendet dann das DBA mit dem Ansässigkeitsstaat des Gesellschafters an. Die Berechtigung zur Quellensteuerermäßigung ist dann für jeden Gesellschafter gesondert zu prüfen[309].

2) Transparente Behandlung der Personengesellschaft im Ansässigkeitsstaat des Gesellschafters, intransparente Behandlung im Sitzstaat

Diese Konstellation ist für Auslandsinvestitionen aus Sicht der Bundesrepublik Deutschland als Quellenstaat die wohl praxisrelevanteste.

Der Sitzstaat der Personengesellschaft behandelt diese als unbeschränkt steuerpflichtig, während der Quellenstaat weder im Sitzstaat eine unbeschränkte Steuerpflicht noch im Quellenstaat eine beschränkte Steuerpflicht für gegeben erachtet.

Nach Art. 3 Abs. 1 Buchst. a/b OECD-MA in Verbindung mit Art. 4 Abs. 1 OECD-MA qualifiziert der Sitzstaat der Personengesellschaft diese als „ansässige Person" und demzufolge als abkommensberechtigt, so dass die Personenge-

---

[306] Im deutschen innerstaatlichen Steuerrecht fehlt eine gesetzliche Grundlage für die Besteuerung von Ausschüttungen an Gesellschafter von Personengesellschaften, da eine direkte Besteuerung des jeweiligen Gewinnanteils der Gesellschafter erfolgt.

[307] Lechner, Eduard, Die Abkommensberechtigung von Personengesellschaften, in: Gassner, Wolfgang/Lang, Michael/Lehner, Eduard, Personengesellschaften im Recht der Doppelbesteuerungsabkommen, 2000, Wien, S. 69, (71); Müller, Marion/Wangler, Clemens, IStR 2003, 145, (147); Reith, Thomas, Internationales Steuerrecht, 2004, Tz. 4.173; Wassermeyer, Franz, in: Debatin, Helmut/Wassermeyer, Franz, Doppelbesteuerung Kommentar Band I, Loseblattsammlung, Stand Mai 2006, Art. 1, Rn. 28 d.

[308] Prokisch, Rainer, in: Vogel, Klaus/Lehner, Moris, Doppelbesteuerungsabkommen, Kommentar, 4. Aufl. 2003, Art. 1, Rn.28.

[309] Prokisch, Rainer, in: Vogel, Klaus/Lehner, Moris, Doppelbesteuerungsabkommen, Kommentar, 4. Aufl. 2003, Art. 1, Rn.29.

sellschaft demgemäß Abkommensschutz aus eigenem Recht beanspruchen kann[310].

Aus Sicht des Ansässigkeitsstaates des Gesellschafters ist die Personengesellschaft eine „andere Personenvereinigung" und damit Person im Sinne von Art. 3 Abs. 1 Buchst. a OECD-MA, jedoch liegt entsprechend obigen Grundsätzen keine Ansässigkeit gemäß Art. 4 Abs. 1 OECD-MA vor und damit auch keine Abkommensberechtigung.

Fraglich ist, wie diese unterschiedliche Behandlung der Personengesellschaft aufzulösen ist. Im wesentlichen werden hierzu zwei Ansichten vertreten. Daneben soll noch auf die Sichtweise im OECD-MK eingegangen werden, der mittlerweile die in Deutschland herrschende Ansicht wiedergibt, und es soll eine neuere Entwicklung bei der Behandlung des Problembereichs durch die Finanzverwaltung der Bundesrepublik dargestellt werden.

a) Herrschende Ansicht in der Literatur

Nach der herrschenden Auffassung in der Literatur ist die Qualifikation der Personengesellschaft als „ansässige Person" im Sitzstaat auch maßgeblich für die Qualifikation im anderen Vertragsstaat[311]. Aufgrund der Eigenschaft als zweiseitiger Vertrag, der beide Seiten binde, könne die Berechtigung, Rechte aus dem Abkommen herzuleiten, nicht für beide Staaten unterschiedlich beurteilt werden. Die Berechtigung aus dem Vertrag gelte für beide Staaten. Wenn Art. 3 Abs. 1 Buchst. b OECD-MA bestimmte Personen als abkommensberechtigt bezeichne, könne dies nur so verstanden werden, dass sie für das ganze Abkommen, und damit im Verhältnis zu beiden Staaten abkommensberechtigt seien. Die Abkommensberechtigung sei durch das Abkommen selbst definiert und überlasse dies nicht der Beurteilung durch die Mitgliedstaaten[312].

Weiter wird als Begründung angeführt, dass sich die Rechtsfähigkeit von Gesellschaften nach dem für sie maßgebenden Recht, also nach ihrem Sitz- oder

---

[310] Menck, Thomas, IStR 1999, 147.

[311] Prokisch, Rainer, in: Vogel, Klaus/Lehner, Moris, Doppelbesteuerungsabkommen, Kommentar, 4. Aufl. 2003, Art. 1, Rn. 33; Jacobs, Otto H., Internationale Unternehmensbesteuerung, Deutsche Investitionen im Ausland, Ausländische Investitionen im Inland, 5. Aufl. 2002, S. 566, Debatin, Helmut, AWD 1969, 477 (481); Schmidt, Christian, Wpg 2002, 1134, (1139); ders., IStR 2001, 489, (494); Piltz, Detlev J., Die Personengesellschaften im internationalen Steuerrecht der Bundesrepublik Deutschland, 1981, S. 130; Möbus Susanne, GmbHR 2004, 1202, (1205); Menck, Thomas, IStR 1999, 147; Mittermaier, Johannes E., Besteuerung von Personengesellschaften USA-Deutschland, 1999, S. 327; Müller, Marion/Wangler, Clemens, IStR 2003, 145, (147); Frotscher, Gerrit, Internationales Steuerrecht, 2001, § 8, Rn. 14, S. 168; Sutter, Franz Philipp, Die Abkommensrechtliche Stellung der atypisch stillen Beteiligung, in: Gassner, Wolfgang/Lang, Michael/Lehner, Eduard, Personengesellschaften im Recht der Doppelbesteuerungsabkommen, 2000, Wien, S. 205, (221).

[312] Frotscher, Gerrit, Internationales Steuerrecht, 2001, § 8, Rn. 14, S. 168.

Gründungsrecht richte[313]. Nach Sinn und Zweck des Art. 3 Abs. 1 Buchst. a OECD-MA sei die steuerliche Subjektqualifikation des Wirtschaftsgebildes nach dem innerstaatlichen Recht des Sitzstaates maßgeblich, so dass auch der andere Vertragsstaat (Quellenstaat) dieser Beurteilung folgen müsse. Art. 3 Abs. 1 Buchst. b OECD-MA stelle auf das Recht des Vertragsstaates ab, in dem das Wirtschaftsgebilde subjektmäßig situiert sei[314]. Demzufolge könne die Personengesellschaft die Abkommensvorteile im Quellenstaat verlangen, obwohl dieser die Einkünfte unmittelbar den Gesellschaftern zurechnet[315]. Die Vorteile aus der Abkommensberechtigung der Personengesellschaft müssten bei Anwendung des innerstaatlichen Rechts des Ansässigkeitsstaates des Gesellschafters auf diesen übertragen werden[316]. Dasselbe Ergebnis erhält *Sutter*[317] durch Auslegung des Art. 4 Abs. 1 OECD-MA. Art. 4 Abs. 1 OECD-MA spreche davon, dass die Person „nach dem Recht dieses Staates dort (...) steuerpflichtig" sein müsse. Aus dieser Formulierung folge, dass Prüfungsgegenstand das Recht des potenziellen Sitzstaates der Personengesellschaft sein müsse.

b) Die Ansicht von Debatin und Jacobs

Auch *Debatin*[318] und *Jacobs*[319] wollen in der hier besprochenen Konstellation die Sitzstaatqualifikation auch für den Quellenstaat gelten lassen, jedoch aufgrund eines anderen Ansatzes. Sie halten eine Personengesellschaft immer dann für abkommensberechtigt, wenn sie nur in einem der Vertragstaaten als eigenständiges Steuersubjekt gilt. Da es neben der Zuerkennung der Personeneigenschaft auch auf die Ansässigkeit des Wirtschaftsgebildes im Sitzstaat ankomme, sei letztendlich die Behandlung der Personengesellschaft im Sitzstaat ausschlag-

---

313 Prokisch, Rainer, in: Vogel, Klaus/Lehner, Moris, Doppelbesteuerungsabkommen, Kommentar, 4. Aufl. 2003, Art. 1, Rn. 32; Vogel, Klaus, IStR 1999, 5, (6); Heldrich, Andreas, in: Palandt, Kommentar zum BGB, 65. Aufl. 2006, Anh. zu Art. 12 EGBGB, Rn. 28.

314 Piltz, Detlev J., Die Personengesellschaften im internationalen Steuerrecht der Bundesrepublik Deutschland, 1981, S. 130 f; Riemenschneider, Sven, Abkommensberechtigung von Personengesellschaften und abkommensrechtliche Behandlung der Einkünfte aus Beteiligungen inländischer Gesellschafter an ausländischen Personengesellschaften, 1995, S. 83; Knobbe-Keuk, Brigitte, RIW 1991, 306, (314); dies. Bilanz- und Unternehmenssteuerrecht, 9. Aufl. 1993, S. 552.

315 Krabbe, Helmut, IWB, Fach 3, Gruppe 2, Seite 753 (756).

316 Schmidt, Christian, Wpg 2002, 1134, (1235); Schild, Claus/Ehlermann, Christian, in: Grotherr, Siegfried (Hrsg.), Handbuch der internationalen Steuerplanung, 2. Aufl. 2003, S. 1396.

317 Sutter, Franz Philipp, Die Abkommensrechtliche Stellung der atypisch stillen Beteiligung, in: Gassner, Wolfgang/Lang, Michael/Lehner, Eduard, Personengesellschaften im Recht der Doppelbesteuerungsabkommen, 2000, Wien, S. 205, (221).

318 Debatin, Helmut, BB 1989, Beilage 2, S. 1, (7); ders. DB 1990, 598, (601).

319 Jacobs, Otto H., Internationale Unternehmensbesteuerung, Deutsche Investitionen im Ausland, Ausländische Investitionen im Inland, 5. Aufl. 2002, S. 566.

gebend. Diese Ansicht beruht auf einer weiten Auslegung des Art. 4 Abs. 1 O-ECD-MA. Aus dem Abkommenstext gehe nicht hervor, dass das Vorliegen der Voraussetzung der Behandlung als juristische Person aus der Sicht des Sitzstaates zu bestimmen sei. Zwar stehe die Steuerbehandlung im Staat der Errichtung der Gesellschaft im Vordergrund. Aber auch der andere Vertragsstaat habe zu entscheiden, ob das aus seiner Sicht im Ausland errichtete Wirtschaftsgebilde nach seiner innerstaatlichen steuerrechtlichen Wertung als eigenes Steuersubjekt anzusehen sei oder nicht[320].

Trotz anderer Begründung führt diese Auffassung in der hier abgehandelten Fallkonstellation zu demselben Ergebnis wie die herrschende Meinung, da letztlich auch die Qualifikation im Sitzstaat der Gesellschaft als steuerlich intransparent maßgeblich wird.

c) Mindermeinung in der Literatur

Eine kleinerer Teil der Literatur verlangt eine eigenständige Behandlung der Personengesellschaft in jedem Vertragsstaat nach dem eigenen innerstaatlichen Steuerrecht und die Unterstellung eines Sachverhalts, der bestünde, wenn der jeweils andere Vertragsstaat von einer gleichgearteten Einordnung ausgegangen wäre[321]. Insbesondere stelle Art. 3 Abs. 1 Buchst. b OECD-MA keine Rechtsgrundlage für die Annahme einer Vorrangigkeit des Rechts des Sitzstaates des Wirtschaftsgebildes dar[322].

Mit der herrschenden Ansicht erhielte man Ergebnisse, die gegen Art. 3 GG verstießen[323]. Je nach Behandlung des Wirtschaftsgebildes im Sitzstaat wäre die Besteuerung des Gesellschafters im Quellenstaat unterschiedlich zu beurteilen[324]. Die Folge sei, dass die einmal getroffene Belastungsentscheidung nicht folgerichtig im Sinne einer Belastungsgleichheit umgesetzt würde, wie es das BVerfG formuliert habe[325]. Es wird insbesondere als unbefriedigend erachtet, dass die andere Ansicht, wenn sie zu inakzeptablen Ergebnissen führe, sich de facto der Mindermeinung anschließe[326].

Die Abkommensberechtigung interessiere nur für Personen, die im Anwendestaat (hier der Ansässigkeitsstaat des Gesellschafters, der auf Ebene der Gesellschafter besteuern will) als steuerpflichtig angesehen wird. Es könne keine

---

320 Debatin, Helmut, BB 1989, Beilage 2, S. 1, (6).

321 Wassermeyer, Franz, in: Debatin, Helmut/Wassermeyer, Franz, Doppelbesteuerung Kommentar Band I, Loseblattsammlung, Stand Mai 2006, Art. 1, Rn. 28 f.

322 Wassermeyer, Franz, IStR 1998, 489, (490); Lang, Michael, Die abkommensrechtliche Behandlung von ausländischen Personengesellschaften mit Steuersubjektivität im Ausland, in: Kleinedam, Hans-Jochen (Hrsg.), Festschrift für Lutz Fischer, 1997, S. 713, (717).

323 Wassermeyer, Franz, IStR 1998, 489, (492).

324 Wassermeyer, Franz, IStR 1999, 8, (9).

325 BVerfG, Beschluss vom 30.09.1998 - 2 BvR 1818/91, BVerfGE 99, 88, DB 1998, 2247.

326 Wassermeyer, Franz, IStR 1998, 489, (490).

Person einen Erstattungsanspruch haben, die nicht steuerpflichtig sei und für deren Rechnung keine Steuer einbehalten wurde. Die Doppelbesteuerung sei bei demjenigen zu vermeiden, bei dem sie innerstaatlich gesehen eintrete[327].

d) OECD-MK/OECD-Partnership-Report

Der Finanzausschuss der OECD hat sich im Rahmen des Parnership-Reports auch mit der Abkommensberechtigung von Personengesellschaften beschäftigt. Vorausgeschickt sei jedoch, dass den im OECD-MK geäußerten Rechtsansichten des Steuerausschusses kein Gewicht zukommen kann, durch das andere Auslegungsgesichtspunkte von vornherein zurückgedrängt würden. Die Bedeutung der Kommentaränderungen im Zuge des OECD-Partnership-Reports dürfen daher nicht überbewertet werden[328]. Zum einen gibt der Steuerausschuss keinerlei Begründung für die geäußerte Rechtsauffassung, zum anderen waren offenbar nicht einmal alle Mitglieder des Ausschusses selbst von den gefundenen Lösungen überzeugt[329].

Der OECD-Partnership-Report geht davon aus, dass sich die Abkommensrechtssubjektivität einer Person nach der originär innerstaatlichen Steuerrechtsubjektivität richte. Allerdings komme es nicht darauf an, wer nach dem Recht des Quellenstaates Steuerrechtsubjekt ist, sondern wer nach dem Recht des jeweils anderen Vertragsstaates Steuerrechtssubjekt sei[330]. Der Quellenstaat habe damit der Beurteilung im Sitzstaat der Personengesellschaft zu folgen.

Für den Fall, dass die Abkommensanwendung auf das Wirtschaftsgebilde versagt werden müsse, weil einer der Vertragsstaaten dessen Steuerpflicht im Sinne des Art. 4 Abs. 1 OECD-MA verneine, sollten die Gesellschafter in Bezug auf ihren Anteil an dem Einkommen der Personengesellschaft Anspruch auf die Vorteile des Abkommens haben, das die Staaten, in denen sie ansässig seien, geschlossen hätten, soweit ihnen das Einkommen der Personengesellschaft für Zwecke der Besteuerung in ihrem Wohnsitzstaat zugerechnet würde[331]. Damit entspricht diese Ansicht letztlich der herrschenden Meinung.

Aufgrund der Tatsache, dass es nach Ansicht des Fiskalausschusses nicht darauf ankommen soll, dass der Gesellschafter selbst die Voraussetzungen des Art. 1 OECD-MA erfüllt[332], ist die weitere Behandlung problematisch, wenn der andere Staat, in dem der Gesellschafter ansässig ist, die Personengesellschaft

---

327 Wassermeyer, Franz, IStR 1999, 8, (8 f); in diesem Sinne auch Lechner, Eduard, Die Abkommensberechtigung von Personengesellschaften, in: Gassner, Wolfgang/Lang, Michael/Lehner, Eduard, Personengesellschaften im Recht der Doppelbesteuerungsabkommen, 2000, Wien, S. 69, (75)..

328 Vgl. dazu schon 1. Teil C)VI).

329 Aigner, Hans-Jörg/Züger, Mario, SWI 2000, 308, (310).

330 OECD-Partnership-Report, Tz. 63; so nun auch OECD-MK zu Art. 1, Tz. 6.3.

331 OECD-MK zu Art. 1, Tz. 5.

332 Reith, Thomas, Internationales Steuerrecht, 2004, Tz. 4.184.

anders als der Sitzstaat der Personengesellschaft, diese als transparent behandelt. Er müsste die Einkünfte der Gesellschaft zuordnen und nicht dem Gesellschafter. Hierzu bestimmt jedoch der OECD-MK in Tz. 6.1 zu Art. 1 OECD-MA, dass der Ansässigkeitsstaat des Gesellschafters in seinem Recht zur Besteuerung der Mitunternehmereinkünfte durch die Anwendung derjenigen Abkommensvorschriften nicht beeinträchtigt werden dürfe, die das Recht des Ansässigkeitsstaates des Gesellschafters beschränken, die Einkünfte der Personengesellschaft zu besteuern. Sind mehr als zwei Staaten betroffen kann die Situation entstehen, in der es zu einer mehrfachen Abkommensberechtigung kommt. Ist ein Gesellschafter in seinem Sitzstaat unbeschränkt steuerpflichtig und ist die Personengesellschaft in dem anderen Vertragsstaat errichtet worden, der diese intransparent besteuert und stammen die Einkünfte der Personengesellschaft aus einem Drittstaat, so könnte der Gesellschafter sich auf seine Abkommensberechtigung berufen, die sich aus dem Abkommen zwischen seinem Ansässigkeitsstaat und dem Quellenstaat ergibt, während sich die Gesellschaft auf ihre eigene Abkommensberechtigung berufen könnte, die dem Abkommen zwischen ihrem Sitzstaat und dem Quellenstaat folgt. In einem solchen Fall „doppelter Vorteile“ geht der OECD-MK davon aus, dass der Quellenstaat keine Steuer erheben dürfe, die mit den Bestimmungen der beiden berührten Abkommen nicht vereinbar seien. Falls sich die Quellensteuersätze der beiden berührten Abkommen unterschieden, sei der niedrigere anzuwenden[333].

e) Finanzverwaltung der Bundesrepublik

Die Finanzverwaltung war ursprünglich auf der Linie der herrschenden Literaturansicht und hat die Einordnung der Personengesellschaft in Ihrem Sitzstaat auch für den Quellenstaat gelten lassen[334]. Die Abkommensvorteile für Einkünfte aus dem Quellenstaat sollten danach der Personengesellschaft selbst zukommen[335].

Von dieser Ansicht ist die Finanzverwaltung aber im Schreiben des BMF vom 19.03.2004 zur steuerlichen Einordnung der nach dem Recht der Bundes-

---

[333] OECD-MK zu Art. 1, Tz. 6.5.

[334] BMF vom 28.05.1998 IV C 5 - S 1301 - 2/98 Spa, BStBl. I 1998, 557; IStR 1999, 50; BMF vom 13.01.1997 IV C - S 1301 Tsche –2 /96 zur Behandlung tschechischer/slowakischer Personengesellschaften und ihrer Gesellschafter; BMF vom 01.10.1997 IV C - S 1301 für Rumänien - 7/97; OFD Koblenz vom 14.02.1995 S 1301 A Tschechische Republik - St 34 1.

[335] BMF vom 13.01.1997 IV C - S 1301 Tsche –2 /96 zur Behandlung tschechischer/slowakischer Personengesellschaften und ihrer Gesellschafter, dort unter I)2)d) für den Gewinnanteil des Kommanditisten.

staaten der USA gegründeten Limited Liability Company (LLC)[336] abgerückt. Die Besonderheit der LLC ist, dass sie in den USA wählen kann, ob sie als Körperschaft oder als Personengesellschaft besteuert werden soll. Aufgrund der großen gestalterischen Flexibilität bei der LLC, muss das Wirtschaftsgebilde für die Einordnung durch die Bundesrepublik zum Zwecke der Besteuerung in jedem Einzelfall dahingehend untersucht werden, ob aus deutscher Sicht ein selbständiges Steuersubjekt gegeben ist oder ob eine Besteuerung als Personengesellschaft durchzuführen ist.

Für die hier behandelte Konstellation seien die Einkünfte nach deutscher Sichtweise – unabhängig von der Einordnung der Gesellschaft in den USA – den Gesellschaftern zuzurechnen. Diesen komme auch der Abkommenschutz zu. Der anteilig auf den Gesellschafter entfallende Betriebsstättengewinn sei unter Progressionsvorbehalt nach Art. 23 Abs. 2 Buchst. a DBA-USA (entspricht Art. 23 A Abs. 3 OECD-MA) im Inland freizustellen. Soweit in den USA eine Gewinnausschüttung erfolge, erhebe die USA auf die Dividende eine Quellensteuer gemäß Art. 10 Abs. 2 DBA-USA. Eine Anrechung der Quellensteuer auf die deutsche Steuer sei jedoch nicht möglich, da aus Sicht des Rechts der Bundesrepublik eine steuerfreie Entnahme vorliege.

Begründet wird die Meinungsänderung vom BMF nicht, obwohl durch das oben genannte Schreiben eine lange geübte Praxis aufgegeben wurde.

f) Stellungnahme

Die beiden dargestellten Literaturansichten unterscheiden sich im Ergebnis nicht, wenn letztlich die Abkommensberechtigung (nicht die Qualifikation durch den Sitzstaat der Gesellschaft) auf den Gesellschafter durchschlagen soll[337], wenn also der Quellenstaat im Fall der herrschenden Meinung die Abkommensberechtigung der Personengesellschaft auf den aus seiner Sicht alleine berücksichtigungsfähigen Gesellschafter überträgt und wenn im Fall der Mindermeinung die Personengesellschaft nach dem innerstaatlichen Recht des Quellenstaates kein Steuersubjekt darstellt und deshalb nur die jeweiligen Gesellschafter die Abkommensvorteile in Anspruch nehmen können. Jedoch kann die herrschende Ansicht in der Literatur dieses Ergebnis dogmatisch nicht begründen.

aa) Die hier vertretene Ansicht

Der Ansicht von *Wassermeyer*, also der autonomen Anwendung des Abkommens durch die Anwendestaaten, ist zuzustimmen, da das OECD-MA keine

---

[336] BMF vom 19.03.2004 IV B 4 – S 1301 USA – 22/04; zuvor schon OFD Berlin vom 21.01.2003, St 127 – S1301-USA –4/97 zur Behandlung von Ausschüttungen US-amerikanischer S-Corporations, BStBl. I 2004, 411.

[337] Reith, Thomas, Internationales Steuerrecht, 2004, Tz. 4.176.

Grundlage dafür bietet, dass der Quellenstaat an die innerstaatliche Behandlung der Personengesellschaft in ihrem Sitzstaat gebunden sein soll.

Riemenschneider will diese Bindungswirkung der Vorschrift des Art. 3 Abs. 1 Buchst. b OECD-MA entnehmen in Verbindung mit Tz. 3 zu Art. 3 des Musterkommentars, der bestimme, dass der Ausdruck „Gesellschaft" alle Rechtsträger umfasse, „die von den Steuergesetzen des Vertragsstaates, in dem sie errichtet worden sind, wie juristische Personen behandelt werden"[338]. Dies ist zwar zutreffend, das Problem beim Zuordnungskonflikt liegt aber weniger bei der Frage, ob das Wirtschaftsgebilde eine Person im Sinne des Abkommens darstellt, sondern vielmehr bei der Frage der Ansässigkeit dieser Person im Sinne des Art. 4 Abs. 1 OECD-MA. Da die Merkmale des Art. 4 Abs. 1 OECD-MA aus Sicht des Quellenstaates nicht verwirklicht sind und die Vorschrift sich nicht dahingehend auslegen lässt, dass die Beurteilung des Sitzstaates maßgeblich ist, kann sich auch die Abkommensberechtigung letztlich nicht nach der Einordnung durch den Sitzstaat richten.

bb) Ablehnung der herrschenden Ansicht in der Literatur

Eine Schwäche der herrschenden Ansicht ist, dass diese nicht zu erklären vermag, warum die Abkommensberechtigung der Personengesellschaft auf sämtliche Gesellschafter durchschlagen soll, unabhängig von ihrer Ansässigkeit. Die Lösung, die der Musterkommentar dazu unter Tz. 6.1 zu Art. 1 OECD-MA[339] anbietet, ist rein willkürlich und findet keine Stütze im OECD-MA.

Der BFH hat im Urteil vom 29.10.1997[340] für den Fall der Erstattungsberechtigung nach § 50 d EStG bereits entschieden, dass erstattungsberechtigt der Steuerschuldner sei, für den die Abzugssteuer einbehalten werde. Rechnet also der Quellenstaat die Einkünfte anteilig den Mitunternehmern zu, so kann aus seiner Sicht nur deren Personeneigenschaft, deren Ansässigkeit und deren Abkommensberechtigung interessieren. Die DBA enthalten keine Rechtsgrundlage dafür, das Recht auf Erstattung von Quellensteuern, das nach dem innerstaatlichen Recht des Quellenstaates nur den Mitunternehmern zusteht, „aufzuheben" und aus Gründen des innerstaatlichen Rechts des Sitzstaates der Personengesellschaft auf die Personengesellschaft zu übertragen[341].

Auch aus teleologischer Sicht erscheint es als richtig, denjenigen Personen die Abkommensvorteile zu gewähren, die nach dem Recht ihres Ansässigkeits-

---

[338] Riemenschneider, Sven, Abkommensberechtigung von Personengesellschaften und abkommensrechtliche Behandlung der Einkünfte aus Beteiligungen inländischer Gesellschafter an ausländischen Personengesellschaften, 1995, S. 82 f.

[339] Siehe oben unter 1. Teil E)II)2)d).

[340] BFH, Urteil vom 29.10.1997, I R 35/96, BFHE 184, 476, BStBl. II 1998, 235.

[341] Wassermeyer, Franz, in: Debatin, Helmut/Wassermeyer, Franz, Doppelbesteuerung Kommentar Band I, Loseblattsammlung, Stand Mai 2006, Art. 1, Rn. 28 f.

staates als Steuersubjekt behandelt werden. Doppelbesteuerungsabkommen wollen innerstaatliche Steuerrechte einschränken oder beseitigen. Dazu muss zunächst der innerstaatliche Besteuerungstatbestand erfasst werden. Die abkommensrechtlichen Tatbestände müssen dazu an die innerstaatlich begründete Steuerschuld anknüpfen, sowohl in persönlicher als auch in sachlicher Hinsicht. Um den Steueranspruch in persönlicher Hinsicht zu konkretisieren, bedarf es eines Verpflichteten, den Steuerpflichtigen, gegen den der Steueranspruch durchgesetzt werden kann[342]. Die Abkommensberechtigung kann für den Anwendestaat nur bezüglich der Person eine Rolle spielen, die er auch als steuerpflichtig ansieht[343].

Schließlich hat die hier vertretene Lösung gewichtige praktische Vorzüge. Der Quellenstaat kann zur Beurteilung, wer die Abkommensvorteile geltend machen kann, auf das bekannte eigene innerstaatliche Steuerrecht zurückgreifen und hat nicht mit Unsicherheiten bei der Anwendung der Vorschriften aus einem unbekannten Rechtskreis zu kämpfen[344]. Der Quellenstaat müsste immer wissen, welche steuerrechtliche Behandlung die Personengesellschaft im Sitzstaat der Gesellschaft oder im Ansässigkeitsstaat der Gesellschafter erfährt[345]. Diesem Folgeproblem ist insbesondere die OECD nicht dadurch beigekommen, dass dem OECD-Partnership-Report als Annex III eine Übersicht mit den Merkmalen und der steuerlichen Behandlung der einzelnen Wirtschaftsgebilde in den Mitgliedsländern beigefügt wurde[346].

3) Transparente Behandlung der Personengesellschaft in ihrem Sitzstaat, intransparente Behandlung im Ansässigkeitsstaat des Gesellschafters

Aus deutscher Sicht wird es selten vorkommen, dass eine ausländische Gesellschaft nach dem Mitunternehmerkonzept besteuert wird, während sie nach deutschem Steuerrecht als eigenständiges Steuersubjekt einzuordnen ist[347]. Der umgekehrte Fall wird jedoch umso häufiger auftreten: Der ausländische Quellenstaat beurteilt das Wirtschaftsgebilde als Steuersubjekt, während Deutschland als Sitzstaat nach dem Mitunternehmerkonzept besteuert.

In dieser Konstellation wird das Wirtschaftsgebilde aus Sicht des Gesellschafterstaates als beschränkt steuerpflichtig beurteilt. Daraus folgt die Behand-

---

342 Lang, Michael, IStR 2000, 129, (132); Lang, Michael, SWI 2000, 60, (64).

343 Wassermeyer, Franz, IStR 1999, 8, (8 f).

344 So auch Lang, Michael, IStR 2000, 129, (133); Lang, Michael, SWI 2000, 60, (64).

345 Schmidt, Christian, IStR 2001, 489 ,(495).

346 Darüber hinaus fehlen wichtige Länder, wie z.B. Italien.

347 Riemenschneider, Sven, Abkommensberechtigung von Personengesellschaften und abkommensrechtliche Behandlung der Einkünfte aus Beteiligungen inländischer Gesellschafter an ausländischen Personengesellschaften, 1995, S. 85.

lung als „Person“ nach Art. 1 OECD-MA in Verbindung mit Art. 3 Abs. 1 Buchst. a/b OECD-MA.

Aus der Sicht des Sitzstaates der Personengesellschaft können nur deren Gesellschafter besteuert werden. Die Personengesellschaft ist zwar als „sonstige Personenvereinigung“ „Person“ im Sinne des Art. 1 OECD-MA in Verbindung mit Art. 3 Abs. 1 Lit. a OECD-MA, ihr fehlt jedoch die Eigenschaft der „Ansässigkeit“ nach Art. 4 Abs. 1 OECD-MA[348].

Problematisch ist nun die weitere abkommensrechtliche Behandlung durch den Quellenstaat[349].

a) Herrschende Ansicht in der Literatur

Nach der oben dargestellten herrschenden Ansicht[350] hat sich der Ansässigkeitsstaat des Gesellschafters wiederum der Behandlung im Sitzstaat der Personengesellschaft anzupassen. Nach dem Wortlaut des Art. 4 Abs. 1 OECD-MA wäre die Gesellschaft in ihrem Sitzstaat nicht „ansässig“, weil sie dort nicht „auf Grund (...) des Ortes ihrer Geschäftsleitung oder eines ähnlichen Merkmals steuerpflichtig“ ist. Sie würde daher keinen Abkommensschutz genießen. Abkommensberechtigt seien in einem solchen Fall die Gesellschafter mit ihrem jeweiligen Gesellschaftsanteil, so dass es auf die abweichende Auffassung des Quellenstaates nicht ankomme[351]. Wenn feststehe, dass entweder die Gesellschaft als solche oder der Gesellschafter abkommensberechtigt seien, würde der Quellenstaat gegen Treu und Glauben verstoßen, wenn er jegliche Entlastung versagen würde. Er müsse daher zumindest die Abkommensberechtigung der Gesellschafter im Sitzstaat der Gesellschaft auf die Besteuerung der Gesellschaft durchschlagen lassen. Entsprechendes gelte auch im Falle der Ansässigkeit des Gesellschafters in einem Drittstaat[352].

---

348 Schmalz, Andrea, IStR 2003, 290, (291).

349 Reith, Thomas, Internationales Steuerrecht, 2004, Tz. 4.186.

350 Siehe 1. Teil E)II)2)a).

351 Prokisch, Rainer, in: Vogel, Klaus/Lehner, Moris, Doppelbesteuerungsabkommen, Kommentar, 4. Aufl. 2003, Art. 1, Rn. 35.

352 Krabbe, Helmut, Die Personengesellschaft im internationalen Steuerrecht, in: Steuerberaterjahrbuch 2000/2001, 183, (190); Lüdicke, Jürgen, Neue Entwicklungen der Besteuerung von Personengesellschaften im internationalen Steuerrecht, StBJB 1997/1998, S. 449, (463), der jedoch keinen Anlass sieht, bei Gesellschaftern in Drittstaaten deren Abkommensberechtigung nach einem Abkommen mit dem Drittstaat durchschlagen zu lassen.

b) Die Ansicht von Debatin und Jacobs

Nach der bereits dargestellten Ansicht von *Debatin*[353] und *Jacobs*[354] soll die Ansässigkeit nach Art. 4 Abs. 1 OECD-MA der Personengesellschaft schon dann gegeben sein, wenn (irgend)einer der Vertragstaaten das Wirtschaftsgebilde als eigenständiges Steuersubjekt anerkennt. Mit dieser Ansicht wäre auch im vorliegenden Fall von einer Behandlung des Wirtschaftsgebildes als „Gesellschaft" im Sinne von Art. 3 Abs. 1 Buchst. b OECD-MA auszugehen, was zur Abkommensberechtigung der Personengesellschaft führte. Diese Ansicht geht von einer weiten Auslegung des Begriffes der „Ansässigkeit" aus. Für das Vorliegen einer Art. 4 Abs. 1 OECD-MA gerecht werdenden „Ansässigkeit", reiche es aus, wenn in dem aus Sicht des Quellenstaates anderen Vertragsstaat das Wirtschaftsgebilde eine „steuerliche Individualität", gleich welcher Art, genieße. Denn die Abkommensdefinition der „Ansässigkeit" sei nicht einengend auf die unbeschränkte Steuerpflicht im technischen Sinne zu verstehen, sondern diese beziehe sich nur darauf, dass das Gebilde einer eigenständigen Steuererfassung unterläge, was sich aufgrund des Ortes der Geschäftsleitung oder eines anderen Merkmals ergebe. Für die durch Ansässigkeit ausgedrückte persönliche Bindung genüge auch ein anderes, dem Ort der Geschäftsleitung ähnliches Merkmal, was aufzeige, dass es letztlich nur darauf ankommen könne, ob das Wirtschaftsgebilde in dem Vertragsstaat seiner Errichtung trotz fehlender unbeschränkter Steuerpflicht eine „steuerliche Eigensubstanz" verkörpere. Für die Beurteilung aus deutscher Sicht sei nach *Debatin* die Gewerbesteuerpflicht von Personengesellschaften für die steuerliche Eigensubstanz der Personengesellschaft mehr als ausreichend[355].

c) Mindermeinung in der Literatur

Nach *Wassermeyer*, der von einer autonomen DBA-Anwendung durch jeden der Vertragsstaaten ausgeht, wird der die Personengesellschaft als eigenständiges Steuersubjekt behandelnde Gesellschafterstaat die Abkommensberechtigung nach seinem innerstaatlichen Steuerrecht beurteilen, so dass aus seiner Sicht die Quellensteuererstattung der Personengesellschaft selbst zu gewähren sei. Eine Erstreckung der Abkommensberechtigung zusätzlich auf die Gesellschafter (Mitunternehmer), noch dazu unabhängig von ihrer persönlichen Ansässigkeit, würde zu einer Verletzung des Gleichbehandlungsgrundsatzes des Art. 3 GG im

---

[353] Debatin, Helmut, BB 1989, Beilage 2, S. 1, (7).

[354] Jacobs, Otto H., Internationale Unternehmensbesteuerung, Deutsche Investitionen im Ausland, Ausländische Investitionen im Inland, 5. Aufl. 2002, S. 566.

[355] Debatin, Helmut, BB 1989, Beilage 2, S. 1, (7).

Quellenstaat führen[356]. Je nach Behandlung des Wirtschaftsgebildes im Sitzstaat wäre die Besteuerung des Gesellschafters im Quellenstaat unterschiedlich zu beurteilen[357]. Die Folge sei, dass die einmal getroffene Belastungsentscheidung nicht folgerichtig im Sinne einer Belastungsgleichheit umgesetzt würde, wie es das BVerfG formuliert[358].

Da die DBA an den einzuschränkenden bzw. zu beseitigenden Besteuerungstatbestand der Vertragsstaaten anknüpften, müsse zunächst der innerstaatliche Besteuerungstatbestand festgestellt werden, um anschließend feststellen zu können, für welche Person und für welchen Einkünftebetrag der Abkommensschutz gelten kann. Die Ausdrücke „Person" und „Ansässigkeit" könnten sich daher jeweils nur auf die Person beziehen, die nach dem Recht des Anwendestaates persönlich steuerpflichtig ist und der der Anwendestaat die jeweils betroffenen Einkünfte zurechnet[359].

Abkommensberechtigt ist damit nach Anschauung des Sitzstaates der Gesellschaft der jeweilige Gesellschafter, während der andere Staat nach seiner Beurteilung dem Antrag der Personengesellschaft auf Quellensteuerermäßigung stattgeben wird[360].

d) OECD-MK/OECD-Partnership-Report

Die hier behandelte Fallgruppe entspricht Beispiel 7 des OECD-Partnership-Report[361] und wurde im Musterkommentar umgesetzt in Tz. 5 in Verbindung mit Tz: 6.3 und 6.4 zu Art. 1 OECD-MA[362]. Das Beispiel 7 geht von einer Dreistaatenkonstellation aus mit Quellenstaat, Sitzstaat der Personengesellschaft und Ansässigkeitsstaat der Gesellschafter. Der Ansässigkeitsstaat der Gesellschafter behandelt die Personengesellschaft wie auch der Quellenstaat intransparent. Der Sitzstaat behandelt das Wirtschaftsgebilde als steuerlich transparent.

Im Ergebnis soll der Quellenstaat unbeschränktes Besteuerungsrecht hinsichtlich der Dividendeneinkünfte haben, die aus seinem Hoheitsgebiet stammen. Begründet wird dies damit, dass die Personengesellschaft in ihrem Sitzstaat nicht als ansässig gilt und die Gesellschafter als Ansässige eines Drittstaates nicht dem DBA zwischen Quellenstaat und Sitzstaat der Personengesellschaft unterfallen. Dieses Ergebnis soll unabhängig davon gelten, ob der Quel-

---

356 Wassermeyer, Franz, IStR 1998, 489, (492); ders., in: Debatin, Helmut/Wassermeyer, Franz, Doppelbesteuerung Kommentar Band I, Loseblattsammlung, Stand Mai 2006, Art. 1, Rn. 28 d.

357 Wassermeyer, Franz, IStR 1999, 8, (9).

358 BVerfG, Beschluss vom 30.09.1998 - 2 BvR 1818/91, BVerfGE 99, 88, DB 1998, 2247.

359 Wassermeyer, Franz, in: Debatin, Helmut/Wassermeyer, Franz, Doppelbesteuerung Kommentar Band I, Loseblattsammlung, Stand Mai 2006, Art. 1, Rn. 28 f.

360 Wassermeyer, Franz, IStR 1998, 489, (492).

361 Partnership-Report, Tz. 69.

362 Vgl. auch Tz. 8.4 OECD-MK zu Art. 4 OECD-MA.

lenstaat das Wirtschaftsgebilde transparent oder intransparent behandelt, da den Gesellschaftern das DBA zwischen Quellenstaat und Sitzstaat der Personengesellschaft nicht zugute komme[363].

Ein Teil des Schrifttums[364] ist ebenfalls der Auffassung, dass die fehlende Abkommensberechtigung der Personengesellschaft dazu führe, dass der Quellenstaat, obwohl er die Personengesellschaft als Steuersubjekt qualifiziert, aus dem Abkommen immanenten Gründen nicht zur Gewährung von Abkommensvorteilen in Form einer Quellensteuerreduktion verpflichtet sei.

Eine Quellensteuerreduktion könne somit keiner der Beteiligten beanspruchen. Zu einer Doppelbesteuerung solle dies indes nicht führen. Der Sitzstaat der Personengesellschaft könne deshalb nicht besteuern, weil er die Einkünfte den Gesellschaftern zuweisen wolle, während der Ansässigkeitsstaat der Gesellschafter von einer Besteuerung der Einkünfte bei der Personengesellschaft direkt ausgehe.

e) Finanzverwaltung der Bundesrepublik

Die Finanzverwaltung geht im bereits angesprochenen BMF-Schreiben vom 19.03.2004[365] zur Behandlung der nach dem Recht der Bundesstaaten der USA gegründeten LLC in der hier behandelten Konstellation davon aus, dass die Gesellschaft mangels Ansässigkeit im Sinne des Art. 4 DBA-USA (entspricht in etwa Art. 4 OECD-MA) nicht abkommensberechtigt sei. Für die Inanspruchnahme des Abkommensschutzes sei letztlich nur auf die Gesellschafter abzustellen. In den USA würden die Gesellschafter ohnehin mit ihrem Gewinnanteil besteuert. In Deutschland würden im Rahmen von Ausschüttungen der LLC ebenfalls die Gesellschafter besteuert.

Die Einkünfte könnten jedoch abkommensrechtlich nicht nach dem Dividendenartikel besteuert werden, weil die LLC keine in den USA ansässige Person sei im Sinne der Art. 4 und Art. 10 Abs. 1 DBA-USA (entspricht in etwa Art. 4 und Art. 10 Abs. 1 OECD-MA). Die Ausschüttungen könnten daher nur unter Art. 21 Abs. 1 DBA-USA (entspricht in etwa Art. 21 Abs 1 OECD-MA) fallen. Eine Quellensteuerbelastung durch die USA komme für die Ausschüttungen nicht in Betracht, da aus Sicht des Steuerrechts der USA die Gewinnverteilung kein Steuertatbestand sei.

---

363 OECD-Partnership-Report, Tz. 70.

364 Reith, Thomas, Internationales Steuerrecht, 2004, Tz. 4.186; Riemenschneider, Sven, Abkommensberechtigung von Personengesellschaften und abkommensrechtliche Behandlung der Einkünfte aus Beteiligungen inländischer Gesellschafter an ausländischen Personengesellschaften, 1995, S. 87.

365 BMF vom 19.03.2004 IV B 4 – S 1301 USA – 22/04, BStBl. I 2004, 411.

f) Stellungnahme

Auszugehen ist von dem Fall, dass die Mitunternehmer der in ihrem Sitzstaat transparent behandelten Personengesellschaft im Quellenstaat, der das Wirtschaftsgebilde intransparent behandelt, einen Antrag auf Quellensteuererstattung stellen.

Diesen Antrag müsste der Quellenstaat ablehnen. Eine Erstattung an die Gesellschafter muss ausscheiden, da diese nach dem innerstaatlichen Steuerrecht des Quellenstaates nicht Steuersubjekt sind. Der Personengesellschaft fehlt die Abkommenberechtigung mangels Vorliegen der Voraussetzungen des Art. 4 Abs. 1 OECD-MA. Eine Quellensteuererstattung scheidet daher insgesamt aus. Dieses unbefriedigende Ergebnis hängt mit der Formulierung des Art. 4 Abs. 1 OECD-MA zusammen, der auf die unbeschränkte Steuerpflicht eines Rechtsträgers in seinem Sitzstaat abstellt. Unberücksichtigt bleibt, dass sich die Frage der Abkommensberechtigung des Rechtsträgers nur insoweit stellt, als dieser nach dem Recht des jeweiligen Anwendestaates subjektiv steuerpflichtig und damit quellensteuererstattungsfähig ist. Art. 4 Abs. 1 OECD-MA eröffnet dem Quellenstaat nicht die Möglichkeit, die Konsequenzen aus seiner vom Sitzstaat abweichenden Einordnung der Personengesellschaft zu ziehen[366].

aa) Die hier vertretene Ansicht

Für die herrschende Ansicht in der Literatur, die in der vorliegenden Fallkonstellation die Abkommensberechtigung der Personengesellschaft negiert und daher zur Abkommensberechtigung der Gesellschafter kommt, gibt es keine zwingende Erklärung. Es kann nur auf die Person ankommen, die im jeweiligen Fall aus steuerlicher Sicht Einkünfte bezieht. Eine Aussage darüber kann nur das innerstaatlihce Recht des Anwendestaates treffen. Die Maßgeblichkeit des Rechts des Ansässigkeitsstaates würde letzten Endes eine Änderung des innerstaatlichen Rechts des Quellenstaates bedeuten, wofür das OECD-MA keine Rechtsgrundlage bereit hält[367].

Es geht daher darum, das Erfordernis der Steuersubjektidentität als Voraussetzung für das Eingreifen einer Maßnahme zur Beseitigung der Doppelbesteuerung entsprechend dem Geist des Abkommens und dem Wesen des Qualifikationskonfliktes zu modifizieren[368] und den beteiligten Staaten zu erlauben, die Abkommensberechtigung nach ihrem originär innerstaatlichen Recht zu beurteilen.

---

366 Wassermeyer, Franz, IStR 1999, 481 (483).

367 Wassermeyer, Franz, in: Debatin, Helmut/Wassermeyer, Franz, Doppelbesteuerung Kommentar Band I, Loseblattsammlung, Stand Mai 2006, Art. 1, Rn. 28 f.

368 Wassermeyer, Franz, in: Debatin, Helmut/Wassermeyer, Franz, Doppelbesteuerung Kommentar Band I, Loseblattsammlung, Stand Mai 2006, Art. 1, Rn. 28 f.

bb) Ablehnung der Ansicht Debatins und Jacobs

Die Ansicht von *Debatin* und *Jacobs*[369], die auch in der vorliegenden Konstellation von einer Abkommensberechtigung ausgehen, kann nicht überzeugen. Die Auslegung des Art. 4 Abs. 1 OECD-MA dahingehend, dass eine ansässige Person im Sinne des Art. 1 OECD-MA bereits dann vorliege, wenn einer der Vertragstaaten das Wirtschaftsgebilde als Gesellschaft im Sinne des Art. 3 Abs. 1 Buchst. b) OECD-MA qualifiziere, liegt außerhalb des Wortsinns des Art. 4 Abs. 1 OECD-MA[370]. Steuerpflichtig kann nur sein, wer Steuersubjekt ist. Die von *Debatin* bemühte „steuerliche Individualität"[371] der Personengesellschaft auch in Staaten, die nach dem Transparenzprinzip verfahren, ist nicht ausreichend für die Steuerpflicht, wie sie Art. 4 Abs. 1 OECD-MA meint. Selbst die Gewerbesteuerpflicht von Personengesellschaften in der Bundesrepublik knüpft nicht an ihren Sitz oder den Ort der Geschäftsleitung an, sondern folgt aus der Belegenheit des Betriebes (Territorialprinzip der Gewerbesteuer).

Der Wortsinn einer Vorschrift stellt zum einen den Ausgangspunkt einer Auslegung dar, zugleich bestimmt der Wortsinn aber auch die Grenze der Auslegung. Was sich außerhalb dieser Grenze befindet, ist nicht mehr Inhalt des Abkommens. Die von *Debatin* gefundene Auslegung des Merkmals „ansässig" befindet sich demzufolge nicht mehr in den Grenzen des Abkommenssinns. Nur Wirtschaftsgebilde, die nach dem Recht ihres Sitzstaats ansässig sind, können ansässig im Sinne des Art. 4 Abs. 1 OECD-MA sein.

III) Zusammenfasung 4

Unter Abkommensberechtigung ist das Recht einer Person im Sinne des Art. 3 Abs. 1 Buchst. a OECD-MA zu verstehen, Abkommensnormen und damit auch den Schutz des jeweils anwendbaren Abkommens in Anspruch zu nehmen. Die DBA müssen bestimmen, wen ihre Rechtswirkungen treffen. Eine Personengesellschaft, die nach deutschem innerstaatlichen Steuerrecht keine juristische Person ist, ist als „andere Personenvereinigung" im Sinne des Art. 3 Abs. 1 Buchst. a OECD-MA eine abkommensrechtliche Person. Abkommensschutz genießen jedoch nur Personen, denen nach dem innerstaatlichen Recht ihres Ansässigkeitsstaates Einkünfte steuerlich zugerechnet werden, weil das Recht dieses Staates ihnen Steuersubjektivität zuerkennt, was in Art. 4 Abs. 1 OECD-MA zum Ausdruck kommt. Daher kommt aus Sicht des deutschen innerstaatlichen Steuerrechts Personengesellschaften keine Abkom-

---

[369] Vgl. 1. Teil E)II)3)b).

[370] Riemenschneider, Sven, Abkommensberechtigung von Personengesellschaften und abkommensrechtliche Behandlung der Einkünfte aus Beteiligungen inländischer Gesellschafter an ausländischen Personengesellschaften, 1995, S. 88.

[371] Debatin, Helmut, BB 1989, Beilage 2, S. 1, (7).

mensberechtigung zu. Abkommensberechtigt können dann nur die einzelnen Gesellschafter sein.

Schwierigkeiten ergeben sich dann, wenn die Vertragsstaaten Personengesellschaften steuerlich unterschiedlich behandeln, der eine transparent, der andere intransparent. Steuersubjekt wären dann im einen Staat die Gesellschafter der Personengesellschaft, im anderen die Gesellschaft selbst.

Nach herrschender Meinung, nunmehr gestützt durch die Ausführungen des Fiskalausschusses der OECD im Partnership-Report und im OECD-MK, ist der Quellenstaat hinsichtlich der Bestimmung der abkommensberechtigten Person an die Beurteilung des anderen Vertragsstaats gebunden. Nach Auffassung des Autors lässt sich dies jedoch nicht durch das OECD-MA belegen. Maßgeblich für die Abkommensberechtigung ist die steuerliche Zurechnung der zu beurteilenden Einkünfte zu einem Steuersubjekt. Dies bestimmt sich ausschließlich nach dem innerstaatlichen Recht des Anwendestaates. Die Anwendung der herrschenden Meinung würde im Ergebnis eine Modifikation des innerstaatlichen Rechts des Quellenstaates bedeuten, wofür das OECD-MA jedoch keine Rechtsgrundlage bereithält.

Demzufolge ist die Zuordnungsentscheidung des innerstaatlichen Rechts auch des Quellenstaates zu berücksichtigen, weshalb in dieser Arbeit mit einer in der Literatur entwickelten Mindermeinung davon ausgegangen wird, dass von einer eigenständigen Behandlung der Personengesellschaft durch jeden Vertragsstaat nach dessen eigenem innerstaatlichen Steuerrecht auszugehen ist. Dabei unterstellt jeder Vertragsstaat einen Sachverhalt, der bestünde, wenn der jeweils andere Vertragsstaat von einer gleichgearteten Einordnung ausgegangen wäre. Damit erhält keine Person einen Erstattungsanspruch, die nicht auch in ihrem Ansässigkeitsstaat steuerpflichtig ist. Die Doppelbesteuerung kann nur bei demjenigen vermieden werden, bei dem sie innerstaatlich gesehen auch eintritt. Das Erfordernis der Steuersubjektidentität als Voraussetzung für das Eingreifen einer Maßnahme zur Beseitigung der Doppelbesteuerung ist entsprechend dem Geist des Abkommens und dem Wesen des Zuordnungskonfliktes zu modifizieren und den beteiligten Staaten zu erlauben, die Abkommensberechtigung einer Person nach ihrem originär innerstaatlichen Recht zu beurteilen.

2. Teil: Hauptteil

A) Unternehmensgewinne nach innerstaatlichem Steuerrecht

Um die Unterschiede zwischen den innerstaatlichen Einkünften aus Gewerbebetrieb und den Unternehmensgewinnen im Abkommensrecht aufzeigen zu können, bedarf es zunächst einer Darstellung dessen, was das innerstaatliche Steuerrecht unter Gewerbe versteht. Anschließend wird auf die einzelnen Tatbestände innerhalb des § 15 EStG eingegangen, deren Relevanz für die Anwendung des Art. 7 OECD-MA untersucht werden soll.

I) Der innerstaatliche Begriff des Gewerbebetriebs

Der innerstaatliche ertragsteuerrechtliche Begriff des Gewerbebetriebs ergibt sich aus § 15 Abs. 2 EStG. Danach ist die Gewerbebetriebseigenschaft einer Personengesellschaft erfüllt bei selbständiger, nachhaltiger Betätigung mit Gewinnerzielungsabsicht und Beteiligung am wirtschaftlichen Geschäftsverkehr, sofern es sich dabei weder um die Ausübung von Land- und Forstwirtschaft noch um die Ausübung eines freien Berufes oder einer anderen selbständigen Arbeit handelt[372] (§ 15 Abs. 2 EStG). Die Tätigkeit muss darüber hinaus über den Umfang einer privaten Vermögensverwaltung hinausgehen[373]. Dabei setzt das Tatbestandsmerkmal der Selbständigkeit die Betätigung auf eigene Rechnung und Gefahr (Mitunternehmerrisiko[374]) voraus sowie die Entfaltung von Mitunternehmerinitiative[375]. Diese Definition gilt auch für die Gewerbesteuer (§ 2 Abs. 1 S. 2 GewStG). Jedoch können sich Abweichungen insoweit ergeben, als der Gewerbebetrieb im Sinne des § 15 Abs. 2 EStG früher beginnt und später endet als im Gewerbesteuerrecht[376].

[372] Weber-Grellet, Heinrich, in: Schmidt, Ludwig, Einkommensteuergesetz Kommentar, 25. Aufl. 2006, § 15, Rn. 8.
[373] BFH, Beschluss vom 25.06.1984 – GrS 4/82, BFHE 141, 405, BStBl. II 1984, 751.
[374] Siehe zum Begriff 2. Teil A)V)2)b).
[375] Siehe zum Begriff 2. Teil A)V)2)a).
[376] Jacobs, Otto H., Internationale Unternehmensbesteuerung, Deutsche Investitionen im Ausland, Ausländische Investitionen im Inland, 5. Aufl. 2002, S. 441; Binz, Mark K./Sorg, Martin H., Die GmbH & Co. KG im Gesellschafts- und Steuerrecht, 10, Aufl. 2005, § 16, Rn. 23; Weber-Grellet, Heinrich, in: Schmidt, Ludwig, Einkommensteuergesetz Kommentar, 25. Aufl. 2006, § 15, Rn. 8.

II) Gewerblich Einkünfte und Abfärbung im innerstaatlichen Steuerrecht

1) Allgemeines

Die Einkünfte einer Personengesellschaft gelten nach § 15 Abs. 3 Nr. 1 EStG unter bestimmten Voraussetzungen einheitlich als Einkünfte aus Gewerbebetrieb. Eine Aufteilung der Einkünfte in verschiedene Einkunftsarten kann dann nicht mehr erfolgen.

Die mit Einkünfteerzielungsabsicht unternommenen Tätigkeiten einer OHG, KG oder einer anderen Personengesellschaft[377] sind einheitlich als Gewerbebetrieb zu behandeln, wenn die Gesellschaft auch eine gewerbliche Tätigkeit ausübt, die die übrigen Tätigkeiten „infiziert" (sogenannte Infektions- oder Abfärbetheorie)[378]. Die Mitunternehmerschaft muss damit zumindest zum Teil eine originär gewerbliche Tätigkeit im Sinne des §15 Abs. 2 EStG ausüben, anders als im Rahmen des § 15 Abs. 3 Nr. 2 EStG, bei dem aufgrund gewerblicher Prägung die Personengesellschaft auch ausschließlich vermögensverwaltend tätig sein kann.

Insoweit besteht ein signifikanter Unterschied zum Einzelunternehmer, dessen verschiedene Betätigungen für Zwecke der Einkommensteuer isoliert bewertet werden können.

2) Grenzen der Abfärbewirkung

Voraussetzung für die Anwendung des § 15 Abs. 3 Nr. 1 EStG ist die Ausübung zumindest zweier voneinander abgrenzbarer Tätigkeiten, von denen eine gewerblich ist und die andere zum Beispiel freiberuflich[379] oder vermögensverwaltend[380].

---

[377] Anwendung findet § 15 Abs. 3 Nr. 1 EStG auf OHG, KG, GbR und die atypisch stille Gesellschaft (BFH, Urteil vom 10.08.1994 – I R 133/93, BFHE 175, 357, BStBl. II 1995, 171) sowie die BGB-Innengesellschaft auch in Form von Unterbeteiligungen (R 138 (5) EStR), nicht jedoch auf die Erbengemeinschaft (BFH, Urteil vom 12.10.1986 – IV R 214/84, BFHE 148, 65, BStBl. II 1987, 120), die eheliche Gütergemeinschaft (R 138 (5) EStR) und reine Bruchteilsgemeinschaften (BFH, Urteil vom 27.08. 1998 – IV R 77/97, BFHE 186, 422, BStBl. II 1999, 279).

[378] Müller, Gerd-Jürgen/Funk, Thomas E., BB 2005, 2271, (2272).

[379] BFH, Urteil vom 11.05.1989 – IV R 43/88, BFHE 157/155, BStBl. II 1989, 797.

[380] Reiß, Wolfram, in: Kirchhof, Paul, EStG Kompaktkommentar, 6. Aufl. 2006, § 15 Rn. 140.

a) Extrem geringfügige gewerbliche Tätigkeit

Die Abfärbewirkung gilt jedoch nach der Rechtsprechung nicht uneingeschränkt, sondern hat gewisse Grenzen. Die umqualifizierende Wirkung des § 15 Abs. 3 Nr. 1 EStG tritt nach dem Urteil des BFH vom 11.08.1999[381] dann nicht ein, wenn der Anteil der originär gewerblichen Tätigkeit nur ganz geringfügig ist[382]. Der BFH begründet seine Sicht mit der gebotenen verfassungskonformen Auslegung des § 15 Abs. 3 Nr. 1 EStG. Aus dem Grundsatz der Verhältnismäßigkeit soll sich ergeben, dass im Rahmen des § 15 Abs. 3 Nr. 1 EStG bei äußerst geringfügiger gewerblicher Betätigung der Personengesellschaft die umqualifizierende Wirkung der Vorschrift nicht eingreift[383].

Das Urteil geht jedoch nicht auf die für die Praxis wichtige Frage ein, ab welchem prozentualen Anteil der gewerblichen Tätigkeit diese nicht mehr infizierend für sämtliche Einkünfte der Personengesellschaft wirkt. Hier setzt auch die Kritik an dieser BFH-Rechtsprechung an[384]. DemUrteil ist lediglich zu entnehmen, dass maßgebliche Bezugsgröße wohl der Umsatz sein soll. Darüber hinaus wird vertreten, das Verständnis des BFH gehe über den Wortlaut des Gesetzes hinaus und zwar in eindeutiger Art und Weise[385]. Schließlich wird vorgebracht, die vom BFH vorgenommene Differenzierung diene weder der Rechtssicherheit noch sei sie verfassungsrechtlich geboten[386].

Nach Ansicht des Bearbeiters hat der BFH ohne Not und in Abweichung vom eindeutigen Gesetzeswortlaut die Fallgruppe der extrem geringen gewerblichen Betätigung geschaffen, insbesondere weil er im Urteil vom 29.11.2001[387] wie auch das BVerfG im Beschluss vom 26.10.2004[388] als Möglichkeit zur Vermeidung der gewerblichen Infektion alternative Gestaltungen vorschlägt. Es ist allenfalls denkbar, dass der BFH davon ausgegangen ist, dass bei der be-

---

381 BFH, Urteil vom 11.08.1999 – XI R 12/98; BFHE 189, 419; BStBl. II 2000, 229; nachfolgend BFH, Urteil vom 29.11.2001 – IV R 91/99, BFHE 197, 400, BStBl. II 2002, 221; BFH, Beschluss vom 08.03.2004 – IV B 212/03, BFH/NV 2004, 954.

382 Im Urteilsfall des XI. Senats betrug der gewerbliche Anteil 1,25 %, während der IV. Senat über keine konkrete Quote zu entscheiden hatte.

383 Zustimmend Kempermann, Michael, DStR 2002, 664, (665); Werheim, Michael/Brodthage, Sven, DStR 2003, 485, (491).

384 Bitz, Horst, in: Littmann, Eberhard/Bitz, Horst/Pust, Hartmut, Das Einkommensteuerrecht, Loseblattsammlung, Stand Nov. 2006, § 15, Rn. 162.

385 Stuhrmann, Gerd, in: Blümich Einkommensteuer, Körperschaftsteuer, Gewerbesteuer, Kommentar, Loseblattsammlung Stand Aug. 2006, § 15, Rn. 228; Bitz, Horst, in: Littmann, Eberhard/Bitz, Horst/Pust, Hartmut, Das Einkommensteuerrecht, Loseblattsammlung, Stand Nov. 2006, § 15, Rn. 162.

386 Reiß, Wolfram, in: Kirchhof, Paul, EStG Kompaktkommentar, 6. Aufl. 2006, § 15 Rn. 144; Gosch, Dietmar StBp 2000, 57, (58); Drüen, Klaus-Dieter, FR 2000, 177, (186), Schild, Eugen, DStR 2000, 576, (578).

387 BFH, Urteil vom 29.11.2001 – IV R 91/99, 197, 400, BStBl. II 2002, 221.

388 BVerfG, Beschluss vom 26.10.2004 – 2 BvR 246/98, WM 2004, 2364.

schriebenen äußerst geringen gewerblichen Tätigkeit einer Personengesellschaft die Ausgliederung derselben aus wirtschaftlicher Sicht meist sinnlos wäre.

b) Beteiligung an einer gewerblich tätigen Personengesellschaft

Nach neuer Rechtsprechung[389] kommt es bei der passiven Beteiligung einer vermögensverwaltenden Personengesellschaft an einer gewerblichen Mitunternehmerschaft nicht zur Infektionswirkung nach § 15 Abs. 3 Nr. 1 EStG. Diese Auffassung werde durch den klaren Wortlaut der Vorschrift gestützt. Das Gesetz unterscheide in § 15 Abs. 1 EStG innerhalb der Einkünfte aus Gewerbebetrieb solche aus gewerblichem Unternehmen (Nr. 1) von den Gewinnanteilen der Gesellschafter (Nrn. 2 und 3). § 15 Abs. 3 Nr. 1 EStG erstrecke die Abfärbewirkung nur auf den Fall, in dem die Personengesellschaft "auch eine Tätigkeit im Sinne des Abs. 1 Nr. 1 ausübt". Im Gegenschluss folge hieraus, dass Beteiligungseinkünfte nach § 15 Abs. 2 Nr. 1 EStG allein keine gewerbliche Prägung zu erreichen vermögen. Auch Sinn und Zweck der Vorschrift, die Vereinfachung der Einkünfteermittlung und Schutz des Gewerbesteueraufkommens erreichen wolle, spreche für diese Sichtweise[390].

Diese Ansicht wurde ebenfalls mit Hinweis auf die eingeschränkte Reichweite des § 15 Abs. 3 Nr. 1 EStG, der nicht für § 15 Abs. 1 Satz 1 Nr. 2 EStG gelte, auch schon vorher im Schrifttum vertreten[391]. Die Rechtsprechung dürfte als gesichert gelten, insbesondere weil der IX. Senat sich vor der Entscheidung[392] um die Zustimmung des IV. und des VIII. Senats bemüht hat. Es ist jedoch gut möglich, dass eine gesetzliche Regelung getroffen werden wird, die die bisherige Rechtsprechung festschreibt[393].

Das BMF hat auf die neue Rechtsprechung mit dem Nichtanwendungserlass vom 18.05.2005[394] reagiert und angeordnet, die Entscheidung des BFH vom 06.10.2004[395] über den Einzelfall hinaus nicht anzuwenden. Begründet wird der Nichtanwendungserlass mit den weitreichenden Folgewirkungen und den schwierigen Übergangsfragen, denen das BMF mit detaillierten und komplizier-

---

389 BFH, Urteil vom 06.10.2004 – IX R 53/01, BFHE 207, 466, BStBl. II 2005, 383; anders noch BFH, Urteil vom 08.12.1994 – IV R 7/92, BFHE 175, 555, BStBl. II 1996, 264 und BFH, Urteil vom 13.11.1997 - IV R 67/96, BFHE 184, 512, BStBl. II 1998, 254; ebenso Müller, Gerd-Jürgen/Funk, Thomas E./Müller, Helmut, BB 2005, 2271, (2272).

390 Bitz, Horst, in: Littmann, Eberhard/Bitz, Horst/Pust, Hartmut, Das Einkommensteuerrecht, Loseblattsammlung, Stand Nov. 2006, § 15, Rn. 162.

391 Stuhrmann, Gerd, in: Blümich Einkommensteuer, Körperschaftsteuer, Gewerbesteuer, Kommentar, Loseblattsammlung Stand Aug. 2006, § 15, Rn. 230.

392 BFH, Urteil vom 06.10.2004 – IX R 53/01, BFHE 207, 466, BStBl. II 2005, 383.

393 Bitz, Horst, in: Littmann, Eberhard/Bitz, Horst/Pust, Hartmut, Das Einkommensteuerrecht, Loseblattsammlung, Stand Nov. 2006, § 15, Rn. 162.

394 BMF vom 18.05.2005 – IV B 2 – S 2241 – 34/05, BStBl. I 2005, 698.

395 BFH, Urteil vom 06.10.2004 – IX R 53/01, BFHE 207, 466, BStBl. II 2005, 383.

ten Übergangsregelungen begegnen müsse. Darüber hinaus sieht das BMF den Nichtanwendungserlass als Vorgriff auf eine gesetzliche Festschreibung der bisherigen Rechtsprechung an.

Eine erwartete Gesetzesänderung darf jedoch kein Grund für die Finanzverwaltung darstellen, zu Ungunsten der Steuerpflichtigen anstehende Entscheidungen hinauszuzögern. Indem das BMF die Anwendung von Rechtsprechung verhindert, verstößt die Verwaltung gegen geltendes Recht und verletzt damit den Grundsatz der Bindung der Verwaltung an das Gesetz nach Art. 20 Abs. 3 GG[396].

c) Infektionswirkung und Gewerbesteuer

Die Umqualifizierung kann auch durch eine gewerbesteuerfreie Tätigkeit erfolgen mit der Konsequenz, dass sich die Gewerbesteuerfreiheit auf alle ausgeübten Tätigkeiten erstreckt[397]. Der Entscheidung lag eine nach § 3 Nr. 20 GewStG gewerbesteuerbefreite gewerblich tätige Freiberufler-Personengesellschaft zu Grunde.

III) Gewerbliche Prägung nach innerstaatlichem Steuerrecht

Nach § 15 Abs. 3 Nr. 2 EStG bezieht eine gewerblich geprägte Personengesellschaft, die eine Tätigkeit mit Gewinnerzielungsabsicht ausübt, unabhängig von der Tätigkeit ihrer Gesellschafter Einkünfte aus Gewerbebetrieb. Im Unterschied zu § 15 Abs. 2 EStG und in Ergänzung dieser Vorschrift knüpft § 15 Abs. 3 Nr. 2 EStG nicht an Charakter und Gegenstand der Tätigkeit der Personengesellschaft an, sondern an die Rechtsform, in der das Unternehmen betrieben wird[398].

Eine gewerblich geprägte Personengesellschaft ist dadurch gekennzeichnet, dass sie als negatives Erfordernis keine gewerbliche Tätigkeit nach § 15 Abs. 1 Satz 1 Nr. 1 EStG ausübt[399]. Positiv erfordert die gewerblich geprägte Personengesellschaft ausschließlich eine oder mehrere Kapitalgesellschaften als persönlich haftende Gesellschafter. Nur diese Kapitalgesellschaften oder Personen, die nicht Gesellschafter der Personengesellschaft sind, dürfen zur Ge-

---

[396] FG Hamburg, Beschluss vom 09.04.2003 – III 86/03, DStRE 2003, 1069.

[397] BFH, Urteil vom 30.08.2001 – IV R 43/00, BFHE 196, 511, BStBl. II 2002, 152; Müller, Gerd-Jürgen/Funk, Thomas E./Müller, Helmut, BB 2005, 2271, (2272).

[398] Reiß, Wolfram, in: Kirchhof, Paul/Söhn, Hartmut, Einkommensteuergesetz Kommentar, Loseblattsammlung, Stand Sep. 2006, § 15, Tz. A 27.

[399] BFH, Urteil vom 20.11.2003 – IV R 5/02, BFHE 204, 471, BStBl. II 2004, 464; Bei Betriebsaufspaltung kann daher nur die Betriebsgesellschaft, nicht die Besitzgesellschaft gewerblich geprägt sein, Reiß, Wolfram, in: Kirchhof, Paul, EStG Kompaktkommentar, 6. Aufl. 2006, § 15 Rn. 134.

schäftsführung befugt sein[400]. Schließlich muss eine mit Einkunftserzielungsabsicht unternommene Tätigkeit vorliegen[401].

Die praxisrelevanteste Form und Leitbild der gesetzlichen Regelung des § 15 Abs. 3 Nr. 2 EStG[402] sind die GmbH & Co. KG, bei der eine GmbH einzige persönlich haftende und geschäftsführende Gesellschafterin ist und die OHG, die ausschließlich Kapitalgesellschaften als Gesellschafter hat. Die GmbH & Co. KG ist handelsrechtlich eine Spezialform der KG[403] und fällt daher grundsätzlich auch steuerlich unter § 15 Abs. 1 Satz 1 Nr. 2 Satz 1 EStG[404], sobald sie gewerblich tätig ist. Die nachfolgenden Ausführungen sind demzufolge nur für vermögensverwaltende Gesellschaften relevant.

Zu den Personengesellschaften, die der gewerblichen Prägung unterfallen können, zählt auch die atypisch stille Gesellschaft. Die gewerbliche Prägung erfolgt durch den vermögensverwaltend tätigen GmbH-Gesellschafter. Der BFH[405] führt dazu aus, der tätige Gesellschafter stehe dem in § 15 Abs. 3 Nr. 2 EStG genannten persönlich haftenden Gesellschafter gleich. Unerheblich ist demzufolge, dass es sich bei der atypisch stillen Gesellschaft um eine bloße Innengesellschaft handelt, bei der die Geschäfte der GmbH & atypisch Still im Außenverhältnis die Geschäfte nur durch den GmbH-Gesellschafter geführt werden und es im zivilrechtlichen Sinne eine Tätigkeit der stillen Gesellschaft nicht gibt. Entscheidend ist für den BFH dabei, dass im Innenverhältnis zu den atypisch stillen Gesellschaftern die GmbH die Geschäfte für alle Gesellschafter führt, was allen Gesellschaftern einheitlich zuzurechnen sei[406].

Auf die einzelnen Voraussetzungen für die gewerbliche Prägung einer Personengesellschaft wird im Folgenden eingegangen.

1) Kapitalgesellschaft

Als erste Voraussetzung für die Annahme der gewerblichen Prägung einer Personengesellschaft muss eine Kapitalgesellschaft als Kommanditistin vorliegen.

---

400 Stuhrmann, Gerd, in: Blümich Einkommensteuer, Körperschaftsteuer, Gewerbesteuer, Kommentar, Loseblattsammlung Stand Aug. 2006, § 15, Rn. 276.

401 Wacker, Roland, in: Schmidt, Ludwig, Einkommensteuergesetz Kommentar, 25. Aufl. 2006, § 15, Rn. 213.

402 Wacker, Roland, in: Schmidt, Ludwig, Einkommensteuergesetz Kommentar, 25. Aufl. 2006, § 15, Rn. 213.

403 Die gesellschaftsrechtliche Zulässigkeit der GmbH & Co. KG ist seit dem Beschluss des RG vom 04.07.1922 – II B 2/22, RGZ 105, 101 anerkannt.

404 Haep, Günter, in: Hermann, Carl/Heuer, Gerhard/Raupach, Arndt, Einkommensteuer- und Körperschaftsteuergesetz Kommentar, Loseblattsammlung, Stand Juli 2006, § 15, Anm. 373.

405 BFH, Urteil vom 26.11.1996 – VIII R 42/94, BFHE 182, 101, BStBl. II 1998, 328.

406 Bitz, Horst, in: Littmann, Eberhard/Bitz, Horst/Pust, Hartmut, Das Einkommensteuerrecht, Loseblattsammlung, Stand Nov. 2006, § 15, Rn. 171.

Dabei ist zu unterscheiden zwischen deutschen und ausländischen Kapitalgesellschaften. Dies nicht zuletzt aufgrund der neueren EuGH-Rechtsprechung[407], die es im Ausland nach dem Recht des ausländischen Staates gegründeten Kapitalgesellschaften erlaubt, ihren Verwaltungssitz nach Deutschland zu verlegen.

a) Deutsche Kapitalgesellschaften

Kapitalgesellschaften im Sinne des § 15 Abs. 3 Nr. 2 EStG sind die AG, die GmbH, die KGaA. Nicht darunter fallen sonstige Körperschaften, die der Körperschaftsteuer unterliegen, insbesondere Erwerbs- und Wirtschaftsgenossenschaften, Versicherungsvereine aG, Vereine, Anstalten und Stiftungen[408]. Die GmbH & Co. KG selbst ist keine Kapitalgesellschaft. § 15 Abs. 3 Nr. 2 EStG sieht jedoch eine Gleichstellung mit einer Kapitalgesellschaft vor, soweit die GmbH & Co. KG bei einer doppelstöckigen Personengesellschaft Obergesellschaft ist[409]. Somit kann auch eine GmbH & Co. KG gewerbliche Prägung verleihen. Ohne Bedeutung ist, ob die Obergesellschaft in Form einer GmbH & Co. KG selbst gewerblich tätig ist[410].

b) Gewerbliche Prägung durch ausländische Kapitalgesellschaften und bei ausländischen Personengesellschaften

Umstritten ist, ob eine ausländische Kapitalgesellschaft einer Personengesellschaft eine gewerbliche Prägung verleihen kann beziehungsweise, ob § 15 Abs. 3 Nr. 2 EStG auch dann Anwendung finden kann, wenn eine ausländische Gesellschaft gewerbliche Prägung im Sinne der Vorschrift aufweist. Anschließend soll untersucht werden, ob die Geprägetheorie des innerstaatlichen deutschen Steuerrechts auch im Abkommensrecht Anwendung finden kann.

§ 15 Abs. 3 Nr. 2 EStG wurde als Reaktion auf die Aufgabe der Geprägerechtsprechung des BFH[411] durch den Großen Senat des BFH[412] im Jahre 1984

---

[407] EuGH, Urteil vom 27.09.1988 – Rs. 81/87, NJW 1989, 2186 (Daily Mail), EuGH, Urteil vom 09.03.1999 – Rs. C-212/97, NJW 1999, 2027 (Centros); EuGH, Urteil vom 05.11.2002 – Rs. C-208/00, IStR 2002, 809 (Überseering); EuGH, Urteil vom 30.09.2003 – Rs. C-167/01, NJW 2003, 3331 (Inspire Art Ltd.). Dem sind mittlerweile auch deutsche Gerichte gefolgt, BayObLG, Beschluss vom 19.12.2002, GmbHR 2003, 299 ff; BGH, Urteil vom 13.03.2003 – VII ZR 307/98, GmbHR 2003, 527 ff.

[408] Bitz, Horst, in: Littmann, Eberhard/Bitz, Horst/Pust, Hartmut, Das Einkommensteuerrecht, Loseblattsammlung, Stand Nov. 2006, § 15, Rn. 174.

[409] Wacker, Roland, in: Schmidt, Ludwig, Einkommensteuergesetz Kommentar, 25. Aufl. 2006, § 15, Rn.217; Stuhrmann, Gerd, in: Blümich Einkommensteuer, Körperschaftsteuer, Gewerbesteuer, Kommentar, Loseblattsammlung Stand Aug. 2006, § 15, Rn. 279.

[410] BFH, Urteil vom 08.06.2000 - IV R 37/99, BFHE 193, 85, BStBl. II 2001, 162.

[411] BFH, Urteil vom 17.03.1966 - IV 233/65; BFHE 84, 471, BStBl. III 1966, 171.

[412] BFH, Beschluss vom 25.06.1984 - GrS 4/82, BFHE 141, 405, BStBl. II 1984, 751.

eingeführt. Nach dem Wegfall der Geprägerechtsprechung wurden so weitreichende steuerliche Auswirkungen für die betroffenen Steuerpflichtigen befürchtetet, dass der Gesetzgeber mit dem Steuerbereinigungsgesetz[413] die gewerblich geprägte Personengesellschaft in § 15 Abs. 3 Nr. 2 EStG kodifizierte[414]. Zunächst ist festzuhalten, dass es nach der aktuellen Entwicklung im Gesellschaftsrecht als gesichert gelten kann, dass eine ausländische Kapitalgesellschaft Komplementärin eines mit einer GmbH & Co. KG vergleichbaren Wirtschaftgebildes sein kann[415], auch wenn diese ihren Verwaltungssitz nach Deutschland verlegt hat[416].

aa) Keine Differenzierung zwischen ausländischer und inländischer Kapitalgesellschaft

(1) Rechtsprechung

Eine ausdrückliche Äußerung des BFH zu dem Problemkreis der gewerblichen Prägung im Zusammenhang mit Auslandsgesellschaften existiert noch nicht. Eine Möglichkeit hierzu könnte sich jedoch im Rahmen des Revisionsverfahrens gegen das Urteil des FG Niedersachsen vom 16.03.2005[417] ergeben. In seiner noch nicht rechtskräftigen Entscheidung hat das FG-Niedersachsen § 15 Abs. 3 Nr. 2 EStG dagegen restrikitv ausgelegt. Im Urteilsfall handelte es sich um eine Immobilien-Objektgesellschaft, vergleichbar mit einer KG, mit Verwaltungs- und Satzungssitz in Liechtenstein. Als persönlich haftender Gesellschafter war eine Gesellschaft mit beschränkter Haftung beteiligt, ebenfalls mit Verwaltungs- und Satzungssitz in Liechtenstein. Das FG lehnte die Anwendbarkeit des § 15 Abs. 3 Nr. 2 EStG ab, soweit ausschließlich ausländische Kapitalgesellschaften ohne Niederlassung im Inland als persönlich haftende Gesellschafter beteiligt sind. Neben anderen in der Literatur angeführten Gründen[418], spreche auch eine systematische Auslegung unter Berücksichtigung der Vorschriften des KStG und GewStG gegen eine Anwendung von § 15 Abs. 3 Nr. 2 EStG auf ausländische Kapitalgesellschaften als persönlich haftende Gesellschafter einer

---

[413] Steuerbereinigungsgesetz 1986 vom 19. Dezember 1985, BGBl. I 1985, 2436, BStBl. I 1985, 735.

[414] Es wurde die Steuerentstrickung von stillen Reserven und negativen Kapitalkonten befürchtet. Eine geeignete Übergangsregelung zu schaffen, gelang dem Gesetzgeber offenbar nicht, Groh, Manfred, DB 1987, 1006; Uelner, Adalbert JbFStR 1985/86, S. 277.

[415] Knobbe-Keuk, Brigitte, Europäische Entwicklung im Gesellschafts- und Unternehmensrecht, JbFfSt 1990/1991, S. 69 ,(77).

[416] Wälzholz, Eckhard, IWB Fach 5, Gruppe 2, GB, 423, (428); Werner, Rüdiger, GmbHR 2005, 288, (291); OLG Stuttgart, Urteil vom 30.03.1995 – 8 W 355/93, ZIP 1004.

[417] FG Niedersachsen, Urteil vom 16.03.2005 – 2 K 835/01, EFG 2005, 1053 (Revision wird geführt unter dem Aktenzeichen des BFH XI R 15/05)

[418] Siehe dazu unter 2. Teil B)IV)1)b)bb).

Personengesellschaft. Sowohl die zur Auslegung von § 1 Abs. 1 KStG als auch von § 2 Abs. 2 GewStG entwickelten Rechtsgrundsätze sprächen gegen die Auffassung, § 15 Abs. 3 Nr. 2 EStG gelte auch, wenn eine ausländische Kapitalgesellschaft an einer Personengesellschaft beteiligt sei. Als Kapitalgesellschaften definiere § 1 Abs. 1 Nr. 1 KStG abschließend die (deutsche) GmbH, die AG sowie die KGaA. Ausländische Körperschaften fielen, auch wenn sie deutschen Kapitalgesellschaften vergleichbar seien oder - wie im Streitfall - sogar die gleiche Bezeichnung (GmbH) aufwiesen, nicht unter § 1 Abs. 1 Nr. 1 KStG. Ausländische Körperschaften seien lediglich körperschaftsteuerpflichtig, wenn sie eine - deutschen Körperschaften vergleichbare – körperschaftliche Struktur aufwiesen.

Anderen Urteilen ist jedoch zu entnehmen, dass auch ausländische Gesellschaften gewerblich geprägte Personengesellschaften im Sinne von § 15 Abs. 3 Nr. 2 EStG sein können. Gegenstand des Urteils des BFH vom 17.12.1997[419] war die Beteiligung eines unbeschränkt Steuerpflichtigen als beschränkt haftender Gesellschafter an einer einer deutschen GmbH & Co. KG vergleichbaren Gesellschaft nach dem Recht des US-Staates Georgia, die sich ausschließlich vermögensverwaltend betätigte. Der BFH geht davon aus, dass diese Gesellschaft in Form ihres Gewinnanteils ihrem Gesellschafter nach § 15 Abs. 3 Nr. 2 EStG Einkünfte aus Gewerbebetrieb vermitteln könne. Damit wendet der BFH die Geprägetheorie grundsätzlich auf ausländische Gesellschaften unabhängig davon an, ob sie im In- oder Ausland tatsächlich gewerblich tätig werden[420]. Auch das FG Hamburg[421] in der Vorinstanz setzte offensichtlich voraus, dass auch ausländische Gesellschaften gewerblich geprägte Personengesellschaften im Sinne von § 15 Abs. 3 Nr. 2 EStG sein können.

Ebenfalls nicht ausdrücklich entschieden wurde der Fall, dass die persönlich haftende Gesellschafterin einer inländischen KG eine ausländische Kapitalgesellschaft, vergleichbar zum Beispiel mit der deutschen GmbH, ist. Nach obigen Ausführungen müsste jedoch auch in dieser Konstellation die Geprägetheorie zur Anwendung kommen. Wenn dies schon bei einer komplett nach ausländischem Recht errichteten Personengesellschaft, die der deutschen GmbH & Co. KG entspricht, der Fall sein soll, dann erst recht bei einer nach deutschem Recht errichteten KG, deren persönlich haftende Gesellschafterin eine ausländische Kapitalgesellschaft ist, die einer deutschen GmbH entspricht.

---

[419] BFH, Urteil vom 17.12.1997 - I R 34/97, BFHE 1998, 296, BStBl. II 1998, 296.

[420] Farnschläder, Marion/Kahl, Ilona, IWB Fach 3, Gruppe 3, S. 1179, (1181); ebenso Morlock, Günter, Gewerblich geprägte Personengesellschaft im DBA-Recht, in: StBJB 2003/2004, S. 712, (717).

[421] FG Hamburg, Urteil vom 10.02.1997 - V 212/94, EFG 1997, 987.

(2) Literatur

In der Literatur wird teilweise vertreten, auch eine ausländische Kapitalgesellschaft könne einer Personengesellschaft ein gewerbliches Gepräge verleihen. Für eine andere Auffassung fehle die Rechtsgrundlage, jedenfalls dann, wenn die Struktur der ausländischen Kapitalgesellschaft der einer deutschen AG oder GmbH entspreche. § 15 Abs. 3 Nr. 2 EStG differenziere insoweit nicht zwischen ausländischen und deutschen Kapitalgesellschaften[422]. Es komme insbesondere nicht darauf an, ob die Kapitalgesellschaft ihren Sitz oder ihre Geschäftsleitung im Inland habe. Andere Regelungen würden eine diesbezügliche Unterscheidung aber durchaus kennen so wie die §§ 13a Abs. 4 Nr. 3, 19a Abs. 2 Nr. 3 ErbStG[423]. Ebenso wird vertreten, auch ausländische Gesellschaften könnten gewerblich geprägte Personengesellschaften im Sinne von § 15 Abs. 3 Nr. 2 EStG sein, da die Vorschrift nicht dahingehend differenziere, ob eine inländische oder eine ausländische Personengesellschaft vorliege[424].

(3) Finanzverwaltung der Bundesrepublik

Diese Ansicht vertritt insbesondere auch die Finanzverwaltung im BMF-Schreiben vom 24.09.1999[425] zur Beteiligung an einer ungarischen vermögensverwaltenden GmbH & Co. KG. Ausgangspunkt ist folgende Überlegung: Es sei anerkannt, dass eine ausländische Körperschaft nicht ohne weiteres kraft Rechtsform Einkünfte aus Gewerbebetrieb erziele. Daher sei in § 49 Abs. 1 Nr. 2 Buchst. f EStG vorgesehen, dass als Einkünfte aus Gewerbebetrieb auch Einkünfte aus Tätigkeiten gelten, die von einer Körperschaft ohne

---

[422] Piltz, Detlev J., in: Debatin, Helmut/Wassermeyer, Franz, Doppelbesteuerung Kommentar Band I, Loseblattsammlung, Stand Mai 2006, Art. 7, Rn. 85; ders., in: Mössner, Jörg Manfred u. a., Steuerrecht international tätiger Unternehmen, 3. Aufl., 2005, Tz. F 9; Schmidt, Christian/Blöchle, Daniel, IStR 2003, 686 (689); Wachter, Thomas, GmbHR 2005, 1181, (1181); Wacker, Roland, in: Schmidt, Ludwig, Einkommensteuergesetz Kommentar, 25. Aufl. 2006, § 15, Rn. 216; Wälzholz, Eckhard, IWB Fach 5, Gruppe 2, GB, 423, (428).

[423] Wachter, Thomas, GmbHR 2005, 1181, (1181).

[424] Christoffel, Hans Günther/Dankmeyer, Udo, DB 1986, 347, (351); Günkel, Manfred, Einschaltung ausländischer Besitzgesellschaften, in: StBJB 1998/1999, S. 143, (149); Knobbe-Keuk, Brigitte, Bilanz- und Unternehmenssteuerrecht, 9. Aufl. 1993, S. 546; Morlock, Günter, Gewerblich geprägte Personengesellschaft im DBA-Recht, in: StBJB 2003/2004, S. 712, (717); Richter, Wolfgang/ Markl, Richard, in: Lademann, Fritz (Hrsg.), Kommentar zum Einkommensteuergesetz, Loseblattsammlung, Stand Mai 2006, § 15, Rn. 256; Schmidt, Christian/Dendorfer, Wilhelm, IStR 2000, 46 (47); Weßling, Johannes/Romswinkel Marco, Stbg 2004, 501, (504); Wachter, Thomas, GmbHR 2005, 1181, (1181).

[425] BMF, Schreiben vom 24.09.1999, IV D 3 - S 1301 Ung - 5/99, IStR 2000, 627, möglicherweise möchte die Finanzverwaltung dies auf den Sonderfall einer nach ungarischem Recht errichteten Personengesellschaft beschränken, Morlock, Günter, Gewerblich geprägte Personengesellschaft im DBA-Recht, in: StBJB 2003/2004, S. 712, (719).

Sitz oder Geschäftsleitung im Inland erzielt würden, die einer inländischen Kapitalgesellschaft oder sonstigen juristischen Person des privaten Rechts, die zur Führung von Büchern nach dem HGB verpflichtet sei, gleichstehe. Daraus, dass eine solche Differenzierung in § 15 Abs. 3 Nr. 2 EStG nicht enthalten sei, wird gefolgert, dass eine Kapitalgesellschaft im Sinne der Vorschrift auch eine ausländische Kapitalgesellschaft sein könne, die nach dem Typenvergleich als Kapitalgesellschaft anzusehen ist. Das Vorliegen einer inländischen Kapitalgesellschaft sei gerade keine Voraussetzung für die Anwendung von § 15 Abs. 3 Nr. 2 EStG.

bb) Differenzierung zwischen ausländischer und inländischer Kapitalgesellschaft

Andere Literaturstimmen lehnen diese Sichtweise ab. Mit den in § 15 Abs. 3 Nr. 2 EStG genannten Kapitalgesellschaften seien nur solche im Sinne des § 1 Abs. 1 Nr. 1 KStG gemeint[426].

Dies sei zwar dem Wortlaut der Vorschrift nicht zu entnehmen, lasse sich jedoch aus der Entstehung der Norm erklären. Wie oben[427] bereits ausgeführt, ist § 15 Abs. 3 Nr. 2 EStG die Fortführung der Geprägerechtsprechung des BFH. Im Beschluss vom 25.06.1984[428] hat der große Senat des BFH festgestellt, dass der Begriff der Kapitalgesellschaft in § 1 Abs. 1 Nr. 1 KStG abschließend bestimmt und einer erweiterten Auslegung nicht zugänglich sei. Daher müsse die prägende Gesellschaft die zivilrechtliche Rechtsform einer AG, KGaA oder GmbH haben. Dies könne bei Kapitalgesellschaften ausländischen Rechts nicht der Fall sein. Der Gesetzgeber hätte ausdrücklich darauf hinweisen müssen, dass auch die Beteiligung einer ausländischen Kapitalgesellschaft im Rahmen des § 15 Abs. 3 Nr. 2 EStG ausreiche[429]. Nach der Gesetzesbegründung[430] sollte jedenfalls nicht über die bestehende Rechtslage hinaus gegangen werden. Auch die Grundsatzentscheidungen des BFH[431] ergingen lediglich zu Beteiligungen

---

[426] Bitz, Horst, in: Littmann, Eberhard/Bitz, Horst/Pust, Hartmut, Das Einkommensteuerrecht, Loseblattsammlung, Stand Nov. 2006, § 15, Rn. 171; Lieber, Bettina, in: Becker, Helmut/Höppner, Horst-Dieter/Grotherr, Siegfried/Kroppen, Heinz-Klaus (Hrsg.), DBA - Kommentar, Teil 2, Loseblattsammlung, Stand Okt. 2005, Art. 7, Rn. 318, Kroppen, Heinz-Klaus, IWB Fach 3, Gruppe 3, S. 967, (968), Kumpf, Wolfgang, in: Herrmann, Carl/Heuer, Gerhard/Raupach, Arndt, Einkommensteuer und Körperschaftsteuer – Kommentar, Loseblattsammlung, Stand Juli 2006, § 49, Anm. 161; wohl auch Lüdicke, Jürgen, DStR 2002, 671, (672).

[427] Vgl. 2. Teil A)IV)1)b).

[428] BFH, Beschluss vom 25.06.1984 - GrS 4/82, BFHE 141, 405, BStBl. II 1984, 751.

[429] Kroppen, Heinz-Klaus, IWB Fach 3, Gruppe 3, S. 967, (968).

[430] BT-Drucks. 10/4513, S. 64.

[431] BFH, Urteil vom 17.03.1966 - IV 233/65; BFHE 84, 471, BStBl. III 1966, 171; BFH, Urteil vom 03.08, BFH, Urteil vom 03.08.1972 - IV R 235/67, BStBl. 1972, 799.

deutscher Kapitalgesellschaften als alleinige persönlich haftende Gesellschafterinnen. Diese Entscheidungen wie auch die Ausführungen in der Entscheidung des großen Senats[432] stellten die Rechtslage dar, die mit der neuen Regelung des § 15 Abs. 3 Nr. 2 EStG fortgeführt werden sollte. Wenn der BFH vor Aufgabe der Geprägerechtsprechung den Fall einer ausländischen Kapitalgesellschaft als Komplementärin zu entscheiden gehabt hätte, hätte die Entscheidung gegen die Anwendung der Geprägetheorie auf ausländische Kapitalgesellschaften ausfallen müssen[433]. Die Geprägetheorie sei von der Überlegung ausgegangen, dass die Komplementär-Kapitalgesellschaft nur gewerbliche Einkünfte haben könne mit der Folge, dass die von ihr beherrschte KG ebenfalls nur gewerbliche Einkünfte haben könne[434]. Eine ausländische Kapitalgesellschaft könne nach dem BFH jedoch nicht nur gewerbliche Einkünfte haben. In der Entscheidung vom 18.12.1974[435] führe der BFH für eine Schweizer Kapitalgesellschaft aus, dass diese im Inland Einkünfte aus Vermietung und Verpachtung im Sinne des § 49 Abs. 1 Nr. 6 EStG in Verbindung mit § 21 EStG haben könne. Demzufolge sei die Geprägerechtsprechung nicht auf Fälle übertragbar, in denen alleinige persönlich haftende Gesellschafterin einer Personengesellschaft eine ausländische Kapitalgesellschaft ist. Einer weitergehenden Interpretation sei § 15 Abs. 3 Nr. 2 EStG aufgrund des gesetzgeberischen Willens, lediglich die Geprägerechtsprechung des BFH zu normieren, nicht zugänglich. Daneben sei eine gewerbliche Prägung ohne gewerbliche Einkünfte der persönlich haftenden Kapitalgesellschaft widersinnig. § 15 Abs. 3 Nr. 2 EStG könne nicht alleine aufgrund der beschränkten Haftung der Gesellschafter angewendet werden[436].

Darüber hinaus scheitere die Anwendung des § 15 Abs. 3 Nr. 2 EStG an der isolierenden Betrachtungsweise des § 49 Abs. 2 EStG. Sämtliche Merkmale, die zur Anwendung der Vorschrift führten seien ausschließlich im Ausland verwirklicht[437].

cc) Stellungnahme

Erster Ansicht ist der Vorzug zu geben Der Wortlaut des § 15 Abs. 3 Nr. 2 EStG unterscheidet jedenfalls nicht zwischen ausländischen und inländischen Gesellschaften. Vorrangig ist zwar die Intention des Gesetzgebers zu berücksichtigen, der lediglich die bis zum Beschluss des großen Senats des BFH[438] geltende

---

[432] BFH, Beschluss vom 25.06.1984 - GrS 4/82, BFHE 141, 405, BStBl. II 1984, 751.
[433] Kroppen, Heinz-Klaus, IWB Fach 3, Gruppe 3, S. 967, (970).
[434] BFH, Urteil vom 17.03.1966 - IV 233/65; BFHE 84, 471, BStBl. III 1966, 171; BFH, Urteil vom 03.08.1972 - IV R 235/67, BFHE 106, 331, BStBl. 1972, 799.
[435] BFH, Urteil vom 18.12.1974 - I R 161/73, BFHE 115, 93, BStBl. II 1975, 464.
[436] Bitz, Horst, in: Littmann, Eberhard/Bitz, Horst/Pust, Hartmut, Das Einkommensteuerrecht, Loseblattsammlung, Stand Nov.. 2006, § 15, Rn. 171.
[437] Kroppen, Heinz-Klaus, IWB Fach 3, Gruppe 3, S. 967, (969).
[438] BFH, Beschluss vom 25.06.1984 - GrS 4/82, BFHE 141, 405, BStBl. II 1984, 751.

Rechtsprechung normieren wollte. Allerdings hatte der Gesetzgeber die Problematik ausländischer Gesellschaften bei Schaffung der Norm nicht im Blick[439], da der BFH einen solchen Fall noch nicht entschieden hatte. Hätte der BFH einen solchen Fall zu entscheiden gehabt, hätte er nicht wie hinsichtlich des § 8 Abs. 2 KStG[440] entscheiden können. Im Unterschied zu § 15 Abs. 3 Nr. 2 EStG stellt § 8 Abs. 2 KStG auf nach dem HGB buchführungspflichtige Steuerpflichtige ab. In der zitierten Entscheidung vom 17.12.1997[441] ist der BFH auf diese Problematik wahrscheinlich nur deshalb nicht ausdrücklich eingegangen, weil die Ltd. nach den Tatsächlichen Feststellungen des FG Hamburg[442] im Streitjahr schon keine aktive gewerbliche Tätigkeit im Sinne des Art. III Abs. 5 DBA-USA 1954/65 ausgeübt hat[443].

Auch die isolierende Betrachtungsweise führt zu keinem anderen Ergebnis, da § 15 Abs. 3 Nr. 2 EStG ein inländisches Besteuerungsmerkmal ist und kein ausländisches[444]. Darüber hinaus erlaubt § 49 Abs. 2 EStG zwar, die gewerbliche Tätigkeit einer Personengesellschaft außer Betracht zu lassen, nicht jedoch ihre Rechtsform[445].

2) Persönliche Haftung

Die an der Personengesellschaft beteiligte Kapitalgesellschaft muss unbeschränkt für die Verbindlichkeiten der Gesellschaft haften. Der Begriff „persönlich haftender Gesellschafter" ist den §§ 128, 161 Abs. 1 HGB entlehnt und meint die unmittelbare Haftung für gesetzliche und rechtsgeschäftliche Verbindlichkeiten gegenüber den Gesellschaftsgläubigern mit dem gesamten Vermögen[446]. Das ist gegeben bei dem Gesellschafter einer OHG, einer GbR und dem Komplementär der KG. Haftet neben einer Kapitalgesellschaft oder neben mehreren Kapitalgesellschaften eine natürliche Person, ist § 15 Abs. 3 Nr. 2 EStG nicht anwendbar[447]. Eine gewerblich geprägte Personengesellschaft liegt ebenfalls vor, wenn eine GbR ausschließlich aus Kapitalgesellschaften besteht[448],

---

[439] Weßling, Johannes/Romswinkel Marco, Stbg 2004, 501, (503).

[440] BFH, Urteil vom 18.12.1974 - I R 161/73, BFHE 115, 93, BStBl. II 1975, 464.

[441] BFH, Urteil vom 17.12.1997 - I R 34/97, BFHE 1998, 296, BStBl. II 1998, 296.

[442] FG Hamburg, Urteil vom 10.02.1997 - V 212/94, EFG 1997, 987.

[443] Baranowski, Karl-Heinz, IWB, Fach 3a, Gruppe 1, S. 689, (690).

[444] Günkel, Manfred, Einschaltung ausländischer Besitzgesellschaften, in: StBJB 1998/1999, S. 143, (149).

[445] Kumpf, Wolfgang, in: Herrmann, Carl/Heuer, Gerhard/Raupach, Arndt, Einkommensteuer und Körperschaftsteuer – Kommentar, Loseblattsammlung, Stand Juli 2006, § 49, Anm. 1246.

[446] Bitz, Horst, in: Littmann, Eberhard/Bitz, Horst/Pust, Hartmut, Das Einkommensteuerrecht, Loseblattsammlung, Stand Nov. 2006, § 15, Rn. 174.

[447] Stuhrmann, Gerd, in: Blümich Einkommensteuer, Körperschaftsteuer, Gewerbesteuer, Kommentar, Loseblattsammlung Stand Aug. 2006, § 15, Rn. 278.

[448] BFH, Urteil vom 22.11.1994 – VIII 63/93, BFHE 177, 28, BStBl. II 1996, 93.

oder wenn eine Kommanditisten-Kapitalgesellschaft neben oder anstelle der Komplementär GmbH die Geschäftsführung übernimmt[449].

Die Fiktion des § 15 Abs. 3 Nr. 2 EStG tritt nicht ein, wenn zwar ausschließlich eine oder mehrere Kapitalgesellschaften persönlich haften, aber eine natürliche Person, die Kommanditist ist, aufgrund Gesellschaftsvertrag allein oder auch nur neben der Komplementärin oder den Komplementären einzeln oder gemeinschaftlich mit dieser oder diesen geschäftsführungsbefugt ist[450].

3) Geschäftsführung

Das Erfordernis der Geschäftsführung der Komplememtär-Kapitalgesellschaft ist allein gesellschaftsrechtlich zu verstehen[451] und betrifft das Innenverhältnis (organschaftliche Vertretung) und nicht die Vertretung nach außen[452]. Eine Tätigkeitsbefugnis, die sich nur aus einem Dienst- oder Arbeitsvertrag ergibt, ist also keine Geschäftsführungsbefugnis im Sinne des § 15 Abs. 3 Nr. 2 EStG[453]. Gesellschaftsvertraglich kann in bestimmtem Umfang von dem jeweiligen Regelstatut abgewichen werden und zum Beispiel einem Kommanditisten Geschäftsführungsbefugnis übertragen werden, während sie dem Komplementär entzogen wird[454].

Aufgrund der Notwendigkeit der Selbstorganschaft bei Personengesellschaften ist die Übertragung der Geschäftsführungsbefugnis ausschließlich auf Nichtgesellschafter gesellschaftsrechtlich nicht denkbar[455]. Zum Wesen der Personengesellschaft gehört deren Selbstvertretung durch mindestens einen unbeschränkt haftenden Gesellschafter[456]. Möglich ist es aber, dass neben der unbeschränkt haftenden GmbH oder gewerblich geprägten KG ein Nichtgesellschafter Ge-

---

449 Wacker, Roland, in: Schmidt, Ludwig, Einkommensteuergesetz Kommentar, 25. Aufl. 2006, § 15, Rn. 222; Groh, Manfred DB 1987, 1006, (1011); a. A. Hörger, Helmut/Kemper, Nicolas, DB 1987, 758, (760).

450 BFH, Urteil vom 23.05.1996 – IV R 87/93, BFHE 180, 396, BStBl. II 1996, 523.

451 BFH, Urteil vom 23.05.1996 – IV R 87/93, BFHE 180, 396, BStBl. II 1996, 523; Breithecker, Volker/Zisowski, Ute, BB 1998, 508; Binz, Mark K./Sorg, Martin H., Die GmbH & Co. KG im Gesellschafts- und Steuerrecht, 10, Aufl. 2005, § 16, Rn. 50.

452 Reiß, Wolfram, in: Kirchhof, Paul, EStG Kompaktkommentar, 6. Aufl. 2006, § 15 Rn. 138.

453 BFH, Urteil vom 23.05.1996 – IV R 87/93, BFHE 180, 396, BStBl. II 1996, 523.

454 BGH, Urteil vom 09.12.1968, BGHZ 51, 198, WM 1969, 118.

455 Hopt, Klaus J., in: Baumbach, Adolf/Hopt, Klaus J., 32. Aufl. 2006, § 114, Rn. 24; Koller, Ingo, in: Koller, Ingo/Roth, Wulf-Henning/Morck, Winfried, Handelsgesetzbuch Kommentar, 5. Aufl. 2005, § 114, Rn. 5; Groh, Manfred, DB 1987, 1006, (1011); Breithecker, Volker/Zisowski, Ute BB 1998, 508, (509); Bitz, Horst, in: Littmann, Eberhard/Bitz, Horst/Pust, Hartmut, Das Einkommensteuerrecht, Loseblattsammlung, Stand Nov. 2006, § 15, Rn. 176 a.

456 BGH, Urteil vom 25.05.1964 – II ZR 42, 62, BGHZ 41, 367, (369); BGH, Urteil vom 09.12.1968 – II ZR 33/67, BGHZ 51, 198, (200).

schäftsführungsaufgaben übernimmt[457], da § 15 Abs. 3 Nr. 2 EStG insoweit leerzulaufen droht[458]. Nur auf diesen Fall kann sich demzufolge die Vorschrift beziehen[459].

Etwas anderes gilt jedoch nach dem klaren Wortlaut der Vorschrift[460], wenn ein Kommanditist natürliche Person ist und aufgrund Gesellschaftsvertrag allein oder neben der Komplementär-GmbH einzeln oder gemeinschaftlich mit dieser geschäftsführungsbefugt ist[461].

Unbedenklich ist es, wenn von mehreren persönlich haftenden Kapitalgesellschaften nur eine oder mehrere geschäftsführungsbefugt sind[462]. Unschädlich ist es ebenfalls, wenn die GmbH als einzige Komplementärin die Geschäftsführung übernommen hat und der Geschäftsführer der GmbH gleichzeitig Kommanditist der KG ist, da die Befugnis zur Geschäftsführung organschaftlich alleine bei der GmbH liegt und nicht bei ihrem Geschäftsführer[463]. Ohne die GmbH würde dem Kommanditisten keine Geschäftsführerstellung zukommen. Damit kann schon mit der Einschaltung eines Kommanditisten in die Geschäftsführung die Einkunftsart gesteuert werden[464].

4) Grenzen der gewerblichen Prägung

Bei Übertragung der Geschäftsführungsbefugnis auf einen Kommanditisten kommt § 15 Abs. 3 Nr. 2 EStG nicht zur Anwendung. Dies gilt auch dann, wenn der Geschäftsführer der Komplementär–GmbH, der gleichzeitig Kommanditist ist, neben der GmbH zum weiteren Geschäftsführer der KG gemacht wird[465].

---

[457] Wacker, Roland, in: Schmidt, Ludwig, Einkommensteuergesetz Kommentar, 25. Aufl. 2006, § 15, Rn.224.

[458] Nach dem Wortlaut von § 15 Abs. 3 Nr. 2 EStG sollen auch Personen, die nicht Gesellschafter der Personengesellschaft sind, die Geschäftsführung in der gewerblich geprägten Personengesellschaft übernehmen können.

[459] Binz, Mark K./Sorg, Martin H., Die GmbH & Co. KG im Gesellschafts- und Steuerrecht, 10, Aufl. 2005, § 16, Rn. 51.

[460] Bitz, Horst, in: Littmann, Eberhard/Bitz, Horst/Pust, Hartmut, Das Einkommensteuerrecht, Loseblattsammlung, Stand Nov. 2006, § 15, Rn. 176b.

[461] BFH, Urteil vom 23.05.1996 – IV R 87/93, BFHE 180, 396, BStBl. II 1996, 523; Wacker, Roland, in: Schmidt, Ludwig, Einkommensteuergesetz Kommentar, 25. Aufl. 2006, § 15, Rn. 222.

[462] Felix, Günther, NJW 1997, 1040, (1042); Bitz, Horst, in: Littmann, Eberhard/Bitz, Horst/Pust, Hartmut, Das Einkommensteuerrecht, Loseblattsammlung, Stand Nov. 2006, § 15, Rn. 176b.

[463] Stuhrmann, Gerd, in: Blümich Einkommensteuer, Körperschaftsteuer, Gewerbesteuer, Kommentar, Loseblattsammlung Stand Aug. 2006, § 15, Rn. 278.

[464] Stuhrmann, Gerd, in: Blümich Einkommensteuer, Körperschaftsteuer, Gewerbesteuer, Kommentar, Loseblattsammlung Stand Aug. 2006, § 15, Rn. 278.

[465] FG Brandenburg, Urteil vom 12.12.2001 – 1 K 455/98, EFG 2002, 265, wonach sogar die zunächst nur faktische Bestellung ausreichend sein soll.

Vorsicht ist hier allerdings geboten, falls der neben der Komplementär GmbH zur Geschäftsführung bestellte Kommanditist unvorhergesehen durch Tod, Insolvenz oder Ausschlussklage aus der Gesellschaft ausscheidet. Sieht der Gesellschaftsvertrag keine adäquate Nachfolgeregelung vor, tritt ab dem Ausscheiden des geschäftsführungsbefugten Kommanditisten eine gewerblich geprägte Personengesellschaft vor und es ist eine Eröffnungsbilanz unter Ansatz der Wirtschaftsgüter zum Teilwert zu erstellen. Möglich ist eine ausdrückliche gesellschaftsvertragliche Bestimmung, nach der die Geschäftsführungsbefugnis auf die Erben übergeht[466].

Gewerbliche Prägung ist nicht gegeben, wenn an einer GbR oder OHG neben Kapitalgesellschaften auch natürliche Personen beteiligt sind. Dies ist auch der Fall, wenn alleiniger persönlich haftender Gesellschafter einer KG eine Stiftung ist, oder wenn neben der Komplementär-Kapitalgesellschaft Kommanditisten geschäftsführungsbefugt sind.

Im Ergebnis besteht für den Steuerpflichtigen aufgrund vielfältiger Gestaltungsmöglichkeiten damit ein Wahlrecht zur Gewerblichkeit[467]. Die durch Vermögensverwaltung erzielte Einkunftsart kann damit je nach Zielvorstellung frei gewählt werden[468].

IV) Sondervergütungen im innerstaatlichen Steuerrecht

Sondervergütungen bei Personengesellschaften kennen nicht viele Steuerrechtsordnungen. Unter diesen wenigen Staaten behandeln zum Beispiel Österreich und die Niederlande die Problematik ebenso wie Deutschland. Häufig unterscheidet sich die Behandlung allerdings vom deutschen Verständnis[469]. Es geht bei der Sondervergütungsproblematik um die Behandlung von Leistungsbeziehungen zwischen dem Gesellschafter und seiner Personengesellschaft. Im nachfolgenden Abschnitt soll zunächst der Begriff der Sondervergütungen erläutert werden und sodann der Begriff des Sonderbetriebsvermögens.

1) Allgemeines

Nach § 15 Abs. 1 Nr. 2 S. 1 2. Hs. EStG sind Vergütungen, die der Gesellschafter einer Personengesellschaft von der Gesellschaft für seine Tätigkeit im Dienste der Gesellschaft für die Hingabe von Darlehen an die Gesellschaft oder für

---

[466] Herzig, Norbert/Kessler, Wolfgang, DStR 1986, 643, (644).

[467] Wacker, Roland, in: Schmidt, Ludwig, Einkommensteuergesetz Kommentar, 25. Aufl. 2006, § 15, Rn. 214; Binz, Mark K./Sorg, Martin H., Die GmbH & Co. KG im Gesellschafts- und Steuerrecht, 10, Aufl. 2005, § 16, Rn. 52.

[468] Bitz, Horst, in: Littmann, Eberhard/Bitz, Horst/Pust, Hartmut, Das Einkommensteuerrecht, Loseblattsammlung, Stand Nov. 2006, § 15, 176b.

[469] Die meisten Staaten nehmen ein Besteuerung entsprechend der zivilrechtlichen Ausgestaltung der Sondervergütungen vor.

die Überlassung von Wirtschaftsgütern zur Nutzung durch die Gesellschaft bezogen hat, Einkünfte aus Gewerbebetrieb.

Damit werden steuerlich Anstellung-, Darlehens-, Miet- bzw. Pachtverträge immer als Einkünfte aus § 15 EStG behandelt, obwohl sie bei zivilrechtlicher Beurteilung unter die spezielleren Einkunftsarten des EStG fallen würden[470]. Dies ist Ausdruck des besonderen Subsidiaritätsgedankens im deutschen EStG, wonach möglichst viele Einkünfte als Einkünfte aus Gewerbebetrieb zu beurteilen sein sollen.

Voraussetzung für die Anerkennung von Zahlungen an den Gesellschafter einer Personengesellschaft als Sondervergütungen ist, dass die von der Gesellschaft vergütete Leistung durch das Gesellschaftsverhältnis veranlasst ist und zwar in dem Sinne, dass die honorierte Leistung bei wirtschaftlicher Betrachtungsweise als Beitrag zur Erreichung oder Verwirklichung des Gesellschaftszweckes anzusehen ist[471].

2) Abgrenzung Sondervergütungen und Gewinnvorab

Entgelte für Dienstleistungen, für Darlehensgewährung oder die Nutzungsüberlassung verschiedener Wirtschaftsgüter sind Sondervergütungen, wenn sie auf besonderen Schuldverhältnissen beruhen oder zwar im Gesellschaftsvertrag vereinbart sind[472], aber nach der Vereinbarung Aufwand der Gesellschaft darstellen und auch dann bezahlt werden sollen, wenn die Gesellschaft keinen Gewinn erwirtschaftet[473]. Die Regelung des § 15 Abs. 1 Nr. 2 Satz 1 2. Hs. EStG erkennt damit schuldrechtliche Beziehungen zwischen Gesellschaft und Gesellschafter an und qualifiziert sie zu Einkünften aus Gewerbebetrieb um[474].

Zu unterscheiden sind die Sondervergütungen vom Gewinnvorab. Dieser liegt vor, wenn dem Gesellschafter für beispielsweise eine Tätigkeit im Dienste der Gesellschaft eine Vergütung aus dem Gesellschaftsgewinn gewährt wird, welche nicht als Aufwand behandelt wird[475]. Gewinnvorab mindert den Steuer-

---

470 Dienstverträge unter § 19 EStG, Darlehen unter § 20 Abs. 1 Nr. 7 EStG, Miet- und Pachtverträge unter § 20 EStG.

471 BFH, Urteil vom 23.05.1979 – I R 163/77, BFHE 128, 213, BStBl. II 1979, 757.

472 BFH, Urteil vom 06.07.1999 – VIII R 46/94, BFHE 189, 139, BStBl. II 1999, 720.

473 Wacker, Roland, in: Schmidt, Ludwig, Einkommensteuergesetz Kommentar, 25. Aufl. 2006, § 15, Rn. 440; Reiß, Wolfram, in: Kirchhof, Paul/Söhn, Hartmut, Einkommensteuergesetz Kommentar, Loseblattsammlung, Stand Sep. 2006, § 15, Tz. E 7; BFH, Urteil vom 23.01.2001 – VIII R 30/99, BFHE 194, 403, BStBl. II 2001, 621; BFH, Urteil vom 13.10.1998 – VIII R 4/98, BFHE 187, 235, BStBl. II 1999, 243.

474 Köster, Thomas, in: Hermann, Carl/Heuer, Gerhard/Raupach, Arndt, Einkommensteuer- und Körperschaftsteuergesetz Kommentar, Loseblattsammlung, Stand Juli 2006, § 15, Anm. 500.

475 BFH, Urteil vom 23.01.2001 – VIII 30/99, BFHE 194, 403, BStBl. II 2001, 621; BFH, Urteil vom 13.10.1998 – VIII R 4/98, BFHE 187, 235, BStBl. II 1999, 243.

bilanzgewinn nicht und ist handels- und ertragsteuerrechtlich Teil der in § 15 Abs. 1 Nr. 2 1. Hs. EStG genannten Gewinnanteile[476]. Demzufolge muss für die Verteilung von Gewinnvorab die Gesellschaft zunächst einen Gewinn erzielt haben.

3) Sondervergütungen und ihre Verteilung auf die Gesellschafter

Der steuerliche Gewinn der Gesellschaft ist aus der Steuerbilanz der Gesellschaft zu ermitteln. Die Aufteilung des ermittelten steuerlichen Gewinns der Gesellschaft zur Bestimmung des Gewinnanteils des Gesellschafters erfolgt anhand der zu Grunde liegenden zivilrechtlichen Verteilungsabrede. Steuerlich wird der Gewinnanteil des Mitunternehmers nicht eigenständig aufgrund von Steuerbilanzen der Mitunternehmer ermittelt, sondern aufgrund von Steuerbilanzen für das Gesellschaftsvermögen insgesamt[477].

Stellt eine Personengesellschaft einen ihrer Gesellschafter als Geschäftsführer an und ist das Geschäftsführergehalt eine Zusage an den Gesellschafter, dass ihm unabhängig vom Betriebsergebnis eine Entschädigung für seine Tätigkeit als Geschäftsführer zukommen soll, so ist das Gehalt als Sondervergütung einzuordnen. Der Gesamtgewinn einer Mitunternehmerschaft bei der Zahlung von Sondervergütungen ist in der Weise zu ermitteln, dass die in der Steuerbilanz der Gesellschaft passivierte Verbindlichkeit durch einen gleich hohen Aktivposten in einer Sonderbilanz des begünstigten Gesellschafters ausgeglichen wird[478]. Der Abzug der Sondervergütungen auf Gesellschaftsebene in der Steuerbilanz der Gesellschaft wird wieder rückgängig gemacht durch Hinzurechnung auf der Ebene der Mitunternehmer als Teil ihrer gewerblichen Einkünfte[479].

Damit soll die Personengesellschaft dem Einzelunternehmer angenähert werden, weil dieser keine Verträge mit sich selbst abschließen kann[480].

Bei der Verteilung des so ermittelten Gesamtgewinns auf die einzelnen Gesellschafter nehmen sämtliche Sondervergütungen aber nicht am quotalen Verteilungsschlüssel teil, da sie nur dem Gesellschafter zufallen sollen, der die Sondervergütungen auch bezogen hat. Nur der hiernach verbleibende Gewinn wird

---

[476] Wacker, Roland, in: Schmidt, Ludwig, Einkommensteuergesetz Kommentar, 25. Aufl. 2006, § 15, Rn. 440.

[477] Reiß, Wolfram, in: Kirchhof, Paul/Söhn, Hartmut, Einkommensteuergesetz Kommentar, Loseblattsammlung, Stand Sep. 2006, § 15, Tz. E 5.

[478] Grundsatz der korrespondierenden Bilanzierung, BFH, Urteil vom 02.12.1997 – VIII 15/96, BFHE 184, 571, BFH/NV 1998, 781.

[479] Reiß, Wolfram, in: Kirchhof, Paul/Söhn, Hartmut, Einkommensteuergesetz Kommentar, Loseblattsammlung, Stand Sep. 2006, § 15, Tz. E 7; Jacobs, Otto H. (Hrsg.), Unternehmensbesteuerung und Rechtsform, 3. Aufl. 2002, S. 230.

[480] BFH, Beschluss vom 19.10.1970 – GrS 1/70, BFHE 101, 62, BStBl. II 1971, 177; BFH, Urteil vom 28.10.1999 - VIII R 41/98, BFHE 180, 394, BStBl. II 2000, 339.

nach dem allgemeinen Gewinnverteilungsschlüssel auf die Gesellschafter verteilt.

4) Einzelne Vertragsformen

Es führen allerdings nicht sämtliche schuldrechtliche Absprachen zwischen einer Personengesellschaft und ihren Gesellschaftern zu einer Umqualifizierung der Einkünfte beim Gesellschafter. Nicht unter Sondervergütungen fallen laufende Geschäftsvorfälle wie die Vergütung für die Lieferung von Waren im Rahmen eines Kaufvertrages zwischen der Gesellschaft und ihrem Gesellschafter[481] oder andere zu fremdüblichen Konditionen getätigte Veräußerungsgeschäfte zwischen Gesellschaft und Gesellschafter[482]. Diese stellen zivilrechtlich regelmäßig nur einen Wechsel der Rechtszuständigkeit dar[483].

a) Tätigkeitsvergütungen

Vergütungen für die Tätigkeit des Mitunternehmers im Dienste der Gesellschaft sind stets durch das Gesellschaftsverhältnis veranlasst, wenn dies der Gesellschaftsvertrag - in Abgrenzung zum Gewinnvorab - unter der Voraussetzung vorsieht, dass die Vergütung Aufwand darstellt und auch bei einem Verlust der Gesellschaft zu zahlen ist. Aber auch wenn der Gesellschafter aufgrund eines schuldrechtlichen Vertrages für die Gesellschaft zur Verwirklichung des Gesellschaftszwecks tätig wird und für die Tätigkeit eine gesonderte Bezahlung erhält, liegt eine Veranlassung aus dem Gesellschaftsverhältnis vor.

Das Merkmal „Tätigkeit im Dienste der Gesellschaft" ist weit zu verstehen[484]. Der Begriff „Dienst" bedeutet nicht, dass es sich notwendigerweise um ein Dienstverhältnis handeln muss[485]. Auch Leistungen im Rahmen eines Werkvertrages oder eines Geschäftsbesorgungsvertrages nach § 631 BGB oder § 675 BGB werden von § 15 Abs. 1 Nr. 2 Satz 1 2. Hs. EStG erfasst[486].

---

481 BFH, Urteil vom 18.09.1969 – IV 338/64, BFHE 97, 19, BStBl. II 1970, 43.

482 BFH, Beschluss vom 03.05.1993 – GrS 3/92, BFHE 171, 246, BStBl. II 1993, 616, unter C III. 6. a, cc; BFH, Urteil vom 28.10.1999 – VIII R 41/98, BFHE 190, 394, BStBl. II 2000, 339.

483 Köster, Thomas, in: Hermann, Carl/Heuer, Gerhard/Raupach, Arndt, Einkommensteuer- und Körperschaftsteuergesetz Kommentar, Loseblattsammlung, Stand Juli 2006, § 15, Anm. 506.

484 BFH, Urteil vom 24.01.1980 – IV R 154-155/77, BFHE 129, 497, BStBl. II 1980, 269.

485 BFH, Urteil vom 28.10.1964 - IV 155/63, HFR 1965, 159.

486 BFH, Urteil vom 23.05.1979 – I R 56/77, BFHE 128, 505, BStBl. II 1979, 763.

b) Vergütungen für Darlehen

Vergütungen für Gesellschafterdarlehen sind, soweit es sich um individualisierende Gesellschafterforderungen handelt, beim Gesellschafter ebenfalls als Einkünfte aus Gewerbebetrieb zu erfassen. Es wird auch hier von einer Veranlassung durch das Gesellschafterverhältnis ausgegangen.

Der Begriff der Darlehensgewährung ist diesbezüglich weiter gefasst als im Zivilrecht[487]. Erfasst wird jede Hingabe von Fremdkapital gegen Entgelt an die Personengesellschaft[488]. Ebenfalls umfasst von dem Begriff „Hingabe" ist neben der aktiven Überlassung von Kapital die „passive" Stundung von Forderungen sowie der Nichtabruf von Gewinnanteilen, soweit diesen Forderungscharakter zukommt[489].

c) Vergütungen für Nutzungsüberlassung

Überlässt ein Gesellschafter seiner Personengesellschaft ein Wirtschaftsgut zur entgeltlichen Nutzung, so ist das dem Gesellschafter gewährte Entgelt Sondervergütung. Zu Grunde liegende zivilrechtliche Verträge können Miete oder Pacht sein. Möglich ist aber auch die Nutzungsüberlassung aufgrund von dinglichen Rechten wie Nießbrauch oder Erbbaurecht[490].

Unter den Begriff Nutzungsüberlassung fällt jede Art von Bereitstellung eines Wirtschaftsguts, das der Personengesellschaft zu dienen bestimmt ist[491].

5) Sonderbetriebsvermögen

§ 15 Abs. 1 Nr. 2 Satz 1 2. Hs. EStG erfasst allerdings nicht alle denkbaren Fälle der Nutzungsüberlassung. Der Gesellschafter könnte seiner Personengesellschaft ein Wirtschaftsgut auch unentgeltlich zur Nutzung überlassen, ohne dass dieses Wirtschaftsgut Gesamthandsvermögen wird.

Personengesellschaften sind nur Subjekt der Einkünfteerzielung und Einkünfteermittlung. Den Gesellschaftern wird jedoch die Betätigung der Personengesellschaft zugerechnet, weshalb ihnen anteilig das Betriebsvermögen der Gesellschaft zuzurechnen ist. Demzufolge müssen auch die Wirtschaftgüter, die

---

487 Zenthöfer, Wolfgang/Schulze zur Wische, Dieter, Einkommensteuer, 8. Aufl. 2004, S. 468.

488 Reiß, Wolfram, in: Kirchhof, Paul, EStG Kompaktkommentar, 6. Aufl. 2006, § 15 Rn. 398.

489 Köster, Thomas, in: Hermann, Carl/Heuer, Gerhard/Raupach, Arndt, Einkommensteuer- und Körperschaftsteuergesetz Kommentar, Loseblattsammlung, Stand Juli 2006, § 15, Anm. 520.

490 Reiß, Wolfram, in: Kirchhof, Paul, EStG Kompaktkommentar, 6. Aufl. 2006, § 15 Rn. 397.

491 BFH, Urteil vom 19.02.1991 – VIII R 65/89, BFHE 164, 315, BStBl. II 1991, 789.

sich nicht im gesamthänderisch gebundenen Betriebsvermögen befinden, Betriebsvermögen sein. Auch die Gegenstände, für deren Überlassung der Gesellschafter Sondervergütungen erhält, sind nach der Beitragstheorie dem Betrieb zu dienen bestimmt.

Die Wirtschaftsgüter, die im Eigentum eines oder mehrerer Gesellschafter stehen und deshalb nicht in der Bilanz der Personengesellschaft ausgewiesen werden, müssen trotzdem, aber gesondert, ausgewiesen werden. Es hat sich die Bezeichnung des Sonderbetriebsvermögens durchgesetzt, das in Sonderbilanzen für jeden Gesellschafter erfasst wird[492]. Der Begriff des Sonderbetriebsvermögens ist im EStG nicht definiert. Er kam erst durch die Rechtsprechung des BFH nach Aufgabe der Bilanzbündeltheorie auf[493].

Zu den unangenehmen Folgen der Zuordnung von Wirtschaftsgütern zum Sonderbetriebsvermögen gehört, dass so Privateigentum des Gesellschafters steuerverhaftet wird. Dadurch werden bei der Entnahme oder Veräußerung stille Reserven realisiert, die zu steuerpflichtigen Einnahmen führen.

Ohne rechtliche Relevanz ist die Unterteilung des Sonderbetriebsvermögens in Sonderbetriebsvermögen I und Sonderbetriebsvermögen II, je nach Nutzungszusammenhang im Gefüge der Personengesellschaft. In praktischer Hinsicht ist die Unterscheidung jedoch brauchbar, weil Sonderbetriebsvermögen I immer notwendiges Sonderbetriebsvermögen darstellt, da es unzweifelhaft dem Unternehmen dient. Eine Ausnahme gilt bei gemischt genutzten Wirtschaftsgütern. Bei Sonderbetriebsvermögen II dagegen kann es fraglich sein, ob es dem Gewerbebetrieb dient, da das Wirtschaftsgut der Gesellschaft nicht überlassen würde[494].

a) Sonderbetriebsvermögen I

Als Sonderbetriebsvermögen I wird gemeinhin dasjenige Sonderbetriebsvermögen bezeichnet, das dem Betrieb der Personengesellschaft dienen soll und im Eigentum eines Mitunternehmers steht[495]. Hierher gehören zur betrieblichen Nutzung überlassene Wirtschaftsgüter oder auch darlehensweise an die Gesellschaft überlassenes Kapital. Die Zurechnung zum Sonderbetriebsvermögen des Gesellschafters ist unabhängig vom Rechtsgrund. Die Überlassung des Wirtschaftsguts kann aufgrund gesellschaftsrechtlicher Verpflichtung oder aufgrund eines schuldrechtlichen Vertrages erfolgt sein. Ebenfalls unerheblich ist, ob eine

---

[492] Jacobs, Otto H. (Hrsg.), Unternehmensbesteuerung und Rechtsform, 3. Aufl. 2002, S. 224.

[493] Erstmalige Erwähnung im BFH-Urteil vom 05.07.1972 – I R 230/70, BFHE 107, 108, BStBl. II 1972, 928.

[494] Reiß, Wolfram, in: Kirchhof, Paul, EStG Kompaktkommentar, 6. Aufl. 2006, § 15 Rn. 400.

[495] Wacker, Roland, in: Schmidt, Ludwig, Einkommensteuergesetz Kommentar, 25. Aufl. 2006, § 15, Rn. 506.

entgeltliche oder eine unentgeltliche Überlassung vorliegt[496]. Erforderlich ist allerdings eine objektive Eignung und subjektive Bestimmung des Wirtschaftsguts, dem Betrieb der Gesellschaft zu dienen oder diesen zu fördern[497].

b) Sonderbetriebsvermögen II

Sonderbetriebsvermögen II dient der Beteiligung des Mitunternehmers[498]. Dazu zählen Wirtschaftsgüter, die dem Mitunternehmer entweder zur Erzielung seines Gewinnanteils oder seiner Sondervergütungen dienen, ohne der Gesellschaft unmittelbar zur Nutzung überlassen zu sein[499], also zum Beispiel das Darlehen zur Finanzierung der Beteiligung an der Personengesellschaft. Dazu gehören auch die Anteile der Kommanditisten einer GmbH & Co. KG an der Komplementär-GmbH[500]. Eine unmittelbare Förderung des Gesellschaftszwecks ist für die Einordnung als Sonderbetriebsvermögen II damit gerade nicht erforderlich[501].

c) Notwendiges und gewillkürtes Sonderbetriebsvermögen II

Auch im Rahmen des Sonderbetriebsvermögens ist eine Unterscheidung in gewillkürtes und notwendiges Sonderbetriebsvermögen möglich, je nach Ausgestaltung des Nutzungs- und Funktionszusammenhangs[502]. Allerdings ist gewillkürtes Sonderbetriebsvermögen nur im Rahmen des Sonderbetriebsvermögens II denkbar[503]. Gewillkürtes Sonderbetriebsvermögen II ist gegeben, wenn das Wirtschaftsgut – ohne dass es bereits notwendiges Sonderbetriebsvermögen darstellt – objektiv (aber nicht unmittelbar) geeignet ist, den Betrieb der Personengesellschaft oder die Beteiligung des Gesellschafters zu fördern und es in der Buchführung in der Sonderbilanz als Betriebsvermögen ausgewiesen ist[504]. Un-

---

496 Jacobs, Otto H. (Hrsg.), Unternehmensbesteuerung und Rechtsform, 3. Aufl. 2002, S. 225.
497 BFH, Urteil vom 03.03.1998 – VIII R 66/96, BFHE 185, 422, BStBl. II 1998, 383; Schneider, Norbert, in: Hermann, Carl/Heuer, Gerhard/Raupach, Arndt, Einkommensteuer- und Körperschaftsteuergesetz Kommentar, Loseblattsammlung, Stand Juli 2006, § 15, Anm. 722.
498 BFH, Urteil vom 09.09.1993 – IV R 14/91, BFHE 173, 40, BStBl. II 1994, 250; Wacker, Roland, in: Schmidt, Ludwig, Einkommensteuergesetz Kommentar, 25. Aufl. 2006, § 15, Rn. 506.
499 Reiß, Wolfram, in: Kirchhof, Paul, EStG Kompaktkommentar, 6. Aufl. 2006, § 15 Rn. 406.
500 BFH, Urteil vom 15.10.1998 – IV R 18/98, BFHE 187, 250, BStBl. II 1999, 286.
501 Jacobs, Otto H. (Hrsg.), Unternehmensbesteuerung und Rechtsform, 3. Aufl. 2002, S. 225.
502 BFH, Urteil vom 07.07.1992 – VIII R 2/87, BFHE 168, 322, BStBl. II 1993, 328.
503 Siehe dazu unter 2. Teil A)IV)5).
504 Jacobs, Otto H. (Hrsg.), Unternehmensbesteuerung und Rechtsform, 3. Aufl. 2002, S. 225.

ter gewillkürtes Sonderbetriebsvermögen fallen fremdvermietete Grundstücke[505] oder Grundstücke, die als Vorratsgelände bereit gehalten werden[506].

Die Möglichkeit gewillkürtes Sonderbetriebsvermögen zu bilden ist erst dann vorteilhaft, wenn durch eine Nutzungsänderung ein Wirtschaftsgut seine Eigenschaft als notwendiges Betriebsvermögen verliert. Es eröffnet sich dann durch die Bildung von gewillkürtem Sonderbetriebsvermögen die Möglichkeit, eine Entnahme und damit die Aufdeckung stiller Reserven zu vermeiden[507].

V) Die atypisch stille Gesellschaft im innerstaatlichen Steuerrecht

Nach innerstaatlichem deutschem Recht ist die atypisch stille Gesellschaft von der typisch stillen Gesellschaft abzugrenzen, sowohl zivilrechtliche wie auch steuerrechtlich. Zunächst sollen die zivilrechtlichen Grundsätze dargestellt werden, da die zivilrechtliche Ausgestaltung der stillen Gesellschaft ihre steuerliche Behandlung beeinflusst.

1) Zivilrechtliche Ausgestaltung

Die atypisch stille Gesellschaft ist zivilrechtlich eine besondere Form der stillen Gesellschaft. Die stille Gesellschaft ist Gesellschaft im Sinne von § 705 BGB[508]. Spezialgesetzliche Regelungen finden sich in §§ 230 ff HGB.

a) Wesentliche Merkmale der stillen Gesellschaft

Wesentliches Merkmal der stillen Gesellschaft ist zunächst die Beteiligung eines stillen Gesellschafters an dem Handelsgewerbe eines anderen (§ 230 Abs. 1 HGB). Dieser andere, der Geschäftsinhaber, muss ein Handelsgewerbe betreiben. Er muss demzufolge Kaufmann sein und eine auf Gewinnerzielung gerichtete gewerbliche Tätigkeit ausüben. Die stille Beteiligung an einer Handelsgesellschaft nach § 6 Abs. 1 HGB oder an dem Unternehmen eines Formkaufmanns nach § 6 Abs. 2 HGB ist daher stets nach den §§ 230 ff HGB zu beurteilen[509]. Dagegen wird der stille Gesellschafter alleine durch seine Beteiligung kein Kaufmann[510]. Die stille Gesellschaft selbst wird vom HGB nicht als Handelsgesellschaft gesehen, sondern als Fall der mittelbaren Beteiligung an

---

[505] BFH, Urteil vom 25.11. 1997 – VIII R 4/94, BFHE 184, 255, BStBl. II 1998, 461.

[506] BFH, Urteil vom 19.03.1981 – IV R 39/78, BFHE 133, 513, BStBl. II 1981, 731.

[507] Reiß, Wolfram, in: Kirchhof, Paul, EStG Kompaktkommentar, 6. Aufl. 2006, § 15 Rn. 407.

[508] Hopt, Klaus J., in: Baumbach, Adolf/Hopt, Klaus J., 32. Aufl. 2006, § 230, Rn. 2; Schmidt, Karsten, in: Münchener Kommentar Handelsgesetzbuch, 2002, Bd. 3, § 230, Rn. 4.

[509] Bezzenberger, Gerold/Keul, Thomas, in: Münchener Handbuch des Gesellschaftsrechts, Bd. 2, 2. Aufl. 2004, § 72 StG, Rn. 10.

[510] Blaurock, Uwe, Handbuch der Stillen Gesellschaft, 6. Aufl. 2003, Tz. 4.3.

dem Unternehmen[511], da sie selbst kein Handelsgewerbe betreibt und nicht Unternehmensträgerin ist. Unternehmensträger ist nur der Geschäftsinhaber[512].

Ist der Inhaber des Geschäfts kein Kaufmann, kann eine stille Gesellschaft nicht entstehen. Dadurch wird der Gesellschaftsvertrag jedoch nicht nichtig, sondern wird nach den Vorschriften über die Gesellschaft bürgerlichen Rechts zu beurteilen sein[513].

Das gesetzliche Leitbild der stillen Gesellschaft geht von einer Zweigliedrigkeit der Gesellschaft aus[514], bestehend aus dem Inhaber des Handelsgeschäfts und dem still Beteiligten. Der stille Gesellschafter tritt nach außen nicht in Erscheinung und nimmt auch nicht am Rechtsverkehr teil. Eine Verpflichtung aus den Geschäften des Geschäftsinhabers scheidet nach § 230 Abs. 2 HGB aus.
Der stille Gesellschafter hat sich nach herrschender Auffassung mit einer zumindest bestimmbaren Einlage am Unternehmen des Geschäftsinhaber zu beteiligen[515].

Durch die stille Beteiligung erwirbt der stille Gesellschafter ein Recht auf Beteiligung am Gewinn des Handelsgewerbes als unverzichtbarer Bestandteil der stillen Gesellschaft. Die Beteiligung am Verlust kann dagegen gemäß § 231 Abs. 2 HGB vertraglich ausgeschlossen werden. Ist nichts anderes vereinbart, ist der stille Gesellschafter an den Anlagewerten, ihren Wertsteigerungen, an den Rücklagen, einem etwaigen Geschäfts- oder Firmenwert und somit an der wirtschaftlichen Entwicklung des Unternehmens nicht beteiligt. Damit ist das Unternehmen rechtlich alleine dem Inhaber zuzuordnen[516].

b) Die stille Gesellschaft als Innengesellschaft

Die stille Gesellschaft tritt nach außen nicht auf, so dass eine direkte Vertretung der Gesellschaft durch die Gesellschafter fehlt. Damit ist die stille Gesellschaft eine Variante der BGB-Innengesellschaft[517], die allerdings auf die Beteiligung an einem Handelsgewerbe begrenzt ist. Die §§ 706 – 740 BGB sind, soweit

---

[511] Schmidt, Karsten, in: Münchener Kommentar Handelsgesetzbuch, 2002, Bd. 3, Vor § 230, Rn. 94.
[512] Zutt, Jürg, in: Staub, Hermann, Großkommentar HGB, 4. Aufl. 2004, § 230, Rn. 7.
[513] Blaurock, Uwe, Handbuch der Stillen Gesellschaft, 6. Aufl. 2003, Tz. 5.4.
[514] Schmidt, Karsten, in: Münchener Kommentar Handelsgesetzbuch, 2002, Bd. 3, § 230, Rn. 70; Reuter, Dieter, NJW 1984, (1849); Hey, Andreas, GmbHR 2001, 1100, (1101).
[515] BGH, Urteil vom 24.09.1952 – II ZR 136/51, BGHZ 7, 174, (177), Hopt, Klaus J., in: Baumbach, Adolf/Hopt, Klaus J., 32. Aufl. 2006, § 230, Rn. 20; Koller, Ingo, in: Koller, Ingo/Roth, Wulf-Henning/Morck, Winfried, Handelsgesetzbuch Kommentar, 5. Aufl. 2005, § 230, Rn. 9; Stuhlfelner, Ulrich, in: Heidelberger Kommentar zum Handelsgesetzbuch, 6. Aufl. 2002, § 230, Rn. 3.
[516] Blaurock, Uwe, Handbuch der Stillen Gesellschaft, 6. Aufl. 2003, § Tz. 4.3.
[517] Zutt, Jürg, in: Staub, Hermann, Großkommentar HGB, 4. Aufl. 2004, § 230, Rn. 8; Hopt, Klaus J., in: Baumbach, Adolf/Hopt, Klaus J., 32. Aufl. 2006, § 230, Rn. 2.

nicht die §§ 230 HGB ff Sonderregelungen vorhalten, auf die stille Gesellschaft subsidiär anwendbar[518]. Es kommt dabei weniger auf das objektive Auftreten gegenüber Dritten im Rechtsverkehr an, das auch bei der Außengesellschaft fehlen kann. Die Qualifikation als Innengesellschaft kann demzufolge nur aus dem Gesellschaftsvertrag heraus erfolgen[519]. Dritten gegenüber tritt nur der Geschäftsinhaber auf, nur er schließt Verträge mit Dritten in eigenem Namen ab. Auch die Geschäftsführungsbefugnis steht im Innenverhältnis nur dem Geschäftsinhaber zu[520] Damit ist die Bildung eines der Gesellschaft zugewiesenen Gesellschaftsvermögens ausgeschlossen. Dennoch ist die vermögensmäßige Beteiligung des stillen Gesellschafters am Unternehmen zulässig[521].

Die stille Gesellschaft ist somit im Wesentlichen durch drei Merkmale gekennzeichnet: Das Nichtvorhandensein eines gemeinschaftlichen Vermögens, der Befugnis des Geschäftsinhabers zur alleinigen Führung seiner Geschäfte[522] und der Zweigliedrigkeit der Gesellschaft[523].

c) Wesen der atypisch stillen Gesellschaft

Von einer atypisch stillen Gesellschaft spricht man, wenn das gesetzliche Leitbild der stillen Gesellschaft verlassen wird. In Betracht kommt eine gesellschaftsvertragliche Regelung über die Beteiligung am Verlust, an den Anlagewerten, an den offenen und stillen Rücklagen oder an einem etwaigen Geschäfts- oder Firmenwert (Vermögensbeteiligung). Es besteht auch die Möglichkeit, dem stillen Gesellschafter Verwaltungsrechte einzuräumen, die deutlich über das Informationsrecht des § 233 HGB hinausgehen[524] (Geschäftsführungsbeteiligung). Häufig ist auch eine Form der stillen Gesellschaft anzutreffen, die mehrere stille Gesellschafter mit dem Geschäftsinhaber in einer Gesellschaft oder einer Organisation verbindet[525] (Verbandscharakter der atypisch stillen Gesellschaft). Es gibt demzufolge eine Typenvielfalt der atypisch stillen Gesell-

---

[518] Schmidt, Karsten, in: Münchener Kommentar Handelsgesetzbuch, 2002, Bd. 3, § 230, Rn. 6.

[519] Radenborgh, Lucas van, in: Sudhoff, Heinrich, Personengesellschaften, 8. Auflage 2005, § 5, Rn. 21.

[520] Stuhlfelner, Ulrich, in: Heidelberger Kommentar zum Handelsgesetzbuch, 6. Aufl. 2002, § 230, Rn. 5.

[521] Schmidt, Karsten, in: Münchener Kommentar Handelsgesetzbuch, 2002, Bd. 3, § 230, Rn. 79.

[522] Damit fehlen der stillen Gesellschaft die beiden Wesensmerkmale einer Handelsgesellschaft: gemeinschaftliches Gesamthandsvermögen und gemeinsames Auftreten im Rechtsverkehr, Roth, Günter H. Handels- und Gesellschaftsrecht, 6. Aufl. 2001, Rn. 379.

[523] Bezzenberger, Gerold/Keul, Thomas, in: Münchener Handbuch des Gesellschaftsrechts, Bd. 2, 2. Aufl. 2004, § 73 StG, Rn. 30.

[524] Blaurock, Uwe, Handbuch der Stillen Gesellschaft, 6. Aufl. 2003, Tz. 1.29.

[525] Zutt, Jürg, in: Staub, Hermann, Großkommentar HGB, 4. Aufl. 2004, § 230, Rn. 48 f.

schaften, so dass es „die“ atypisch stille Gesellschaft, streng logisch, nicht geben kann[526].

aa) Vermögensbeteiligung

Hopt[527] bezeichnet die Beteiligung des atypisch stillen Gesellschafters am Gesellschaftsvermögen als Hauptform der atypisch stillen Gesellschaft. Dabei wird im Gesellschaftsvertrag, rein schuldrechtlich, vereinbart, das gesamte Gesellschaftsvermögen als gemeinsames zu behandeln. Der Stille ist bei der Auseinandersetzung nach Auflösung der Gesellschaft so zu stellen, als wäre er am gesamten Gesellschaftsvermögen gesamthänderisch beteiligt gewesen, obwohl auch die atypisch stille Gesellschaft kein Gesamthandsvermögen bildet[528]. Er partizipiert auf diese Weise an den Wertänderungen des ganzen Geschäftsvermögens[529]. Da die Abfindung nicht nach Buchwerten zu ermitteln ist, sondern anhand einer Abschichtungsbilanz nach dem wahren Wert des Vermögens[530], erfolgt eine Beteiligungen an den stillen Reserven des Unternehmens.

bb) Geschäftsführungsbeteiligung

Dem atypisch still Beteiligten kann Geschäftsführungsbefugnis übertragen werden[531]. Dem stillen Gesellschafter können Widerspruchsrechte, Zustimmungsrechte, Stimmrechte und Weisungsrechte eingeräumt werden, die über die rein schuldrechtliche Beteiligung hinausgehen[532]. Auch eine vollständige Gleichberechtigung in der Geschäftsführung ist möglich[533]. Die Gestaltungsmöglichkeiten gehen bis hin zur Alleingeschäftsführung des stillen Gesellschafters mit gleichzeitigem Ausschluss des Geschäftsinhabers von der Geschäftsführung[534]. Ist der Geschäftsinhaber selbst eine Handelsgesellschaft, kann dem stillen Ge-

---

[526] Schmidt, Karsten, in: Münchener Kommentar Handelsgesetzbuch, 2002, Bd. 3, § 230, Rn. 74. Aus Praktikabilitätsgründen ist aber letztlich an der Verwendung des Typenbegriffs nichts auszusetzen.

[527] Hopt, Klaus J., in: Baumbach, Adolf/Hopt, Klaus J., 32. Aufl. 2006, § 230, Rn. 3.

[528] Strobl, Elisabeth/Schäfer, Karl, IStR 1993, 206.

[529] Müller, Rolf, IStR 1996, 266, (267).

[530] Roth, Günter H., Handels- und Gesellschaftsrecht, 6. Aufl. 2001, Rn. 384.

[531] BGH Urteil vom 29.11.1952 - II ZR 15/52, BGHZ 8, 157, (160); BGH, Urteil vom 23.06.1960 - II ZR 172/59, WM 1960, 863, (864); BGH, Urteil vom 29.06.1992 - II ZR 284/91, NJW 1992, 2696; BFH ,Urteil vom 15.12.1992 - VIII R 42/90, BFHE 170, 345, BStBl. II 1994, 702; Hopt, Klaus J., in: Baumbach, Adolf/Hopt, Klaus J., 32. Aufl. 2006, § 230, Rn. 3.

[532] Schmidt, Karsten, in: Münchener Kommentar Handelsgesetzbuch, 2002, Bd. 3, § 230, Rn. 77; Müller, Rolf, IStR 1996, 266, (267).

[533] BGH, Urteil vom 27.03.1961 – II ZR 256/59, WM 1961, 574.

[534] BFH, BStBl. II 1982, 389, (390); Zutt, Jürg, in: Staub, Hermann, Großkommentar HGB, 4. Aufl. 2004, § 230, Rn. 94.

sellschafter das Recht eingeräumt werden, an der Gesellschafterversammlung der Inhabergesellschaft und an den Abstimmungen teilzunehmen[535].

Bei einer Aufnahme der schon nach dem Gesetz bestehenden Mitwirkungsrechte des Stillen ist für die Begründung einer atypisch stillen Gesellschaft zumindest eine Annäherung an die Rechte des Kommanditisten[536] gemäß §§ 116 Abs. 2, 164 HGB notwendig, also das Zustimmungserfordernis zu ungewöhnlichen Geschäften[537].

2) Steuerrechtliche Behandlung

Während der typisch stille Gesellschafter nach § 20 Abs. 1 Nr. 4 EStG Einkünfte aus Kapitalvermögen hat, bezieht der atypisch stille Gesellschafter als Mitunternehmer Einkünfte aus Gewerbebetrieb gemäß § 15 Abs. 1 Satz 1 Nr. 2 EStG[538], weshalb die Unterscheidung beider Formen der stillen Gesellschaft steuerrechtlich von erheblicher praktischer Relevanz ist.

§ 20 Abs. 1 Nr. 4 EStG bestimmt, dass die Einnahmen des stillen Gesellschafters, der Mitunternehmer ist, nicht solche aus Kapitalvermögen sind. Die Einkünfte des Mitunternehmers unterfallen vielmehr nach § 15 Abs. 1 Satz 1 Nr. 2 EStG den Einkünften aus Gewerbebetrieb.

Die stille Gesellschaft, die eine „andere Gesellschaft, bei der der Gesellschafter als Unternehmer (Mitunternehmer) anzusehen ist" im Sinne des § 15 Abs. 1 S. 1 Nr. 2 EStG darstellt, wird steuerrechtlich als atypisch stille Gesellschaft bezeichnet. Demzufolge ist maßgebliches Abgrenzungskriterium zur typisch stillen Gesellschaft die Mitunternehmereigenschaft.

Ein Gesellschafter ist Mitunternehmer, wenn seine durch den Gesellschaftsvertrag begründete Rechtsstellung vom Inhalt der §§ 230 ff HGB so abweicht, dass sie nach ihrem Gesamtbild dem Typus des Mitunternehmers entspricht[539]. Es wird nach herrschender Meinung darauf abgestellt, ob der Gesellschafter

---

[535] BGH, WM 1985, 284; BGH, WM 1989, 14; Bezzenberger, Gerold/Keul, Thomas, in: Münchener Handbuch des Gesellschaftsrechts, Bd. 2, 2. Aufl. 2004, § 73 StG, Rn. 39.

[536] Stuhlfelner, Ulrich, in: Heidelberger Kommentar zum Handelsgesetzbuch, 6. Aufl. 2002, § 230, Rn. 7.

[537] Schmidt, Karsten, in: Münchener Kommentar Handelsgesetzbuch, 2002, Bd. 3, § 230, Rn. 77.

[538] Wacker, Roland, in: Schmidt, Ludwig (Hrsg.), Einkommensteuergesetz Kommentar, 25. Aufl. 2006, § 15, Rn. 341; Groh, Manfred, Die atypisch stille Gesellschaft als fiktive Gesamthandsgesellschaft, in: Drenseck, Walter/Seer, Roman, Festschrift für Heinrich Wilhelm Kruse, 2001, S. 417, (419).

[539] BFH Urteil vom 06.07.1995 - IV R 79/94, BFHE 178, 180, BStBl. II 1996, 269;Sangen-Emden, Marion/Sedemund, Jan, in: Heidel, Thomas/Pauly, Stephan, Steuerrecht in der anwaltlichen Praxis, 3. Aufl. 2002, § 1, Rn. 125.

Mitunternehmerinitiative entfaltet und Mitunternehmerrisiko trägt[540]. Es müssen beide Merkmale erfüllt sein, jedoch können sie unterschiedlich ausgeprägt sein[541], in der Weise, dass ein Defizit bei dem einen Kriterium durch ein Übergewicht bei dem anderen Merkmal ausgeglichen werden kann.

a) Mitunternehmerinitiative

Nach Auffassung des Großen Senats des BFH ist Mitunternehmerinitiative gegeben, wenn der stille Gesellschafter die Möglichkeit hat, an unternehmerischen Entscheidungen mitzuwirken, wie es Gesellschaftern oder diesen vergleichbaren Personen als Geschäftsführer, Prokurist oder leitender Angestellter möglich sind[542]. Ausreichend sind auch Geschäftsführungsbefugnisse, die dem Stillen nur mittelbar zukommen[543]; beispielsweise im Fall eines beherrschenden Gesellschaftergeschäftsführers einer GmbH, der sich auch noch als stiller Gesellschafter mit einer erheblichen Vermögenseinlage und einer hohen Gewinnbeteiligung an seiner GmbH beteiligt.

b) Mitunternehmerrisiko

Mitunternehmerrisiko bedeutet gesellschaftsrechtliche oder eine dieser wirtschaftlich vergleichbare Teilnahme am Erfolg oder Misserfolg eines gewerblichen Unternehmens. Dieses Risiko wird regelmäßig durch Beteiligung am Gewinn und Verlust sowie an den stillen Reserven des Anlagevermögens einschließlich eines Geschäftswerts vermittelt[544]. Es sind verschiedene Varianten bei der Gewichtung der Kriterien denkbar. So kann eine hohe Gewinn- und Ver-

---

[540] BFH Urteil vom 09.10.1969 - IV 294/64, BFHE 98, 21, BStBl II 1970, 320; BFH Urteil vom 28.11.1974 - I R 232/72, BFHE 114, 418, BStBl II 1975, 498; BFH Urteil vom 09.12.1976 - IV R 47/72, BFHE 120, 534, BStBl II 1977, 155; BFH Urteil vom 27.05.1993 – IV R 1/92, BFHE 171, 510, BStBl. II 1994, 700; Burmester, Gabriele, Ausgewählte international-steuerrechtliche Probleme der stillen Gesellschaft, in: Haarmann, Wilhelm (Hrsg.), Unternehmensstrukturen und Rechtsformen im Internationalen Steuerrecht, 1996, S. 122, (127); Lüdicke, Jürgen, Neue Entwicklungen der Besteuerung von Personengesellschaften im internationalen Steuerrecht, StBJB 1997/1998, S. 449, (480); Müller, Rolf, IStR 1996, 266, (267).

[541] BFH Beschluss vom 25.06.1984 – GrS 4/82, BFHE 141, 405, BStBl. II 1984, 751; Sangen-Emden, Marion/Sedemund, Jan, in: Heidel, Thomas/Pauly, Stephan, Steuerrecht in der anwaltlichen Praxis, 3. Aufl. 2002, § 1, Rn. 125.

[542] BFH Beschluss vom 25.06.1984 – GrS 4/82, BFHE 141, 405, BStBl. II 1984, 751.

[543] BFH Urteil vom 26.11.2003 – VIII 64/03, BFH/NV 2004, 631; BFH Urteil vom 20.11.1990 – VIII R 10/87, BFHE 163, 336, (346).

[544] BFH Beschluss vom 25.06.1984 – GrS 4/82, BFHE 141, 405, BStBl. II 1984, 751; Wacker, Roland, in: Schmidt, Ludwig (Hrsg.), Einkommensteuergesetz Kommentar, 25. Aufl. 2006, § 15, Rn. 343.

lustbeteiligung sowie Mitgeschäftsführung für die Annahme von Mitunternehmerrisiko ausreichen, obwohl keine Beteiligung am Geschäftswert vorliegt[545].

c) Vergleich mit der Rechtsstellung des Kommanditisten

Im Ergebnis ist von einer atypisch stillen Gesellschaft steuerlich auszugehen, wenn dem stillen Gesellschafter in Annäherung an den Kommanditisten die Mitwirkungs- und Kontrollrechte nach §§ 164 und 168 HGB zukommen, er an den stillen Reserven des Handelsgewerbes beteiligt ist und mit seiner Einlage auch im Außenverhältnis hinter den Gläubigern zurücksteht[546].

Im Hinblick auf die Mitunternehmerinitiative besteht eine weitgehende Gleichstellung von Kommanditist und stillem Gesellschafter. Beide sind grundsätzlich von der Geschäftsführung ausgeschlossen[547]. Ebenfalls stehen ihnen Kontrollrechte insoweit zu, als sie ein Recht zur Prüfung des Jahresabschlusses haben[548]. Mehr Einfluss hat der Kommanditist nur durch das Vetorecht nach § 164 HGB bei außergewöhnlichen Geschäften, das dem stillen Gesellschafter nicht zusteht.

Das Mitunternehmerrisiko des Kommanditisten und des Stillen ist nach dem gesetzlichen Leitbild für beide durch eine Beteiligung an Gewinn und Verlust gekennzeichnet. Unterschiede bestehen bei der vermögensmäßigen Beteiligung. Der Kommanditist ist gesamthänderisch am Gesellschaftsvermögen der Kommanditgesellschaft beteiligt, während die stille Gesellschaft zivilrechtlich kein Gesamthandsvermögen bildet. Steuerrechtlich spielt dieser Unterschied allerdings keine Rolle. Maßgeblich ist vielmehr, dass der Kommanditist gemäß §§ 161 Abs. 2, 105 Abs. 3 HGB, 738 Abs. 1 Satz 1 BGB an den stillen Reserven und am Geschäftswert der KG beteiligt ist, was im Falle des stillen Gesellschafters ausscheidet[549].

Demzufolge wird der stille Gesellschafter zumindest dann Mitunternehmer, wenn seine Rechtstellung der eines Kommanditisten nach dem gesetzlichen Leitbild entspricht.

---

545 BFH Urteil vom 16.12.2003 – VIII R 6/93, BFH/NV 2004, 1080; der österreichische VwGH fordert dagegen jedenfalls eine Beteiligung am Firmwert und an den stillen Reserven, Sutter, Franz Philipp, Die Abkommensrechtliche Stellung der atypisch stillen Beteiligung, in: Gassner, Wolfgang/Lang, Michael/Lehner, Eduard, Personengesellschaften im Recht der Doppelbesteuerungsabkommen, 2000, Wien, S. 205, (209).

546 Reiß, Wolfram, in: Kirchhof, Paul (Hrsg.), Kompaktkommentar Einkommensteuergesetz, 6. Aufl. 2006, § 15, Rn. 224.

547 Der Kommanditist nach § 164 HGB.

548 Nach § 166 HGB der Kommanditist und nach § 233 HGB der stille Gesellschafter.

549 Blaurock, Uwe, Handbuch der Stillen Gesellschaft, 6. Aufl. 2003, Rn. 20.56.

VI) Zusammenfassung 5

Zusammenfassend gilt für Einkünfte aus Gewerbebetrieb nach deutschem innerstaatlichen Recht folgendes: Nach § 15 Abs. 2 EStG erfordert die Gewerbebetriebseigenschaft einer Personengesellschaft eine selbständige, nachhaltige Betätigung mit Gewinnerzielungsabsicht und Beteiligung am wirtschaftlichen Geschäftsverkehr, sofern es sich dabei weder um die Ausübung von Land- und Forstwirtschaft noch um die Ausübung eines freien Berufes oder einer anderen selbständigen Arbeit handelt. Die Tätigkeit darf darüber hinaus nicht nur private Vermögensverwaltung darstellen. Das Tatbestandsmerkmal der Selbständigkeit setzt die Betätigung auf eigene Rechnung und Gefahr (Mitunternehmerrisiko) voraus sowie die Möglichkeit an unternehmerischen Entscheidungen mitzuwirken (Mitunternehmerinitiative). Neben dieser allgemeinen Definition sieht § 15 EStG noch weitere Tatbestände vor, wonach auch die Einkünfte aus anderen – nicht originär gewerblichen - Betätigungen Einkünfte aus Gewerbebetrieb darstellen.

Nach § 15 Abs. 3 Nr. 1 EStG gelten die mit Einkünfteerzielungsabsicht erzielten Einkünfte einer Personengesellschaft insgesamt als Einkünfte aus Gewerbebetrieb, wenn diese auch nur teilweise eine originär gewerbliche Tätigkeit ausübt (sogenannte Infektions- oder Abfärbetheorie). Eine Ausnahme besteht nur dann, wenn der Anteil der gewerblichen Tätigkeit nur ganz geringfügig ist.

Nach der Vorschrift des § 15 Abs. 3 Nr. 2 EStG erzielen Personengesellschaften, die ausschließlich eine oder mehrere Kapitalgesellschaften als persönlich haftende Gesellschafter haben, stets Einkünfte aus Gewerbetrieb, obwohl sie gerade keine originär gewerbliche Tätigkeit nach § 15 Abs. 1 Satz 1 Nr. 1 EStG ausüben. Es handelt sich hierbei um Gewerbebetrieb kraft Rechtsform. Unter § 15 Abs. 3 Nr. 2 EStG fällt insbesondere die praxisrelevante GmbH & Co. KG.

Überwiegend wird in der Literatur wie wohl auch von der Rechtsprechung und der deutschen Finanzverwaltung angenommen, dass eine ausländische Kapitalgesellschaft einer inländischen Personengesellschaft die gewerbliche Prägung geben kann. Ebenso können auch insgesamt ausländische Personengesellschaften gewerblich geprägt sein. Dies ist nach Ansicht des Verfassers zutreffend, da dem Wortlaut des § 15 Abs. 3 Nr. 2 EStG kein Anhaltspunkt für eine Differenzierung zwischen ausländischen und inländischen Gesellschaften zu entnehmen ist. Dagegen spricht zwar einerseits die Entstehungsgeschichte der Vorschrift, wonach der Gesetzgeber nur die Geprägerechtsprechung[550] umsetzen wollte. Andererseits greift diese Argumentation zu kurz, da die Finanzgerichte, soweit ersichtlich, bis zur Aufgabe der Geprägerechtsprechung keinen Fall mit Auslandsbezug zu entscheiden hatten.

---

[550] BFH, Urteil vom 17.03.1966 - IV 233/65; BFHE 84, 471, BStBl. III 1966, 171.

Als Einkünfte aus Gewerbebetrieb gelten nach § 15 Abs. 1 Nr. 2 S. 1 2. Hs. EStG auch Vergütungen, die der Gesellschafter einer Personengesellschaft von der Gesellschaft für seine Tätigkeit im Dienste der Gesellschaft, für die Hingabe von Darlehen an die Gesellschaft oder für die Überlassung von Wirtschaftsgütern zur Nutzung durch die Gesellschaft bezogen hat (Sondervergütungen). Die steuerliche Einordnung derartiger Zahlungen erfolgt demnach abweichend von ihrer zivilrechtlichen Natur. Diese Behandlung von Leistungsbeziehungen zwischen einer Personengesellschaft und ihren Gesellschaftern ist international nur wenig verbreitet.

Gemäß § 15 Abs. 1 Satz 1 Nr. 2 EStG bezieht der atypisch stille Gesellschafter ebenfalls Einkünfte aus Gewerbebetrieb im Unterschied zum schlichten stillen Gesellschafter, der nach § 20 Abs. 1 Nr. 4 EStG Einkünfte aus Kapitalvermögen erzielt. Voraussetzung für die Behandlung eines stillen Gesellschafters als atypisch Stillen ist, dass er als Mitunternehmer zu qualifizieren ist. Dies ist der Fall, wenn er an Unternehmensentscheidungen mitwirken kann und so Mitunternehmerinitiative entfaltet, und wenn er am Erfolg und Misserfolg des gewerblichen Unternehmens partizipiert, so dass er auch Mitunternehmerrisiko trägt. Gewissermaßen als Leitbild des atypisch stillen Gesellschafters kann das gesetzliche Leitbild des Kommanditisten einer KG dienen mit seinen Mitwirkungs- und Kontrollrechten gemäß den §§164 und 168 HGB.

Es ist demnach festzuhalten, dass das deutsche innerstaatliche Steuerrecht ein ausdifferenziertes System für gewerbliche Einkünfte von Personengesellschaften bereithält. Es fällt auf, dass es nach den gesetzlichen Vorgaben darauf ausgerichtet ist, möglichst viele Einkünfte als solche aus Gewerbebetrieb zu behandeln. Dies führt zu einer Subsidiarität der spezielleren Einkunftsarten des EStG im Verhältnis zu den Einkünften aus Gewerbebetrieb.

B) Die Behandlung von Unternehmensgewinnen im Abkommensrecht

I) Das Betriebstättenprinzip

1) Allgemeine Ausführungen

Die Behandlung von Unternehmensgewinnen und -verlusten[551] richtet sich im Abkommensrecht nach Art. 7 OECD-MA. Grundsätzlich können danach Unternehmensgewinne nur im Sitzstaat des Unternehmens besteuert werden (vgl. Art 7 Abs. 1 S.1 Hs. 1 OECD-MA). Unterhält das Unternehmen jedoch im anderen Vertragsstaat eine Betriebsstätte, können die der Betriebsstätte zurechenbaren Gewinne im Sitzstaat der Betriebsstätte besteuert werden (Art 7 Abs.1 S. 1 Hs. 2, S. 2 OECD-MA). Also ist durch Errichtung einer Betriebsstätte im anderen Vertragsstaat eine Verlagerung der Besteuerung in diesen Staat möglich. Gleichzeitig begrenzt das OECD-MA das Besteuerungsrecht des Betriebsstättenstaates durch das Kriterium der Zurechenbarkeit. Damit legt das OECD-MA fest, dass im Betriebsstättenstaat kein Attraktionsprinzip gelten soll[552]. Das Besteuerungsrecht des Betriebsstättenstaates erstreckt sich damit nicht auf Gewinne, die das Unternehmen auf andere Weise als durch die Betriebsstätte erzielt[553]. Der Begriff des Betriebsstättengewinns bezieht sich dabei auf einen Nettobetrag, so dass auch Betriebstättenverluste aus der Bemessungsgrundlage der Steuer im Sitzstaat des Unternehmens ausgenommen sind[554].

---

[551] Wassermeyer, in: Debatin, Helmut/Wassermeyer, Franz, Doppelbesteuerung Kommentar Band I, Loseblattsammlung, Stand Mai 2006, Art. 7, Rn. 1; Jacobs, Otto H., Internationale Unternehmensbesteuerung, Deutsche Investitionen im Ausland, Ausländische Investitionen im Inland, 5. Aufl. 2002, S. 458.

[552] Baker, Philip, Double Taxation Conventions, Loseblattsammlung, Stand Sep. 2005, Tz. 7B.15; Reith, Thomas, Internationales Steuerrecht, 2004, Tz. 4.378; Wassermeyer, Franz, in: Debatin, Helmut/Wassermeyer, Franz, Doppelbesteuerung Kommentar Band I, Loseblattsammlung, Stand Mai 2006, Art. 7, Rn. 184, 312; Schröder, Siegfried/Strunk, Günther, in: Mössner, Jörg Manfred u. a., Steuerrecht international tätiger Unternehmen, 3. Aufl., 2005, Tz. C 9; Buciek, Klaus, in: Flick,Hans/ Wassermeyer, Franz/ Wingert, Karl-Dieter/ Kempermann, Michael, Doppelbesteuerungsabkommen Deutschland - Schweiz, Kommentar, Loseblattsammlung, Stand Okt. 2006, Art. 7, Rn. 228; Schaumburg, Harald, Internationales Steuerrecht, 2. Aufl. 1998, Tz. 16.271; Shelton, Ned, Interpretation and Application of Tax Treaties, 2004, UK, Tz. 5.68..

[553] Art. 7, Tz. 5 MK; anzumerken ist, dass dieses Konzept nicht unumstritten ist. Der Lösung wird teilweise vorgeworfen, sie begünstige Steuerumgehung (dazu näher Art. 7, Tz. 6 ff MK).

[554] BFH, Urteil vom 12.01.1983 – I R 90/79, BFHE 137, 478, BStBl. II 1983, 382; BFH, Beschluss vom 13.11.2002 – I R 13/02, BFHE 201, 73, BStBl. II 2003, 795; BFH, Beschluss vom 28.06.2006 – I R 84/04, BB 2006, 2390; BFH, Beschluss vom 22.08.2006 – I R 116/04, BB 2006, 2392; Wassermeyer, Franz, in: Debatin, Helmut/Wassermeyer, Franz, Doppelbesteuerung Kommentar Band I, Loseblattsammlung, Stand Mai 2006, Art. 23A, Rn. 57. Bei

Art. 23 A/B OECD-MA gibt bei Zuweisung des Besteuerungsrechts an den Betriebsstättenstaat (Quellenstaat) dem Ansässigkeitsstaat des Unternehmens die Methode zur Vermeidung die Doppelbesteuerung vor[555]. Art. 23 A/B OECD-MA kommt jedoch nur zur Anwendung, soweit es um das Besteuerungsrecht des Betriebsstättenstaates nach Art 7 Abs.1 S. 1 Hs. 2, S. 2 OECD-MA geht. Die Vorschrift räumt dem Quellenstaat das Besteuerungsrecht ein, ohne den Wohnsitzstaat von der Besteuerung auszuschließen („können...in"). Nur in diesem Fall wird Art. 23 A/B OECD-MA benötigt, um das Besteuerungsrecht des Ansässigkeitsstaates zu beschränken[556]. Durch die Formulierung „können nur" in Art. 7 Abs. 1 S. 1 Hs. 1 OECD-MA werden die Einkünfte schon unmittelbar von der Besteuerung im Quellenstaat freigestellt.

2) Der Abkommensrechtliche Gewinnbegriff

Art. 7 Abs. 1 OECD-MA spricht von „Gewinnen eines Unternehmens". Der Begriff des Gewinns ist im OECD-MA nicht legaldefiniert[557]. Sein Inhalt muss daher durch Auslegung ermittelt werden. Nach dem Verständnis des innerstaatlichen Steuerrechts Deutschlands könnten dann nur die Gewinneinkünfte[558] in den Unternehmensgewinnartikel einbezogen werden.

Zunächst ist nach der hier vertretenen Ansicht allerdings jede Anstrengung zu unternehmen, um die Bedeutung eines Abkommensbegriffs aus dem Abkommen selbst zu ermitteln[559].

Eine Interpretation des Gewinnbegriffs lässt sich aus dem Zusammenhang des OECD-MA nicht gewinnen[560]. DBA wollen nach innerstaatlichem Steuer-

---

den beiden letztgenannten Beschlüssen handelt es sich um Vorlagebeschlüsse zum EuGH (C-414/06 und C-415/06). Dem EuGH ist die Frage zur Klärung vorgelegt worden, ob es mit Art. 43, 56 und Art. 58 EGV vereinbar ist, wenn ein deutsches Unternehmen mit Einkünften aus Gewerbebetrieb Verluste aus einer Betriebsstätte in einem Drittstaat (hier: Luxemburg beziehungsweise die USA) bei der Gewinnermittlung nicht abziehen kann, weil nach dem maßgeblichen Doppelbesteuerungsabkommen entsprechende Betriebsstätteneinkünfte nicht der deutschen Besteuerung unterliegen.

555 Wassermeyer, Franz, in: Debatin, Helmut/Wassermeyer, Franz, Doppelbesteuerung Kommentar Band I, Loseblattsammlung, Stand Mai 2006, Art. 7, Rn. 2; Hemmelrath, Alexander, in: Vogel, Klaus/Lehner, Moris, Doppelbesteuerungsabkommen, Kommentar, 4. Aufl. 2003, Art. 7 Rn. 42.

556 Schmidt Christian, IStR 1996, 14, (17); Wassermeyer, Franz, in: Debatin, Helmut/Wassermeyer, Franz, Doppelbesteuerung Kommentar Band I, Loseblattsammlung, Stand Mai 2006, Art. 7, Rn. 2; Weggenmann, Hans, IStR 2002, 614, (617).

557 Kroppen, Heinz-Klaus, in: Becker, Helmut/Höppner, Horst-Dieter/Grotherr, Siegfried/Kroppen, Heinz-Klaus (Hrsg.), DBA - Kommentar, Teil 2, Loseblattsammlung, Stand Okt. 2005, Art. 7, Rn. 42.

558 Die Einkünfte aus Land- und Forstwirtschaft, aus Gewerbebetrieb und aus selbständiger Arbeit.

559 Vgl. dazu unter 1. Teil C)IV)4).

recht bestehende Besteuerungsrechte einschränken. Daher muss es eine Schnittstelle zwischen innerstaatlichem Recht und Abkommensrecht geben. In persönlicher Hinsicht knüpft das Abkommen an die ansässige Person an, die gleichzeitig unbeschränkt steuerpflichtig in einem der Vertragsstaaten sein muss. Darauf nehmen wiederum die Verteilungsnormen Bezug. Ein weiteres Tatbestandselement jeder Verteilungsnorm ist der Ausdruck „Einkünfte“ oder „Gewinn“. Auch hierbei handelt es sich um eine Schnittstelle zum innerstaatlichen Recht der Vertragstaaten, genauer zu einem innerstaatlichen Besteuerungstatbestand. Wenn nach innerstaatlichem Recht Gewinn oder Einkünfte vorliegen, dann besteht die Notwendigkeit zur Verteilung von Besteuerungsrechten. Demzufolge ist für die Bedeutung des Gewinnbegriffs auf das innerstaatliche Recht der Vertragsstaaten zurückzugreifen[561]. Gleichzeitig ist auch für die Gewinnermittlung auf innerstaatliches Recht zurückzugreifen, weshalb der Ausdruck „Gewinn“ letztlich die Bemessungsgrundlage jeder Besteuerung nach innerstaatlichem Recht meint[562]. Ein Problem ergibt sich dabei daraus, dass die innerstaatlichen Gewinnermittlungsvorschriften erheblich voneinander abweichen können, so dass im Extremfall ein Staat zu einem Gewinn kommt, der andere zu einem Verlust[563].

3) Der abkommensrechtliche Unternehmensbegriff

In der Abkommenspraxis wird sowohl der Begriff „Unternehmensgewinne“ als auch der Begriff „gewerbliche Gewinne[564]“ synonym verwendet[565], so dass die folgenden Ausführungen allgemeingültig sind. Grundsätzlich ist festzustellen, dass allein die Tatsache, dass eine Personengesellschaft Einkünfte erzielt, diese nicht automatisch zu Unternehmensgewinnen im Sinne des Art. 7 OECD-MA macht[566].

---

560 Kroppen, Heinz-Klaus, in: Becker, Helmut/Höppner, Horst-Dieter/Grotherr, Siegfried/Kroppen, Heinz-Klaus (Hrsg.), DBA - Kommentar, Teil 2, Loseblattsammlung, Stand Okt. 2005, Art. 7, Rn. 42.

561 Debatin, Helmut, DStZ 1987, 211 (212).

562 Lang, Michael, Hybride Finanzierungen im Internationalen Steuerrecht, 1991, Wien, S. 73 f.

563 Kroppen, Heinz-Klaus, in: Becker, Helmut/Höppner, Horst-Dieter/Grotherr, Siegfried/Kroppen, Heinz-Klaus (Hrsg.), DBA - Kommentar, Teil 2, Loseblattsammlung, Stand Okt. 2005, Art. 7, Rn. 42.

564 Der Begriff wird z.B. in den Abkommen Deutschlands mit Österreich, USA, Luxemburg, Schweden, Niederlande, Dänemark verwendet.

565 Piltz, Detlev J., Personengesellschaften im internationalen Steuerrecht der Bundesrepublik Deutschland, S. 150; Krabbe, Helmut, Die Personengesellschaft im internationalen Steuerrecht, in: Steuerberaterjahrbuch 2000/2001, 183, (191).

566 Daniels, A.H.M., Issues in Interantional Taxation, 1991, Deventer, Boston, S. 85.

Der Unternehmensbegriff nimmt im Rahmen des Art. 7 OECD-MA eine zentrale Rolle ein[567] und wie eingangs erwähnt[568] sind die Unternehmensgewinne auch für die Wirtschaftspraxis von erheblicher Bedeutung. Dem Begriff selbst schenkt das OECD-MA allerdings wenig Aufmerksamkeit[569]. Der Wortlaut des Art. 7 OECD-MA ist dabei recht verwirrend. Danach betreibt eine ansässige Person ein Unternehmen, welches eine Geschäftstätigkeit ausübt[570]. Das Abkommen stellt in erster Linie auf die Ansässigkeit der das Unternehmen betreibenden Person ab, also auf den Unternehmensträger[571].

Nach Art 3 Abs. 1 Buchst. c OECD-MA bezieht sich der Ausdruck „Unternehmen" auf eine Geschäftstätigkeit. Unter den Begriff "Geschäftstätigkeit" fallen auch freiberufliche oder sonstige selbständige Tätigkeiten (Art. 3 Abs. 1 Buchst. h OECD-MA). Der Unternehmensbegriff ist demzufolge seit der Einführung des Art 3 Abs. 1 Buchst. c OECD-MA im Jahr 2000 näher beschrieben worden. Daher wird teilweise angenommen, der Unternehmensbegriff sei nun abkommensrechtlich definiert[572], weshalb grundsätzlich kein Rückgriff auf das nationale Recht der Vertragsstaaten notwendig sei. Andere halten den Hinweis darauf, dass sich der Begriff des Unternehmens auf eine Geschäftstätigkeit beziehe, für eine reine Klarstellung, worauf der Wortlaut des OECD-MK in Tz. 4 zu Art. 3 OECD-MA hinweise[573]. Dieser stelle klar, dass der Begriff "Unternehmen" stets nach innerstaatlichem Recht beurteilt wurde und dass auch die Neufassung des Musterabkommens die Begriffe "Unternehmen" und "Geschäftstätigkeit" nicht erschöpfend definiere[574]. Die Neufassung stelle letztlich nur eine allgemeine Umschreibung des Begriffs dar, ohne als echte Definition zu taugen. Verdeutlicht werde mit der Neufassung nur, dass nach Strei-

---

[567] Reith, Thomas, Internationales Steuerrecht, 2004, Tz. 4.361; Wassermeyer, Franz, in: Debatin, Helmut/Wassermeyer, Franz, Doppelbesteuerung Kommentar Band I, Loseblattsammlung, Stand Mai 2006, Art. 7, Rn. 1.

[568] Vgl. 1. Teil A)I).

[569] Raupach, Arndt, Unternehmen und Unternehmer im Recht der Doppelbesteuerungsabkommen, in: Kirchhof, Paul/Lehner, Moris/Raupach, Arndt/Rodi, Michael (Hrsg.), Festschrift für Klaus Vogel, 2000, S. 1067, (1069).

[570] Raad, Kees van, Intertax 1991, 497, (498).

[571] Raupach, Arndt, Unternehmen und Unternehmer im Recht der Doppelbesteuerungsabkommen, in: Kirchhof, Paul/Lehner, Moris/Raupach, Arndt/Rodi, Michael (Hrsg.), Festschrift für Klaus Vogel, 2000, S. 1067, (1069).

[572] Hemmelrath, Alexander, in: Vogel, Klaus/Lehner, Moris, Doppelbesteuerungsabkommen, Kommentar, 4. Aufl. 2003, Art. 7 Rn. 28; Maier, Jochen, in: Löwenstein, Ulrich/Looks, Christian, Betriebsstättenbesteuerung, 2003, Rn. 170 f.

[573] Baker, Philip, Double Taxation Conventions, Loseblattsammlung, Stand Sep. 2005, Tz. 3B.07; Krabbe, Helmut, IStR 2002, 145, (147); Wolff, Ulrich, Auslegungsfragen zu DBA-Regelungen über Unternehmensgewinne, in: Gocke Rudolf/Gosch, Diemtmar/Lang, Michael, Festschrift für Franz Wassermeyer, 2005, S. 647, (648).

[574] Hemmelrath, Alexander, in: Vogel, Klaus/Lehner, Moris, Doppelbesteuerungsabkommen, Kommentar, 4. Aufl. 2003, Art. 7, Rn. 28.

chung des Art. 14 OECD-MA auch Einkünfte aus selbständiger Tätigkeit zu den Unternehmensgewinnen gehörten[575].

Es ist festzuhalten, dass die Beschreibung des Unternehmensbegriffs als Geschäftstätigkeit alleine noch immer nicht ausreichend Klarheit gibt. Übereinstimmung besteht wohl in allen Mitgliedstaaten der OECD nur über den Kernbereich des Unternehmensbegriffs, soweit er sich auf Handel, industrielle Tätigkeit, das Handwerk oder das Dienstleistungsgewerbe im engeren Sinne bezieht. In den Randbereichen ist jedoch vieles unklar[576], insbesondere im Bereich Handwerk und Dienstleistungen. Zu diesen Randbereichen gehören auch Besonderheiten des innerstaatlichen Steuerrechts der Vertragsstaaten[577]. Das deutsche innerstaatliche Steuerecht qualifiziert zum Beispiel die Gewinne aus Beteiligungen an gewerblich infizierten oder gewerblich geprägten Personengesellschaften im Sinne des § 15 Abs. 3 Nr. 1 und Nr. 2 EStG als Einkünfte aus Gewerbebetrieb. Fraglich ist, inwieweit solche Besonderheiten des innerstaatlichen Rechts auf das Abkommensrecht durchschlagen, mit der Folge, dass automatisch auch Unternehmensgewinne nach Art. 7 OECD-MA anzunehmen wären.

Es ist daher näher darauf einzugehen, wie die Bedeutung und der Inhalt des Begriffs "Unternehmen" für Abkommenszwecke konkret zu bestimmen ist.

a) Auslegung nach dem Recht des Anwendestaates

Die herrschende Ansicht[578] geht davon aus, der Unternehmensbegriff sei mangels vertraglicher Definition und Anhaltspunkten aus dem Sinnzusammenhang des Abkommens dem innerstaatlichen Recht der Vertragsstaaten zu entnehmen. Das OECD-MA gebe in Art. 3 Abs. 2 vor, dass auf das Recht der Mitgliedstaaten zurückgegriffen werden könne, wenn das Abkommen nicht eigene Definitionen enthalte, und wenn der Zusammenhang nichts anderes erfordere. *Wasser-*

575 Krabbe, IStR 2002, 145, (147).

576 Becker, Jan Dierk, Die atypisch stille Gesellschaft als Outbound-Finanzierungsalternative, 2005, S.135

577 Wassermeyer, Franz, in: Debatin, Helmut/Wassermeyer, Franz, Doppelbesteuerung Kommentar Band I, Loseblattsammlung, Stand Mai 2006, Art. 7, Rn. 16.

578 Förster, Hartmut, Praxis der Besteuerung von Auslandsbeziehungen, 2. Aufl., 2003, S.14; Hock, Bernhard, Wpg 1996, 106, (108); Piltz, Detlev J., Die Personengesellschaften im internationalen Steuerrecht der Bundesrepublik Deutschland, 1981, S. 150; Krabbe, Helmut, IStR 2002, 145, (147); Reith, Thomas, Internationales Steuerrecht, 2004, Tz. 4.216, 4.361; Schmidt, Christian/Dendorfer, Wilhelm, IStR 2000, 46 (48); Wassermeyer, Franz, in: Debatin, Helmut/Wassermeyer, Franz, Doppelbesteuerung Kommentar Band I, Loseblattsammlung, Stand Mai 2006, Art. 3, Rn. 24; Art. 7, Rn. 16 f; ders., IStR 1995, 49, (51); Schaumburg, Harald, Internationales Steuerrecht, 2. Aufl. 1998, Tz. 16.230; Debatin, Helmut, DStZ 1987, 211 (212); Wingert, Dieter/Krause, Michael, Handkommentar der wichtigsten DBA, 1993, zu Art. 3 MA, S. 8.

meyer[579] legt Art. 3 Abs. 2 OECD-MA dahingehend aus, dass das Recht des Anwendestaates zur Anwendung kommen solle *soweit* das Abkommen keine eigene (Teil-) Definition bereithalte. Dem liegt die Überlegung zu Grunde, dass nur Unternehmen im Sinne des Abkommensrechts sein könne, was auch nach dem Recht des Anwendestaates als Unternehmen beurteilt werde. Deutschland als Anwendestaat habe jedoch zu berücksichtigen, dass die Subsidiarität der drei letzten Einkunftsarten des EStG gegenüber den drei ersten hinter das aus Art. 7 Abs. 7 OECD-MA folgende abkommensrechtliche Prinzip des Vorrangs der spezielleren Einkunftsarten zurückzutreten habe. Nur wegen eines im innerstaatlichen Steuerrecht verankerten Subsidiaritätsprinzips, dürften Einkünfte nicht als Unternehmensgewinne im abkommensrechtlichen Sinne behandelt werden. Damit wird auch kein vollständiger Gleichlauf mit dem innerstaatlichen Recht angenommen[580]. Vielmehr sei stets zu prüfen, ob die Art der Einkunftserzielung einer eigengewerblichen Betätigung entspreche, so dass Unternehmensgewinne Einkünfte aus selbständiger Erwerbstätigkeit seien, die nicht Nutzung unbeweglichen Vermögens und nicht selbständige Arbeit darstellten, soweit diese Einkünfte nicht unter die für Dividenden, Zinsen und Lizenzgebühren oder andere Einkünfte geltenden Verteilungsnormen fielen[581].

Weiter gehen *Krabbe*[582] *und Wolff*[583], die von abkommensrechtlichen Unternehmensgewinnen stets ausgehen, wenn nach deutschem innerstaatlichen Steuerrecht Einkünfte aus Gewerbebetrieb vorliegen. Allerdings könne die Vorschrift des Art. 7 OECD-MA durch speziellere Abkommensvorschriften verdrängt werden.

Problematisch an dieser Auffassung ist, dass sie zur Anwendung des Rechts des Anwendestaates kommt, bevor eine erschöpfende Auslegung aus dem Abkommenszusammenhang vorgenommen wurde. Zusätzlich ergeben sich neue Unschärfen, wenn man untersucht, inwieweit eine Definition im Abkommen

---

579 Wassermeyer, Franz, in: Debatin, Helmut/Wassermeyer, Franz, Doppelbesteuerung Kommentar Band I, Loseblattsammlung, Stand Mai 2006, Art. 7, Rn. 16a.
So im Ergebnis auch Förster, Hartmut, Praxis der Besteuerung von Auslandsbeziehungen, 2. Aufl., 2003, S. 14. Förster will den Begriff zunächst aus dem Abkommen heraus unter Berücksichtigung des allgemeinen Sprachgebrauchs auslegen und für die deutsche Seite auf die Definition des Gewerbebetriebes nach § 15 EStG zurückgreifen, der den allgemeinen Sprachgebrauch berücksichtigt.; Krabbe, StBJB 2000/2001, S. 191.

580 So auch der BFH im Urteil vom 30.08.1995 – I R 112/94, BFHE 179/48, BStBl. II 1996, 463. Gewerbliche Einkünfte im Sinne des deutschen innerstaatlichen Steuerrechts seien nur abkommensrechtliche Unternehmensgewinne, wenn die ihnen zu Grunde liegenden Vermögenswerte tatsächlich zu dem Unternehmen gehörten.

581 Schaumburg, Harald, Internationales Steuerrecht, 2. Aufl. 1998, Tz. 16.230.

582 Krabbe, Helmut, IStR 2002, 145, (147)

583 Wolff, Ulrich, Auslegungsfragen zu DBA-Regelungen über Unternehmensgewinne, in: Gocke Rudolf/Gosch, Diemtmar/Lang, Michael, Festschrift für Franz Wassermeyer, 2005, S. 647, (648).

abschließend ist und wann sie einen ganzen Begriff umfasst oder nur einen Teil eines Begriffs.

b) Gemeinsames Verständnis der OECD-Mitgliedstaaten

Hemmelrath[584] und *Knobbe-Keuk*[585] gehen davon aus, dass ein gemeinsames Grundverständnis der OECD-Mitgliedstaaten des Unternehmensbegriffs existiere. Allerdings sei der Abkommenszusammenhang zu berücksichtigen.

In der Sache umschrieben auch die nationalen Formulierungen der EU-Länder "gewerbliche Tätigkeit", "trade and industrie", "activités industrielles et commerciales" einen gemeineuropäischen Begriff. Dabei ginge es immer um eine selbständige, auf Erwerb gerichtete Tätigkeit, die nicht Nutzung unbeweglichen Vermögens[586] im Sinne des Art. 6 Abs. 3 OECD-MA sei und sich von den freien Berufen abgrenze. Im Zentrum stehe der Handel einschließlich des Geldwesens sowie Handwerk und Industrie.

Der Unternehmensbegriff sei ein Typusbegriff[587], der seiner Natur nach als Ergebnis einer wertorientierten Beschreibung empirischer Grundlagen an seinen Rändern unscharf sei und insoweit der Ausgestaltung und Konkretisierung bedürfe. Die nationalen Steuergesetze knüpften an den Begriff des Unternehmens an, hätten die Ausgestaltung jedoch unterschiedlich vorgenommen. Wenn man das Abkommen in seinem Zusammenhang betrachte, ergebe sich ein autonomes System der Erwerbstätigkeiten, das als abschließend zu verstehen sei. Das nationale Recht könne jeweils nur in Grenzfällen die Zuordnung zu einer Tätigkeitsform bestimmen, jedoch nicht dafür sorgen, dass eine bestimmte Tätigkeit aus dem System der Erwerbstätigkeiten herausfalle oder auch einbezogen werde. Der übereinstimmend gültige Begriff des Unternehmens wird im Rahmen dieser Ansicht in einem zweiten Schritt durch abkommensautonome Faktoren, namentlich durch das sogenannte autonome System der Erwerbstätigkeiten, modifiziert. Bezogen auf Personengesellschaften sei zu beachten, dass der „Betrieb" eines Unternehmens gefordert werde. Daher bestünde weitestgehend Übereinstimmung mit den Voraussetzungen für gewerbliche Einkünfte bei Personengesellschaften, nämlich Mitunternehmerinitiative und Mitunternehmerrisiko[588].

Schwächen hat diese Ansicht insoweit, als über den Kernbereich des Unternehmensbegriffs ohnehin Klarheit besteht. Für die Einordnung der Randbe-

---

[584] Hemmelrath, Alexander, in: Vogel, Klaus/Lehner, Moris, Doppelbesteuerungsabkommen, Kommentar, 4. Aufl. 2003, Art. 7, Rn. 30 ff.

[585] Knobbe-Keuk, Brigitte, Bilanz- und Unternehmenssteuerrecht, 9. Aufl. 1993, S. 545

[586] Nach Art. 6 Abs. 2 S. 2 MA wird das lebende und das tote Inventar eines Land- und Forstwirtschaftlichen Betriebs den Einkünften aus unbeweglichem Vermögen zugeordnet.

[587] So auch Schaumburg, Harald, Internationales Steuerrecht, 2. Aufl. 1998, Tz. 16.228.

[588] Hemmelrath, Alexander, IStR 1995, 570, (571).

reichsfälle gibt diese, deshalb auch abzulehnende Meinung dem Rechtsanwender keine Hilfe an die Hand.

c) Autonome Begriffsbestimmung aus dem OECD-MA

Es existieren verschiedene Ansätze für die Herleitung des Unternehmensbegriffs aus dem Abkommen selbst.

aa) Abgrenzung nach der Abkommenssystematik

Kroppen[589] hält zur Bestimmung des Unternehmensbegriffs einen Rückgriff auf das deutsche Recht schon deshalb nicht für geeignet, weil in den nationalen Gesetzen kein einheitlicher Rechtsbegriff des Unternehmens existiere. Allerdings gebe es einen Mindestkonsens, wonach ein Unternehmen eine organisatorische Einheit von sachlichen und persönlichen Mitteln sei. Die unternehmerische Tätigkeit sei dann der planmäßige Einsatz dieser Mittel zur Einkommenserzielung. Grundsätzlich sei eine abkommensautonome Auslegung des Begriffs des Unternehmens vorzunehmen[590].

Der Kernbereich des Begriffs "gewerbliche Tätigkeit" entspreche demjenigen des deutschen Steuerrechts, ohne dass jedoch eine vollständige Übereinstimmung vorliege. So falle die Tierzucht nach innerstaatlichem Recht mit § 13 Abs. 1 EStG unter eine eigene Einkunftsart, während sie nach dem OECD-MA eine gewerbliche Tätigkeit begründen würde. Schwierigkeiten ergäben sich daher wiederum nur in den Grenzfällen. Hier will *Kroppen* eine Abgrenzung nach der im OECD-MA angelegten Systematik vornehmen. Zunächst solle dazu untersucht werden, ob die Nutzung unbeweglichen Vermögens oder eine gewerbliche Tätigkeit vorliege. Liege keine Nutzung unbeweglichen Vermögens im Sinne des OECD-MA vor, sei zu untersuchen, ob die ausgeübte Tätigkeit eine gewerbliche sei. Dies sei beispielsweise nicht der Fall bei der Verwaltung oder Vermietung von beweglichem Vermögen. In diesen Fällen sei Art. 7 OECD-MA nicht anwendbar. Die Autoren, die ein Verständnis des Begriffs des Unternehmensgewinns nach dem innerstaatlichen Recht des Anwendestaates bevorzugten, seien mit ihrer These nicht konsequent, wenn beispielsweise gewerbliche Grundstücksvermietung unter Art. 6 OECD-MA gefasst werden solle. Dies sei wiederum nur durch Berücksichtigung der Besonderheiten

[589] Kroppen, Heinz-Klaus, in: Becker, Helmut/Höppner, Horst-Dieter/Grotherr, Siegfried/Kroppen, Heinz-Klaus (Hrsg.), DBA - Kommentar, Teil 2, Loseblattsammlung, Stand Okt. 2005, Art. 7, Rn. 43; ebenfalls für eine abkommensautonome Auslegung: Maier, Jochen, in: Löwenstein, Ulrich/Looks, Christian, Betriebsstättenbesteuerung, 2003, Rn. 170 f.

[590] Kroppen, Heinz-Klaus, Ausgewählte Fragen zum Betriebsstättenerlass, S. 137, (141).

des jeweiligen DBA zu erklären, nicht jedoch mit dem Rückgriff auf ein Verständnis entsprechend dem innerstaatlichen Steuerrecht[591].

bb) Auslegung des Art. 3 Abs. 1 Buchst. d OECD-MA

Lang[592] plädiert für eine Herleitung des Unternehmensbegriffs aus dem Abkommen selbst heraus. Zwar enthalte das OECD-MA keine Legaldefinition des Begriffs „Unternehmen", jedoch seien an verschiedenen Stellen des Abkommens Anhaltspunkte für die Bedeutung des Begriffs zu finden. Art. 3 Abs. 1 Buchst. d OECD-MA normiere nicht, was unter Unternehmen zu verstehen sei. Die Vorschrift bestimme nur, dass für die Festlegung, welchem Vertragsstaat ein Unternehmen zuzurechnen sei, von der Ansässigkeit der das Unternehmen betreibenden Person abhänge. Der erste Hinweis auf den Inhalt des Unternehmensbegriffs sei daher die Feststellung, dass zwischen Unternehmen und abkommensberechtigter Person keine Identität bestehe.

Ein zweiter Hinweis sei die Verwendung des Ausdrucks „betreiben". Zum einen spreche dies tendenziell für die Verantwortlichkeit und das Risiko der Person, der das Unternehmen zugerechnet werde. Zum anderen enthalte das Wort „betreiben" ein Element der Dauerhaftigkeit und der Selbständigkeit. Daher müsse es sich um eine Tätigkeit größeren Umfangs handeln oder um eine oftmalig ausgeübte Tätigkeit[593]. *Lang* räumt ein, dass damit der Inhalt des Begriffs „Unternehmen" nur angedeutet sei, nicht aber scharf umrissen. Aber diese Unschärfe sei kein Freibrief für eine willkürliche Entscheidung über das Vorliegen der Voraussetzungen eines Unternehmens. Auch bei Vorliegen eines Typusbegriffs sei nur ein rechtmäßiges Ergebnis denkbar. Auch auf Abkommensebene seien die Merkmale Mitunternehmerrisiko und Mitunternehmerinitiative prägend[594].

---

591 Kroppen, Heinz-Klaus, in: Becker, Helmut/Höppner, Horst-Dieter/Grotherr, Siegfried/Kroppen, Heinz-Klaus (Hrsg.), DBA - Kommentar, Teil 2, Loseblattsammlung, Stand Okt. 2005, Art. 7, Rn. 46.

592 Lang, Michael, Hybride Finanzierungen im Internationalen Steuerrecht, 1991, Wien, S. 74 ff; ihm folgend Sutter, Franz Philipp, Die Abkommensrechtliche Stellung der atypisch stillen Beteiligung, in: Gassner, Wolfgang/Lang, Michael/Lehner, Eduard, Personengesellschaften im Recht der Doppelbesteuerungsabkommen, 2000, Wien, S. 205, (225).

593 So auch Aigner, Hans-Jörgen/Züger, Mario, Die Lösung des OECD-Steuerausschusses für Qualifikationskonflikte bei Personengesellschaften, in: Gassner, Wolfgang/Lang, Michael/Lehner, Eduard, Personengesellschaften im Recht der Doppelbesteuerungsabkommen, 2000, Wien, S. 47, (53).

594 Sutter, Franz Philipp, Die Abkommensrechtliche Stellung der atypisch stillen Beteiligung, in: Gassner, Wolfgang/Lang, Michael/Lehner, Eduard, Personengesellschaften im Recht der Doppelbesteuerungsabkommen, 2000, Wien, S. 205, (225).

Ebenfalls von einer abkommensautonomen Bestimmung des Unternehmensbegriffs ging der High Court of Australia in seiner Entscheidung vom 22.08.1990[595] aus. Das Wesen der Einkünfte eines Unternehmens sei, dass sie aus einem Ereignis resultierten, das dem Handel zuzurechnen sei. Bezogen auf die zu beurteilende Art der Tätigkeit wurde damit der Unternehmensbegriff recht eng verstanden. Im Gegensatz zu *Lang* entnahm der High Court of Australia dem Ausdruck „betreiben" (to carry on) nicht, dass die Betätigung des Steuerpflichtigen eine gewisse Kontinuität vorweisen müsse, sondern ließ auch ein einmaliges Ereignis zur Begründung eines Unternehmens im Abkommenssinne ausreichen[596].

d) Stellungnahme

Für die Bestimmung des Unternehmensbegriffs unter Berücksichtigung der lex fori Klausel des Art. 3 Abs. 2 OECD-MA nach dem innerstaatlichen Recht des Anwendestaates spricht zunächst, dass der Begriff dann scharf abgegrenzt wäre. Ein Rückgriff auf transnationale Konventionen und Typusbegriffe wäre dann unnötig[597], vielmehr könnte auf einen bekannten und ausdifferenzierten Begriffsinhalt abgestellt werden. Insbesondere durch einen vollständigen Rückgriff auf das deutsche innerstaatliche Steuerrecht würde das abkommenseigene Subsidiaritätskonzept aber in sein Gegenteil verkehrt.

Im Rahmen dieser Arbeit wurde bereits dargestellt[598], dass Abkommensbegriffe vorrangig aus dem Abkommen heraus zu ermitteln und auszulegen sind. Sollte sich daher eine Begriffsbestimmung aus dem Abkommen selbst ergeben, würde sich der Rückgriff auf das nationale Recht der Vertragsstaaten verbieten. Ebenso wäre es verfehlt, auf eine über dem Abkommen schwebende transnationale Konvention zurückzugreifen.

Der Begriff des Unternehmens wird nicht ausdrücklich im OECD-MA definiert[599]. Vor dem Rückgriff auf innerstaatliches Recht, ist der Abkommenszusammenhang auf Anhaltspunkte für die Bestimmung des Inhalts des Ausdrucks „Unternehmen" zu untersuchen. Unter Heranziehung des gesamten Abkommenstextes für den Auslegungsvorgang ergibt sich dann für den Unternehmens-

---

595 High Court of Australia, Thiel v. Federal Commissioner of Taxation (1990), 90 Australian Tax Cases 4717.

596 Ferrers, Tony, Intertax 1991, 184, (188).

597 Schmidt, Christian/Dendorfer, Wilhelm, IStR 2000, 46 (48).

598 Vgl. 1. Teil C)IV)4).

599 Arnold, Brian J., IBFD 2006, 5, (7); Hock, Bernhard, Wpg 1996, 106, (108); Gassner, Wolfgang/Konezy, Gerd, in: Gassner, Wolfgang/Lang, Michael/Lehner, Eduard, Personengesellschaften im Recht der Doppelbesteuerungsabkommen, 2000, Wien, S. 237, (242) Schmidt, Christian/Dendorfer, Wilhelm, IStR 2000, 46 (49); Raupach, Arndt, Unternehmen und Unternehmer im Recht der Doppelbesteuerungsabkommen, in: Kirchhof, Paul/Lehner, Moris/Raupach, Arndt/Rodi, Michael (Hrsg.), Festschrift für Klaus Vogel, 2000, S. 1067, (1069).

begriff ein Inhalt entsprechend der Herleitung von *Lang*[600], der insbesondere von der reinen Vermögensverwaltung abzugrenzen ist[601], bei der die passive Nutzung durch das Ziehen von Früchten im Vordergrund steht[602]. Prägend ist besonders der Begriff „betreiben“ in Art. 3 Abs. 1 Buchst. d OECD-MA, der darauf hindeutet, dass der Betreiber des Unternehmens ein aktive Tätigkeit ausübt und ein Risiko trägt. Dies sind Begriffselemente, die dem deutschen innerstaatlichen Steuerrecht nicht fremd sind und gemeinhin mit den Ausdrücken Mitunternehmerrisiko und Mitunternehmerinitiative näher beschrieben werden. Die Elemente, die die Begriffe Mitunternehmerinitiative und Mitunternehmerrisiko ausfüllen, prägen demzufolge auch den abkommensrechtlichen Unternehmensbegriff.

Allerdings kann es für das Vorliegen eines Unternehmens nicht maßgeblich sein, dass die Betätigung oftmals oder kontinuierlich erfolgt[603]. Entscheidend ist vielmehr, dass eine Betriebsstruktur besteht, die eine kontinuierliche Betätigung ermöglichen würde. Sollte der Unternehmer von dieser Möglichkeit keinen Gebrauch machen, handelt es sich um eine rein unternehmerische Entscheidung, die sich der Beurteilung der Finanzbehörden entzieht.

Ein weiterer Hinweis auf den Begriffsinhalt des Ausdrucks „Unternehmen“ findet sich mittlerweile in dem Bezug zur Ausübung einer Geschäftstätigkeit in Art. 3 Abs. 1 Buchst. c OECD-MA. Über Art. 3 Abs. 1 Buchst. h OECD-MA wird deutlich, dass die Tätigkeit selbständig ausgeübt werden muss. „Geschäft“ bedeutet im deutschen Sprachgebrauch „gewerbliches, kaufmännisches Unternehmen“[604], während unter „Tätigkeit“ die „Ausübung eines Berufes“ zu verstehen ist[605]. In der englischen Fassung des Art. 3 Abs. 1 Buchst. c OECD-MA heißt es: „The term „enterprise” applies to the carrying on of any business“. Unter “business“ wiederum wird “a person’s regular occupation, profession, or trade“ verstanden[606].

---

600 Lang, Michael, Hybride Finanzierungen im Internationalen Steuerrecht, 1991, Wien, S. 74 ff.

601 Ferrers, Tony, Intertax 1991, 184, (188); Krabbe, Helmut, Die Personengesellschaft im internationalen Steuerrecht, in: Steuerberaterjahrbuch 2000/2001, 183, (191); ders., IStR 2002, 145, (147).

602 Gassner, Wolfgang/Konezy, Gerd, in: Gassner, Wolfgang/Lang, Michael/Lehner, Eduard, Personengesellschaften im Recht der Doppelbesteuerungsabkommen, 2000, Wien, S. 237, (243).

603 High Court of Australia, Thiel v. Federal Commissioner of Taxation (1990), 90 Australian Tax Cases 4717.

604 Dudenredaktion, in: Duden, Das Bedeutungswörterbuch, 2002, S. 417.

605 Dudenredaktion, in: Duden, Das Bedeutungswörterbuch, 2002, S. 417.

606 Pearsall, Judy (editor), The New Oxford Dictionary of English, 1998, Oxford, S. 248.

Dadurch wird auch die Abgrenzung zu rein vermögensverwaltenden Tätigkeiten noch deutlicher und der Unternehmensbegriff weiter konkretisiert[607]. Gleichzeitig ist aus der englischen Fassung herauszulesen, dass Gewinnerzielungsabsicht notwendig ist. Mit seiner gewöhnlichen Tätigkeit möchte eine Person regelmäßig die Grundlage für ihren Lebensunterhalt erwirtschaften, also einen Überschuss erzielen. Gleichzeitig spricht die Tatsache, dass Art. 14 OECD-MA a. F. mittlerweile aufgehoben und in Art. 7 OECD-MA aufgegangen ist, für eine Tendenz, den Umfang des Unternehmensbegriffs zu erweitern, also den Kernbereich, über den allgemein Klarheit herrscht, auszudehnen.

Dieses nach allgemeinen Auslegungsregeln gefundene Ergebnis wäre für die Abkommenspraxis auch aus Gründen der Rechtsklarheit wünschenswert, da auf einen einheitlichen, für die Vertragsstaaten verbindlichen Begriff zurückgegriffen werden könnte, der sich aus dem Gesamtzusammenhang des Abkommens ergibt.

4) Betriebsstättenbegriff

Das Betriebsstättenprinzip dient der Abgrenzung der Quellenbesteuerung für Unternehmensgewinne[608]. Aus dem Gesichtspunkt der Wettbewerbsneutralität werden damit ausländische Steuersubjekte im Inland ebenso behandelt wie inländische[609].

Dem Betriebsstättenprinzip liegt die Überlegung zu Grunde, dass eine unternehmerische Tätigkeit erst dann von einem ausländischen Staat besteuert werden darf, wenn sie zu einer intensiven geschäftlichen Bindung an diesen Staat[610], zu einer bestimmten Verdichtung der Aktivitäten in diesem Staat[611] geführt hat (Prinzip der Wirtschaftszugehörigkeit[612]). Diese intensive geschäftliche Bindung liegt vor, wenn das Unternehmen in dem jeweiligen Vertragsstaat eine Betriebs-

---

[607] Maier, Jochen, in: Löwenstein, Ulrich/Looks, Christian, Betriebsstättenbesteuerung, 2003, Rn. 171; Piltz, Detlev J., IStR 2004, 181, (183); a.A. Sutter, Franz Philipp, Die Abkommensrechtliche Stellung der atypisch stillen Beteiligung, in: Gassner, Wolfgang/Lang, Michael/Lehner, Eduard, Personengesellschaften im Recht der Doppelbesteuerungsabkommen, 2000, Wien, S. 205, (224).

[608] Bendlinger, Stefan, SWI 1997, 104, (105).

[609] Küspert, Klaus, RIW 1988, 461, (466).

[610] Görl, Maximilian, in: Vogel, Klaus/Lehner, Moris, Doppelbesteuerungsabkommen, Kommentar, 4. Aufl. 2003, Art. 5, Rn. 2; Wassermeyer, Franz, in: Debatin, Helmut/Wassermeyer, Franz, Doppelbesteuerung Kommentar Band I, Loseblattsammlung, Stand Mai 2006, Art. 7, Rn. 2; Jacobs,Otto, Internationale Unternehmensbesteuerung, Deutsche Investitionen im Ausland, Ausländische Investitionen im Inland, 5. Aufl. 2002, S. 21; Schaumburg, Harald, Internationales Steuerrecht, 2. Aufl. 1998, Tz. 16.234; So gibt dies auch Art. 7, Tz. 3 MK vor.

[611] Piltz, Detlev J., IStR 2004, 181.

[612] Günkel, Manfred, in: Becker, Helmut/Höppner, Horst-Dieter/Grotherr, Siegfried/Kroppen, Heinz-Klaus (Hrsg.), DBA - Kommentar, Teil 2, Loseblattsammlung, Stand Okt. 2005, Art. 5, Rn. 2; Steimel, Frank, IStR 2000, 490 (495).

stätte unterhält. Der BFH hat dazu im Urteil vom 13.05.1983[613] ausgeführt, dass ein Mitunternehmer, der Einkünfte aus einem gewerblichen Unternehmen bezieht, dessen Wirkung sich auf das Gebiet des anderen Staates erstreckt, der andere Staat das Besteuerungsrecht für die Einkünfte nur insoweit habe, als sie auf eine dort befindliche Betriebsstätte des Unternehmens entfielen.

Mit der Ausgestaltung des Betriebsstättenbegriffs lässt sich die Investitionstätigkeit der Unternehmen steuern[614]. Je enger der Begriff der Betriebsstätte gefasst ist, desto stärker wird dadurch das Besteuerungsrecht des Quellenstaates zugunsten der Besteuerung im Ansässigkeitsstaat des Unternehmens eingeschränkt. Die ständig zunehmende Verflechtung der internationalen Wirtschaftsbeziehungen führt zu einer immer engeren Definition des Betriebsstättenbegriffs mit der Folge einer umfangreicheren Besteuerung im Ansässigkeitsstaat. Dies macht jedoch nur Sinn, wenn die Handelsbeziehungen zwischen den Vertragstaaten in etwa ausgeglichen sind. Nur dann wird eine befriedigende Verteilung des Finanzaufkommens stattfinden. Um eine zu einseitige Verteilung des Steuerguts zu vermeiden, wurde im UN-Musterabkommen, das als Vorlage für Abkommen zwischen Industrieländern und Entwicklungsländern gedacht ist[615], ein weit gefasster Betriebsstättenbegriff formuliert[616]. Primär ist der Betriebsstättenbegriff für die Zuteilung des Besteuerungsrechts für Unternehmensgewinn von maßgeblicher Bedeutung[617].

Das Besteuerungsrecht des Quellenstaates setzt erst mit der Begründung einer Betriebsstätte ein und endet mit deren Aufgabe[618].

a) Besonderheiten bei Personengesellschaften

Bei Personengesellschaften besteht bei der Anwendung des Betriebsstättenprinzips die Besonderheit, dass aus Sicht der Staaten, die bei der Besteuerung von Personengesellschaften das Transparenzprinzip anwenden, so viele Unternehmen bestehen wie Gesellschafter[619]. Nicht die Personengesellschaft betreibt ab-

---

[613] BFH, Urteil vom 13.05.1983 – I R 5/82, BFHE 138, 548, BStBl. II 1983, 771.

[614] Debatin, Helmut, DB 1989, 1692 und 1739, (1694).

[615] Günkel, Manfred, in: Becker, Helmut/Höppner, Horst-Dieter/Grotherr, Siegfried/Kroppen, Heinz-Klaus (Hrsg.), DBA - Kommentar, Teil 2, Loseblattsammlung, Stand Okt. 2005, Art. 5, Rn. 35.

[616] Görl, Maximilian, in: Vogel, Klaus/Lehner, Moris, Doppelbesteuerungsabkommen, Kommentar, 4. Aufl. 2003, Art. 5, Rn. 3.

[617] Günkel, Manfred, in: Becker, Helmut/Höppner, Horst-Dieter/Grotherr, Siegfried/Kroppen, Heinz-Klaus (Hrsg.), DBA - Kommentar, Teil 2, Loseblattsammlung, Stand Okt. 2005, Art. 5, Rn. 2.

[618] Wassermeyer, Franz, in: Debatin, Helmut/Wassermeyer, Franz, Doppelbesteuerung Kommentar Band I, Loseblattsammlung, Stand Mai 2006, Art. 7 Rn. 2.

[619] Lieber, Bettina, in: Becker, Helmut/Höppner, Horst-Dieter/Grotherr, Siegfried/Kroppen, Heinz-Klaus (Hrsg.), DBA - Kommentar, Teil 2, Loseblattsammlung, Stand Okt. 2005, Art. 7,

kommensrechtlich ein Unternehmen, sondern jeder Gesellschafter betreibt ein eigenständiges Unternehmen[620]. Auf diese Weise wird die Anzahl der Unternehmensstammhäuser bestimmt[621]. Der Anteil des Gesellschafters an seiner Gesellschaft ist demzufolge ein eigenständiges Unternehmen im Sinne des Art. 7 OECD-MA[622]. Es müssen jedoch die Voraussetzungen eines Unternehmens erfüllt sein[623]. Das bloße Halten einer Personengesellschaftsbeteiligung führt noch nicht zur Anwendung des Betriebsstättenprinzips[624]. Demzufolge ist das Betriebsstättenprinzip auf den einzelnen Gesellschafter anzuwenden und der Gesellschafter bestimmt durch seine Ansässigkeit ein Unternehmen eines Vertragsstaates im Sinne des Art. 3 Abs. 1 Buchst. d OECD-MA[625]. Entsprechend werden die bestehenden Betriebsstätten einer Personengesellschaft anteilig den einzelnen Gesellschaftern zugerechnet und zwar in Höhe ihrer Beteiligung an der Personengesellschaft[626]. Dieser Grundsatz ist unabhängig von der tatsächlichen Verfügungsmacht oder Tätigkeit des Gesellschafters in der Betriebsstätte[627]. Jede Betriebsstätte der Gesellschaft ist in gleichem Maße Betriebstätte des Unternehmens jedes einzelnen Gesellschafters[628]. Das Unternehmen des Gesell-

---

Rn. 290; Piltz, Detlev J., in: Debatin, Helmut/Wassermeyer, Franz, Doppelbesteuerung Kommentar Band I, Loseblattsammlung, Stand Mai 2006, Art. 7, Rn. 68.

620 A. A. Hock, Bernhard, Wpg 1996, 106, (109), der davon ausgeht, dass die Gesellschaft in ihrer Gesamtheit das Unternehmen betreibe.

621 Kluge, Volker, Das internationale Steuerrecht, Gemeinschaftsrecht, Außensteuerrecht, Abkommensrecht, 4. Aufl. 2000, Rn. S 74.

622 BFH, Urteil vom 17.10.1990 – I R 16/89, BFHE 163, 38, BStBl. II 1991, 211; Kroppen, Heinz-Klaus, in: Becker, Helmut/Höppner, Horst-Dieter/Grotherr, Siegfried/Kroppen, Heinz-Klaus (Hrsg.), DBA - Kommentar, Teil 2, Loseblattsammlung, Stand Okt. 2005, Art. 7, Rn. 49; Kluge, Volker, Das internationale Steuerrecht, Gemeinschaftsrecht, Außensteuerrecht, Abkommensrecht, 4. Aufl. 2000, Rn. S 70; Hemmelrath, Alexander, in: Vogel, Klaus/Lehner, Moris, Doppelbesteuerungsabkommen, Kommentar, 4. Aufl. 2003, Art. 7 Rn. 37; Jacobs, Otto H., Internationale Unternehmensbesteuerung, Deutsche Investitionen im Ausland, Ausländische Investitionen im Inland, 5. Aufl. 2002, S. 454; Köhler, Franz, RIW 1991, 1024, (1029); Knobbe-Keuk, Brigitte, RIW 1991, 306, (309); Piltz, Detlef J., IStR 1996, 457 (458); Schaumburg, Harald, Stbg 1999, 97 und 156, (160).

623 Küspert, Klaus, RIW 1988, 461, (466).

624 Hock, Bernhard, Wpg 1996, 106, (112).

625 Debatin, Helmut, DB 1989, 1692 und 1739, (1693).

626 Debatin, Helmut, BB 1992, 1181, (1184); Küspert, Klaus, RIW 1988, 461, (466); Krabbe, Helmut, IWB, Fach 3, Gruppe 2, S. 863.

627 Günkel, Manfred, in: Becker, Helmut/Höppner, Horst-Dieter/Grotherr, Siegfried/Kroppen, Heinz-Klaus (Hrsg.), DBA - Kommentar, Teil 2, Loseblattsammlung, Stand Okt. 2005, Art. 5, Rn. 4.

628 Hemmelrath, Alexander, in: Vogel, Klaus/Lehner, Moris, Doppelbesteuerungsabkommen, Kommentar, 4. Aufl. 2003, Art. 7 Rn. 40.

schafters unterhält also beispielsweise auch eine Betriebstätte im Sitzstaat der Personengesellschaft[629].

Aus Sicht von Staaten, die die Personengesellschaft als eigenständiges Steuersubjekt behandeln, bezieht die Gesellschaft selbst Einkünfte gemäß Art. 7 OECD-MA und der Gesellschafter Dividendeneinkünfte gemäß Art. 10 OECD-MA.

b) Die Betriebsstätte nach Abkommensrecht, Art. 5 OECD-MA

Die Betriebsstätte ist ein handelsrechtlich unselbständiges Gebilde, das Teil eines Gesamtunternehmens ist. Unternehmen, die eine Betriebsstättenstruktur aufweisen, werden auch als Einheitsunternehmen bezeichnet. Abgesehen von der eingetragenen Zweigniederlassung findet die Betriebsstätte keine ausdrückliche Erwähnung im Zivilrecht. Steuerrechtlich ist die Betriebsstätte von ungleich größerer Bedeutung. Über Betriebsstätten will man Unternehmensteile für innerstaatliche Zwecke steuerlich erfassen, die einer bestimmten Gemeinde zugerechnet werden und für die internationale Besteuerung einem bestimmten Staat[630].

Eine eigene Definition des Betriebsstättenbegriffs enthält Art. 5 OECD-MA, der die Schwelle bestimmt, die ein Unternehmen eines Vertragsstaats überschreiten muss, um in dem anderen Staat steuerpflichtig zu werden[631]. Danach erfordert das Vorliegen einer Betriebsstätte eine feste Geschäftseinrichtung, durch die die Tätigkeit eines Unternehmens ganz oder teilweise ausgeübt wird (Art. 5 Abs. 1 OECD-MA). Ein Rückgriff auf das innerstaatliche Recht findet damit grundsätzlich nicht statt. Soweit jedoch eine begriffliche Einheitlichkeit mit dem innerstaatlichen Recht[632] besteht, ist bei der abkommensrechtlichen Auslegung hilfsweise auch die Berücksichtigung der Begriffsinhalte nach dem Verständnis des innerstaatlichen Rechts zulässig[633].

Die Absätze 1 bis 4 des Art. 5 OECD-MA enthalten die sachlichen Anknüpfungspunkte für eine Betriebsstätte. Abs. 5 enthält Regelungen für persönliche Anknüpfungsmerkmale, die auch ohne eine feste Geschäftseinrichtung des Unternehmens nur durch die Tätigkeit einer vertretungsberechtigten Person zum Vorliegen einer Betriebsstätte führen. Abs. 6 benennt bestimmte Vertreter, die

---

[629] Debatin, Helmut, BB 1992, 1181, (1183), Lieber, Bettina, in: Becker, Helmut/Höppner, Horst-Dieter/Grotherr, Siegfried/Kroppen, Heinz-Klaus (Hrsg.), DBA - Kommentar, Teil 2, Loseblattsammlung, Stand Okt. 2005, Art. 7, Rn. 289 f; Piltz, Detlev, J., in: Mössner, Jörg Manfred u. a., Steuerrecht international tätiger Unternehmen, 3. Aufl., 2005, Tz. F 25; kritisch Hock, Bernhard, Wpg 1996, 106, (112), der ausführt, die herrschende Meinung sei nur mit Hilfe der überholten Bilanzbündeltheorie zu begründen.

[630] Becker, Helmut, DB 1989, 10.

[631] Piltz, Detlev J., IStR 2004, 181, (182).

[632] Im Vergleich mit § 12 AO ist dies bspw. der Begriff der Bauausführung oder Montage.

[633] Schaumburg, Harald, Internationales Steuerrecht, 2. Aufl. 1998, Tz. 16.236.

keine Betriebsstätte begründen können. Mehr klarstellend weist Abs. 7 darauf hin, dass Beherrschungsverhältnisse zwischen verbundenen Unternehmen nicht zu einer Betriebsstätte des beherrschenden Unternehmens führen.

Eine Geschäftseinrichtung im Sinne des Art. 5 OECD-MA stellt eine Einheit oder Untereinheit unternehmerisch nutzbarer, sachlicher Mittel dar. Hauptformen sind Räumlichkeiten[634]. Rechte, beispielsweise Beteiligungen, Forderungen oder Immaterialgüterrechte begründen keine Betriebsstätte[635]. Insoweit bestehen keine Unterschiede zum innerstaatlichen Recht.

Fest ist eine Geschäftseinrichtung, wenn sich die Tätigkeit eines Unternehmens in gewisser Weise verfestigt hat, wofür es nicht ausreicht, wenn nur Geschäftsbeziehungen zu Unternehmen oder sonstigen Kunden im anderen Vertragsstaat bestehen[636]. Reine Hilfstätigkeiten reichen ebenfalls nicht aus, um eine Betriebsstätte zu begründen (Art. 5 Abs. 4 OECD-MA). In Art. 5 Abs. 4 OECD-MA sind zwar feste Einrichtungen aufgenommen worden, die aber deshalb nicht als Betriebsstätten gelten sollen, weil es faktisch unmöglich und auch unzweckmäßig wäre, diesen Hilfseinrichtungen ein Ergebnis zuzuordnen[637]. Diese ausdrücklichen Ausnahmen kennt der innerstaatliche Betriebsstättenbegriff in § 12 AO nicht[638]. Allerdings ist bei der Beantwortung der Frage, ob eine reine Hilfstätigkeit vorliegt, jeweils der Wandel des Wirtschaftslebens zu berücksichtigen. Nur weil immer häufiger bestimmte Tätigkeiten außerhalb des Kernbereichs des Unternehmensgegenstandes auf Drittunternehmen übertragen werden, muss es sich dabei noch nicht um solche Hilfstätigkeiten handeln[639].

Das Unternehmen muss nicht nur vorrübergehend Verfügungsgewalt über die feste Geschäftseinrichtung haben[640], diese also tatsächlich physisch nutzen. Ausreichend ist, wenn der Unternehmer die Verfügungsmacht durch Angestellte ausüben lässt[641]. Demzufolge ist das Vorliegen einer Betriebsstätte auch von einer zeitlichen Komponente abhängig[642]. Die feste Geschäftseinrichtung muss

---

[634] Baranowski, Karl-Heinz, Besteuerung von Auslandsbeziehungen, 2. Aufl. 1996, Rn. 215 i.V.m. Rn. 223

[635] Görl, Maximilian, in: Vogel, Klaus/Lehner, Moris, Doppelbesteuerungsabkommen, Kommentar, 4. Aufl. 2003, Art. 5 Rn. 13.

[636] Görl, Maximilian, in: Vogel, Klaus/Lehner, Moris, Doppelbesteuerungsabkommen, Kommentar, 4. Aufl. 2003, Art. 5 Rn. 12.

[637] Bendlinger, Stefan/Görl, Maximilian/Paaßen, Karl-Heinz/Remberg, Meinhard, IStR 2004, 145, (146); OECD-MK zu Art. 5 Abs. 4, Tz. 23.

[638] Schwarz, Michael, FR 2003, 280, (283); Pinkernell, Reimar, StuW 1999, 281, (285).

[639] Raad, Kees van, Intertax 1991, 497, (502).

[640] BMF vom 24.12.1999, IV B 4 – S 1300 – 111/99, Tz. 1.1.1.1. i.V.m. Tz. 1.2.1.1., BStBl. I 1999, 1076 ff.

[641] Görl, Maximilian, in: Vogel, Klaus/Lehner, Moris, Doppelbesteuerungsabkommen, Kommentar, 4. Aufl. 2003, Art. 5 Rn. 16.

[642] Raad, Kees van, Intertax 1991, 497, (502).

dem Unternehmen auf eine gewisse Dauer zu dienen bestimmt sein[643]. Als Mindestzeitraum wird hier allgemein eine Tätigkeitsdauer von sechs Monaten[644] als erforderlich angesehen, wenn auch dieser Zeitraum keineswegs gänzlich unflexibel ist[645]. Unter Umständen kann aber auch schon eine auf Dauer angelegte Tätigkeit ausreichend sein[646], die jedoch zum Beispiel mangels Rentabilität nach kurzer Zeit wieder eingestellt wird. Maßgeblich ist die ursprüngliche Planung des Unternehmers.

Die erforderliche Verfügungsgewalt des Unternehmers setzt eine Rechtsposition voraus, die ihm nicht ohne weiteres ohne seine Mitwirkung entzogen oder die ohne seine Mitwirkung nicht ohne weiteres verändert werden kann. Zu denken ist hier an ein dingliches Nutzungsrecht oder ein Mietverhältnis oder ein sonstiges gleichgelagertes Recht[647]. Es reicht demzufolge nicht aus, wenn die Geschäftseinrichtung im Eigentum des Unternehmens steht aber von einem anderen für eigene Zwecke genutzt wird[648]. Auch illegal besetzte Räume können eine Betriebsstätte begründen[649]. Der BFH[650] bringt mittlerweile das Erfordernis

---

643 BFH, Urteil vom 03.02.1993 – I R 80-81/91, BFHE 170/263, BStBl. II 1993, 462; Schaumburg, Harald, Internationales Steuerrecht, 2. Aufl. 1998, Tz. 16.239; Görl, Maximilian, in: Vogel, Klaus/Lehner, Moris, Doppelbesteuerungsabkommen, Kommentar, 4. Aufl. 2003, Art. 5 Rn. 19.

644 BFH Urteil vom 19.05.1993 – I R 80/92, BFHE 171, 297, BStBl. 1993 II, 655; BMF vom 24.12.1999, IV B 4 – S 1300 – 111/99, Tz. 1.1.1.1. i.V.m. Tz. 1.2.1.1., BStBl. I 1999, 1076 ff; Förster, Hartmut, Praxis der Besteuerung von Auslandsbeziehungen, 2. Aufl., 2003, S. 89; Krabbe, Helmut, IStR 2003, 253, (256); Der OECD-MK zu Art. 5 MA führt unter Tz. 6 aus, dass die Erfahrung trotz uneinheitlicher Praxis der Mitgliedstaaten zeigt, dass eine Betriebsstätte normalerweise nicht angenommen werde, wenn eine Geschäftstätigkeit in einem Land durch eine Geschäftseinrichtung weniger als sechs Monate ausgeübt worden sei. Umgekehrt würde eine Betriebsstätte in vielen Fällen angenommen, wenn eine Geschäftseinrichtung für länger als sechs Monate unterhalten worden sei. Als Ausnahme seien wiederkehrende Tätigkeiten und Tätigkeiten, die ausschließlich im Quellenstaat ausgeübt würden, zu behandeln. Kritisch: Bendlinger, Stefan/Görl, Maximilian/Paaßen, Karl-Heinz/Remberg, Meinhard, IStR 2004, 145, (146), die speziell für den Anlagenbau sechs Monate für zu kurz halten. Damit sei das Erfordernis der Dauer faktisch aufgegeben.

645 Göttsche, Max/Stangl, Ingo, DStR 2000, 498, (499).

646 Wassermeyer, Franz, IStR 1995, 83.

647 Bächle, Eberhard/Rupp, Thomas, Internationales Steuerrecht, 2002, S. 208; Görl, Maximilian, in: Vogel, Klaus/Lehner, Moris, Doppelbesteuerungsabkommen, Kommentar, 4. Aufl. 2003, Art. 5 Rn. 16; Göttsche, Max/Stangl, Ingo, DStR 2000, 498, (500); Schaumburg, Harald, Internationales Steuerrecht, 2. Aufl. 1998, Tz. 16.238; BFH, Urteil vom 03.02.1993 – I R 80-81/91, BFH 170/263, BStBl. II 1993, 462.

648 Görl, Maximilian, in: Vogel, Klaus/Lehner, Moris, Doppelbesteuerungsabkommen, Kommentar, 4. Aufl. 2003, Art. 5 Rn. 16.

649 OECD-MK zu Art. 5, Tz. 4.1.

650 BFH, Urteil vom 03.02.1993 – I R 80-81/91, BFH 170/263, BStBl. II 1993, 462; BFH, Urteil vom 21.04.1999 – I R 99/97, BFHE 189, 292, BStBl. II 1999, 694; BFH, Urteil vom 23.05.2002 – III R 8/00, BFHE 198, 325, BStBl. II 2002, 512.

einer gefestigten Beziehung des Unternehmens zum Ort seiner Betätigung[651] durch den Begriff „Verwurzelung" zum Ausdruck.

Die Betriebsstätteneigenschaft beginnt, sobald das Unternehmen von der Geschäftseinrichtung aus der Unternehmenstätigkeit nachgeht. Dies gilt auch schon für Vorbereitungshandlungen[652], soweit diese mit der letztendlichen Betriebsstätteneigenschaft in Zusammenhang stehen und nicht ausschließlich der Errichtung der Geschäftseinrichtung dienen. Die Betriebsstätteneigenschaft endet, wenn die Betriebsstätteneigenschaft begründende Tätigkeit beendet oder auf ein anderes Unternehmen übertragen wird[653].

c) Verhältnis zum innerstaatlichen Recht

Das Verhältnis des in Art. 5 OECD-MA zum im nationalen Recht verwendeten Betriebsstättenbegriff ist nicht unumstritten. Ein wesentlicher Unterschied zum innerstaatlichen Recht (§ 12 AO) besteht darin, dass Art. 5 OECD-MA die „Ausübung" der Unternehmenstätigkeit „durch" die Betriebsstätte selbst verlangt, während es im Rahmen des § 12 AO ausreicht, wenn die Betriebsstättentätigkeit der Tätigkeit des Unternehmens „dient". Demzufolge ist die Definition des DBA-Begriffs nach dem Wortlaut enger als die des nationalen Rechts[654].

aa) Weites Verständnis der Betriebsstätte durch die OECD

Im OECD-MK wird dennoch angenommen, das Ausüben der Unternehmenstätigkeit durch die Betriebsstätte sei weit zu verstehen[655], so dass jede Tätigkeit mit einem festen Bezug in einem geographischen Ort zur Begründung einer Betriebsstätte führen könne.

bb) Vorrang des Abkommensbegriffs

Teilweise wird angenommen, der Abkommensbegriff sei lex specialis und dementsprechend vorrangig[656] gegenüber § 12 AO. Dieses Ergebnis folge aus

---

651 Buciek, Klaus, DStZ 2003, 139.

652 Schaumburg, Harald, Internationales Steuerrecht, 2. Aufl. 1998, Tz. 16.243.

653 Förster, Hartmut, Praxis der Besteuerung von Auslandsbeziehungen, 2. Aufl., 2003, S. 93.

654 Bächle, Eberhard/Rupp, Thomas, Internationales Steuerrecht, 2002, S. 205; Becker, Helmut, DB 1989, 10; Förster, Hartmut, Praxis der Besteuerung von Auslandsbeziehungen, 2. Aufl., 2003, S. 92.

655 Vgl. MK zu Art. 5, Tz. 4.6; Görl, Maximilian, in: Vogel, Klaus/Lehner, Moris, Doppelbesteuerungsabkommen, Kommentar, 4. Aufl. 2003, Art. 5 Rn. 22.

656 Kruse, Heinrich-Wilhelm, in: Tipke, Klaus/Kruse, Heinrich-Wilhelm, Abgabenordnung, Finanzgerichtsordnung, Kommentar, Loseblattsammlung, Stand Sep. 2006, § 12, Rn. 44; Günkel, Manfred, in: Becker, Helmut/Höppner, Horst-Dieter/Grotherr, Siegfried/Kroppen, Heinz-Klaus (Hrsg.), DBA - Kommentar, Teil 2, Loseblattsammlung, Stand Okt. 2005, Art. 5, Rn. 40.

§ 2 AO. Durch die Transformation des DBA im Rahmen des Art. 59 Abs. 2 S. 1 GG würden die DBA zu ranghöheren Normen, die dem innerstaatlichen Recht vorgingen und dieses modifizierten. Die Modifikation des deutschen innerstaatlichen Rechts wirke sich nach dieser Ansicht im Wesentlichen in einer Einengung des Betriebsstättenbegriffs nach § 12 AO aus. Sollte in einem Einzelfall der abkommensrechtliche Betriebsstättenbegriff weiter gefasst sein als § 12 AO dies vorsieht, werde dadurch keine beschränkte Steuerpflicht nach § 49 Abs. 1 Nr. 2 Buchst. a EStG begründet, da DBA keine innerstaatlichen Steueransprüche begründen können.

cc) Nebeneinander der Begriffe

Debatin[657] geht nicht von einer Überlagerung der Betriebsstättenbegriffe des innerstaatlichen Rechts und des Abkommensrechts aus, vielmehr seien die Begriffe zu trennen, da sie nicht funktionsgleich seien und in verschiedene Richtungen wirkten.

So diene der Betriebstättenbegriff in den DBA der Abgrenzung der Steuerberechtigung zwischen den Vertragstaaten, während der innerstaatliche Betriebsstättenbegriff Grundlage für die materielle Steuerpflicht sei. Der innerstaatliche Begriff komme daher erst nach der Zuordnung des Besteuerungsrechts durch das Abkommen zum Tragen. Daher sei auch Vorsicht bei der Annahme geboten, der abkommensrechtliche Betriebsstättenbegriff sei enger als derjenige nach § 12 AO.

dd) Stellungnahme

Das weite Verständnis des Betriebsstättenbegriffs, wie es auch der Musterkommentar zu Grunde legt, kann nicht ohne weiteres übernommen werden. Der Begriffsinhalt kann nicht so weit gefasst werden, dass ein Gleichlauf mit dem Dienensbegriff des § 12 AO anzunehmen ist, da man nicht um den Wortlaut des Art. 5 OECD-MA umhin kommt, der die Unternehmenstätigkeit selbst meint. Dies ist schon begrifflich mehr als bloßes Dienen.

Art. 5 OECD-MA ist aber dahingehend zu verstehen, dass an die Bedeutung der Tätigkeit für das Unternehmen keine allzu hohen Anforderungen zu stellen sind[658], insbesondere kommt es nicht auf die Art der Tätigkeit in dem Sinne an, dass die Betriebsstätte die gleiche Tätigkeit wie das Stammhaus ausüben müsste[659]. Im Rahmen des § 12 AO reicht jede noch so unwesentliche Tätigkeit für das Entstehen der Betriebsstätte aus, während Art. 5 Abs. 4 OECD-MA be-

---

[657] Debatin, Helmut, DB 1989, 1692 und 1739, (1693).

[658] BFH, Urteil vom 23.01.1985 – I R 292/81, BFHE 143/325, BStBl. II 1985, 417.

[659] Görl, Maximilian, in: Vogel, Klaus/Lehner, Moris, Doppelbesteuerungsabkommen, Kommentar, 4. Aufl. 2003, Art. 5 Rn. 24.

stimmte Tätigkeiten, die die feste Geschäftseinrichtung ausübt, als Hilfstätigkeiten oder Tätigkeiten vorbereitender Art ausdrücklich nicht als betriebsstättenbegründend ansieht[660].

Daher überzeugt auch die Ansicht *Debatins*. Zwar ist seine Argumentation, der Unterschied zwischen den Begrifflichkeiten zeige sich schon daran, dass im innerstaatlichen Recht neben der Betriebsstätte nach § 49 Abs. 1 Nr. 2 Buchst. a EStG in Verbindung mit § 13 AO die Figur des ständigen Vertreters stehe, während das OECD-MA die Unternehmensvertretung in ihren Betriebsstättenbegriff mit Art 5 Abs. 5 OECD-MA einschließe, nicht ganz zwingend. Diese Tatsache dokumentiert nur, dass der nationale Betriebstättenbegriff enger als der Abkommensbegriff ist. Der unterschiedliche Sinn und Zweck der Vorschriften spricht jedoch gegen eine Überlagerung der Begriffe. An die Begriffe sind unterschiedliche Rechtsfolgen geknüpft. Das innerstaatliche deutsche Steuerrecht benutzt den Begriff „Betriebsstätte" zur Bestimmung der materiellen Steuerpflicht; im Rahmen des Abkommensrechts ist das Kriterium maßgeblich für die Zuordnung des Besteuerungsrechts an einen der Vertragsstaaten[661].

d) Internetserver als Betriebsstätte

Vorausgeschickt sei, dass die Frage, ob ein Server eine Betriebsstätte begründen kann, nicht einheitlich zu beantworten ist, da mit Hilfe des Servers die unterschiedlichsten Funktionen auf unterschiedlichste Art und Weise ausgeführt werden können. So kann der Server für Online-Geschäfte genutzt werden, also neben dem Abschluss des Vertrages auch die Ware über das Internet dem Kunden zur Verfügung stellen, wenn die Ware in Datenform zur Verfügung gestellt werden kann. Der Server kann aber auch nur den Vertragsabschluss begleiten, während die Ware herkömmlich ausgeliefert wird (Offline-Geschäft).

Der Unterschied zwischen innerstaatlichem Recht und Abkommensrecht zeigt sich vor allem im Hinblick auf vollautomatische, also ohne Personal arbeitende, Einrichtungen[662]. Hier ist nach innerstaatlichem Recht eher von einer Betriebstätte auszugehen als nach Abkommensrecht, da das Dienenselement des § 12 AO eher vorliegen dürfte als die Ausübung der Unternehmenstätigkeit im Sinne von Art. 5 OECD-MA. Im Abkommensrecht kann dies nicht ohne weiteres angenommen werden. Auch das Urteil des BFH vom 05.06.2002[663] brachte

[660] Günkel, Manfred, in: Becker, Helmut/Höppner, Horst-Dieter/Grotherr, Siegfried/Kroppen, Heinz-Klaus (Hrsg.), DBA - Kommentar, Teil 2, Loseblattsammlung, Stand Okt. 2005, Art. 5, Rn. 55.

[661] Debatin,Helmut, DB 1989, 1692 und 1739, (1693).

[662] Darunter fallen klassischerweise Spiel- und Warenautomaten; für Diskussionen sorgte in diesem Zusammenhang das „Pipeline-Urteil" des BFH (BFH Urteil vom 30.10.1996, II R 12/92, BStBl. II 1997, 12).

[663] BFH Urteil vom 05.06.2002 - I R 86/01, BFHE 199, 318; BStBl. II 2002, 683.

nicht die vielerseits erwartete Klärung, so dass weiterhin eine definitive Aussage der höchstrichterlichen Rechtsprechung fehlt. Der Lösungsweg des BFH war so gewählt, dass es auf das Vorliegen einer Betriebsstätte nicht mehr ankam.

aa) Rechtsprechung zur Server-Betriebsstättenproblematik

Dem Urteil des BFH vom 05.06.2002[664] lag ein deutsches Unternehmen zu Grunde, das in der Schweiz einen Server unterhielt. Dieser Server stellte für die schweizer Kundschaft Informationen zur Verfügung, die ein Schwesterunternehmen des deutschen Unternehmens bereitstellte. Der Server befand sich in einem von dem deutschen Unternehmen angemieteten Raum. Im Kern des Streits ging es darum, ob der Server selbst oder zumindest in Verbindung mit dem angemieteten Raum eine schweizer Betriebsstätte des deutschen Unternehmens darstellte. In der Vorinstanz wurde dies vom Schleswig-Holsteinischen FG[665] bejaht, mit durchaus nachvollziehbarer Begründung.

Der BFH konnte eine Stellungnahme zum Streitpunkt umgehen. Selbst bei Vorliegen einer Betriebsstätte für das deutsche Unternehmen wäre keine Steuerbefreiung nach dem DBA-Schweiz in Betracht gekommen, da diese nur für bestimmte „aktive" Betriebsstätteneinkünfte gewährt werden könne. In dem der Entscheidung zu Grunde liegenden Fall fehlte es daran, weil das deutsche Unternehmen den Schweizer Markt nicht selber belieferte, sondern seinem Schwesterunternehmen den Server zu diesem Zweck zur Verfügung stellte. Auch wenn der BFH keine klare Aussage zur Betriebsstätteneigenschaft des Servers traf, sind im Lauf der Verhandlung zwei Dinge aufgefallen:

Nachdem sich die OECD inzwischen dem „Pipeline-Urteil[666]" des BFH zu § 12 AO angeschlossen hat[667], gibt es für den BFH eigentlich keinen Grund, seine eigene Rechtsprechung aus dem „Pipeline-Urteil" wieder zu ändern. Außerdem hat der BFH die Sache an das FG zurückverwiesen mit dem Auftrag, zu ermitteln in welcher Höhe die Schweizer Steuer anzurechnen sei. Eine Steueranrechung ist nach Art. 24 Abs. 1 Nr. 2 DBA-Schweiz nur vorgesehen, wenn die schweizer Steuer in Übereinstimmung mit dem Abkommen erhoben wurde und

---

[664] BFH Urteil vom 05.06.2002 - I R 86/01, BFHE 199, 318; BStBl. II 2002, 683.

[665] Schleswig-Holsteinisches FG, Urteil vom 06.09.2001- II 1124/97, EFG 2001, 1535; Kaminski, Bert/Strunk, Günther, IWB Fach 3 Gruppe 2, 1037 ff.

[666] BFH, Urteil vom 30.10.1996 – II R 12/92, BFHE 181, 356, BStBl. II 1997, 12; Danach ist für die Annahme einer Betriebsstätte im Sinne des § 12 AO nicht in jedem Fall der Einsatz von Personal in oder an der Geschäftseinrichtung erforderlich, vielmehr reicht bei vollautomatisch arbeitenden Einrichtungen das Tätigwerden des Unternehmens mit der Geschäftseinrichtung aus.

[667] Die OECD geht mittlerweile davon aus, dass ein Server Betriebsstätte des ihn betreibenden Unternehmens sein kann, wenn entweder die durch ihn ausgeübte Funktionen signifikant und essentiell sind oder dem Kernbereich (core part) der Geschäftstätigkeit des Unternehmens zuzuordnen sind (vgl. Länderbericht zu IStR 3/2001, S. 1).

nicht zu erstatten ist. Wenn jedoch in der Schweiz keine Betriebsstätte bestanden hätte, dürften die Gewinne des deutschen Unternehmens nur in Deutschland besteuert werden; eine Schweizer Steuer wäre dann nicht „in Übereinstimmung mit dem Abkommen“ erhoben worden und müsste in der Schweiz erstattet werden. Bis ins Letzte konsequent wäre das Urteil daher nur, wenn es sich bei dem Server um eine Schweizer Betriebsstätte des deutschen Unternehmens handeln würde und dieser Betriebsstätte lediglich die aktiven Einkünfte fehlten[668].

bb) Auffassung der OECD im OECD-MK

Die derzeitige Fassung des Musterkommentars[669] zum OECD-MA setzt sich nun erstmals ebenfalls mit der Problematik der Betriebsstätteneigenschaften von Servern auseinander.

Formal betrachtet bilden die Ergänzungen des Musterkommentars einen ausführlichen, in sich geschlossenen Textblock, der die bestehende Kommentierung nicht ändert, sondern nur angefügt wird. Dies bringt zum Ausdruck, dass die OECD keine grundlegende Änderungen ihrer bisherigen Betrachtungsweise vornehmen, sondern nur zu einer neuen Form des Geschäftsverkehrs Stellung nehmen wollte[670].

Inhaltlich wird zunächst zwischen Server und Website unterschieden[671] und klargestellt, dass eine Website keinesfalls Betriebsstätte eines Unternehmens sein könne. Dies war konsequent, da eine Website nur eine Kombination aus Software und elektronischen Daten ist und keine körperliche Einrichtung darstellt. Im Unterschied dazu handelt es sich bei einem Server um einen Ausrüstungsgegenstand, der sich an einem physischen Ort befinde, der wiederum eine Betriebsstätte des Unternehmens darstellen könne, das den Server betreibt[672]. In Betracht komme eine Betriebsstätte also in der Art und Weise, dass der „Inhaber“ einer Website selbst über den Server verfügt oder dass ein Service Provider den Server betreibt[673].

Weiterhin muss der Server aber auch alle übrigen Betriebstättenvoraussetzungen erfüllen[674]. Dazu muss er hinreichend lange[675] an einem geografischen

[668] Buciek, Klaus, DStZ 2003, 139.

[669] Am 22.12.2000 einigte sich der Steuerausschuss der OECD auf eine Ergänzung des MK, wodurch Klarheit bei der Anwendung des Art. 5 OECD-MA auf den E-Commerce geschaffen werden soll.

[670] Kessler, Wolfgang/Peter, Markus, IStR 2001, 238, (239).

[671] Art. 5, Tz. 42.2 MK.

[672] Lüthi, Daniel, Die Anwendung des OECD-(bzw. DBA-) Betriebsstättenkonzepts auf den elektronischen Geschäftsverkehr, in: Locher, Peter/Rolli, Bernard/Spori, Peter, Festschrift Walter Ryser, 2005, Bern, S. 121, (124).

[673] Krabbe, Helmut, IStR 2003, 253, (256).

[674] Krabbe, Helmut, IStR 2003, 253, 256; Art. 5, Tz. 42.5 MK.

Ort aufgestellt sein. Durch den Server muss auch die Geschäftstätigkeit des Unternehmens ausgeübt werden[676]. Dazu ist nicht erforderlich, dass an dem Aufstellungsort Personal des Unternehmens tätig ist[677].

Schließlich darf der Server nicht nur Hilfsbetriebsstätte im Sinne des Art. 5 Abs. 4 OECD-MA sein. Dies hängt im Wesentlichen von dem Betätigungsfeld und der Natur des den Server betreibenden Unternehmens ab. Einige regelmäßig in Frage kommenden Hilfstätigkeiten werden im OECD-Musterkommentar exemplarisch aufgeführt. Dazu zählen die Herstellung von Kommunikationsverbindungen (vergleichbar Telefonleitungen), die Werbung für Güter oder Dienstleistungen (gemeint ist Werbung für das Unternehmen selbst, vgl. OECD-MK zu Art. 5 OECD-MA), die Übertragung von Informationen durch einen Spiegelserver aus Gründen der Datensicherheit, die Erhebung von Marktdaten für das Unternehmen und das Erteilen von Auskünften.

cc) Auffassung der Finanzverwaltung der Bundesrepublik

Die Finanzverwaltung hat sich zur Problematik der Serverbetriebsstätte bislang recht bedeckt gehalten. Der sogenannte Betriebstättenerlass[678] äußert sich zu der Problematik nicht[679]. Lediglich die OFD Karlsruhe hat sich knapp mit der Frage auseinandergesetzt[680] und möchte ungeachtet des bereits angesprochenen Pipeline Urteils[681] Server im Ausland nicht als Auslandsbetriebsstätten behandeln. Die Verfügung nimmt allerdings lediglich Bezug auf die Nutzung des Servers als Werbeplattform für ein Unternehmen und als Einrichtung zur Entgegennahme von Bestellungen. Bei diesen Tätigkeiten handele es sich nur um vorbereitende Handlungen im Sinne des Art. 5 Abs. 4 OECD-MA. Damit verneint die OFD Karlsruhe die grundsätzliche Betriebsstätteneigenschaft des Servers nicht[682]. Die notwendige differenzierende Begründung bleibt die OFD Karlsruhe schuldig.

Anzumerken ist an dieser Stelle, dass die Finanzverwaltung – entgegen ihrer vorhergehenden Argumentation – in Fällen, in denen ausländische Unternehmen Server im Inland in Betrieb haben, diese sehr wohl als Betriebsstätte betrachten[683].

---

[675] Art. 5, Tz. 42.4 MK (ohne dass der MK selbst näher bestimmt, was als Mindestdauer anzusetzen ist).
[676] Art. 5, Tz. 42.6 MK.
[677] Art. 5, Tz. 42.7 MK.
[678] BMF vom 24.12.1999, IV B 4 – S 1300 – 111/99, BStBl. I 2000, 1076 ff.
[679] Strunk, Günther/Kaminski, Bert, IStR 2000, 33, (35); Herlinghaus, Andreas, EFG 2001, 1537 (1538).
[680] OFD Karlsruhe, Vfg. vom 11.11.1998, S 1301 A – St 332, IStR 1999, 439.
[681] BFH Urteil vom 30.10.1996, II R 12/92, BStBl. II 1997, 12.
[682] Kessler, Wolfgang/Maywald, Andreas/Peter, Markus, IStR 1999, 439, (440).
[683] Herlinghaus, Andreas, EFG 2001, 1537 (1538).

ee) Literatur

(1) Versagung der Betriebsstätteneigenschaft

Insbesondere *Görl*[684] hält die Frage, ob ein Internetserver eine Betriebsstätte begründen kann auch nach Ergänzung des Musterkommentars für nicht zureichend geklärt.

Mit der weiten Auslegung des Betriebsstättenbegriffs würde der technischen Entwicklung nicht wirklich Rechnung getragen. Im Ergebnis führe dies zu einer Abkehr vom Betriebsstättenprinzip. Bei Servern sei die notwendige Intensität der Teilnahmen am Wirtschaftsverkehr des Standortstaates nicht gegeben, welcher Grundgedanke des Betriebsstättenprinzips sei[685]. Befinde sich nur ein Computerlaufwerk ohne nennenswerte Anforderungen an die örtliche Infrastruktur und ohne zwingende, allenfalls zufällige Außenwirkung am Standort, rechtfertige dies noch keine Besteuerung am Standort des Servers. Deutlich werde dies auch beim Vergleich mit dem Betrieb von Verkaufsautomaten, die stets Geschäfte in der Jurisdiktion ihres Belegenheitsstaates tätigten. Server-Betriebsstätten könnten dagegen gerade auch unter Ausschluss des Belegenheitsstaates operieren[686].

Einen anderen Ansatz wählt *Pinkernell*[687]. Es fehle an der notwendigen geschäftlichen Bindung der unternehmerischen Tätigkeit an den Quellenstaat. Insbesondere kämen einzelne Vertragsschlüsse nicht durch wiederholte Willenserklärungen des Servers im Quellenstaat zustande. Vielmehr liege eine einmalige Willenserklärung des Unternehmers mit Aufstellung des Servers vor, mit einem unbestimmten Kundenkreis Kaufverträge abschließen zu wollen. Dies allein rechtfertige nach Sinn und Zweck des Betriebsstättenprinzips nicht die Verlagerung des Besteuerungsrechts in den Quellenstaat.

Da eine Ertrags- und Aufwandszuordnung nicht ohne Schwierigkeiten möglich sei, biete sich aus pragmatischen Gesichtspunkten an, den Server als Betriebsstätte in den Ausnahmekatalog des Art. 5 Abs. 4 OECD-MA aufzunehmen[688].

---

684 Görl, Maximilian, in: Vogel, Klaus/Lehner, Moris, Doppelbesteuerungsabkommen, Kommentar, 4. Aufl. 2003, Art. 5 Rn. 29, (m.w.N).

685 Vgl. dazu bereits oben, 2. Teil B)I)4)b).

686 Steimel, Frank, IStR 2000, 490 (495).

687 Pinkernell, Reimar, StuW 1999, 281, (286).

688 Görl, Maximilian, in: Vogel, Klaus/Lehner, Moris, Doppelbesteuerungsabkommen, Kommentar, 4. Aufl. 2003, Art. 5 Rn. 29.

(2) Bejahung der Betriebsstätteneigenschaft

Die Autoren, die sich für eine Anerkennung von Serverbetriebsstätten aussprechen[689], halten dies für eine notwendige Fortentwicklung des Betriebsstättenprinzips. Auch ein Server sei eine Geschäftseinrichtung, die mit der Erdoberfläche in Beziehung stehe. Eine Web-Site alleine könne jedoch mangels körperlicher Verfestigung keine Betriebsstätte begründen[690]. Dies könnten nur Internet-Server, die eine wirtschaftlich bedeutsame Funktion innerhalb des Unternehmens ausübten. Da letztlich die Funktion der Betriebsstätte für die Einkunfts- und Vermögenszuordnung, nicht aber die Art und Weise der Ausübung dieser Funktion maßgeblich sei, müsse auch ein Internet-Server eine Betriebsstätte sein können[691]. Ein Server sei auch fest im Sinne der Betriebsstättendefinition, wenn er über sechs Monate an einem geographischen Ort aufgestellt sei[692]

ff) Stellungnahme

Die technische Entwicklung darf im Rahmen des Betriebsstättenbegriffs nicht unberücksichtigt bleiben, so dass die generelle Ausklammerung der Serverbetriebsstätte nicht richtig erscheint. Dies würde die Ungleichbehandlung eines ganzen Wirtschaftszweiges bedeuten. Demzufolge kann der Begriff der Betriebsstätte nicht abschließend festgelegt werden. Vielmehr handelt es sich um einen der Wandlung unterworfenen Begriff, der ständig der Wirtschaftswirklichkeit angepasst werden muss. Im Rahmen des Betriebsstättenprinzips soll dem Quellenstaat nur der Gewinn zur Besteuerung überlassen werden, der dem Leistungsbeitrag der Betriebsstätte am Erfolg des gesamten Unternehmens entspricht. Zur Feststellung dieser Größe sind die von Stammhaus und Betriebsstätte wahrgenommenen Funktionen zu analysieren[693]. Ausgehend von der Beurteilung der Funktion, die ein Internet-Server oder eine andere vollautomatische Einrichtung ausübt, kann die Tatsche, dass diese Funktion nicht manuell durch eine natürliche Person ausgeübt wird, sondern durch eine Maschine oder Computerprogramme nicht zur Versagung der Betriebsstätteneigenschaft führen[694]. Da demzufolge die Funktion, die der Server ausübt entscheidend ist, kann es

---

689 Herlinghaus, Andreas, EFG 2001, 1537 (1538); Kessler, Wolfgang/Peter, Markus, IStR 2001, 238, (241); Krabbe, Helmut, IStR 2003, 253, (256); Kolb, Andreas/Lang, Michael/Loukota, Helmut/Waldenburger, Robert/Waters, Mike/Wolff, Ulrich, SWI 2002, 477, (478); Schwarz, Michael, FR 2003, 280, (284 f); Strunk, Günther/Kaminski, Bert, IStR 2001, 161, (162).

690 Schwarz, Michael, FR 2003, 280, (284);

691 Strunk, Günther/Kaminski, Bert, IStR 2001, 161, (162).

692 Krabbe, Helmut, IStR 2003, 253, (256).

693 Bendlinger, Stefan, SWI 1997, 104, (106.)

694 Strunk, Günther/Kaminski, Bert, IStR 2001, 161, (162); ähnlich Herlinghaus, Andreas, EFG 2001, 1537 (1538).

auch nicht darauf ankommen, wie zivilrechtlich ein etwaiger servergestützter Vertragsschluss herbeigeführt wird.

Keine Probleme ergeben sich dabei insbesondere, wenn ein Service-Provider den Server nutzt, um damit Dienstleistungen an andere Unternehmen zu erbringen. Zu denken ist dabei beispielsweise an das zur Verfügung stellen von Speicherplatz für eine Website. Eine reine Hilfstätigkeit liegt dann nicht mehr vor, es handelt sich vielmehr um den Kern der Geschäftstätigkeit[695]. Die Ausübung einer Haupttätigkeit durch eine Server-Betriebsstätte wäre ebenfalls gegeben, wenn der Server selbständig einen Vertragsschluss herbeiführen würde und für die Auslieferung der bestellten Waren sorgen würde[696]. Anhaltspunkt für die Abgrenzung zu reinen Vorbereitungs- und Hilfstätigkeiten kann der satzungsmäßige Unternehmenszweck sein.

Die Bedenken von *Görl*[697] im Hinblick auf die Aufwands- und Ertragszuordnung relativieren sich zudem, wenn man berücksichtigt, dass im Normalfall der Betrieb eines Servers so wenig unternehmerischen Einsatz erfordert und so wenig unternehmerisches Risiko birgt, dass die wirtschaftliche Bedeutung von Internet-Servern möglicherweise gar nicht so hoch anzusiedeln ist wie die rege Diskussion des Themas vermuten lässt[698].

5) Zusammenfassung 6

Maßgeblich für die Behandlung von Unternehmensgewinnen im Abkommensrecht ist Art. 7 OECD-MA. Dieser enthält in Abs. 1 S. 1 2. Hs. das sogenannte Betriebsstättenprinzip. Demzufolge können der Betriebsstätte eines Unternehmens zurechenbare Gewinne durch den Betriebsstättenstaat besteuert werden. Ansonsten bleibt es beim Besteuerungsrecht des Sitzstaates des Unternehmensstammhauses. Durch das Kriterium der Zurechenbarkeit wird gleichzeitig klargestellt, dass im Betriebsstättenstaat kein Attraktionsprinzip gilt.

Bei Personengesellschaften besteht für Staaten, die Personengesellschaften nach dem Transparenzprinzip besteuern, nach absolut herrschender Meinung die Besonderheit, dass die Gesellschafter der Personengesellschaft jeweils das eigentliche Unternehmen betreiben und so die Unternehmensstammhäuser bilden. Die Betriebsstätte eines solchen Unternehmens ist die Personengesellschaft. Die Betriebsstätten der Personengesellschaft werden wiederum ebenfalls anteilig in Höhe seiner Beteiligung an der Gesellschaft dem Gesellschafter zugerechnet.

---

695 Krabbe, Helmut, IStR 2003, 253, (256).
696 Kessler, Wolfgang/Maywald, Andreas/Peter, Markus, IStR 1999, 439.
697 Görl, Maximilian, in: Vogel, Klaus/Lehner, Moris, Doppelbesteuerungsabkommen, Kommentar, 4. Aufl. 2003, Art. 5 Rn. 29, (m.w.N).
698 Buciek, Klaus, DStZ 2003, 139, (144); Kessler, Wolfgang/Peter, Markus, IStR 2001, 238, (242).

Der Begriff „Unternehmensgewinn“ im Sinne des Art. 7 OECD-MA ist zweigliedrig.

Die Bedeutung des Teils „Gewinn“ lässt sich weder aus dem Wortlaut noch aus dem Gesamtzusammenhang des Abkommens bestimmen. Die Begriffsbedeutung ist damit aus dem innerstaatlichen Recht der Vertragsstaaten abzuleiten. Allgemein ist der Gewinn demzufolge die Bemessungsgrundlage für die Besteuerung nach innerstaatlichem Recht.

Der Begriff des Unternehmens nach Art. 7 OECD-MA ist jedoch entgegen der herrschenden Meinung in der Literatur nicht dem innerstaatlichen Recht der Vertragsstaaten zu entnehmen. Nach Ansicht des Verfassers lässt sich die Bedeutung des Begriffs autonom aus dem OECD-MA gewinnen, was den in dieser Untersuchung erarbeiteten Auslegungsgrundsätzen für DBA entspricht. Eine ausdrückliche Begriffsdefinition enthält das OECD-MA nicht. Der Begriffsinhalt ergibt sich jedoch aus dem Abkommenszusammenhang, insbesondere aus der Zusammenschau der Art. 3 Abs. 1 Buchst. d und Art. 3 Abs. 1 Buchst. c OECD-MA und der besonderen Abkommenssystematik des Vorrangs der spezielleren Einkunftsarten vor den allgemeineren Unternehmensgewinnen. Der Ausdruck „betreiben“ in Art. 3 Abs. 1 Buchst. d OECD-MA und der Bezug zur Ausübung einer Geschäftstätigkeit in Art. 3 Abs. 1 Buchst. c OECD-MA machen deutlich, dass der Betreiber eines Unternehmens eine aktive Tätigkeit derart ausüben muss, dass er die Geschicke der Gesellschaft beeinflusst, und Unternehmensgewinne daher insbesondere von den Einkünften aus Vermögensverwaltung abzugrenzen sind. Dem Erfordernis einer aktiven Betätigung ist auch zu entnehmen, dass der Unternehmer darüber hinaus ein Geschäftsrisiko tragen muss.

Daher kann nach Ansicht des Verfassers als Voraussetzung für eine unternehmerische Tätigkeit im Sinne des Art. 7 OECD-MA das Vorliegen von Unternehmerrisiko und Unternehmerinitiative herangezogen werden. Der Inhalt dieser Begriffe ist dem innerstaatlichen deutschen Steuerrecht nicht fremd. Die Elemente, die die Begriffe Mitunternehmerinitiative und Mitunternehmerrisiko im innerstaatlichen deutschen Steuerrecht ausfüllen, prägen demzufolge auch den abkommensrechtlichen Unternehmensbegriff.

Auf diese Art und Weise ergibt sich für die beteiligten Vertragsstaaten ein verbindlicher Bedeutungsinhalt des Begriffs „Unternehmen“ und damit der Einkünfte des Personengesellschaftsgesellschafters, die unter Art. 7 OECD-MA fallen. Dies gilt jedoch nur, soweit die Vertragsstaaten übereinstimmend dem Transparenz- oder dem Intransparenzprinzip folgen. Im Falle eines Zuordnungskonflikts wird der Staat, der Personengesellschaften nach dem Trennungsprinzip besteuert die Einkünfte, die letztlich beim Gesellschafter ankommen, abkommensrechtlich zutreffend als Dividenden qualifizieren. Der andere Vertragsstaat dagegen, der die Personengesellschaft transparent besteuert, wird beim Gesellschafter Einkünfte nach Art. 7 OECD-MA annehmen. So kann es zur Doppelbesteuerung oder Doppelfreistellung der Einkünfte kommen.

Das in Art. 7 Abs. 1 OECD-MA niedergelegte Betriebsstättenprinzip dient der Abgrenzung des Besteuerungsrechts des Sitzstaates eines Unternehmens. Ihm liegt die Überlegung zu Grunde, dass Einkünfte aus einer Erwerbstätigkeit erst dann von einem anderen Staat als dem Sitzstaat des Unternehmens besteuert werden dürfen, wenn die Erwerbstätigkeit zu einer intensiven geschäftlichen Bindung an diesen anderen Staat beziehungsweise zu einer hinreichenden Verdichtung der Aktivitäten in diesem Staat geführt hat (Prinzip der Wirtschaftszugehörigkeit). An diesem Erfordernis sind auch die Voraussetzungen für das Vorliegen einer abkommensrechtlichen Betriebsstätte ausgerichtet. Eine Definition des Betriebsstättenbegriffs findet sich in Art. 5 OECD-MA. Demnach muss eine feste Geschäftseinrichtung vorliegen, durch die die Geschäftstätigkeit eines Unternehmens ganz oder teilweise ausgeübt wird. Dies ist der Fall, wenn eine Einheit unternehmerisch nutzbarer, sachlicher Mittel vorliegt, über die das Unternehmen nicht nur vorübergehend Verfügungsgewalt durch tatsächliche physische Nutzung besitzt. In zeitlicher Hinsicht ist eine Tätigkeit von sechs Monaten erforderlich aber auch ausreichend.

Auch das deutsche innerstaatliche Steuerrecht kennt den Begriff der Betriebsstätte. Die Definition ist jedoch weiter als diejenige im Abkommensrecht. So ist es nach § 12 AO ausreichend, wenn die Betriebsstätte der Tätigkeit des Unternehmens nur dient, während Art. 5 OECD-MA die Ausübung der Geschäftstätigkeit des Unternehmens selbst durch die Betriebsstätte verlangt. Das weite Verständnis des Betriebsstättenbegriffs, das im OECD-MK zum Ausdruck kommt, ist daher insbesondere mit Blick auf das deutsche innerstaatliche Recht problematisch.

Zum Verhältnis der abkommensrechtlichen Betriebsstätte zur Betriebsstätte nach deutschem innerstaatlichen Recht vertritt der Verfasser mit einer Mindermeinung in der Literatur, dass Art. 5 OECD-MA keine Vorrangstellung im Sinne einer lex specialis Norm vor § 12 AO einnimmt. Vielmehr stehen beide Betriebstättenbegriffe nebeneinander, was sich aus ihrer unterschiedlichen Funktion ergibt. Im innerstaatlichen deutschen Steuerrecht dient der Begriff „Betriebsstätte“ zur Bestimmung der materiellen Steuerpflicht, im Abkommensrecht ist er dagegen maßgeblich für die Zuordnung des Besteuerungsrechts an einen der Vertragsstaaten.

Trotz des gegenüber dem deutschen innerstaatlichen Steuerrecht engeren Begriffsinhalts können automatische Einrichtungen wie Internetserver auch abkommensrechtlich Betriebsstätten darstellen. Dies entspricht der wohl herrschenden Meinung in der Literatur und der Ansicht des Fiskalausschusses der OECD. Die deutsche Rechtsprechung scheint ebenfalls dahin zu tendieren, während die deutsche Finanzverwaltung zumindest ausländischen Servern die Betriebsstätteneigenschaft absprechen will. Eine Website ist nach allgemeiner Ansicht jedoch keine Betriebsstätte. Auch ein Internetserver kann die Tätigkeit eines Unternehmens ausüben. Deutlich wird dies, wenn der Server Musik, Bildmaterial oder andere digitalisierte Informationen direkt als Ware Kunden zur Verfügung stellt. Er übernimmt damit letztlich keine andere Funktion als ein herkömmliches Ladenlokal.

Im Ergebnis ist der Betriebsstättenbegriff aufgrund der Änderung der Wirtschaftswirklichkeit einem ständigen Wandel unterworfen. Nach meiner Auffassung ist anhand einer Analyse der Leistungsbeiträge der verschiedenen Unternehmensteile festzustellen, welche Rolle die jeweiligen Einheiten für den Erfolg des Gesamtunternehmens spielen. Ein Server kann grundsätzlich einen Leistungsbeitrag zum Erfolg des Gesamtunternehmens erbringen. Ausgehend von einer solchen Analyse wird klar, dass es für das Vorliegen einer Betriebsstätte nicht darauf ankommen kann, ob bestimmte Funktionen innerhalb eines Unternehmens durch Personal, durch Maschinen oder Computerprogramme ausgeübt werden. Es ist allerdings zu beachten, dass die durch den Server ausgeübte Tätigkeit nicht nur eine reine Hilfs- oder Vorbereitungstätigkeit (vgl. Art. 5 Abs. 4 OECD-MA) darstellt. Einen Anhaltspunkt dafür kann ein Abgleich mit dem satzungsmäßigen Unternehmenszweck geben.

II) Betriebsstättenvorbehalt

Der Betriebsstättenvorbehalt bezweckt in Fortschreibung des Betriebsstättenprinzips die Zuweisung des Besteuerungsrechts hinsichtlich bestimmter Einkünfte eines Unternehmens unter Berücksichtigung der wirtschaftlichen Verhältnisse. Sinn und Zweck des Betriebsstättenvorbehalts ist, Erträge aus Wirtschaftsgütern, die von der Betriebsstätte genutzt werden und zu ihrem Ergebnis beigetragen haben, nur im Betriebsstättenstaat zu besteuern[699].

Zunächst bestimmt jedoch Art. 7 Abs. 7 OECD-MA, dass Einkünfte, die zum Gewinn eines Unternehmens gehören und auch die Voraussetzungen anderer Verteilungsnormen erfüllen, vorrangig nach diesen speziellen Artikeln zu behandeln sind[700] (isolierende Betrachtungsweise[701]). Dies sind insbesondere die Art. 6, 10, 11 und 12 OECD-MA, die sich mit Einkünften aus unbeweglichem Vermögen, Dividenden, Zinsen und Lizenzgebühren befassen. Der Quellenstaat hat dann die Möglichkeit, eine Quellensteuer zu erheben, die sich am Bruttobe-

---

[699] BFH, Urteil vom 30.08.1995, I R 112/94, BFHE 179, 48, BStBl. II 1996; FG Baden-Württemberg, Urteil vom 05.04.2000 – 12 K 98/98.

[700] Vgl. auch OECD-MK zu Art. 7, Tz. 35.

[701] Wassermeyer, Franz, in: Debatin, Helmut/Wassermeyer, Franz, Doppelbesteuerung Kommentar Band I, Loseblattsammlung, Stand Mai 2006, vor Art. 6-22, Rn. 21; Riemenschneider, Sven, Abkommensberechtigung von Personengesellschaften und abkommensrechtliche Behandlung der Einkünfte aus Beteiligungen inländischer Gesellschafter an ausländischen Personengesellschaften, 1995, S. 103; Schaumburg, Harald, Internationales Steuerrecht, 2. Aufl. 1998, Tz. 16.207.

trag der Einnahmen bemisst[702], allerdings der Höhe nach begrenzt[703]. Soweit es sich aber um Einkünfte aus Dividenden, Zinsen oder Lizenzgebühren handelt, wird diese systematische Grundaussage durch den in den Art. 10 Abs. 4, Art. 11 Abs. 4 und Art. 12 Abs. 3OECD-MA niedergelegten sogenannten Betriebsstättenvorbehalt eingeschränkt[704]. Der Betriebsstättenvorbehalt wirkt als eine Art Rückfallklausel[705] so, dass die in der speziellen Zuteilungsnorm allgemein vorgenommene Aufteilung des Besteuerungsrechts zwischen Quellenstaat (Quellensteuerberechtigung) und Wohnsitzstaat (umfassendes Besteuerungsrecht) dann nicht gilt, wenn in dem anderen Staat eine Betriebsstätte unterhalten wird und die Erträge dieser Betriebsstätte zuzurechnen sind. Der Betriebsstättenvorbehalt nimmt dem Ansässigkeitsstaat des Vergütungsgläubigers das diesem zunächst nach Art. 10, Art. 11 beziehungsweise Art. 12 OECD-MA eingeräumte Besteuerungsrecht[706]. Der Betriebsstättenstaat kann dann den Nettobetrag der Unternehmensgewinne besteuern, ohne Beschränkung des Besteuerungsumfangs[707]. Im Ergebnis gilt dies auch für Art. 13 Abs.2 OECD-MA für Veräußerungsgewinne und für Art. 21 Abs. 2 OECD-MA für von den Abkommen nicht betroffenen Einkünfte, insbesondere Einkünfte aus Drittstaaten[708].

---

[702] Arnold, Brian J., IBFD 2006, 5; Gündisch, Stephan, Personengesellschaften im DBA-Recht, 2004, S. 122; Kluge, Volker, Betriebsstättenvorbehalt und Methodenartikel - ein Beitrag zur autonomen Abkommensauslegung, in: Gocke Rudolf/Gosch, Dietmar/Lang, Michael, Festschrift für Franz Wassermeyer, 2005, S. 663, (666).

[703] Vgl. Art. 10 Abs. 2, Art. 11 Abs. 2 OECD-MA, jeweils in Verbindung mit Art. 7 Abs. 7 OECD-MA.

[704] Riemenschneider, Sven, Abkommensberechtigung von Personengesellschaften und abkommensrechtliche Behandlung der Einkünfte aus Beteiligungen inländischer Gesellschafter an ausländischen Personengesellschaften, 1995, S. 103. Eine ensprechende Vorschrift enthält Art.21 Abs. 2 OECD-MA für „andere Einkünfte".

[705] Kluge, Volker, Betriebsstättenvorbehalt und Methodenartikel - ein Beitrag zur autonomen Abkommensauslegung, in: Gocke Rudolf/Gosch, Dietmar/Lang, Michael, Festschrift für Franz Wassermeyer, 2005, S. 663.

[706] Grützner, Dieter, in: Becker, Helmut/Höppner, Horst-Dieter/Grotherr, Siegfried/Kroppen, Heinz-Klaus (Hrsg.), DBA - Kommentar, Loseblattsammlung, Stand Okt. 2005, Teil 2, Vor Art. 10-12, Rn. 44/5.

[707] Arnold, Brian J., IBFD 2006, 5; Gündisch, Stephan, Personengesellschaften im DBA-Recht, 2004, S. 122; Kluge, Volker, Betriebsstättenvorbehalt und Methodenartikel - ein Beitrag zur autonomen Abkommensauslegung, in: Gocke Rudolf/Gosch, Dietmar/Lang, Michael, Festschrift für Franz Wassermeyer, 2005, S. 663, (666); Piltz, Detlev J., Zur Ermittlung und Besteuerung grenzüberschreitender Sondervergütungen - das Verhältnis von nationalem Recht und DBA, in: Gocke Rudolf/Gosch, Dietmar/Lang, Michael, Festschrift für Franz Wassermeyer, 2005, S. 747, (750).

[708] Piltz, Detlev, J., in: Mössner, Jörg Manfred u. a., Steuerrecht international tätiger Unternehmen, 3. Aufl., 2005, Tz. F 28.

Allerdings bezieht sich der Betriebsstättenvorbehalt nur auf Fälle, in denen die fraglichen Einkünfte den Regelungen des Art. 7 OECD-MA unterfallen[709].

Voraussetzung für das Eingreifen des Betriebsstättenvorbehalts ist, dass das Stammrecht der jeweiligen Spezialeinkünfte „tatsächlich" zur Betriebsstätte gehört. Das gleiche gilt für die den Einkünften zu Grunde liegenden Vermögenswerte[710]. Dahinter steht der Gedanke, dass ein Besteuerungsrecht des Ansässigkeitsstaates den wirtschaftlichen Verhältnissen nicht gerecht würde, wenn Grundlage für den Bezug von Dividenden, Zinsen und Lizenzgebühren Vermögenswerte sind, die die wirtschaftlichen Aktivitäten der Betriebsstätte wesentlich bestimmen und so dazu beitragen, dass die Betriebsstätte Einkünfte erzielt[711].

Soweit Einkünfte aus unbeweglichem Vermögen gemäß Art. 6 OECD-MA betroffen sind, bleibt es jedoch endgültig bei der von Art. 7 Abs. 7 OECD-MA vorgenommenen Zuteilung, da Art. 6 OECD-MA keine Rückverweisungsregelung enthält. Vielmehr trifft Art. 6 Abs. 4 OECD-MA eine endgültige Zuordnung, indem dort klargestellt wird, dass das Besteuerungsrecht beim Belegenheitsstaat verbleibt, selbst wenn es sich um Einkünfte aus unbeweglichem Vermögen eines Unternehmens handelt.

1) Tatsächliche Zugehörigkeit

Der zentrale Begriff des Betriebsstättenvorbehalts ist die „tatsächliche Zugehörigkeit" der den Einkünften zu Grunde liegenden Vermögenswerte.

---

[709] Grützner, Dieter, in: Becker, Helmut/Höppner, Horst-Dieter/Grotherr, Siegfried/Kroppen, Heinz-Klaus (Hrsg.), DBA - Kommentar, Loseblattsammlung, Stand Okt. 2005, Teil 2, Vor Art. 10-12, Rn. 45/9.

[710] Günkel, Manfred, in: Becker, Helmut/Höppner, Horst-Dieter/Grotherr, Siegfried/Kroppen, Heinz-Klaus (Hrsg.), DBA - Kommentar, Teil 2, Loseblattsammlung, Stand Okt. 2005, Art. 5, Rn. 6.

[711] Grützner, Dieter, in: Becker, Helmut/Höppner, Horst-Dieter/Grotherr, Siegfried/Kroppen, Heinz-Klaus (Hrsg.), DBA - Kommentar, Loseblattsammlung, Stand Okt. 2005, Teil 2, Vor Art. 10-12, Rn. 44/5.

a) Funktionaler Zusammenhang mit der Tätigkeit der Betriebsstätte

Nach der herrschenden Meinung in Rechtsprechung[712] und Literatur[713] ist maßgeblich für die tatsächliche Zugehörigkeit ein funktionaler Zusammenhang der betreffenden Vermögenswerte zu der in der Betriebstätte ausgeübten Tätigkeit. Insoweit könnten die zu § 8 AStG entwickelten Grundsätze der funktionalen Betrachtungsweise sinngemäß angewendet werden. Deshalb sei auf die Tätigkeit abzustellen, der nach der allgemeinen Verkehrsauffassung das Schwergewicht innerhalb der Betriebsstätte zukomme. Im Urteil vom 30.08.1995[714] trifft der BFH eine Zuordnung der Wirtschaftsgüter zu einer Betriebsstätte nach dem Sinn und Zweck des Betriebsstättenvorbehalts. Durch den Betriebsstättenvorbehalt sollen Erträge aus Wirtschaftsgütern, die von der Betriebsstätte genutzt werden und zu ihrem Betriebsergebnis beigetragen haben, dem Betriebsstättenstaat zur Besteuerung zugewiesen werden. So gesehen seien Zinsen und Lizenzgebühren nur dann Unternehmensgewinne im Sinne des Art. 7 DBA-Schweiz, wenn es sich um Nebenerträge handele, die nach der Verkehrsauffassung zu der Tätigkeit gehörten, bei der das Schwergewicht der in der Betriebsstätte ausgeübten Unternehmenstätigkeit liege. Außerdem trifft der BFH eine Differenzierung zwischen rechtlicher Zugehörigkeit eines Wirtschaftsguts und der tatsächlichen Zugehö-

---

[712] BFH, Urteil vom 30.08.1995 - I R 112,/94, BFHE 179, 48, BStBl. II 1996, BFH, Urteil vom 29.11. 2000 – I R 84/99, DStRE 2001, 600; BFH, Urteil vom 17.12.2003 - I R 47/02, BFH/NV 2004, 771.

[713] Lüdicke, Jürgen, Neue Entwicklung zur beschränkten Steuerpflicht, StBKR 1996, S. 425, (427); ders., Neue Entwicklungen der Besteuerung von Personengesellschaften im internationalen Steuerrecht, StBJB 1997/1998, S. 449, (469); ders. IStR 1999, 409, (410); Günkel, Manfred, Personengesellschaften mit ausländischen Gesellschaftern - Zurechnung von Beteiligungen und Sonderbetriebsausgaben/-einnahmen, in: StBJB 20023/2004, S. 667, (670); Lieber, Bettina, in: Becker, Helmut/Höppner, Horst-Dieter/Grotherr, Siegfried/Kroppen, Heinz-Klaus (Hrsg.), DBA - Kommentar, Teil 2, Loseblattsammlung, Stand Okt. 2005, Art. 7, Rn. 311, 332; Krabbe, Helmut, IStR 2002, 145, (147); Piltz, Detlev J., in: Debatin, Helmut/Wassermeyer, Franz, Doppelbesteuerung Kommentar Band I, Loseblattsammlung, Stand Mai 2006, Art. 7, Rn. 113; ders., in: Mössner, Jörg Manfred u. a., Steuerrecht international tätiger Unternehmen, 3. Aufl., 2005, Tz. F 28; ders., IStR 1996, 457 (461); Schaumburg, Harald, Internationales Steuerrecht, 2. Aufl. 1998, Tz. 16.260; ders., Stbg 1999, 97 und 156, (163).

[714] BFH, Urteil vom 30.08.1995 - I R 112/94, BFHE 179, 48, BStBl. II 1996, 563; So auch schon BFH, Urteil vom 27.02.1991 - I R 15/89, BFHE 164, 38, BStBl II 1991, 444; bestätigt in BFH, Urteil vom 29.11.2000 - I R 84/99, DStR 2001, 600; Greif, Martin, in: Mössner, Jörg Manfred u. a., Steuerrecht international tätiger Unternehmen, 3. Aufl., 2005, Tz. E 99; Lüdicke, Jürgen, Neue Entwicklungen der Besteuerung von Personengesellschaften im internationalen Steuerrecht, StBJB 1997/1998, S. 449, (469); Jacobs, Otto H., Internationale Unternehmensbesteuerung, Deutsche Investitionen im Ausland, Ausländische Investitionen im Inland, 5. Aufl. 2002, S. 455.

rigkeit im Sinne des Betriebsstättenvorbehalts[715]. Unbeachtlich sei daher die rein rechtliche Zuordnung, die § 15 Abs. 1 Nr. 2 und Abs. 3 EStG im innerdeutschen Steuerrecht vornehme[716]. Sonderbetriebsvermögen kann demnach aus Sicht der Rechtsprechung regelmäßig nur eine rechtliche Zugehörigkeit beigemessen werden[717]. So gehöre eine reine Kapitalanlage durch die Personengesellschaft ohne Bezug zum operativen Betrieb nicht tatsächlich zu der Betriebsstätte[718]. Einkünfte aus reiner Vermögensverwaltung können daher nicht schon deshalb als Unternehmensgewinne behandelt werden, weil sie in eine Betriebsstätte verlagert wurden die auch eine originär gewerbliche Tätigkeit ausübt[719].

Einige Autoren gehen dagegen von einem funktionalen Zusammenhang schon dann aus, wenn die den Einkünften zu Grunde liegenden Vermögenswerte dem Betriebsstättenvermögen durch den Unternehmer gewidmet werden, wofür die buchmäßige Erfassung[720] beziehungsweise die Eigenschaft als Gesamthandsvermögen[721] Indizwirkung habe. Unerheblich sei dann auch, welche Tätigkeiten die Personengesellschaft sonst ausübe[722].

Tatsächliche Zugehörigkeit aufgrund funktionalen Zusammenhangs mit der in der Betriebstätte ausgeübten aktiven Tätigkeit und damit Besteuerung durch

---

715 BFH, Urteil vom 26.02.1992 - I R 85/91, BFHE 168, 52, BStBl II 1993, 937; BFH, Urteil vom 27.02.1991 - I R 15/89, BFHE 164, 38, BStBl II 1991, 444, so auch Kluge, Volker, Das internationale Steuerrecht, Gemeinschaftsrecht, Außensteuerrecht, Abkommensrecht, 4. Aufl. 2000, S. 856, Rn. 202; Wassermeyer, Franz, IStR 1996, 83.

716 BFH, Urteil vom 27.02.1991, I R 15/89, BFHE 164, 38, BStBl II 1991, 444; BFH, Urteil vom 31. Mai 1995 I R 74/93, BFHE 178,74, BStBl. II 1995, 683, 563; BFH, Urteil vom 09.08.2006 – II R 59/05, RIW 2006, 952; Lüdicke, Jürgen, Neue Entwicklungen der Besteuerung von Personengesellschaften im internationalen Steuerrecht, StBJB 1997/1998, S. 449, (469); Schaumburg, Harald, Stbg 1999, 97 und 156, (163).

717 Greif, Martin, Steuergestaltung bei einer international tätigen Personengesellschaft, in: Haarmann, Wilhelm (Hrsg.), Unternehmensstrukturen und Rechtsformen im Internationalen Steuerrecht, 1996, S. 89, (109); Gündisch, Stephan, Personengesellschaften im DBA-Recht, 2004, S. 271; Schaumburg, Harald, Internationales Steuerrecht, 2. Aufl. 1998, Tz. 16.261.

718 BFH, Urteil vom 17.12.2003 - I R 47/02, BFH/NV 2004, 771.

719 Grützner, Dieter, in: Becker, Helmut/Höppner, Horst-Dieter/Grotherr, Siegfried/Kroppen, Heinz-Klaus (Hrsg.), DBA - Kommentar, Loseblattsammlung, Stand Okt. 2005, Teil 2, Vor Art. 10-12, Rn. 49/1.

720 Baranowski, Karl-Heinz, Besteuerung von Auslandsbeziehungen, 2. Aufl. 1996, Rn. 272; Schaumburg, Harald, Internationales Steuerrecht, 2. Aufl. 1998, Tz. 16.260; ders., Stbg 1999, 97 und 156, (163); Sonderbetriebsvermögen wird regelmäßig kein Aktivposten in der Gesamthandelsbilanz der Personengesellschaft, weshalb der BGH hier tatsächliche Zugehörigkeit verneint, vgl. BFH, Urteil vom 27.02.1991 -I R 15/89, BFHE 164, 38, BStBl. II 1991, 444; .

721 Lüdicke, Jürgen, Neue Entwicklungen der Besteuerung von Personengesellschaften im internationalen Steuerrecht, StBJB 1997/1998, S. 449, (470); Piltz, Detlev, J., in: Mössner, Jörg Manfred u. a., Steuerrecht international tätiger Unternehmen, 3. Aufl., 2005, Tz. F 28.

722 Piltz, Detlev, J., in: Mössner, Jörg Manfred u. a., Steuerrecht international tätiger Unternehmen, 3. Aufl., 2005, Tz. F 28.

den Betriebsstättenstaat liegt nach dem BFH[723] vor, wenn sich eine Komplementär-GmbH ausschließlich oder fast ausschließlich auf die Geschäftsführung einer GmbH & Co. KG beschränkt. In diesem Fall gehört die Beteiligung des Kommanditisten zum Sonderbetriebsvermögen II und die Gewinnausschüttung wird nach Art. 7 OECD-MA behandelt. Der BFH hat in diesem Urteil darauf hingewiesen, dass die KG hinsichtlich der GmbH-Beteiligung keine Verbindlichkeit passiviert hatte, was der entscheidende Unterschied zu den Urteilen zu US-Partnerships[724] sei. Nimmt die Komplementär-GmbH noch weitere Funktionen wahr, findet Art. 10 OECD-MA auf die Ausschüttungen Anwendung[725].

Gegen die tatsächliche Zugehörigkeit eines Vermögenswertes zu einer Betriebsstätte spreche, wenn die aus seiner Nutzung erzielten Einkünfte ebenso vom Inland aus hätten erzielt werden können oder wenn die aus seiner Nutzung erzielten Einkünfte ohne Einfluss auf die Höhe der Einkünfte seien, die aus der unternehmerischen Tätigkeit im engeren Sinne erzielt werden[726].

b) Finanzverwaltung der Bundesrepublik

Im Betriebsstättenerlass[727] hat sich die Finanzverwaltung nicht ausdrücklich zur Frage der tatsächlichen Zugehörigkeit geäußert, befasst sich aber in Tz. 2.4. mit der Zuordnung von Wirtschaftsgütern. Ganz allgemein sollen danach diejenigen positiven und negativen Wirtschaftgüter der Betriebsstätte zuzuordnen sein, die der Erfüllung der Betriebsstättenfunktion dienten. Dazu zählten vor allem die Wirtschaftsgüter, die zur ausschließlichen Verwertung und Nutzung durch die Betriebsstätte vorgesehen seien. Dies solle auch für die Wirtschaftsgüter gelten, aus denen Einkünfte erzielt würden, zu deren Erzielung die Tätigkeit der Betriebsstätte überwiegend beigetragen habe. Eine abschließende Beurteilung könne nur unter Würdigung der tatsächlichen Verhältnisse, insbesondere Struktur, Organisation und Aufgabestellung der Betriebsstätte im Unternehmen vorgenommen werden.

---

[723] BFH, Urteil vom 26.01.1992 - I R 85/91, BFHE 168, 52, BStBl II 1992, 937.

[724] BFH, Urteil vom 27.02.1991 – I R 15/89, BFHE 164, 38, BStBl. II 1991, 444; BFH, Urteil vom 27.02.1991 – I R 96/89, BFH/NV 1992, 385.

[725] Lieber, Bettina, in: Becker, Helmut/Höppner, Horst-Dieter/Grotherr, Siegfried/Kroppen, Heinz-Klaus (Hrsg.), DBA - Kommentar, Teil 2, Loseblattsammlung, Stand Okt. 2005, Art. 7, Rn. 335.

[726] BFH, Urteil vom 30.08.1995 - I R 112/94, BFHE 179, 48, BStBl. II 1996, 563; Grützner, Dieter, in: Becker, Helmut/Höppner, Horst-Dieter/Grotherr, Siegfried/Kroppen, Heinz-Klaus (Hrsg.), DBA - Kommentar, Loseblattsammlung, Stand Okt. 2005, Teil 2, Vor Art. 10-12, Rn. 49/1.

[727] BMF vom 24.12.1999, IV B 4 – S 1300 – 111/99, BStBl. I 1999, 1076 ff.

c) Tatsächliche Zugehörigkeit bestimmt sich nach dem innerstaatlichen Recht des Anwendestaates

Wolff[728] leitet aus der englischen Originalfassung des OECD-MA, wo es für tatsächlich zugehörig „effectively connected" heißt, dass hiermit ein „wirklicher" im Sinne eines wirtschaftlichen Zusammenhangs gemeint sei. Dem sei zu entnehmen, dass ein Gegensatz zur rein rechtlichen Zugehörigkeit nicht gewollt sei. Im Übrigen lasse sich aus dem Abkommensrecht nicht entnehmen, wann ein Wirtschaftsgut Teil des Betriebsstättenvermögens sei oder sonstwie tatsächlich zu einer Betriebsstätte gehöre, so dass dies nach dem innerstaatlichen Recht des Anwendestaates zu bestimmen sei. Das Abkommensrecht gebe lediglich die Abgrenzung vor, die Ausgestaltung habe jeder Vertragsstaat selbst vorzunehmen. Sachgerecht sei es, die Grundsätze anzuwenden, die im Betriebsstättenerlass[729] niedergelegt seien. Dort werde auf die Funktion der Betriebsstätte abgestellt.

d) Zweidimensionales Kausalitätsverständnis

Kleinedam[730] hat zum Tatbestandsmerkmal "tatsächliche Zugehörigkeit" ein anderes Verständnis entwickelt, das präziser als die unscharfen Formulierungen „funktionale", „wirkliche" oder „rechtliche" Zugehörigkeit sei.

Dabei sei das Problem der Einkünftezuordnung mithilfe eines zweidimensionalen Kausalitätsverständnisses zu lösen. Das Kausalitätserfordernis sei bei der Zurechung dem Grunde nach zu trennen in eine Formalzieldimension und eine Sachzieldimension, die bei der Zurechnung dem Grunde nach im Vordergrund stehe und dem Sachziel der Auslandsgesellschaft besondere Bedeutung bei der Zuordnung von Wirtschaftsgütern beimesse. Die Zugehörigkeit eines Wirtschaftsgutes im Abkommensrecht werde danach nach dem Unternehmensgegenstand der Gesellschaft bestimmt, aus dem sich das Sachziel der Gesellschaft ableite.

Anders als im innerstaatlichen Recht sei nicht im gleichen Maße eine mehr oder weniger willkürliche Zuordnung von Wirtschaftsgütern zum Betriebsvermögen möglich, nur weil ein bloßer Förderzusammenhang zum Betriebszweck besteht. Der Betriebsstättenvorbehalt stehe unter der alleinigen Zwecksetzung, dem Betriebsstättenstaat ausschließlich die Gewinne zur Besteuerung zuzuweisen, die durch die Betriebsstätte verursacht seien. Die Vorstellung, Zuordnungsfragen könnten allein unter Verweis auf die von der Betriebsstätte ausgeübten

---

[728] Wolff, Ulrich, Auslegungsfragen zu DBA-Regelungen über Unternehmensgewinne, in: Gocke Rudolf/Gosch, Dietmar/Lang, Michael, Festschrift für Franz Wassermeyer, 2005, S. 647, (661 f).

[729] BMF vom 24.12.1999, IV B 4 – S 1300 – 111/99, Tz. 2.4., BStBl. I 1999, 1076 ff.

[730] Kleinedam, Hans-Jochen, IStR 2004, 1, (4); ders. IStR 2000, 577, (578 f).

Funktion gelöst werden, gehe zu weit. Es bestünde die Gefahr, dass weite unternehmensinterne Funktionszuordnungen zur Begründung für die Zuordnung von Wirtschaftsgütern missbraucht würden.

e) Stellungnahme und hier vertretene Ansicht

Die Ansicht *Wollfs*[731] widerspricht der im Rahmen dieser Arbeit vertretenen Ansicht, wonach grundsätzlich der abkommensautonomen Auslegung der Vorzug zu geben ist[732]. Auch die Bedeutung des Tatbestandsmerkmals „tatsächliche Zugehörigkeit" lässt sich anhand des Abkommenszusammenhangs bestimmen, was sogleich gezeigt werden wird.

Die Vertreter der herrschenden Meinung bestimmen den Sinn und Zweck des Betriebsstättenvorbehalts zutreffend aus dem Abkommen selbst. Der BFH[733] führt dazu aus, nach Sinn und Zweck des Betriebsstättenvorbehalts seien Erträge aus Wirtschaftsgütern, die von der Betriebsstätte genutzt werden und zu ihrem Betriebsergebnis beigetragen haben, dem Betriebsstättenstaat zur Besteuerung zuzuweisen. Allerdings lassen die zur Umschreibung der tatsächlichen Zugehörigkeit verwendeten Begriffe, also die Ausdrücke „funktionaler Zusammenhang" oder „Nebenerträge", keine eindeutige Abgrenzung zu[734]. Nicht klar ist insbesondere, welches Ausmaß die aktive gewerbliche Tätigkeit haben muss, um einem funktionalen Zusammenhang mit nur „passiven" Vermögenswerten herzustellen[735]. Ein einigermaßen verlässliches Kriterium dürfte vorliegen, soweit einige Vertreter der herrschenden Ansicht[736] zum Gesamthandsvermögen gehörende Wirtschaftsgüter als tatsächlich zur Betriebsstätte zugehörig ansehen.

Nicht zwingend ist auch die Unterscheidung der herrschenden Ansicht zwischen rechtlicher und tatsächlicher Zugehörigkeit eines Wirtschaftsguts, zumindest soweit rechtliche Zugehörigkeit die tatsächliche Zugehörigkeit ausschließen soll. Denn es ist durchaus möglich, dass ein Wirtschaftsgut, das zum Sonderbetriebsvermögen des Gesellschafters gehört, derart intensiv von der Betriebsstätte genutzt wird und wesentlich zum Betriebstättenergebnis beiträgt, dass nach Sinn

---

[731] Siehe unter 2. Teil B)II)1)c).

[732] Vgl. unter 1. Teil C)4).

[733] BFH, Urteil vom 30.08.1995 - I R 112/94, BFHE 179, 48, BStBl. II 1996, 563; So auch schon BFH, Urteil vom 27.02.1991 - I R 15/89, BFHE 164, 38, BStBl II 1991, 444; bestätigt in BFH, Urteil vom 29.11.2000 - I R 84/99, DStR 2001, 600.

[734] Lüdicke, Jürgen, Neue Entwicklungen der Besteuerung von Personengesellschaften im internationalen Steuerrecht, StBJB 1997/1998, S. 449, (470).

[735] Lieber, Bettina, in: Becker, Helmut/Höppner, Horst-Dieter/Grotherr, Siegfried/Kroppen, Heinz-Klaus (Hrsg.), DBA - Kommentar, Teil 2, Loseblattsammlung, Stand Okt. 2005, Art. 7, Rn. 313.

[736] Lüdicke, Jürgen, Neue Entwicklungen der Besteuerung von Personengesellschaften im internationalen Steuerrecht, StBJB 1997/1998, S. 449, (470); Piltz, Detlev, J., in: Mössner, Jörg Manfred u. a., Steuerrecht international tätiger Unternehmen, 3. Aufl., 2005, Tz. F 28.

und Zweck des Betriebsstättenvorbehalts eine Zuweisung des Besteuerungsrechts an den Betriebsstättenstaat gewollt ist. Darüber hinaus führt die Fallgruppe der rechtlichen Zugehörigkeit zu neuen Qualifikationsproblemen im Verhältnis zu Staaten, die entweder Personengesellschaften intransparent besteuern oder trotz transparenter Besteuerung Leistungsbeziehungen zwischen Gesellschaft und Gesellschafter anerkennen.

Daher ist der Gedanke von *Kleinedam*[737] zielführend, wonach für die Zuordnung eines Wirtschaftsguts die Tätigkeit der Personengesellschaft zu analysieren sei. Kann der fragliche Vermögenswert nicht weggedacht werden, ohne dass die Gesellschaft ihre Tätigkeit nicht mehr ausüben kann, gehört der Vermögenswert tatsächlich zur Betriebsstätte. Die Anforderungen, die an notwendiges Betriebsvermögen gestellt werden, kommen dem recht nahe. Zum notwendigen Betriebsvermögen gehören Wirtschaftsgüter, die dem Betrieb in dem Sinne unmittelbar dienen, dass sie objektiv erkennbar zum unmittelbaren Einsatz im Betrieb selbst bestimmt sind[738]. Allerdings scheidet nach dem Grundsatz der abkommensautonomen Auslegung eine vollumfängliche Übernahme des Verständnisses des innerstaatlichen Begriffs des notwendigen Betriebsvermögens in das Abkommensrecht aus, da gerade auch Sonderbetriebsvermögen tatsächlich zu einer Betriebsstätte gehören kann. Maßgeblich sind also die tatsächlichen Verhältnisse in der zu beurteilenden Gesellschaft. Dabei sind stets auch die Entscheidungen der Geschäftsführung hinsichtlich der internen Organisation des Unternehmens zu berücksichtigen, sofern sie nicht offensichtlich missbräuchlich sind und nicht in krassem Widerspruch zu kaufmännischen und wirtschaftlichen Erwägungen stehen. Mithilfe dieser Grundsätze wäre insbesondere auch der Fall zu lösen gewesen, den der BFH mit Urteil vom 26.01.1992[739] entschieden hat. Wenn sich eine Komplementär-GmbH ausschließlich oder fast ausschließlich auf die Geschäftsführung einer GmbH & Co. KG beschränkt, ist die Komplementär-GmbH nicht wegzudenken, ohne dass die Gesellschaft ihre Tätigkeit nicht mehr ausüben kann. Sie hätte keine Geschäftsführung mehr. Sie dient durch die Übernahme der Geschäftsführung dem Gesamtunternehmen unmittelbar und ist objektiv erkennbar zum unmittelbaren Einsatz im Betrieb selbst bestimmt. Eine missbräuchliche Gestaltung, die offensichtlich missbräuchlich ist und in krassem Widerspruch zu kaufmännischen und wirtschaftlichen Erwägungen steht ist ebenfalls nicht erkennbar, da keine zivilrechtlich ungewöhnliche Gestaltung gewählt wurde. Demzufolge steht einer Behandlung der Ausschüttungen der Komplementär-GmbH nach Art. 7 OECD-MA nichts im Wege.

---

[737] Vgl. unter 2. Teil B)II)1)d).

[738] BFH, Urteil vom 30.04.1975 – I R 111/73, BFHE 115, 500, BStBl. II 1975, 582 BFH, Urteil vom 19.02.1997 – XI R 1/96, BFHE 182, 567 BStBl. II 1997, 399; Heinicke, Wolfgang, in: Schmidt, Ludwig, Einkommensteuergesetz Kommentar, 25. Aufl. 2006, § 4, Rn. 104.

[739] BFH, Urteil vom 26.01.1992 - I R 85/91, BFHE 168, 52, BStBl II 1992, 937.

2) Einkünftequalifikation und Rückverweisung auf Art. 7 OECD-MA

Fraglich ist, ob durch den Betriebsstättenvorbehalt die jeweiligen Spezialeinkünfte insgesamt in Unternehmensgewinne umqualifiziert werden, oder ob sie ihren Charakter unter bestimmten Voraussetzungen behalten können, so dass der Ansässigkeitsstaat aufgrund Art. 10 Abs. 1, 11 Abs. 1 oder 12 Abs. 1 OECD-MA zur Besteuerung dieser Einkünfte berechtigt bleibt. Praktisch bedeutsam ist diese Frage auch, weil der Ansässigkeitsstaat bei Anwendung des Methodenartikels zur Anwendung der Anrechnungsmethode käme, wenn trotz Vorliegens des Betriebsstättenvorbehalts die Qualifikation der Einkünfte als Dividenden, Zinsen oder Lizenzgebühren bestehen bliebe. Der Quellenstaat hingegen könnte die Einkünfte als Unternehmensgewinne voll besteuern ohne Beschränkung des Quellenbesteuerungsrechts. Damit stellt sich die Frage, ob der Betriebsstättenvorbehalt nur im Quellenstaat gilt[740]. Dies würde eine Aufteilung der Unternehmensgewinne bedeuten und eine Differenzierung nach ihrer Quelle[741]. Bedeutsam wäre diese Differenzierung insbesondere bei Beteiligungseinkünften, denen wiederum verschiedene Tätigkeiten der Tochtergesellschaft zu Grunde liegen können. Das Tatbestandsmerkmal der tatsächlichen Zugehörigkeit der Beteiligung zur Betriebsstätte wäre in einem anderen Licht zu sehen. Das Vorliegen dieser Voraussetzung wäre maßgeblich für die Frage, ob im Quellenstaat überhaupt ein Besteuerungsrecht aufgrund des Vorliegens einer Betriebsstätte besteht[742] und für die Frage, ob der Ansässigkeitsstaat die ausländische Steuer anzurechnen hat[743].

a) Aufteilung der Unternehmensgewinne

Nach einer im Vordringen befindlichen Ansicht sollen Dividenden, Zinsen oder Lizenzgebühren solche auch dann bleiben, wenn auf sie im Einzelfall Art. 7 OECD-MA anzuwenden sein sollte[744]. Dies führe dazu, dass der Wohnsitzstaat bei Anwendung des Methodenartikels weiterhin vom Vorliegen von

---

[740] So die Formulierung bei Lang, Michael, SWI 2003, 319, (321).

[741] Greif, Martin, in: Mössner, Jörg Manfred u. a., Steuerrecht international tätiger Unternehmen, 3. Aufl., 2005, Tz. E 102.

[742] Strunk, Günther/Kaminski, Bert, IStR 2003, 181, (187).

[743] Wassermeyer, Franz, Podiumsdiskussion: Grenzüberschreitende Sondervergütungen und Betriebsstätteneinkünfte, in: Lüdicke, Jürgen, Besteuerungspraxis bei grenzüberschreitender Tätigkeit, 2003, S. 211.

[744] Wassermeyer, Franz, in: Debatin, Helmut/Wassermeyer, Franz, Doppelbesteuerung Kommentar Band I, Loseblattsammlung, Stand Jan. 2006, Art. 10, Rn. 125, 139; ders., IStR 2006, 273; Kluge, Volker, Betriebsstättenvorbehalt und Methodenartikel - ein Beitrag zur autonomen Abkommensauslegung, in: Gocke Rudolf/Gosch, Diemtmar/Lang, Michael, Festschrift für Franz Wassermeyer, 2005, S. 663, (664); ders. noch anders, in: Das internationale Steuerrecht, Gemeinschaftsrecht, Außensteuerrecht, Abkommensrecht, 4. Aufl. 2000, Rn. 855.

Dividenden oder Zinsen ausgehen dürfe und demzufolge von der Anwendung der Freistellungsmethode absehen und zur Anrechnungsmethode übergehen könne (Art. 23 A Abs. 2 OECD-MA). Der Vorbehalt des Unternehmensgewinns schlage nicht auf die Anwendung des Methodenartikels durch[745]. Zur Begründung wird angeführt, die Betriebsvorbehaltsvorschriften[746] verwiesen zum Zwecke der Umkehr der Anordnung des Art. 7 Abs. 7 OECD-MA lediglich auf die Nichtanwendung der speziellen Regelungen über Dividenden, Zinsen und Lizenzgebühren, nicht jedoch auf die in den jeweiligen Abkommensvorschriften enthaltenen Definitionen der einzelnen Einkunftsarten. Daher sei der Quellenstaat zu einer Besteuerung nach Art. 7 OECD-MA ohne Quellensteuersatzbeschränkung berechtigt.[747].

Teils wird angenommen[748], der BFH habe mit seiner Entscheidung vom 07.08.2002[749] zum DBA-Schweiz seine bisherige Einheitsbetrachtung aufgegeben und gehe nunmehr ebenfalls von einer möglichen Aufteilung der Betriebsstätteneinkünfte aus. Die Prüfung des Betriebsstättenvorbehalts ließ der BFH in seinem Urteil „unentschieden", da in jedem Fall die betreffenden Dividendeneinkünfte keine aktiven Einkünfte im Sinne des Art. 24 Abs. 1 Nr. 1 Buchst. a DBA-Schweiz darstellten. Damit wären die Dividendeneinkünfte im Ansässigkeitsstaat nicht freizustellen. Würde man die Anwendung dieser Rechtsprechung auf Abkommen mit Aktivitätsklausel beschränken würde dies dem Kern des Betriebsstättenvorbehalts nicht gerecht. Wenn die Voraussetzungen des Betriebsstättenvorbehalts vorlägen, beinhalte dies die Wertung, die Beteiligung sichere auch den Bestand der Betriebsstätte. Ob dies der Fall sei, sei aber schon vor Prüfung eines etwaigen Aktivitätsvorbehalts zu klären[750].

b) Einheitliche Behandlung als Unternehmensgewinne

Nach bisher herrschender Ansicht verlieren zum Beispiel Beteiligungserträge, welche von einer Betriebsstätte vereinnahmt wurden ihre Eigenschaft als eigen-

---

745 Kluge, Volker, Betriebsstättenvorbehalt und Methodenartikel - ein Beitrag zur autonomen Abkommensauslegung, in: Gocke Rudolf/Gosch, Dietmar/Lang, Michael, Festschrift für Franz Wassermeyer, 2005, S. 663, (664).

746 Art. 10 Abs. 4, Art. 11 Abs. 4 und Art. 12 Abs. 3 OECD-MA.

747 Wassermeyer, Franz, Podiumsdiskussion: Grenzüberschreitende Sondervergütungen und Betriebsstätteneinkünfte, in: Lüdicke, Jürgen, Besteuerungspraxis bei grenzüberschreitender Tätigkeit, 2003, S. 208 f.

748 Kluge, Volker, Betriebsstättenvorbehalt und Methodenartikel - ein Beitrag zur autonomen Abkommensauslegung, in: Gocke Rudolf/Gosch, Diemtmar/Lang, Michael, Festschrift für Franz Wassermeyer, 2005, S. 663, (668).

749 BFH, Urteil vom 07.08.2002 – I R 10/01, BFHE 199, 547, BStBl. II 2002, 848.

750 Kluge, Volker, Betriebsstättenvorbehalt und Methodenartikel - ein Beitrag zur autonomen Abkommensauslegung, in: Gocke Rudolf/Gosch, Dietmar/Lang, Michael, Festschrift für Franz Wassermeyer, 2005, S. 663, (669).

ständige Einkunftsart und werden unselbständiger Bestandteil des Unternehmensgewinns, sobald das Tatbestandsmerkmal der tatsächlichen Zugehörigkeit erfüllt ist[751].

Die Tatsache, dass die Betriebsvorbehaltsvorschriften[752] zum Zwecke der Umkehr der Anordnung des Art. 7 Abs. 7 OECD-MA lediglich auf die Nichtanwendung der speziellen Regelungen über Dividenden, Zinsen und Lizenzgebühren verwiesen, nicht jedoch auf die im Abkommen enthaltenen Definitionen der jeweiligen Einkunftsarten, führe nicht zu Auswirkungen auf die Zuweisung der Besteuerungsrechte[753]. Eine Definition könne nie eine Rechtsfolge entfalten. Aus dieser Sicht mache es gerade Sinn die Definitionen nicht ausdrücklich auszuschließen. Wäre es gewollt gewesen, dass der Betriebsstättenvorbehalt nur im Quellenstaat wirke, hätte es im Fall von Dividenden und Zinsen ausgereicht, nur Art. 10 Abs. 2 und 11 Abs. 2 OECD-MA die Anwendbarkeit zu versagen, die ja eine Begrenzung des Besteuerungsrechts des Quellenstaates vorsehen[754]. Bei den Unternehmensgewinnen, die auch die Voraussetzungen der Spezialartikel erfüllten, handele es sich um den „andersartigen" Teil des Unternehmensgewinns, für den zwischen Art. 7 OECD-MA und den Spezialartikeln lediglich eine Rechtsfolgenkonkurrenz bestehe[755].

Dieser Ansicht folgt bisher eindeutig auch der BFH[756]. Im Urteil vom 30.08.1995[757] führt er aus, dass bei Vorliegen der Voraussetzungen der Art. 11 Abs. 3 und 12 Abs. 3 DBA-Schweiz[758], darauf abzustellen sei, ob die in den Vorschriften geforderte tatsächliche Zugehörigkeit zu der in der schweizerischen Betriebsstätte ausgeübten Tätigkeit im Sinne des Art. 24 Abs. 1 Nr. 1 Buchst. a DBA-Schweiz bestehe. Der BFH geht mithin davon aus, dass die Rechtsfolge des Betriebsstättenvorbehalts einheitlich auch im Rahmen des Methodenartikels anzuwenden sei.

---

[751] Kleinedam, Hans-Jochen, IStR 2004, 1, (4); Lang, Michael, SWI 2003, 319, (321); Strunk, Günther/Kaminski, Bert, IStR 2003, 181, (187); Rosenberger, Florian, IStR 2006, 591, (593). Ebenso im Ergebnis: Wolff, Eckard, in: Debatin, Helmut/Wassermeyer, Franz, Doppelbesteuerung Kommentar Band VI, DBA-USA, Loseblattsammlung, Stand Mai 2006, Art. 10, Rn. 162; Krabbe, Helmut, IStR 2002, 145, (147) und Piltz, Detlev, J., in: Mössner, Jörg Manfred u. a., Steuerrecht international tätiger Unternehmen, 3. Aufl., 2005, Tz. F 29.

[752] Art. 10 Abs. 4, Art. 11 Abs. 4 und Art. 12 Abs. 3 OECD-MA.

[753] Strunk, Günther/Kaminski, Bert, IStR 2003, 181, (186).

[754] Lang, Michael, SWI 2003, 319, (321).

[755] Kleinedam, Hans-Jochen, IStR 2004, 1, (3).

[756] Greif, Martin, in: Mössner, Jörg Manfred u. a., Steuerrecht international tätiger Unternehmen, 3. Aufl., 2005, Tz. E 102.

[757] BFH, Urteil vom 30.08.1995 - I R 112/94, BFHE 179, 48, BStBl. II 1996, 563; ebenso FG Baden-Württemberg, Urteil vom 05.04.2000 – 12 K 98/98 (allerdings aufgehoben durch BFH, Urteil vom 07.08.2002 – I R 10/01, BFHE 199, 547, BStBl. II 2002, 848).

[758] Entspricht Art. 11 Abs. 4 und Art. 12 Abs. 3 OECD-MA.

c) Stellungnahme

Letzterer Ansicht ist der Vorzug zu geben. Unternehmensgewinne bleiben Unternehmensgewinne auch, wenn Teile von ihnen entsprechend der Definition der Spezialartikel auf der Rechtsfolgenseite wie Dividenden, Zinsen oder Lizenzgebühren und Unternehmensgewinne behandelt werden können[759]. Der Betriebsstättenvorbehalt regelt lediglich ein Konkurrenzverhältnis[760]. Es geht jedoch nicht um die Konkurrenz verschiedener Einkunftsarten, die durch die vorhandenen Legaldefinitionen eindeutig festgelegt sind, sondern um eine Rechtsfolgenkonkurrenz. Es soll lediglich entschieden werden, unter welchen *zusätzlichen* Voraussetzungen für die Einkünfte welche Rechtsfolge gilt. Im Hinblick auf Unternehmensgewinne ändert sich die Rechtsfolge, wenn in den Unternehmensgewinnen zusätzlich Dividenden, Zinsen oder Lizenzgebühren enthalten sind. Wenn die diesen Einkünften zu Grunde liegenden Wirtschaftsgüter allerdings wiederum zusätzlich tatsächlich einer Betriebsstätte im Quellenstaat zugehören, ändert sich die Rechtsfolge erneut.

Darüber hinaus entspricht es der Gesamtsystematik des OECD-MA, dass Ansässigkeitsstaat und Quellenstaat dieselbe Verteilungsnorm anwenden[761]. Schließlich wäre die praktische Umsetzung der hier abgelehnten Ansicht kaum möglich, da im Falle von Beteiligungseinkünften der Gesellschafter nachweisen müsste, aus welcher Quelle welche Einkünfte, die er aus seiner Personengesellschaft bezieht, stammten. Diese Informationen wird der Gesellschafter allerdings häufig gar nicht haben, da ihm regelmäßig als Informationsquelle nur der Jahresabschluss zur Verfügung steht[762].

Auch die neuere Rechtsprechung des BFH bringt keine neuen Aspekte. Die Entscheidung des BFH vom 07.08.2002[763] erging unter Berücksichtigung der Aktivitätsklausel[764] des DBA-Schweiz. Diese Rechtsprechung ist auch nur für Abkommen mit Aktivitätsklausel anwendbar[765], hat ausschließlich für die durch den Ansässigkeitsstaat anzuwendende Methode zur Vermeidung der Doppelbe-

---

759 Kleinedam, Hans-Jochen, IStR 2004, 1, (3).

760 Wassermeyer, Franz, in: Debatin, Helmut/Wassermeyer, Franz, Doppelbesteuerung Kommentar Band I, Loseblattsammlung, Stand Mai 2006, Art. 10, Rn. 125.

761 Lang, Michael, SWI 2003, 319, (322).

762 Strunk, Günther/Kaminski, Bert, IStR 2003, 181, (186).

763 BFH, Urteil vom 07.08.2002 – I R 10/01, BFHE 199, 547, BStBl. II 2002, 848.

764 In vielen Abkommen hat Deutschland den Gedanken, der hinter dem Betriebsstättenvorbehalt steht weiter vertieft und erlaubt die Freistellung von Einkünften im Ansässigkeitsstaat nur, dann und soweit als sie aus genau bezeichneten als aktiv bezeichneten Tätigkeiten stammen. Geregelt wird dies in sogenannten Aktivitätsklauseln. Aktivitätsklauseln enthalten beispielsweise Art. 24 Abs. 1 Nr. 1 Buchst. a DBA-Schweiz, Art. 22 Abs. 1 Buchst. c DBA-Bulgarien, Protokoll Nr. 6 zu Art. 24 DBA-Polen, Art. 23 Abs. 1 Buchst.c DBA-Ungarn.

765 Gündisch, Stephan, Personengesellschaften im DBA-Recht, 2004, S. 123; Strunk, Günther/Kaminski, Bert, IStR 2003, 181, (189).

steuerung Bedeutung und hat gerade keinen Einfluss auf die Qualifikation der Beteiligungsgewinne als Unternehmensgewinne[766]. Hätte der BFH seine bisherige Rechtsprechung ändern wollen, hätte er dies auch ausdrücklich kenntlich gemacht. Der Senat führt wörtlich aus: „Sie (Anm.: die Dividendeneinkünfte) teilen nicht die danach festgestellte tatsächliche funktionale Zuordnung der Beteiligung, sondern sind hiervon als eigenständige passive Einkünfte zu unterscheiden, die keiner der aufgeführten aktiven Betätigungen unterfallen". Dem ist zu entnehmen, dass die tatsächliche funktionale Zuordnung nur aufgrund der Passivität der Einkünfte keine Rolle spielt. Die Freistellung scheitert damit alleine am Aktivitätsvorbehalt und nicht schon aufgrund des Betriebsstättenvorbehalts.

3) Zusammenfassung 7

Grundlage des für Dividenden, Zinsen oder Lizenzgebühren in den Art. 10 Abs. 4, Art. 11 Abs. 4 und Art. 12 Abs. 3 OECD-MA niedergelegten Betriebsstättenvorbehalts ist in Fortschreibung des Betriebsstättenprinzips die Maßgabe, dass Erträge aus Wirtschaftsgütern, die von der Betriebsstätte genutzt werden und zu ihrem Ergebnis beigetragen haben, auch nur im Betriebsstättenstaat besteuert werden sollen. Die Zuteilung des Besteuerungsrechts folgt demzufolge den tatsächlichen wirtschaftlichen Verhältnissen.

Notwendig ist der Betriebsstättenvorbehalt, da zunächst Art. 7 Abs. 7 OECD-MA bestimmt, dass Einkünfte, die zum Gewinn eines Unternehmens gehören und gleichzeitig die Voraussetzungen anderer Verteilungsnormen erfüllen, vorrangig nach den spezielleren Abkommensartikeln zu behandeln sind, was für den Betriebsstättenstaat den Verlust oder zumindest eine erhebliche Beschränkung seines Besteuerungsrechts bedeutet. Damit nun der Betriebsstättenvorbehalt eingreift und diese Rechtsfolge wieder rückgängig gemacht wird, muss das Stammrecht der jeweiligen Spezialeinkünfte „tatsächlich" zu der Betriebsstätte gehören. Die Bedeutung des Ausdrucks „tatsächliche Zugehörigkeit" lässt sich aus dem Abkommenszusammenhang ermitteln. Insoweit ist der herrschenden Meinung in der Literatur und der Rechtsprechung zu folgen. Demzufolge liegt „tatsächliche Zugehörigkeit" vor, wenn ein funktionaler Zusammenhang der betreffenden Vermögenswerte zu der in der Betriebstätte ausgeübten Tätigkeit besteht. Daher soll die rein rechtliche Zuordnung, die § 15 Abs. 1 Nr. 2 und Abs. 3 EStG im innerdeutschen Steuerrecht bestimmen, nicht ausreichend sein. Dieses Verständnis des Begriffs ist jedoch etwas unscharf. Ebenso erscheint die Unterscheidung in „tatsächliche" und nur „rechtliche" Zugehörigkeit nicht zwingend. Nach Sinn und Zweck des Betriebsstättenprinzips und des Betriebsstättenvorbehalts rechtfertigt eine intensive Beziehung einer Betriebsstätte zum

[766] Greif, Martin, in: Mössner, Jörg Manfred u. a., Steuerrecht international tätiger Unternehmen, 3. Aufl., 2005, Tz. E 102.

Staat ihrer Ansässigkeit, dass die Besteuerung der der Betriebsstätte zurechenbaren Einkünfte im Betriebsstättenstaat erfolgt. Entsprechendes muss gelten, wenn einzelne Vermögenswerte derart in die Betriebsstättenorganisation eingebunden sind, dass sie nicht weggedacht werden können, ohne dass das Unternehmen seine Tätigkeit nicht mehr ausüben kann. Maßgeblich sind die tatsächlichen Verhältnisse in der zu beurteilenden Gesellschaft. Dabei sind stets auch die Entscheidungen der Geschäftsführung hinsichtlich der internen Organisation des Unternehmens zu berücksichtigen, sofern sie nicht offensichtlich missbräuchlich sind und nicht in krassem Widerspruch zu kaufmännischen und wirtschaftlichen Erwägungen stehen. Dies führt in Abweichung von der herrschenden Meinung dazu, dass auch Sonderbetriebsvermögen unter vorerwähnten Voraussetzungen tatsächlich zu einer Betriebsstätte gehören kann.

Eine neuere Literaturansicht möchte den Betriebsstättenvorbehalt nur im Quellenstaat gelten lassen. Dies hätte zur Folge, dass der Ansässigkeitsstaat Betriebsstätteneinkünfte, die ursprünglich Unternehmensgewinne sind, gleichzeitig aber auch die Voraussetzungen einer speziellen Verteilungsnorm erfüllen, weiterhin nach den Art. 10 Abs. 1, 11 Abs. 1 und Art. 12 Abs. 1 OECD-MA behandeln kann und damit nicht freistellen muss.

Diese Auffassung kann jedoch nicht geteilt werden. Mit der noch herrschenden Meinung ist davon auszugehen, dass sich der Betriebsstättenvorbehalt auch an beide Vertragsstaaten richtet. Die gegensätzliche Ansicht übersieht, dass der Betriebsstättenvorbehalt lediglich ein Konkurrenzverhältnis regelt. Es geht jedoch nicht um die Konkurrenz verschiedener Einkunftsarten, die durch die vorhandenen Legaldefinitionen eindeutig festgelegt sind, sondern um eine Rechtsfolgenkonkurrenz. Es soll lediglich entschieden werden, unter welchen *zusätzlichen* Voraussetzungen für die Einkünfte welche Rechtsfolge gilt. Sinn und Zweck der DBA ist die Vermeidung von Doppelbesteuerung. Dieses Ziel kann effektiver mit der hier vertretenen Ansicht erreicht werden, da beide Vertragsstaaten dieselbe Abkommensnorm anwenden, wodurch Qualifikationskonflikte weitestgehend vermieden werden.

C) Die Bedeutung des § 15 EStG für das Abkommensrecht

I) Gewerblichkeit kraft Infektion im Abkommensrecht

Wie bereits dargestellt sieht das innerstaatliche Recht nach § 15 Abs. 3 Nr. 1 EStG vor, dass die Tätigkeit einer Personengesellschaft, die nur teilweise gewerblich tätig ist, insgesamt als gewerblich gilt. Damit wird beispielsweise eine an sich nicht gewerbliche Vermögensverwaltung durch eine andere gewerbliche Tätigkeit des Unternehmens in eine gewerbliche Tätigkeit umqualifiziert oder "infiziert". Die neuere Rechtsprechung[767] verneint dabei eine Infektionswirkung, wenn der gewerblichen Tätigkeit der Personengesellschaft eine nur ganz geringfügige Bedeutung zukommt.

1) Ausländische Personengesellschaft mit inländischem Gesellschafter

Zunächst soll der Outbound-Fall untersucht werden, das heißt die Beteiligung eines inländischen Gesellschafters an einer ausländischen Personengesellschaft. Der Ausgangspunkt für die Behandlung dieser Fallgruppe ist in Art. 3 Abs. 2 OECD-MA angesiedelt. Wenn sich aus dem OECD-MA der Begriff des Unternehmensgewinns nicht ermitteln lassen sollte, wäre zur Begriffsbestimmung ein Rückgriff auf das innerstaatliche Recht der Abkommensstaaten geboten. Zur Verdeutlichung des Problems sei folgendes Beispiel vorangestellt.

Beispiel 1: Die ausländische Personengesellschaft eines inländischen Gesellschafters produziert Waren, die sie auch vertreibt. Sie gewährt einer im Staat der Personengesellschaft ansässigen Person ein Darlehen, für das diese Zinszahlungen entrichtet.

Die Folge der Anwendung des § 15 Abs. 3 Nr. 1 EStG über Art. 3 Abs. 2 OECD-MA auch im Abkommensrecht wäre die Besteuerung der Einkünfte aus dem Warenvertrieb und der gesamten Zinseinkünfte im Betriebsstättenstaat, da beide Einkunftsarten nach Art. 7 OECD-MA zu behandeln wären.

Wollte man keine mittelbare Anwendung des nationalen Rechts über Art. 3 Abs. 2 OECD-MA zulassen, so bliebe es bei der Trennung der verschiedenen Einkunftsarten und das Besteuerungsrecht würde für die Einkünfte aus der originär gewerblichen Tätigkeit beim Betriebsstättenstaat liegen. Die Zinseinkünfte wären dann allerdings im Ansässigkeitsstaat des Unternehmens zu besteuern, da der Gesellschafter als ansässige Person nach Art. 4 Abs. 1 in Verbindung mit Art. 3 Abs. 1 Buchst. a OECD-MA gemäß Art. 11 Abs. 1 OECD-MA

---

[767] BFH, Urteil vom 11.08.1999 – XI R 12/98, BFHE 189, 419, BStBl. II 2000, 229; FG Münster, Urteil vom 07.12.2000 – 3 K 4979/95 F, EFG 2002,129; BFH, Urteil vom 06.10.2004 - IX R 53/01, BFHE 207, 466; BStBl. II 2005, 383.

als Zahlungsempfänger der Zinsen zu sehen wäre. Der Ansässigkeitsstaat des Zinsschuldners hätte gemäß Art. 11 Abs. 2 OECD-MA aber ein eingeschränktes Quellenbesteuerungsrecht. Beide Ansichten, die im folgenden dargestellt sind, werden vertreten.

a) Die Besonderheiten des innerstaatlichen Steuerrechts schlagen nicht auf das Abkommensrecht durch

Nach der herrschenden Ansicht[768] findet im Abkommensrecht keine Umqualifizierung von nicht originär gewerblichen Einkünften in solche aus Gewerbebetrieb statt, soweit die unterschiedlichen Tätigkeiten voneinander getrennt und gesondert beurteilt werden können. Zunächst müsse für jede einzelne Tätigkeit isoliert festgestellt werden, ob sie selbst die Voraussetzungen der Gewerblichkeit erfüllt. Die nicht originär unternehmerischen Tätigkeiten seien nach der ihrem besonderen Charakter entsprechenden Abkommensnorm zu behandeln[769]. Damit werden die Einkünfte der Personengesellschaft entsprechend ihrer Natur zerlegt[770].

Anders falle die Beurteilung lediglich aus, wenn gewerbliche und nicht gewerbliche Tätigkeit untrennbar voneinander abhingen, also ein so enger sachlicher und wirtschaftlicher Zusammenhang bestehe, dass beide Tätigkeiten als Einheit anzusehen seien. Die abkommensrechtliche Qualifikation richte sich dann nach dem Schwergewicht der Betätigung[771]. Eine Trennungsmöglichkeit besteht zum Beispiel bei einem Hotelbetrieb nicht. Hier werden zwar Einkünfte aus unbeweglichem Vermögen erzielt, die jedoch ihre Grundlage in einer ge-

---

768 Förster, Hartmut, Praxis der Besteuerung von Auslandsbeziehungen, 2. Aufl., 2003, S. 14; Lieber, Bettina, in: Becker, Helmut/Höppner, Horst-Dieter/Grotherr, Siegfried/Kroppen, Heinz-Klaus (Hrsg.), DBA - Kommentar, Teil 2, Loseblattsammlung, Stand Okt. 2005, Art. 7, Rn. 322; Maier, Jochen, in: Löwenstein, Ulrich/Looks, Christian, Betriebsstättenbesteuerung, 1. Aufl. 2003, Rn. 175; Piltz, Detlev J., in: Debatin, Helmut/Wassermeyer, Franz, Doppelbesteuerung Kommentar Band I, Loseblattsammlung, Stand Mai 2006, MK Art. 7, Rn. 86; Wassermeyer, Franz, in: Debatin, Helmut/Wassermeyer, Franz, Doppelbesteuerung Kommentar Band I, Loseblattsammlung, Stand Mai 2006, Art. 7, Rn. 53.

769 Lieber, Bettina, in: Becker, Helmut/Höppner, Horst-Dieter/Grotherr, Siegfried/Kroppen, Heinz-Klaus (Hrsg.), DBA - Kommentar, Teil 2, Loseblattsammlung, Stand Okt. 2005, Art. 7, Rn. 322.

770 Piltz, Detlev, J., in: Mössner, Jörg Manfred u. a., Steuerrecht international tätiger Unternehmen, 3. Aufl., 2005, Tz. F 27.

771 Lieber, Bettina, in: Becker, Helmut/Höppner, Horst-Dieter/Grotherr, Siegfried/Kroppen, Heinz-Klaus (Hrsg.), DBA - Kommentar, Teil 2, Loseblattsammlung, Stand Okt. 2005, Art. 7, Rn. 322; Maier, Jochen, in: Löwenstein, Ulrich/Looks, Christian, Betriebsstättenbesteuerung, 1. Aufl. 2003, Rn. 175; Piltz, Detlev, J., in: Debatin, Helmut/Wassermeyer, Franz, Doppelbesteuerung Kommentar Band I, Loseblattsammlung, Stand Mai 2006, Art. 7, Rn. 86; Wassermeyer, Franz, in: Debatin, Helmut/Wassermeyer, Franz, Doppelbesteuerung Kommentar Band I, Loseblattsammlung, Stand Mai 2006, Art. 7, Rn. 40.

werblichen Betätigung haben. Bei den in diesem Abschnitt behandelten ausländischen Personengesellschaften ist zu berücksichtigen, dass wegen der isolierenden Betrachtungsweise nur die im Inland verwirklichten Sachverhalte maßgeblich sind[772].

b) Anwendung der besonderen nationalen Regelungen im Abkommensrecht

Teile der Literatur[773] und die Finanzverwaltung[774] wenden die nationalen Besonderheiten bei der Bestimmung gewerblicher Einkünfte auch im Abkommenrecht an. Eine ausdrückliche Auseinandersetzung mit der Infektionswirkung des § 15 Abs. 3 Nr. 1 EStG findet allerdings nicht statt. Bei konsequenter Verfolgung der Argumentation gilt aber das Folgende: Grundlage dieser Auffassung ist die Annahme, das Abkommensrecht halte keine Definition für den Begriff des Unternehmens bereit. Dadurch erfolge zwingend über Art. 3 Abs. 2 OECD-MA der Rückgriff auf das nationale Recht der Vertragsstaaten, im Falle von Deutschland daher auch auf § 15 Abs. 3 Nr. 1 EStG. Zu berücksichtigen sei allerdings Art. 7 Abs. 7 OECD-MA, wonach Unternehmensgewinne bei Vorliegen der Voraussetzungen nach den spezielleren Einkunftsarten des OECD-MA zu behandeln sind[775]. Jedoch seien jedenfalls die Voraussetzungen des jeweils einschlägigen Betriebsstättenvorbehalts gegeben, so dass die tatsächliche Zugehörigkeit des den Einkünften zu Grunde liegenden Wirtschaftsguts zu einer Betriebsstätte stets zu bejahen sei. Die vorgeschlagene Lösung trage in vielen Fällen zur Konfliktvermeidung bei. Darüber hinaus werde die Form der Umqualifizierung von Einkünften, wie sie Deutschland vornimmt, auch im Ausland angewandt, so dass in diesen Fällen eine einfachere Handhabung möglich sei[776]. Daran schließt sich jedoch sogleich die Frage an, was dann in den Fällen passiert, in denen der andere Vertragsstaat keine Einkünfteumqualifizierung wie im deutschen innerstaatlichen Steuerrecht kennt. Da diese Fälle eine deutliche Mehrheit ausmachen dürften, kann dieses Argument nicht überzeugen. Weiter verweist *Krabbe* auf das DBA-USA 1954/65, das in Art. III Abs. 5 selbst eine umfassen-

---

[772] Piltz, Detlev, J., in: Debatin, Helmut/Wassermeyer, Franz, Doppelbesteuerung Kommentar Band I, Loseblattsammlung, Stand Mai 2006, Art. 7, Rn. 86; Wassermeyer, Franz, in: Debatin, Helmut/Wassermeyer, Franz, Doppelbesteuerung Kommentar Band I, Loseblattsammlung, Stand Mai 2006, Art. 7, Rn. 180.

[773] Krabbe, Helmut, IStR 2002, 145, (148); ders.: Die Personengesellschaft im internationalen Steuerrecht, in: StBJB 2000/2001, 183, (192); Wolff, Ulrich, Auslegungsfragen zu DBA-Regelungen über Unternehmensgewinne, in: Gocke Rudolf/Gosch, Dietmar/Lang, Michael, Festschrift für Franz Wassermeyer, 2005, S. 647, (660).

[774] BMF vom 24.09.1999, IV D 3 – S 1301 Ung - 5/99, IStR 2000, 627.

[775] Krabbe, Helmut, IStR 2002, 145, (148).

[776] Krabbe, Helmut, IStR 2002, 145, (149); ders.: Die Personengesellschaft im internationalen Steuerrecht, in: StBJB 2000/2001, 183, (192)

de Definition für gewerbliche Gewinne enthalte, die das Heranziehen des nationalen Rechts ausschließe, was im OECD-MA nicht der Fall sei. Nur in diesen Fällen schlage die Beurteilung der Einkünfte durch den Anwendestaat nicht auf das Abkommensrecht durch[777].

Einen weiteren Vorschlag macht *Hemmelrath*[778]. Für den Fall, dass auch der ausländische Sitzstaat der Personengesellschaft (Quellenstaat) eine vergleichbare Umqualifizierung von Einkünften aus vermögensverwaltender Tätigkeiten in gewerbliche Einkünfte vornähme, sei anzunehmen, dass beide Abkommensparteien die Umqualifizierung auch für das Abkommensrecht vornähmen und die Einkünfte unter Art. 7 OECD-MA subsumieren würden.

2) Inländische Personengesellschaft mit ausländischem Gesellschafter

Der Inbound-Fall, also die Beteiligung eines Steuerausländers an einer deutschen Personengesellschaft, soll anhand von folgendem Beispiel behandelt werden.

Beispiel 2: Eine innerstaatliche Personengesellschaft mit einem ausländischen Gesellschafter, erzielt Einkünfte aus dem Vertrieb selbst produzierter Waren. Sie gewährt einer im Sitzstaat der Personengesellschaft ansässigen Person ein Darlehen, für das diese Person Zinsen zahlt.

Die Zinseinkünfte unterfielen nach innerstaatlichem Recht gemäß § 15 Abs. 3 Nr. 1 EStG bei den Gesellschaftern ebenfalls den Einkünften aus Gewerbebetrieb. Der ausländische Gesellschafter ist hinsichtlich dieser Einkünfte nach § 49 Abs. 1 Nr. 2a EStG im Inland beschränkt steuerpflichtig. Nach der Besteuerungssystematik ist als zweiter Schritt das inländische Besteuerungsrecht nach dem maßgeblichen DBA zu prüfen[779].

a) Anwendung der besonderen nationalen Regelungen im Abkommensrecht

Wird die Wertung des deutschen innerstaatlichen Steuerrechts in das Abkommensrecht übernommen, ist Art. 7 OECD-MA die einschlägige Abkommensnorm[780]. Auch hinsichtlich der Zinsen bliebe das Besteuerungsrecht beim Betriebsstättenstaat, so dass der ausländische Gesellschafter keine Steuern auf die Zinseinkünfte zu entrichten hätte. Durch Einschränkungen in den Abkommen

[777] Krabbe, Helmut, IStR 2002, 145, (148).
[778] Hemmelrath, Alexander, IStR 1995, 570, (573); so wohl auch Rosenberger, Florian, IStR 2006, 591, (594) für Sondervergütungen im Verhältnis Deutschland - Österreich.
[779] Heinicke, Wolfgang, in: Schmidt, Ludwig, Einkommensteuergesetz Kommentar, 25. Aufl. 2006, § 49, Rn. 9.
[780] Vgl. 2. Teil C)I)1)b).

wird jedes nationale Besteuerungsrecht gegenstandslos; Einkünfte gelten als nicht vorhanden[781].

b) Die Besonderheiten des innerstaatlichen Steuerrechts schlagen nicht auf das Abkommensrecht durch

Folgt man der anderen Auffassung[782], wonach Fiktionen aus dem innerstaatlichen Steuerrecht im Abkommensrecht grundsätzlich unberücksichtigt bleiben, so sind die Einkünfte des ausländischen Gesellschafters keine gewerblichen Einkünfte, sondern Zinseinkünfte nach Art. 11 OECD-MA, während die Einkünfte aus der Vertriebstätigkeit nach Art. 7 OECD-MA zu beurteilen blieben. Der Gesellschafter wäre als ansässige Person nach Art. 4 Abs. 1 und Art. 3 Abs. 1 Buchst. a OECD-MA gemäß Art. 11 Abs. 1 OECD-MA als Zahlungsempfänger der Zinsen zu qualifizieren. Das Besteuerungsrecht für die Zinsen läge dann nicht im Betriebsstättenstaat, sondern mit Ausnahme des Quellensteuerrechts nach Art. 11 Abs. 2 OECD-MA im Ansässigkeitsstaat des Gesellschafters.

3) Stellungnahme

Nach der hier vertretenen Ansicht, wonach der Begriff des Unternehmensgewinns abkommensautonom zu bestimmen ist[783], kann es im Abkommensrecht nicht zur Infektionswirkung des § 15 Abs. 3 Nr. 1 EStG kommen. Diese Abweichung von dem steuerrechtlichen Konzept der Bundesrepublik ist jedoch hinnehmbar, da es für die Minderheit der Staaten, die ein ähnliches Konzept wie Deutschland verfolgen, akzeptabel ist, die nationalen Besonderheiten zugunsten eines einheitlichen Abkommensrechts nur auf innerstaatliche Sachverhalte anzuwenden.

Die Ansicht, die davon ausgeht, dass § 15 Abs. 3 Nr. 1 EStG auf das Abkommensrecht durchschlägt ist aus verschiedenen Gründen abzulehnen.

Zur Begründung für den Rückgriff auf das innerstaatliche Recht ist die Heranziehung des besonderen Wortlauts des Art. III Abs. 5 DBA-USA 1954/65 nicht geeignet. Selbst, wenn dort eine Definition für gewerbliche Gewinne enthalten ist, bleibt fraglich, warum es auch DBA gibt, die ausdrücklich die Begriffe „Gewinne eines Unternehmens" und „Einkünfte aus der Beteiligung an einer Personengesellschaft" im Sinne des deutschen Steuerrechts gleichsetzen[784]. Offensichtlich gehen die Vertreter der hier abgelehnten Ansicht davon aus, dass

---

[781] BVerfG, Beschluss vom 10.03.1971 – 2 BvL 3/68, BVerfGE 30, 272, BStBl. II 1973, 431 unter C. I. 2.a).

[782] Vgl. 2. Teil C)I)1)a).

[783] Vgl. 2. Teil B)I)3)d).

[784] Vgl. Art. 7 Abs. 7 DBA-Schweiz.

DBA, die vom OECD-MA abweichen, auch ausdrücklich eine abweichende Regelung treffen wollen. Vergleicht man nun aber das DBA-USA 1954/65 und das DBA-Schweiz, so bezieht das DBA-Schweiz ausdrücklich das nationale Recht ein, während es das DBA-USA 1954/65 ausdrücklich ausschließt. Beide DBA gehen folglich von einem anderen Grundverständnis des OECD-MA aus. Im DBA-Schweiz wird davon ausgegangen, dass das OECD-MA keine Wirkung des nationalen Rechts im Abkommensrecht zulässt, während das DBA-USA 1954/65 davon ausgeht, dass das Abkommensrecht grundsätzlich nationales Recht zur Anwendung kommen lässt. Dieser Widerspruch lässt sich nur auflösen, wenn man Abweichungen vom OECD-MA nicht zwingend als konstitutive Ausnahmeregelung sieht, sondern davon ausgeht, dass die jeweilige Abweichung durchaus auch deklaratorisch sein kann. Dann taugt der Hinweis auf eine Abweichung des Wortlauts vom OECD-MA aber nicht zur Begründung des Bedeutungsinhalts des OECD-MA, wie dies *Krabbe*[785] vorschlägt.

Selbst bei Übernahme der Infektionswirkung des § 15 Abs. 3 Nr. 1 EStG in das Abkommensrecht kann die Gegenauffassung nicht erklären, warum nicht die speziellen Verteilungsnormen des OECD-MA nach Art. 7 Abs. 7 OECD-MA zur Anwendung kommen sollen. Die Voraussetzungen der tatsächlichen Zugehörigkeit im Sinne des jeweils einschlägigen Betriebstättenvorbehalts[786] sind bei einer nur untergeordneten gewerblichen Tätigkeit der Personengesellschaft nicht gegeben. Nach der Rechtsprechung[787] und der herrschenden Ansicht in der Literatur[788] ist von tatsächlicher Zugehörigkeit eines Wirtschaftsguts zu einer Betriebsstätte nur auszugehen, wenn ein funktionaler Zusammenhang der betreffenden Vermögenswerte zu der in der Betriebstätte ausgeübten Tätigkeit besteht und wenn es sich dabei um Nebenerträge handelt, die nach der Verkehrsauffassung zu der Tätigkeit gehören, bei der das Schwergewicht der in der Betriebs-

---

785 Krabbe, Helmut, IStR 2002, 145, (148), Siehe unter 2. Teil C)I)6).

786 Art. 10 Abs. 4, Art. 11 Abs. 4 und Art. 12 Abs.3 OECD-MA.

787 BFH, Urteil vom 30.08.1995 - I R 112,/94, BFHE 179, 48, BStBl. II 1996, BFH, Urteil vom 29.11. 2000 – I R 84/99, DStRE 2001, 600; BFH, Urteil vom 17.12.2003 - I R 47/02, BFH/NV 2004, 771.

788 Lüdicke, Jürgen, Neue Entwicklung zur beschränkten Steuerpflicht, StBKR 1996, S. 425, (427); ders., Neue Entwicklungen der Besteuerung von Personengesellschaften im internationalen Steuerrecht, StBJB 1997/1998, S. 449, (469); Günkel, Manfred, Personengesellschaften mit ausländischen Gesellschaftern - Zurechnung von Beteiligungen und Sonderbetriebsausgaben/-einnahmen, in: StBJB 20023/2004, S. 667, (670); Lieber, Bettina, in: Becker, Helmut/Höppner, Horst-Dieter/Grotherr, Siegfried/Kroppen, Heinz-Klaus (Hrsg.), DBA - Kommentar, Teil 2, Loseblattsammlung, Stand Okt. 2005, Art. 7, Rn. 311, 332; Krabbe, Helmut, IStR 2002, 145, (147); Piltz, Detlev J., in: Debatin, Helmut/Wassermeyer, Franz, Doppelbesteuerung Kommentar Band I, Loseblattsammlung, Stand Mai 2006, Art. 7, Rn. 113; ders., in: Mössner, Jörg Manfred u. a., Steuerrecht international tätiger Unternehmen, 3. Aufl., 2005, Tz. F 28; Schaumburg, Harald, Internationales Steuerrecht, 2. Aufl. 1998, Tz. 16.260; ders., Stbg 1999, 97 und 156, (163).

stätte ausgeübten Unternehmenstätigkeit liegt[789]. Dass regelmäßig der erforderliche funktionale Zusammenhang der untergeordneten nicht originär gewerblichen Tätigkeit mit der Haupttätigkeit gegeben ist, dürfte in den wenigsten Fällen zutreffen.

Die Ansicht *Hemmelraths,* wonach bei Gleichlauf des innerstaatlichen Steuerrechts der Vertragstaaten, dieses innerstaatliche Recht auch im Abkommensrecht Berücksichtigung finden soll, widerspricht der Systematik des Abkommensrechts. Entweder ergibt sich der Begriff der Unternehmensgewinne aus dem Abkommen selbst oder er wird von einem der Vertragsstaaten festgelegt, was dann für den anderen Vertragsstaat bindend ist. Im ersten Fall kommt es gar nicht mehr zu einer Beurteilung nach dem innerstaatlichen Recht der Vertragsstaaten. Im zweiten Fall wird die Qualifikation nach dem innerstaatlichen Recht des jeweils anderen Vertragsstaates nicht mehr berücksichtigt, da allein die Handhabung des maßgeblichen Vertragsstaates entscheidend ist.

II) Gewerblichkeit kraft Prägung im Abkommensrecht

Strittig ist, ob die gewerbliche Prägung einer Personengesellschaft im Abkommensrecht dazu führt, dass die Einkünfte einer solchen Personengesellschaft als Unternehmensgewinne nach Art. 7 OECD-MA zu behandeln sind, ohne Rücksicht darauf, ob es sich um Einkünfte aus einer eigengewerblichen Tätigkeit oder um Einkünfte aus Vermögensverwaltung handelt.

Das OECD-MA enthält keine § 15 Abs. 3 Nr. 2 EStG entsprechende Vorschrift. Ob die innerstaatliche gewerbliche Prägung einer Personengesellschaft bei der Abkommensanwendung relevant ist, hängt zunächst davon ab, wie der abkommensrechtliche Unternehmensbegriff auszulegen ist und zum anderen davon, ob die Rechtsfolge der Art. 6, 10 bis 13 oder 21 OECD-MA vorrangige Anwendung findet. Daher sind folgende Lösungsmöglichkeiten denkbar:

- Der Begriff Unternehmensgewinne ist autonom nach dem Abkommensrecht zu bestimmen.
- Die Auslegung erfolgt über Art. 3 Abs. 2 OECD-MA nach innerstaatlichem Recht unter Berücksichtigung gesetzlicher Fiktionen wie zum Beispiel § 15 Abs. 3 Nr. 2 EStG.
- Zwar ist das innerstaatliche Recht über Art. 3 Abs. 2 OECD-MA im Abkommensrecht zu berücksichtigen, allerdings sind bloße gesetzliche Fiktionen nicht zu übernehmen.

1) Ausländische Personengesellschaft mit inländischem Gesellschafter

Zunächst sollen die Auswirkungen obiger Lösungsansätze im Outbound-Fall erörtert werden.

---

[789] Vgl. dazu 2. Teil B)II)1)a).

Beispiel 3: Eine ausländische gewerblich geprägte Personengesellschaft eines inländischen Gesellschafters erzielt in ihrem Sitzstaat Zinseinkünfte aus der Anlage von Einnahmeüberschüssen.

Die Folge der Anwendung des § 15 Abs. 3 Nr. 2 EStG auch im Abkommensrecht wäre die Besteuerung der Zinseinkünfte im Sitzstaat der Personengesellschaft, da diese als in der Betriebsstätte des Unternehmens des inländischen Gesellschafters angefallenen Unternehmensgewinne nach Art. 7 OECD-MA zu behandeln wären. Lägen nun noch die Voraussetzungen des Betriebsstättenvorbehalts vor, hätte der Sitzstaat der Personengesellschaft das uneingeschränkte Besteuerungsrecht für die Zinseinkünfte.

Bei abkommensautonomer Qualifikation der Zinseinkünfte käme Art. 11 OECD-MA zur Anwendung. Die Zinseinkünfte wären dann im Ansässigkeitsstaat des Unternehmers zu besteuern, da der Gesellschafter als ansässige Person nach Art. 4 Abs. 1 in Verbindung mit Art. 3 Abs. 1 Buchst. a OECD-MA gemäß Art. 11 Abs. 1 OECD-MA als Zahlungsempfänger der Zinsen zu sehen wäre. Der Ansässigkeitsstaat des Zinsschuldners hätte gemäß Art. 11 Abs. 2 OECD-MA aber ein eingeschränktes Quellenbesteuerungsrecht. Beide Lösungswege werden vertreten.

a) Rechtsprechung: Keine ausdrückliche Stellungnahme

Der BFH hat sich der Problematik bislang nicht ausdrücklich angenommen. In den Urteilen vom 21.12.1994[790] und vom 27.08.1997[791] wird die Anwendung von § 15 Abs. 3 Nr. 2 EStG nicht einmal erwogen[792]. In beiden Entscheidungen ging es um eine Gesellschaft bürgerlichen Rechts, deren einzige Gesellschafter zwei Kapitalgesellschaften niederländischen Rechts waren. Die Einkünfte der GbR aus der Vermietung eines im Inland belegenen Bürogrundstücks wurden jeweils lapidar als Einkünfte aus Vermietung und Verpachtung beurteilt.

Im bereits zitierten Urteil vom 17.12.1997[793] stützt sich der BFH primär auf den vom OECD-MA abweichenden Inhalt des DBA-USA 1954/65. Das DBA-USA 1954/65 enthalte eine materielle Definition des Begriffs des gewerblichen Gewinns. Nach Art. III Abs. 5 DBA-USA 1954/65 sind dies Einkünfte aus der aktiven Ausübung einer gewerblichen Tätigkeit, ohne die in Art. VII Abs. 1 und Abs. 2 DBA-USA 1954/65 genannten Zinsen. Demzufolge seien alle unter Art. VII Abs. 1 DBA-USA 1954/65 zu subsumierenden Zinsen keine „gewerblichen Gewinne“ Im Sinne des Art. III Abs. 5 DBA-USA 1954/65 und nicht von

[790] BFH, Urteil vom 21.12.1994 - I R 65/94, BFHE 176, 571, BB 1995, 1174.
[791] BFH, Urteil vom 27.08.1997 - I R 8/97, BFHE 184, 329, BStBl. II 1998, 163 (Zweiter Rechtszug der Entscheidung Fn. 21).
[792] So auch Lüdicke, Jürgen, DStR 2002, 671, (672).
[793] BFH, Urteil vom 17.12.1997 - I R 34/97, BFHE 185, 296, BStBl. II 1998, 296; so auch in der Vorinstanz FG Hamburg, Urteil vom 10.02.1997 - V 212/94, EFG 1997, 987.

der deutschen Besteuerung freizustellen. Jedoch seien die in den USA erzielten Einkünfte nach deutschen Vorschriften zu ermitteln.

Das Schleswig-Holsteinische FG verneint im Urteil vom 27.11.2002[794] die Anwendbarkeit von § 15 Abs. 3 Nr. 2 EStG auf Abkommensebene. Jedoch soll sich grundsätzlich der Begriff des „gewerblichen Gewinns“ aufgrund von Art. 3 Abs. 2 OECD-MA nach dem Recht des Anwendestaates bestimmen[795].

Im Fall ging es, vereinfacht dargestellt, um die Einkünfte einer Ltd. US-amerikanischen Rechts, an der eine GmbH & Co. KG deutschen Rechts beteiligt war. Gesellschafterin der KG waren eine inländische GmbH & Co. KG als Kommanditistin sowie eine inländische GmbH als Komplementärin, deren Einkünfte zu beurteilen waren. Die Ltd. bezog Einkünfte aus Vermietung und Verpachtung aus zu gewerblichen Zwecken vermieteten Immobilien und erwirtschaftete Zinserträge aus der Anlage von Einnahmenüberschüssen. An diesen Erträgen war die GmbH & Co. KG in Höhe ihrer Kommanditeinlage beteiligt.

Unabhängig vom Vorliegen der Voraussetzungen des § 15 Abs. 3 Nr. 2 EStG führt das FG aus, dass mit dieser Vorschrift eine Vermögensverwaltung fiktiv als Gewerbebetrieb behandelt werde. Eine solche Umqualifizierung würde bei Anwendung auf DBA-Ebene die dort vorhandene differenzierte Einordnung in die unterschiedlichen Einkunftsarten aufheben. Gewerblich geprägte Personengesellschaften, die nach der Natur ihrer Tätigkeit keine gewerblichen Einkünfte erzielten, sondern solche aus Vermögensverwaltung, bezögen abkommensrechtlich daher keine Unternehmensgewinne im Sinne des Art. 7 OECD-MA, sondern nur Einkünfte aus Vermögensverwaltung. In der vom FG zugelassenen Revision[796] musste sich der BFH[797] mit dieser Fragestellung jedoch nicht auseinandersetzen, da er schon das durchgeführte Feststellungsverfahren gerügt hat und im Rahmen der Zurückverweisung des Verfahrens an das FG die Durchführung eines gesonderten und einheitlichen Feststellungsverfahrens angeordnet hat. Auf die Einordung der Einkünfte aus Vermietung und Verpachtung und der Zinseinkünfte kam es danach nicht mehr an. Eine ausdrückliche Stellungnahme des BFH fehlt damit nach wie vor.

---

[794] Schleswig-Holsteinisches FG, Urteil vom 27.11.2002 - 2 K 148/00, DStRE 2003, 1104, (1105).

[795] Im Rahmen des Betriebsstättenvorbehalts des Art. 11 Abs. 3 DBA-USA ist Voraussetzung für die Rückverweisung auf Art. 7 Abs. 1 DBA-USA, dass der Nutzungsberechtigte der Zinsen im anderen Vertragsstaat eine gewerbliche Tätigkeit durch eine dort gelegen Betriebsstätte ausübt.

[796] Die Zulassung wurde unter anderem damit begründet, dass die Anwendbarkeit von § 15 Abs. 3 Nr. 2 EStG auf Abkommensebene bisher höchstrichterlich nicht entschieden sei.

[797] BFH, Urteil vom 09.07.2003 - I R 5/03, BFH/NV 2004, 1.

b) Ansicht der Finanzverwaltung der Bundesrepublik: Auslegung nach innerstaatlichem Recht unter Übernahme gesetzlicher Fiktionen

Die Finanzverwaltung vertritt in dem bereits zitierten BMF-Schreiben vom 24.09.1999[798] die Ansicht, dass entsprechend Art. 3 Abs. 2 OECD-MA § 15 Abs. 3 Nr. 2 EStG auch im Abkommensrecht anzuwenden sei. Die ausländische gewerblich geprägte Personengesellschaft beziehe demzufolge Unternehmensgewinne nach Art. 7 OECD-MA. Über die lex fori Klausel sollen also auch gesetzliche Fiktionen des Rechts des jeweiligen Anwendestaates berücksichtigt werden. Das BMF-Schreiben erging zum DBA-Ungarn, das im Unterschied zum früheren DBA-USA 1954/65 den Unternehmensbegriff nicht näher qualifiziere[799], weshalb der Rückgriff auf das nationale Steuerrecht gerechtfertigt sei.

c) Literatur

In der Literatur wird die Frage des Durchschlagens der nationalen Begriffsbestimmung des gewerblichen Gewinns/Unternehmensgewinns auf das Abkommensrecht kontrovers diskutiert. Sämtliche oben genannten Varianten werden vertreten.

aa) Abkommensautonome Auslegung

Ein Teil der Literatur[800] geht davon aus, dass ein weitgehender Rückgriff auf das nationale Recht durch die abkommensspezifische Subsidiaritätsregel des Art. 7 Abs. 7 OECD-MA sowie allgemein durch die den Verteilungsnormen zu Grunde liegende abkommensspezifische isolierende Betrachtungsweise[801] begrenzt sei. Der abkommensautonom zu bestimmende Begriff „Unternehmensgewinn" schließe die Einbeziehung von reiner Vermögensverwaltung aus[802]. Der Abkommenszusammenhang verbiete daher die Anwendung von besonderen Subsidiaritätsregeln und Einkünftequalifikationsregeln des nationalen Rechts. Der Gewerbebetrieb kraft Rechtsform von gewerblich geprägten Personengesellschaften beziehe nicht ohne weiteres Unternehmensgewinne im Abkom-

---

798 BMF, Schreiben vom 24.09.1999, IV D 3 - S 1301 Ung - 5/99, IStR 2000, 627.

799 Das DBA-Ungarn enthält auch nicht die Umschreibung des Ausdrucks „Unternehmen" als Ausübung einer Geschäftstätigkeit entsprechend dem OECD-MA.

800 Schaumburg, Harald, Internationales Steuerrecht, 2. Aufl. 1998, Tz. 16.230; ebenso Lieber, Bettina, in: Becker, Helmut/Höppner, Horst-Dieter/Grotherr, Siegfried/Kroppen, Heinz-Klaus (Hrsg.), DBA - Kommentar, Teil 2, Loseblattsammlung, Stand Okt. 2005, Art. 7, Rn. 319; Hemmelrath, Alexander, IStR 1995, 570, (573); Morlock, Günter, Gewerblich geprägte Personengesellschaft im DBA-Recht, in: StBJB 2003/2004, S. 712, (720).

801 Schaumburg, Harald, Internationales Steuerrecht, 2. Aufl. 1998, Tz. 16.207.

802 Hemmelrath, Alexander, IStR 1995, 570, (573); siehe dazu 2. Teil B)I)3)c) und d).

menssinn. Dies sei nur der Fall, wenn die Personengesellschaft eine eigengewerbliche Tätigkeit ausübe. *Maier*[803] sieht zumindest nach dem OECD-MA 2000 keine Möglichkeit eines Rückgriffs auf das Recht des Anwendestaates, so dass sich die Frage der Anwendung der Geprägetheorie im Abkommensrecht erst gar nicht stellt. Der Ausdruck des „Unternehmens" beziehe sich nach Art. 3 Abs. 1 Buchst. c OECD-MA auf eine Geschäftstätigkeit. Sofern eine gewerblich geprägte Personengesellschaft eine vermögensverwaltende Tätigkeit ausübe, sei bereits nach dem Wortlaut keine Geschäftstätigkeit gegeben. Die maßgeblich gewerbliche Tätigkeit werde dann gerade nicht ausgeübt.

bb) Auslegung nach innerstaatlichem Recht unter Übernahme gesetzlicher Fiktionen

Teilweise wird angenommen, die Wertung des § 15 Abs. 3 Nr. 2 EStG solle in das Abkommensrecht einfließen[804]. Die Begründungen fallen unterschiedlich aus:

Buciek[805] geht davon aus, dass die Definition des Gewerbebetriebes nach deutschem Recht zweispurig angelegt sei. Zum einen gebe es Gewerbebetriebe kraft Rechtsform, die unabhängig von ihrer Tätigkeit abkommensrechtlich nach Art. 7 OECD-MA zu behandeln seien. Für alle anderen Rechtssubjekte ergebe sich die Definition der gewerblichen Einkünfte aus § 15 EStG sowie aus verschiedenen richterrechtlichen Weiterentwicklungen des „Gewerbebetriebs"-Begriffs. Die GmbH & Co. KG sei ebenso wie Kapitalgesellschaften Gewerbebetrieb kraft Rechtsform, deren Tätigkeit demzufolge abkommensrechtlich stets nach Art. 7 OECD-MA zu behandeln sei. Die abkommensrechtliche Behandlung folge der internrechtlichen Einordnung[806].

Jedoch sei auch hier die umgekehrte Subsidiarität des Abkommensrechts zu berücksichtigen. Bei immobilienvermietenden und –verpachtenden Unterneh-

---

803 Maier, Jochen, in: Löwenstein, Ulrich/Looks, Christian, Betriebsstättenbesteuerung, 1. Aufl. 2003, Rn. 170 ff.

804 Baranowski, Karl-Heinz, IWB, Fach 3a, Gruppe 1, S. 689, (690); Buciek, Klaus, in: Flick,Hans/ Wassermeyer, Franz/ Wingert, Karl-Dieter/ Kempermann, Michael, Doppelbesteuerungsabkommen Deutschland - Schweiz, Kommentar, Loseblattsammlung, Stand Okt. 2006, Art. 7, Rn. 33; Krabbe, Helmut, IStR 2002, 145, (148); Schmidt, Christian/Dendorfer, Wilhelm, IStR 2000, 46 (49); Wolff, Ulrich, Auslegungsfragen zu DBA-Regelungen über Unternehmensgewinne, in: Gocke Rudolf/Gosch, Dietmar/Lang, Michael, Festschrift für Franz Wassermeyer, 2005, S. 647, (651 ff).

805 Buciek, Klaus, in: Flick,Hans/ Wassermeyer, Franz/ Wingert, Karl-Dieter/ Kempermann, Michael, Doppelbesteuerungsabkommen Deutschland - Schweiz, Kommentar, Loseblattsammlung, Stand Okt. 2006, Art. 7, Rn. 33.

806 Buciek, Klaus, in: Flick,Hans/ Wassermeyer, Franz/ Wingert, Karl-Dieter/ Kempermann, Michael, Doppelbesteuerungsabkommen Deutschland - Schweiz, Kommentar, Loseblattsammlung, Stand Okt. 2006, Art. 7, Rn. 24, 32.

men seien daher über Art. 7 Abs. 7 OECD-MA wieder die Grundsätze des Art 6 OECD-MA anwendbar[807].

Auswirkungen ergäben sich daher allenfalls bei Einkünften aus in Drittstaaten belegenen Grundstücken[808].

Im Grundsatz ebenfalls dieser Ansicht sind *Krabbe*[809] und *Wolff*[810]. Das OECD-MA enthalte keine Definition wie Art. III Abs. 5 DBA-USA 1954/65, wonach Voraussetzung für die Annahme eines Unternehmens die Ausübung einer „aktiven" gewerblichen Tätigkeit sei. Die Anwendung einer Gewerblichkeit kraft Rechtsform auf das Abkommensrecht sei somit nicht von vornherein ausgeschlossen[811]. Da somit über Art. 3 Abs. 2 OECD-MA innerstaatliches Recht zur Anwendung komme, bleibe es der freien Gestaltung dieses Staates überlassen, zu bestimmen, was gewerblich ist, soweit dies nicht willkürlich oder missbräuchlich geschehe[812]. Als Folge lägen bezüglich sämtlicher Einkünfte Unternehmensgewinne im Sinne von Art. 7 OECD-MA vor. Zwar sei in diesem Fall der Vorrang der speziellen Abkommenseinkunftsarten zu beachten, jedoch sei die Frage, ob die den jeweiligen besonderen Einkunftsarten zu Grunde liegenden Wirtschaftsgüter tatsächlich zum Betriebsvermögen der Betriebsstätte (gewerblich geprägte Personengesellschaft als Betriebsstätte des Gesellschafters bei transparenter Behandlung) gehörten, stets zu bejahen. Bei einer vermögensverwaltenden gewerblich geprägten Personengesellschaft bilde die Verwaltung der Vermögenswerte die gewerbliche Tätigkeit der Betriebsstätte. Das verwaltete Vermögen sei „notwendiges Betriebsvermögen und erfülle demzufolge stets die

---

807 Soweit ein DBA einen Aktivitätsvorbehalt wie z.B. Art. 24 DBA-Schweiz enthalte, wirke sich hier die Geprägetheorie ebenfalls nicht aus, da vermögensverwaltende Gesellschaften in der Regel keine *aktiven* Tätigkeiten, wie von dem jeweiligen Aktivitätsvorbehalt vorgesehen, ausüben.

808 Buciek, Klaus, in: Flick,Hans/ Wassermeyer, Franz/ Wingert, Karl-Dieter/ Kempermann, Michael, Doppelbesteuerungsabkommen Deutschland - Schweiz, Kommentar, Loseblattsammlung, Stand Okt. 2006, Art. 7, Rn. 33.

809 Krabbe, Helmut, IStR 2002, 145, (148), ders., Die Personengesellschaft im internationalen Steuerrecht, in: Steuerberaterjahrbuch 2000/2001, 183, (191 f); so auch Schmidt, Christian/Dendorfer, Wilhelm, IStR 2000, 46 (48, 49); Schmidt, Christian/Blöchle, Daniel, IStR 2003, 686 (690).

810 Wolff, Ulrich, Auslegungsfragen zu DBA-Regelungen über Unternehmensgewinne, in: Gocke Rudolf/Gosch, Dietmar/Lang, Michael, Festschrift für Franz Wassermeyer, 2005, S. 647, (651 ff); ders., in: Debatin, Helmut/Wassermeyer, Franz, Doppelbesteuerung Kommentar Band VI, DBA-USA, Loseblattsammlung, Stand Mai 2006, Art. 7, Rn. 48

811 Wolff, Ulrich, Auslegungsfragen zu DBA-Regelungen über Unternehmensgewinne, in: Gocke Rudolf/Gosch, Dietmar/Lang, Michael, Festschrift für Franz Wassermeyer, 2005, S. 647, (653).

812 Krabbe, Helmut, IStR 2002, 145, (149).

Bedingung der tatsächlichen Zugehörigkeit[813] im Sinne der von der Rechtsprechung aufgestellten Grundsätze[814].

Damit geht diese Ansicht noch einen Schritt weiter als diejenige von *Buciek*[815], der zwar davon ausgeht, dass die innerstaatliche Definition von Einkünften aus Gewerbebetrieb auch im Abkommensrecht gelte, jedoch letztlich eher die speziellen Zuordnungsvorschriften zur Anwendung kämen. Nach *Krabbe* und *Wolff* kommt jedoch in den meisten Fällen Art. 7 Abs. 1 OECD-MA, also Betriebsstättenbesteuerung zur Anwendung, weil sie annehmen, dass die den besonderen Einkunftsarten zu Grunde liegenden Wirtschaftsgüter tatsächlich zum Betriebsvermögen der Betriebsstätte gehörten. Über den Betriebsstättenvorbehalt[816] unterfallen dann sämtliche Einkünfte der gewerblich geprägten Personengesellschaft Art. 7 OECD-MA.

Für diese Sicht spricht, dass sich dadurch manche Konflikte vermeiden ließen, da auch im Ausland Personengesellschaften häufig als Gewerbebetriebe kraft Rechtsform angesehen würden. Es sei kaum zu erwarten, dass diese Staaten auf ihr Besteuerungsrecht für auf ihrem Gebiet errichtete gewerblich infizierte Personengesellschaften verzichten würden[817]. Konflikte könnten durch die geänderte Auslegung des Art. 23 A/B OECD-MA[818] verhindert werden, wonach der Ansässigkeitsstaat bei der Anwendung des Methodenartikels an die Einkünftequalifikation des Quellenstaates gebunden sein soll[819].

cc) Auslegung nach innerstaatlichem Recht ohne Übernahme gesetzlicher Fiktionen

Gewichtige Stimmen in der Literatur favorisieren jedoch eher eine weniger weitreichende Bedeutung des innerstaatlichen Steuerrechts auf Abkommensebene

---

813 Wolff, Ulrich, Auslegungsfragen zu DBA-Regelungen über Unternehmensgewinne, in: Gocke Rudolf/Gosch, Dietmar/Lang, Michael, Festschrift für Franz Wassermeyer, 2005, S. 647, (654).

814 Vgl. hierzu 2. Teil B)II)1)a).

815 Buciek, Klaus, in: Flick,Hans/ Wassermeyer, Franz/ Wingert, Karl-Dieter/ Kempermann, Michael, Doppelbesteuerungsabkommen Deutschland - Schweiz, Kommentar, Loseblattsammlung, Stand Okt. 2006, Art. 7, Rn. 33.

816 Art. 10 Abs. 4, 11 Abs. 4, 12 Abs. 3 OECD-MA.

817 Krabbe, Helmut, IStR 2002, 145, (149), ders., Die Personengesellschaft im internationalen Steuerrecht, in: Steuerberaterjahrbuch 2000/2001, 183, (192).

818 Vgl. 2. Teil C)IV)2)a)dd).

819 Wolff, Ulrich, Auslegungsfragen zu DBA-Regelungen über Unternehmensgewinne, in: Gocke Rudolf/Gosch, Dietmar/Lang, Michael, Festschrift für Franz Wassermeyer, 2005, S. 647, (655).

und lassen eine unreflektierte Anwendung im Abkommensrecht über Art. 3 Abs.2 OECD-MA nicht zu[820].

Wassermeyer[821] geht davon aus, dass nicht jeder Gewerbebetrieb kraft Rechtsform im Sinne des § 15 Abs. 3 Nr. 2 EStG aber auch im Sinne des § 8 Abs. 2 KStG Unternehmensgewinne nach Art. 7 OECD-MA bezieht. Selbst dann nicht, wenn sich der Unternehmensbegriff nach dem Recht des Anwendestaates, insbesondere Deutschlands, bestimmt.

Als Begründung dient wiederum die besondere Systematik des Abkommensrechts, nämlich die des Vorrangs der spezielleren Einkunftsart vor der allgemeineren. Auch eine Kapitalgesellschaft könne demnach Einkünfte im Sinne des Art. 6 und 10 bis 13 OECD-MA beziehen[822]. Das deutsche Steuerrecht behandele im Rahmen des § 15 Abs. 3 Nr. 2 EStG Vermögensverwaltung fiktiv als Gewerbebetrieb. Diese Umqualifizierung widerspreche dem lex-specialis-Prinzip, auf dem die Abkommen aufbauten[823].

Etwas anderes gelte, wenn das Unternehmen beispielsweise gewerbliche Vermögensverwaltung im Sinne des § 15 Abs. 2 EStG betreibe. Aber selbst dann könne nach Art. 7 Abs. 7 OECD-MA die Rechtsfolge einer spezielleren Einkünftezuordnungsvorschrift zur Anwendung kommen.

Ebenso nimmt *Piltz*[824] an, dass unabhängig von der oben dargestellten Streitfrage, ob ausländische Kapitalgesellschaften einer Personengesellschaft eine gewerbliche Prägung verleihen können, auch bei Unternehmensgewinnen im Sinne des Art. 7 OECD-MA zu prüfen sei, ob die Art. 6 oder 10 bis 13 OECD-MA vorrangig anzuwenden seien. Regelmäßig bliebe damit auch unter Berücksichtigung des Betriebsstättenvorbehalts das Besteuerungsrecht des Betriebsstättenstaates beschränkt beziehungsweise ausgeschlossen[825].

---

[820] Klein, Martin, in: Hermann, Carl/Heuer, Gerhard/Raupach, Arndt, Einkommensteuer- und Körperschaftsteuergesetz Kommentar, Loseblattsammlung, Stand Juli 2006, § 15, Anm. 13; Wassermeyer, Franz, in: Debatin, Helmut/Wassermeyer, Franz, Doppelbesteuerung Kommentar Band I, Loseblattsammlung, Stand Mai 2006, Art. 7, Rn. 49; ders., IStR 2000, 627; Piltz, Detlev J., in: Debatin, Helmut/Wassermeyer, Franz, Doppelbesteuerung Kommentar Band I, Loseblattsammlung, Stand Mai 2006, Art. 7, Rn. 85.

[821] Wassermeyer, Franz, in: Debatin, Helmut/Wassermeyer, Franz, Doppelbesteuerung Kommentar Band I, Loseblattsammlung, Stand Mai 2006, Art. 7, Rn. 49.

[822] Damit geht Wassermeyer von einem gegensätzlichen Ansatz im Vergleich zu Buciek (Siehe unter 2. Teil C)II)1)c)bb)) aus, der als Grundsatz den Grundsatz aufstellt, dass Kapitalgesellschaften mit Einkünften gemäß § 8 Abs. 2 KStG stets Unternehmensgewinne nach Art. 7 OECD-MA hätten.

[823] Wassermeyer, Franz, in: Debatin, Helmut/Wassermeyer, Franz, Doppelbesteuerung Kommentar Band I, Loseblattsammlung, Stand Mai 2006, vor Art. 6-22, Rn. 27.

[824] Piltz, Detlev-J., in: Debatin, Helmut/Wassermeyer, Franz, Doppelbesteuerung Kommentar Band I, Loseblattsammlung, Stand Mai 2006, Art. 7, Rn. 85.

[825] Piltz, Detlev, J., in: Mössner, Jörg Manfred u. a., Steuerrecht international tätiger Unternehmen, 3. Aufl., 2005, Tz. F 31.

Dies gelte sowohl für den beschränkt steuerpflichtigen Gesellschafter einer gewerblich geprägten KG deutschen Rechts, als auch für den unbeschränkt steuerpflichtigen Gesellschafter einer gewerblich geprägten Personengesellschaft ausländischen Rechts.

2) Inländische Personengesellschaft mit ausländischem Gesellschafter

Hinsichtlich des Inbound-Falls gilt für die Frage der Anwendbarkeit der Prägewirkung des § 15 Abs. 3 Nr. 2 EStG letztlich das zum Fall der Auslandsbeteiligung Gesagte. Insgesamt ist der Outbound-Fall allerdings der häufiger angesprochene Fall. Im Allgemeinen wird keine Differenzierung zwischen Auslandsengagement von Inländern und Inlandsengagement von Ausländern vorgenommen. Die Folgen der unterschiedlichen Ansichten sind entsprechend obigem Beispiel[826] mit dem Unterschied, dass Deutschland nun Betriebsstättenstaat (Sitzstaat der Personengesellschaft) wäre und der ausländische Staat Ansässigkeitsstaat des Gesellschafters der Personengesellschaft.

In der Rechtsprechung hatte das FG Hamburg[827] einen Inbound-Fall zu entscheiden. Im Fall ging es um die Qualifikation der Einkünfte einer in den Niederlanden ansässigen Kommanditistin einer deutschen GmbH & Co. KG.

Das FG Hamburg hat entschieden, dass für die abkommensrechtliche Qualifikation von Einkünften zwar grundsätzlich das Recht des Anwendestaats maßgeblich sei, die Bewertung des nationalen Steuerrechts, wonach Einkünfte aus Gewerbebetrieb anfallen und für die Gesellschaft eine feste Einrichtung unterhalten wird (§§ 15 Abs. 3 Nr. 2 EStG, 12 AO), nicht in das Abkommensrecht übertragen werden könne. Denn abkommensrechtlich seien andere Einkünfte - im Streitfall solche aus Dividenden - wegen Spezialität vorrangig. Damit bleibt es auf der Linie des Schleswig-Holsteinischen FG[828], wonach das innerstaatliche Recht der Vertragsstaaten nur sehr eingeschränkt im Abkommensrecht zum Tragen käme.

3) Stellungnahme

Unabhängig von der Frage, ob der Unternehmensbegriff über einen Rückgriff auf das Recht des Anwendestaates zu ermitteln ist, stammt von *Wassermeyer*[829] die wichtigste Erkenntnis in dem hier behandelten Zusammenhang: Auch Kapitalgesellschaften beziehen im Hinblick auf § 8 Abs. 2 KStG nicht zwangsläufig Unternehmensgewinne im Sinne des Abkommensrechts. Die spezielle Abkom-

---

[826] Vgl. unter 2. Teil C)II)1)).

[827] FG Hamburg – VI 6/01, EFG 2004, 548.

[828] Schleswig-Holsteinisches FG, Urteil vom 27.11.2002 - 2 K 148/00, DStRE 2003, 1104, (1105).

[829] Siehe oben unter 2. Teil C)II)1)c)cc).

menssystematik mit der im Verhältnis zum nationalen Steuerrecht umgekehrten Subsidiarität ist auch hier zu wahren. Dieser Umstand ist zwingend auch dann zu berücksichtigen, wenn mit der hier abgelehnten Ansicht die Definition des Unternehmensbegriffs dem Recht des Anwendestaates zu entnehmen wäre.

Anders würde man zu einer Ungleichbehandlung von Kapitalgesellschaften und Personengesellschaften gelangen. Jeder andere Ansatz könnte nicht erklären, warum für Personengesellschaften eine originär gewerbliche Tätigkeit Voraussetzung für die Anwendung von Art. 7 OECD-MA sein soll, während dies für Kapitalgesellschaften nicht verlangt wird.

Die Ansicht von *Buciek*[830] geht zwar ebenfalls von einer Gleichbehandlung von Kapitalgesellschaften und Personengesellschaften mit gewerblicher Prägung (die er ebenfalls als Gewerbebetrieb kraft Rechtsform bezeichnet und damit stets Unternehmensgewinne annimmt) aus. Für die Annahme von Unternehmensgewinnen aufgrund des Vorliegens eines Gewerbebetriebs kraft Rechtsform bietet der Abkommenstext jedoch keinen Anhaltspunkt und widerspricht der Abkommensidee des Vorrangs der spezielleren Einkunftsarten. Diese systematische Grundentscheidung darf auch nicht über Art. 3 Abs. 2 OECD-MA ausgehebelt werden. Die Transformation von § 15 Abs. 3 Nr. 2 EStG ins Recht der DBA würde zu einer DBA-fremden Anwendung der Vorschrift des Art. 3 Abs. 2 OECD-MA führen[831].

Auch kann nicht nur aufgrund der besonderen Rechtsform der gewerblich geprägten Personengesellschaft angenommen werden, dass die den jeweiligen Einkünften zu Grunde liegenden Wirtschaftsgüter entsprechend dem Betriebsstättenvorbehalt[832] immer tatsächlich zu der Personengesellschaft gehörten, wie *Krabbe* und *Wolff* meinen. Die Annahme, die Verwaltung von Vermögenswerten sei die gewerbliche Tätigkeit der gewerblich geprägten Personengesellschaft, ist nicht nachvollziehbar und widerspricht der hier vertretenen Auffassung, wonach sich aus dem Abkommen selbst ergibt, dass rein vermögensverwaltende Tätigkeiten von der unternehmerischen Betätigung im Sinne des Art. 7 OECD-MA streng abzugrenzen ist[833].

Im Ergebnis bedeutet dies, dass bei der rein vermögensverwaltenden Tätigkeit einer Gesellschaft, die die Merkmale einer deutschen GmbH & Co. KG erfüllt, die Geprägetheorie nur anwendbar sein kann, wenn keine ausländische Betriebsstätte im Abkommenssinn existiert. Wäre nämlich eine Betriebsstätte gegeben, wären die im Ausland erzielten Einkünfte der Betriebsstätte zuzuordnen

[830] Siehe 2. Teil C)II)1)c)bb).
[831] Maier, Jochen, in: Löwenstein, Ulrich/Looks, Christian, Betriebsstättenbesteuerung, 2003, Rn. 173.
[832] Art. 10 Abs. 4, 11 Abs. 4 und 12 Abs. 3 OECD-MA.
[833] Vgl. hierzu 2. Teil B)I)3)d).

und unterlägen nicht der deutschen Besteuerung und folglich auch nicht der Geprägevorschrift[834].

III) Zusammenfassung 8

§ 15 Abs. 3 Nr. 1 und Nr. 2 EStG wirken sich im Abkommensrecht nicht aus. Das OECD-MA enthält keine vergleichbaren Normen zur Umqualifizierung von Einkünften. Ausgangspunkt für die Lösung der Frage nach den Auswirkungen des § 15 Abs. 3 EStG für das Abkommensrecht ist das Verständnis des abkommensrechtlichen Unternehmensbegriffs. Dieser ist nach Ansicht des Verfassers aus dem Abkommenszusammenhang heraus ermittelbar[835], weshalb nicht originär gewerbliche Tätigkeiten keine Unternehmensgewinne nach Art. 7 OECD-MA sein können. Eine Ausnahme besteht jedoch im Hinblick auf § 15 Abs. 3 Nr. 1 EStG, wenn gewerbliche und nicht gewerbliche Tätigkeit untrennbar voneinander abhängen, zwischen ihnen also ein so enger sachlicher und wirtschaftlicher Zusammenhang besteht, dass beide Tätigkeiten als Einheit anzusehen sind. Die abkommensrechtliche Qualifikation richtet sich dann nach dem Schwerpunkt der Betätigung.

Die deutsche Finanzverwaltung und Teile der Literatur greifen dagegen zur Bestimmung des Begriffs „Unternehmensgewinne" im Sinne des Art. 7 OECD-MA über Art. 3 Abs. 2 OECD-MA auf das deutsche innerstaatliche Steuerrecht zurück. Daher sollen gewerbliche Einkünfte aus § 15 Abs. 3 Nr. 1 und Nr. 2 EStG auch Unternehmensgewinne nach Art. 7 OECD-MA darstellen. Dies widerspricht jedoch auch der besonderen Abkommenssystematik. Nach Art. 7 Abs. 7 OECD-MA sind Einkünfte, die die Voraussetzungen einer spezielleren Einkunftsart erfüllen, nicht als Unternehmensgewinne zu behandeln, sondern nach den jeweiligen speziellen Verteilungsnormen. Insoweit besteht im Vergleich zum innerstaatlichen deutschen Steuerrecht, nach dem Einkünfte vorrangig als Einkünfte aus Gewerbebetrieb behandelt werden, im Abkommensrecht eine umgekehrte Subsidiarität. Diese systematische Grundentscheidung darf nicht über Art. 3 Abs. 2 OECD-MA in ihr Gegenteil verkehrt werden.

IV) Sondervergütungen im Abkommensrecht

1) Allgemeines

Aufgrund ihrer stark personalistischen Struktur kommt es bei Personengesellschaften besonders häufig zu Leistungsbeziehungen zwischen den einzelnen Gesellschaftern und der Personengesellschaft selbst. Nach deutschem innerstaatlichen Steuerrecht stellen Vergütungen von Personengesellschaften an ihre Ge-

[834] Farnschläder, Marion/Kahl , Ilona, IWB Fach 3, Gruppe 3, S. 1179, (1181).
[835] Siehe 2. Teil B)I)3)d).

sellschafter im Rahmen solcher Leistungsbeziehungen (Sondervergütungen[836]) gewerbliche Einkünfte gemäß § 15 Abs. 1 Nr. 2 S. 1 2. Hs. EStG beziehungsweise § 49 Abs. 1 Nr. 2 Buchst. a EStG in Verbindung mit § 15 Abs. 1 Nr. 2 S. 1 2. Hs. EStG dar. Durch § 15 Abs. 1 Nr. 2 S. 1 2. Hs. EStG werden aus Leistungsbeziehungen zwischen Gesellschaft und Gesellschafter stammende Einkünfte in gewerbliche Einkünfte umqualifiziert. Durch Hinzurechnung zum Gewinn der Gesellschaft wird verhindert, dass die an die Gesellschafter fließenden Vergütungen den Gesamtgewinn des Gesellschafters aus der Beteiligung an der Personengesellschaft mindern. Besonders häufig kommt es in der internationalen Praxis zur Hingabe von Darlehen von Gesellschaftern an die Personengesellschaft, so dass insbesondere die abkommensrechtliche Behandlung von Zinszahlungen von Relevanz ist[837].

Das OECD-MA enthält keine ausdrückliche Regelung für die Behandlung von Sondervergütungen. Daher wäre es zunächst naheliegend, die Sondervergütungen wie den Gewinnanteil unter Art 7 OECD-MA zu subsumieren[838], also das innerstaatliche Verständnis auf das Abkommensrecht zu übertragen. Dies würde aber dann zu Problemen führen, wenn die Vertragsstaaten eine unterschiedliche Bestimmung des Steuersubjekts vornähmen, das heißt also ein Vertragsstaat die Personengesellschaft transparent behandelte und der andere Vertragsstaat als Körperschaft. Viele Staaten kennen das Konzept zur Besteuerung von Sondervergütungen, wie es in Deutschland existiert, nicht[839]. Dort werden Vergütungen an die Gesellschafter nach dem jeweiligen Steuerrecht als Einkünfte aus Zinsen, Dividenden, Vermietung und Verpachtung, usw. beim jeweiligen Gesellschafter der Besteuerung unterworfen, während sie für die Gesellschaft Aufwand darstellen. Die unterschiedliche Qualifikation der Sondervergütungen in den Vertragsstaaten kann entweder zu einer Doppelbefreiung führen, wenn zur Vermeidung der Doppelbesteuerung die Freistellungsmethode gewählt ist, oder aber zu einer Doppelbesteuerung[840].

---

836 Der Begriff der Sondervergütungen wird in dieser Arbeit allgemein verwendet für Vergütungen von Personengesellschaften an ihre Gesellschafter, auch wenn andere Staaten diese Bezeichnung nicht verwenden.

837 Staringer, Klaus, Leistungsbeziehungen zwischen der Personengesellschaft und den Gesellschaftern aus abkommensrechtlicher Sicht, in: Gassner, Wolfgang/Lang, Michael/Lehner, Eduard, Personengesellschaften im Recht der Doppelbesteuerungsabkommen, 2000, Wien, S. 103, (106).

838 Müller, Marion/Wangler, Clemens, IStR 2003, 145, (149).

839 Ein ebenso weit gefasstes Mitunternehmerkonzept findet sich in Österreich und den Niederlanden.

840 Avery Jones, John F./de Broe, Luc/Wielle, Micheline van de et al., BTR 1996, 212, (234) Baranowski, Karl-Heinz, Besteuerung von Auslandsbeziehungen, 2. Aufl. 1996, Teil 5, 3. Abschnitt, Rn. 361; Greif, Martin, Steuergestaltung bei einer international tätigen Personengesellschaft, in: Haarmann, Wilhelm (Hrsg.), Unternehmensstrukturen und Rechtsformen im

Beispiel 4: Ein in Deutschland ansässiger Gesellschafter einer Personengesellschaft mit Sitz im Ausland gibt dieser ein Darlehen. Der ausländische Staat besteuert die Gesellschaft wie eine Körperschaft. Im Doppelbesteuerungsabkommen zwischen den beteiligten Staaten ist die Freistellungsmethode vereinbart.

Abwandlung: Der Sitz der Personengesellschaft ist in Deutschland, der Gesellschafter ist im Ausland ansässig.

Im Beispiel würde der Sitzstaat der Personengesellschaft die Zahlungen der Gesellschaft an den Gesellschafter als Betriebsausgaben behandeln und den Zinsartikel anwenden. Wenn der Zinsartikel des zwischen den Vertragsstaaten geltenden DBA im Unterschied zum OECD-MA keine Abzugssteuer im Quellenstaat vorsieht, würde Doppelfreistellung eintreten, weil aus deutscher Sicht die Zinszahlungen nach § 15 Abs. 1 Nr. 2 EStG den gewerblichen Mitunternehmereinkünften zurechnen und gemäß des Artikels betreffend die Unternehmensgewinne von der deutschen Besteuerung freizustellen wären.

In der Abwandlung wäre Doppelbesteuerung der Zinszahlungen die Folge. Deutschland würde die abfließenden Darlehenszinsen nach § 49 Abs. 1 Nr. 2 Buchst. a EStG bei den gewerblichen Mitunternehmereinkünften erfassen. Der andere Vertragsstaat würde die zufließenden Darlehenszinsen als Einkünfte aus Kapitalvermögen qualifizieren und käme zu einem Besteuerungsrecht nach dem Zinsartikel des anzuwendenden Abkommens. Ergebnis wäre eine Besteuerung im Quellenstaat wie auch im Ansässigkeitsstaat des Gesellschafters.

2) Einzelne Fallgruppen

Es soll im Folgenden dargestellt werden, wie auf Abkommensebene das Problem der Behandlung von Sondervergütungen zu lösen ist. Grundsätzlich besteht vor dem Hintergrund des deutschen innerstaatlichen Steuerrechts die Möglichkeit der Behandlung von Sondervergütungen als Unternehmensgewinn nach Art. 7 OECD-MA oder der Behandlung nach derjenigen Verteilungsnorm des OECD-MA, die dem Charakter der Sondervergütung entspricht. Bei der Untersuchung wird zwischen Outbound-Fall und Inbound-Fall unterschieden.

a) Inländische Gesellschafter ausländischer Personengesellschaften

Zunächst soll dargestellt werden, wie Sondervergütungen im Outbound-Fall zu behandeln sind.

Internationalen Steuerrecht, 1996, S. 89, (101); Reith, Thomas, Internationales Steuerrecht, 2004, Tz. 4.196.

aa) Rechtsprechung: Berücksichtigung des besonderen Subsidiaritätsgedankens der Abkommen

Die Rechtsprechung hat lange Zeit Sondervergütungen nach dem Artikel für Unternehmensgewinne behandelt[841], also eine Auslegung nach der lex fori vorgenommen. Leistungsbeziehungen zwischen der Personengesellschaft und ihren Gesellschaftern wurden als steuerlich nicht existent betrachtet[842]. Damit unterlagen Sondervergütungen unbegrenzt der Besteuerung im Betriebsstättenstaat. Begründet wurde dies damit, dass die DBA zur Frage des Umfangs des gewerblichen Gewinns keine Aussage träfen, und sich die Behandlung von Sondervergütungen daher alleine nach dem deutschen innerstaatlichen Steuerrecht beurteile, weshalb § 15 Abs. 1 Nr. 2 EStG auch im Rahmen der DBA voll zur Anwendung komme[843].

Nunmehr sondert der BFH Sondervergütungen aus den Unternehmensgewinnen aus[844] und interpretiert das Abkommen aus sich selbst heraus. Im grundlegenden Urteil vom 27.02.1991 ging es um die Zahlung von Zinsen einer Limited Partnership nach dem Recht des US Staates Wisconsin an ihren unbeschränkt steuerpflichtigen Gesellschafter für die Gewährung eines Darlehens an die Limited Partnership. Der BFH erkennt die zivilrechtliche Beziehung zwischen der Gesellschaft und ihrem Gesellschafter auch steuerrechtlich an und sieht in den Sondervergütungen eigenständige Einkünfte im Sinne des Abkommens.

Dem stehe auch nicht der Betriebsstättenvorbehalt entgegen[845]. Der Betriebsstättenvorbehalt erfasse nur Forderungen, die tatsächlich zur Betriebsstätte gehörten. Das Stammrecht, für das zum Beispiel die Zinsen gezahlt würden, müsse Bestandteil des Vermögens der Betriebsstätte sein. Bei Darlehen eines Gesellschafters an seine Gesellschaft sei dies gerade nicht der Fall, da das Darlehen in der Bilanz der Gesellschaft als Verbindlichkeit ausgewiesen werde und nicht als Aktivposten. Die Darlehensforderung stünde nicht der Betriebsstätte zu, sondern

---

[841] RFH, Urteil vom 30.11.1938 – I 42/38, RStBl. 1939, 544; BFH, Urteil vom 29.01.1964 – I 153/61 S, BFHE 78, 428, BStBl. III 1964, 165; BFH, Urteil vom 18.05.1983 – I 5/82, BFHE 1983, 548, BStBl. II 1983, 771; BFH, Urteil vom 10.11.1983 – IV R 62/82, BFHE 1985, 12, BStBl. II 1984, 605; BFH, Urteil vom 17.10.1990 – I R 16/89, BFHE 163, 38, BStBl. II 1991, 211.

[842] Piltz, Detlev J., in: Debatin, Helmut/Wassermeyer, Franz, Doppelbesteuerung Kommentar Band I, Loseblattsammlung, Stand Mai 2006, Art. 7, Rn. 108 a.

[843] Piltz, Detlev, J., in: Mössner, Jörg Manfred u. a., Steuerrecht international tätiger Unternehmen 3. Aufl., 2005, Tz. F 36.

[844] BFH, Urteil vom 27.02.1991 – I R 15/89, BFHE 164, 38, BStBl. II 1991, 444; BFH, Urteil vom 27.02.1991 – I R 96/89, BFH/NV 1992, 385; BFH, Urteil vom 14.07.1993 – I R 71/92, BFHE 172, 422; BFH, Urteil vom 21.07.1999 – I R 71/98, BStBl. II 2000, 336; bestätigt auch im Urteil vom 16.10.2002 – I R 17/01, BFHE 200, 521, BStBl. II 2003, 631; BFH, Beschluss vom 20.12.2006 – I B 47/05, BB 2007, 539.

[845] Art. 10 Abs. 4, Art. 11 Abs. 4 und Art. 12 Abs. 3 OECD-MA.

richte sich gerade gegen sie. Bei der Personengesellschaft bestehe eine Schuld[846].

Die Zuordnung, die § 15 Abs. 1 Nr. 2 EStG treffe, sei lediglich rechtlicher Natur und daher nicht geeignet, eine tatsächliche Zugehörigkeit zu der Betriebsstätte im Sinne des Betriebsstättenvorbehalts zu begründen[847]. Demzufolge reicht es für die Annahme von tatsächlicher Zugehörigkeit zu der Betriebsstätte nicht aus, dass ein Vermögenswert Sonderbetriebsvermögen ist, da es sich nur um eine Rechtsregelung handelt[848].

Sondervergütungen können damit praktisch nie vom Betriebsstättenvorbehalt erfasst werden[849]. Eine eindeutige Klarstellung, wann tatsächliche Zugehörigkeit im Abkommenssinn vorliegt, hat die Rechtsprechung bislang allerdings nicht vorgenommen.

Der BFH führt im Grundsatzurteil vom 27.02.1991 aus, dass Erträge aus Wirtschaftsgütern, die von der Betriebsstätte genutzt würden und zu ihrem Ergebnis beitrügen, nur im Betriebsstättenstaat zu versteuern seien. Tatsächliche Zugehörigkeit liegt demnach beispielsweise vor, wenn der Gesellschafter der Personengesellschaft ein Patent zur Verfügung stellt, das wesentliche Betriebsgrundlage für das Unternehmen der Personengesellschaft darstelle. Hier ist der notwendige funktionale Zusammenhang mit der Tätigkeit der Betriebsstätte gegeben, so dass der Betriebsstättenvorbehalt in Art. 12 Abs. 3 OECD-MA zur Anwendung des Art. 7 OECD-MA führt[850].

Die Freistellung der Sondervergütungen im Ansässigkeitsstaat des Gesellschafters kommt nur in Betracht, wenn das zur Anwendung kommende Abkommen keine Art. 7 Abs. 7 OECD-MA oder Art. III Abs. 5 DBA-USA 1954/65 oder Art. 7 Abs. 8 DBA-Schweiz vergleichbare Herauslösung der Einkünfte aus den Unternehmensgewinnen vorsieht, die in anderen Abkommensartikeln geregelt sind[851]. Das Urteil vom 24.03.1999[852] bezog sich auf die Regelung des

---

846 Piltz, Detlev J., Zur Ermittlung und Besteuerung grenzüberschreitender Sondervergütungen - das Verhältnis von nationalem Recht und DBA, in: Gocke, Rudolf/Gosch, Dietmar/Lang, Michael, Festschrift für Franz Wassermeyer, 2005, S. 747, (756).

847 Siehe auch 2. Teil B)II)1).

848 Piltz, Detlef J., IStR 1996, 457 (459).

849 Gündisch, Stephan, Personengesellschaften im DBA-Recht, 2004, S. 271.

850 Schild, Claus/Ehlermann, Christian, in:Grotherr, Siegfried (Hrsg.), Handbuch der internationalen Steuerplanung, 2. Aufl. 2003, S. 1400.

851 BFH, Urteil vom 24.03.1999 - I R 114/97, BFHE 188, 315, BStBl. II 2000, 399; Weggenmann, Hans, IStR 2002, 1, (3); Missverständlich insoweit Jacobs, Otto H., Internationale Unternehmensbesteuerung, Deutsche Investitionen im Ausland, Ausländische Investitionen im Inland, 5. Aufl. 2002, S. 576, der die Rechtsfolge der Freistellung in Deutschland als gewerbliche Gewinne wohl von der übereinstimmenden Behandlung im innerstaatlichen Steuerrecht der Vertragsstaaten abhängig macht und weniger von der Besonderheit des jeweiligen Abkommens. Allerdings dürfte die Abweichung im Abkommenstext Folge der übereinstimmenden Behandlung im innerstaatlichen Steuerrecht sein.

Art. 4 DBA-Österreich, der eine solche Herauslösung von Sondervergütungen aus den Unternehmensgewinnen nicht vorsieht. Die Abweichung des DBA-Österreich vom OECD-MA an dieser Stelle habe ihre Grundlage in der Tatsache, dass in Österreich bei Mitunternehmerschaften mit dem deutschen Recht vergleichbare Gewinnermittlungsgrundsätze gelten. Festzuhalten ist jedoch, dass auch hier die Auslegung aus dem Abkommen heraus maßgeblich bleibt, auf dessen Regelungen aber die Besonderheiten des innerstaatlichen Rechts der Vertragsstaaten Einfluss hatte.

Zweifel an dieser Betrachtungsweise hat lediglich das FG München[853] in einem Beschluss über einen Antrag auf Aussetzung der Vollziehung zum DBA-Österreich geäußert. Allerdings stehen dabei allgemeine Erwägungen im Vordergrund, unabhängig von den Besonderheiten des DBA-Österreich. Zweifel an der Qualifizierung der Erträge aus Darlehen nach Art. 11 DBA-Österreich bestünden deshalb, weil die Betriebsstätte einer nichtabkommensberechtigten Personengesellschaft eine Betriebsstätte der Gesellschafter sei. Daher spreche ein nicht nur geringer Grad an Wahrscheinlichkeit dafür, dass Zinsen, die die Betriebsstätte an einen Steuerinländer zahle, Teil des Betriebsstättengewinns blieben. Dies gelte zumindest dann, wenn in beiden Vertragsstaaten Sondervergütungen gleich qualifiziert würden, weil die Personengesellschaft entsprechend dem Transparenzprinzip kein eigenes Steuersubjekt sei.

bb) Literatur

Die Literatur folgt überwiegend der aktuellen Rechtsprechung des BFH. Es werden aber auch die Lösung nach der lex fori Auslegung sowie vermittelnde Ansichten vertreten.

(1) Berücksichtigung des besonderen Subsidiaritätsgedankens der Abkommen

Die herrschende Literaturansicht folgt der neueren Rechtsprechung und erkennt den Vorrang der Spezialartikel Art. 6, 8, 10 bis 18 und gegebenenfalls auch Art 21 OECD-MA an[854]. Eine Rückverweisung auf Art. 7 OECD-MA komme

---

[852] BFH, Urteil vom 24.03.1999– I R 114/97, BFHE 188, 315, BStBl. II 2000, 399.

[853] FG München, Beschluss vom 11.09.2001 – 13 V 1705/01.

[854] Lieber, Bettina, in: Becker, Helmut/Höppner, Horst-Dieter/Grotherr, Siegfried/Kroppen, Heinz-Klaus (Hrsg.), DBA - Kommentar, Teil 2, Loseblattsammlung, Stand Okt. 2005, Art. 7, Rn. 334; Piltz, Detlev J., in: Debatin, Helmut/Wassermeyer, Franz, Doppelbesteuerung Kommentar Band I, Loseblattsammlung, Stand Mai 2006, Art. 7, Rn. 109; ders., Grenzüberschreitende Sondervergütungen bei Personengesellschaften, in: Lüdicke, Jürgen (Hrsg.), Besteuerungspraxis bei grenzüberschreitender Tätigkeit, 2003, S. 137, (150); Schaumburg, Harald, Internationales Steuerrecht, 2. Aufl. 1998, Tz. 16.231; ders., Stbg 1999, 97 und 156, (163); Ostendorf, Claudia, Behandlung von Sondervergütungen der Mitunternehmer im inter-

nur für die Einkünfte in Betracht, die einem Betriebstättenvorbehalt unterlägen, so wie im Rahmen von Art. 10 Abs. 4, 11 Abs. 4, 12 Abs. 3 oder 21 Abs. 2 OECD-MA. Bei den anderen Einkünften müsse es bei Anwendung der Spezialartikel verbleiben. Die Ausdrücke „Zinsen“ und „Lizenzgebühren“ seien im OECD-MA definiert, so dass für eine Umqualifizierung von Sondervergütungen in Unternehmensgewinne kein Raum sei[855]. Grundlage dieser Ansicht bildet die Vorstellung, dass schuldrechtliche Verträge zwischen der Personengesellschaft und ihrem Gesellschafter zivilrechtlich wirksam seien, so dass ausgezahlte Sondervergütungen unter die jeweiligen Spezialnormen zu fassen seien. Das für Betriebstätten geltende Prinzip der Aufwands- und Ertragszuordnung nach den Art. 7 Abs. 2 und 3 OECD-MA gehe von dem Fall einer unselbständigen Betriebsstätte aus. Die Selbständigkeitsfiktion des Art. 7 Abs. 2 OECD-MA sei jedoch dann nicht anwendbar, wenn es um die Beurteilung tatsächlich selbständiger Unternehmen gehe. Dies sei bei Personengesellschaften und deren Gesellschaftern aber der Fall. Zwischen ihnen könnten schuldrechtliche Leistungsbeziehungen derart vereinbart werden, dass jeweils auch auf Kosten des anderen Teils Gewinne erwirtschaftet werden könnten[856]. Die Hinzurechnung nach § 15 Abs. 1 Nr. 2 EStG beruhe gerade auf dem Gedanken, dass schuldrechtliche Vereinbarungen zwischen dem Mitunternehmer und seiner Personengesellschaft möglich seien[857]. Die Vorschrift schließe schuldrechtliche Vereinbarungen zwischen Gesellschafter und Gesellschaft nicht aus, sondern setze sie gerade voraus[858]. Nach dem hier dargestellten Verständnis käme es auch nicht zu Qualifikationskonflikten, die sonst nur entstehen können, wenn beide Vertragsstaaten ihr divergierendes innerstaatlichen Steuerecht anwenden wollen. Es wird darüber hinaus berücksichtigt, dass Abkommensrecht und in-

---

nationalen Steuerrecht,1994, S. 148; Prinz, Ulrich/Breuninger, Gottfried E., IWB, Fach 10, Gruppe 2, 1293 (1303); Lüdicke, Jürgen, Neue Entwicklung zur beschränkten Steuerpflicht, StBKR 1996, S. 423, (426); ders., Neue Entwicklungen der Besteuerung von Personengesellschaften im internationalen Steuerrecht, StBJB 1997/1998, S. 449, (474); Fischer-Zernin, Justus, RIW 1991, 493, (497); Knebel, Andreas, DStR 1999, 1421, (1423); Greif, Martin, in: Mössner, Jörg Manfred u. a., Steuerrecht international tätiger Unternehmen 3. Aufl., 2005, Tz. E 52; Günkel, Manfred/Lieber, Bettina, FR 2001, 132; Günkel, Manfred, Personengesellschaften mit ausländischen Gesellschaftern - Zurechnung von Beteiligungen und Sonderbetriebsausgaben/-einnahmen, in: StBJB 2003/2004, S. 667, (675); Pyszka, Tillmann, IStR 1998, 745, (746).

[855] Statt Vieler: Schild, Claus/Ehlermann, Christian, in: Grotherr, Siegfried (Hrsg.), Handbuch der internationalen Steuerplanung, 2. Aufl. 2003, S. 1400.

[856] Fischer-Zernin, Justus, RIW 1991, 493, (494), Dieser Gesichtspunkt sei letztlich auch für die Rechtsprechung maßgeblich.

[857] Günkel, Manfred/Lieber, Bettina, FR 2001, 132; Günkel, Manfred, Personengesellschaften mit ausländischen Gesellschaftern - Zurechnung von Beteiligungen und Sonderbetriebsausgaben/-einnahmen, in: StBJB 2003/2004, S. 667, (674).

[858] Pyszka, Tillmann, IStR 1998, 745, (747), mit Hinweis auf den Beschluss des BFH vom 25.02.1991, GrS 7/89, BStBl. II 1991, 692, (698).

nerstaatliches Recht der Vertragsstaaten zwei in sich geschlossene Rechtskreise mit eigenen Begriffsbestimmungen sind und demzufolge auch die Einordnung von Zinsen und anderen Sondervergütungen losgelöst vom innerstaatlichen Recht der Vertragsstaaten zu treffen ist[859], und zwar durch Auslegung aus dem Abkommen selbst heraus. Die autonome Auslegung aus dem Abkommen gilt demzufolge auch im Verhältnis zu Staaten, die ein dem deutschen vergleichbares Mitunternehmerkonzept haben[860].

(2) Keine abkommensrechtliche Anerkennung von Vertragsbeziehungen zwischen Gesellschafter und Personengesellschaft

Ein nicht zu vernachlässigender Teil der Lehre schreibt Sondervergütungen abkommensrechtlich den Unternehmensgewinnen zu[861]. Zu berücksichtigen sei das Prinzip der Aufwands- und Ertragszuordnung nach den Art. 7 Abs. 2 und 3 OECD-MA als allgemeines Prinzip der DBA-Auslegung[862], welches im Verhältnis zwischen Betriebsstätte und Unternehmensstammhaus gelte – im Gegensatz zu dem den Geschäftsverkehr zwischen eigenständigen Unternehmen beherrschenden Entgeltprinzip[863]. Die Auszahlung der Sondervergütungen an den Gesellschafter rechne direkt zum Gewinn, den der Gesellschafter aus seiner durch die Gesellschaft verkörperten Betriebsstätte beziehe[864].

Es sei von dem Grundsatz auszugehen, dass die Anwendung des Betriebsstättenprinzips auf die Beteiligung an ausländischen Personengesellschaften bedinge, dass die Abzugsfähigkeit von Sondervergütungen aufgrund der Aufwands- und Ertragszuordnung in der Regel abzulehnen sei. Eine Gewinnminderung durch die Aufwendungen der Gesellschaft scheide abkommensrechtlich aus, da

---

[859] Ostendorf, Claudia, Behandlung von Sondervergütungen der Mitunternehmer im internationalen Steuerrecht,1994, S. 148.

[860] Lüdicke, Jürgen, Neue Entwicklungen der Besteuerung von Personengesellschaften im internationalen Steuerrecht, StBJB 1997/1998, S. 449, (473).

[861] Debatin, Helmut, BB 1992, 1181, (1187 f); Köhler, Franz, RIW 1991, 1024, (1032 f); Riemenschneider, Sven, Abkommensberechtigung von Personengesellschaften und abkommensrechtliche Behandlung der Einkünfte aus Beteiligungen inländischer Gesellschafter an ausländischen Personengesellschaften, 1995, S. 150; Burmester, Gabriele, Ausgewählte international-steuerrechtliche Probleme der stillen Gesellschaft, in: Haarmann, Wilhelm (Hrsg.), Unternehmensstrukturen und Rechtsformen im Internationalen Steuerrecht, 1996, S. 122, (138); Hemmelrath, Alexander, IStR 1995, 570, (571 f); ders. differenzierend, in: Vogel, Klaus/Lehner, Moris, Doppelbesteuerungsabkommen, Kommentar, 4. Aufl. 2003, Art. 7 Rn. 58, maßgeblich soll die Beurteilung der Einkünfte durch den Sitzstaat der Gesellschaft sein, so dass bei intransparenter Behandlung im Sitzstaat die Spezialartikel zur Anwendung kommen.

[862] Debatin, Helmut, BB 1992, 1181, (1187); Hemmelrath, Alexander, IStR 1995, 570, (571 f).

[863] Köhler, Franz, RIW 1991, 1024, (1029).

[864] Debatin, Helmut, BB 1992, 1181, (1187).

auf Abkommensebene Gesellschafter und Personengesellschaft ein Unternehmen darstellten. Demzufolge sei es unerheblich, dass nach dem innerstaatlichen Recht der Vertragsstaaten zwischen Personengesellschaft und Gesellschafter wirksame Vertragsbeziehungen vereinbar seien[865]. Steuerrechtlich seien gesonderte Vertragsbeziehungen zwischen Gesellschafter und Personengesellschaft nicht anzuerkennen, was jedoch Grundlage für die Anwendung der Spezialartikel nach Art. 7 Abs. 7 OECD-MA sei. Mitunternehmer und Einzelunternehmer hätten zu ihrem jeweiligen Unternehmen die gleiche Stellung[866].

Das für die Rechtsprechung richtungsweisende Urteil vom 27.02.1991[867] verkenne die Tatsache, dass der Betriebsstättenvorbehalt nur regele, wann einer Betriebsstätte *zufließende* Einkünfte ihrem Gewinn zuzurechnen seien und nicht den Abfluss von Zinsen an den Unternehmer[868]. Die Zinszahlungen seien als Sondervergütungen dem Gewinn aus der Gesellschaftsbeteiligung zuzurechnen. Einkünftegegenstand sei nicht die Zinszahlung selbst, sondern der Gewinn der ausländischen Gesellschaft[869]. Die Zurechnung der Sondervergütungen zum Gewinn der Personengesellschaft ergebe sich demnach unmittelbar aus dem Abkommen. Ein Rückgriff auf das innerstaatliche Recht nach Art. 3 Abs. 2 OECD-MA sei daher nicht geboten[870].

Das Herauslösen von Zinsen und anderen Sondervergütungen aus dem Unternehmensgewinn sei gar nicht möglich. Art. III Abs. 5 DBA-USA 1954/65 habe nicht die Bedeutung, den Umfang des Gewinns zu bestimmen, die ihm der BFH aber beimesse. Vielmehr regele die Vorschrift, die Art. 7 Abs. 7 OECD-MA entspricht, das Verhältnis des generellen Artikels für gewerbliche Gewinne zu den spezielleren Artikeln für Dividenden, Zinsen, Lizenzen usw.. Art. III Abs. 5 DBA-USA 1954/65 knüpfe an Art. III Abs. 1 1. Hs. DBA-USA 1954/65 an. Die Vorschrift wolle nur von außen zufließende Dividenden-, Zins- und Lizenzeinkünfte aus den Unternehmensgewinnen ausklammern und schränke damit die Steuerbefreiung nach Art. III Abs. 1 1. Hs. DBA-USA 1954/65 ein. Die Verweisung in Art III Abs. 5 DBA-USA 1954/65 beziehe sich nur auf gewerbliche Gewinne eines Unternehmens, die diesem von außerhalb der Betriebsstätte im Quellenstaat zufließen. Der allgemeine Quellenvorbehalt ende dort, wo ein bestehender Betriebsstättenvorbehalt anfange, was Überschneidungen im Anwendungsbereich Betriebsstättenvorbehalt/Quellenvorbehalt ausschließe[871].

---

865 Hemmelrath, Alexander, IStR 1995, 570, (571 f).
866 Krabbe, Helmut, FR 2001, 129, (130).
867 BFH, Urteil vom 27.02.1991 – I R 15/89, BFHE 164, 38, BStBl. II 1991, 444.
868 Burmester, Gabriele, Ausgewählte international-steuerrechtliche Probleme der stillen Gesellschaft, in: Haarmann, Wilhelm (Hrsg.), Unternehmensstrukturen und Rechtsformen im Internationalen Steuerrecht, 1996, S. 122, (137).
869 Debatin, Helmut, BB 1992, 1181, (1187).
870 Hemmelrath, Alexander, IStR 1995, 570, (571).
871 Köhler, Franz, RIW 1991, 1024, (1032 f).

Im Ergebnis hat nach dieser Ansicht der Ansässigkeitsstaat (hier Deutschland) des Gesellschafters den jeweiligen Gewinnanteil inklusive der Sondervergütungen gegebenenfalls unter Progressionsvorbehalt freizustellen. Abweichend von der herrschenden Ansicht führt das Zusammenspiel von Art. 7 Abs. 1 2. Hs. OECD-MA und Art. 7 Abs. 7 OECD-MA nach der eben dargestellten Auffassung zu einer Unterscheidung zwischen Sondervergütungen einerseits und Dividenden-, Zins- und Lizenzeinkünften andererseits, die der Personengesellschaft von außerhalb zufließen.

(3) Qualifikation der Sondervergütungen ausschließlich nach dem Recht des Anwendestaates

Teile der Literatur[872] bevorzugen die Lösung der Sondervergütungsproblematik nach der lex fori. *Wolff*[873] versteht die Abkommen so, dass diese implizit davon ausgingen, dass die Vertragsstaaten für die Einkünftequalifikation auf ihr nationales Recht zurückgriffen und dass etwaige Doppel- oder Nichtbesteuerungsfälle, die aufgrund von Qualifikationskonflikten entstünden, im Verständigungsverfahren zu beseitigen seien. Das oben angesprochene Urteil des BFH vom 27.02.1991[874] beziehe sich auf das DBA-USA 1954/65 und sei daher jedenfalls nicht auf das DBA-USA 1989 anzuwenden. Gleiches gelte für die weitergehende Meinung, die Sondervergütungen seien allgemein losgelöst vom Gewinnanteil in die DBA-Einkunftskategorien einzuordnen. Die Rechtsprechung verstoße klar gegen das abkommensrechtliche Gebot der Anwendung nationalen Rechts gemäß Art. 3 Abs. 2 OECD-MA, indem sie für die Qualifikation der Zinsen im Sinne des Art. 11 OECD-MA auf das Zivilrecht zurückgreife und aus einer formalen Auslegung einen Regelungszusammenhang des OECD-MA herzuleiten suche. Dies entspreche jedoch nicht dem OECD-MA, weil sich mangels ausdrücklicher Regelung und anderer Auslegungshinweise der Inhalt des Begriffs „Forderung jeder Art" ebenfalls nach dem Steuerrecht des Anwendestaates bestimme. Sollte nach der Ansicht der Rechtsprechung eine Auflösung von Gewinnanteil und Sondervergütungen möglich sein, wäre dem Gesellschafter de

[872] Wolff, Ulrich, in: Debatin, Helmut/Wassermeyer, Franz, Doppelbesteuerung Kommentar Band VI, DBA-USA, Loseblattsammlung, Stand Mai 2006, Art. 7, Rn. 98; ders., Auslegungsfragen zu DBA-Regelungen über Unternehmensgewinne, in: Gocke Rudolf/Gosch, Dietmar/Lang, Michael, Festschrift für Franz Wassermeyer, 2005, S. 647, (660); Müller, Michael A., IStR 2005, 181, (182); so auch Kappe,Klaus, DStR 1987, 479, (482) zum DBA-USA 1954/65, die Anwendung der Vorschriften des nationalen Rechts nach Art. II Abs. 2 DBA-USA 1954/65 sei nach Sinn und Zweck des Abkommens nicht ausgeschlossen.

[873] Wolff, Ulrich, in: Debatin, Helmut/Wassermeyer, Franz, Doppelbesteuerung Kommentar Band VI, DBA-USA, Loseblattsammlung, Stand Mai 2006, Art. 7, Rn. 98; ders., Auslegungsfragen zu DBA-Regelungen über Unternehmensgewinne, in: Gocke Rudolf/Gosch, Dietmar/Lang, Michael, Festschrift für Franz Wassermeyer, 2005, S. 647, (660).

[874] BFH, Urteil vom 27.02.1991 – I R 15/89, BFHE 164, 38, BStBl. II 1991, 444.

facto ein Wahlrecht eingeräumt zwischen der Besteuerung der Vergütungen im Wohnsitzstaat oder im Quellenstaat. Dies entspreche nicht dem Sinn der DBA[875].

Wolff stellt fest, dass zum Beispiel der Zinsbegriff im Abkommen selbst nicht ausdrücklich normiert sei, weshalb er unter Rückgriff auf das innerstaatliche Recht der Abkommensstaaten auszulegen sei. Da die in Frage stehenden Zinsen nach dem innerstaatlichen Recht der Bundesrepublik Einkünfte aus Gewerbebetrieb darstellten, müsse dies auch für die abkommensrechtliche Behandlung gelten, weshalb das Besteuerungsrecht dem Sitzstaat der Personengesellschaft zufallen solle[876].

Im Ergebnis gelte der Unternehmensgewinnartikel für die gewerblichen Einkünfte, die nicht zu den in einem speziellen Artikel behandelten Einkunftskategorien gehörten und außerdem für Dividenden, Zinsen usw., für die ein Betriebsstättenvorbehalt gelte.

(4) Differenzierende Lösungen

Daneben lassen sich bei einzelnen Autoren auch vermittelnde Lösungsansätze finden.

(a) Aufspaltung der Sondervergütungen gegenüber den einzelnen ansässigen Gesellschaftern

Eine Differenzierung im Rahmen der Zahlung von Sondervergütungen an die Gesellschafter einer Personengesellschaft nimmt *Lang*[877] vor. Seines Erachtens sei zu prüfen, ob die Anwendungsvoraussetzungen der anderen Verteilungsnormen vorliegen, deren Vorrang Art. 7 Abs. 7 OECD-MA anordne. Soweit es um Zinsen gehe sei der Begriff der „Forderung" aus Art. 11 Abs. 3 OECD-MA von Bedeutung. Der Begriff der „Forderung" setze das Vorhandensein eines Schuldners und eines Gläubigers voraus. Hinsichtlich des Empfängers sei die streuerrechtliche Zurechnung entscheidend. Art. 11 Abs. 5 OECD-MA mache deutlich,

---

[875] Wolff, Ulrich, Auslegungsfragen zu DBA-Regelungen über Unternehmensgewinne, in: Gocke Rudolf/Gosch, Dietmar/Lang, Michael, Festschrift für Franz Wassermeyer, 2005, S. 647, (660).

[876] Wolff, Ulrich, in: Debatin, Helmut/Wassermeyer, Franz, Doppelbesteuerung Kommentar Band VI, DBA-USA, Loseblattsammlung, Stand Mai 2006, Art. 7, Rn. 98.

[877] Lang, Michael, Die abkommensrechtliche Behandlung von ausländischen Personengesellschaften mit Steuersubjektivität im Ausland, in: Kleinedam, Hans-Jochen (Hrsg.), Festschrift für Lutz Fischer, 1997, S. 713, (724 f); ders., Qualifikationskonflikte im Recht der Doppelbesteuerungsabkommen, in: Kirchhof, Paul/Lehner, Moris/Raupach, Arndt/Rodi, Michael (Hrsg.), Festschrift für Klaus Vogel, 2000, S. 907, (911 f); ihm folgend: Gassner, Wolfgang/Konezy, Gerd, in: Gassner, Wolfgang/Lang, Michael/Lehner, Eduard, Personengesellschaften im Recht der Doppelbesteuerungsabkommen, 2000, Wien, S. 245 f.

dass auch der Schuldner Steuerrechtsubjektivität besitzen müsse. Somit spreche der Begriff der „Forderung" eine Beziehung zwischen zwei voneinander verschiedenen Steuersubjekten an. Einer zivilrechtlichen Forderung bedürfe es nicht. Komme der Personengesellschaft keine Steuerrechtsubjektivität zu, so komme diese den Gesellschaftern zu, die hinsichtlich der Personengesellschaft dann Zurechnungssubjekt seien. Im Falle von Forderungen gegenüber einer Personengesellschaft gebe es somit mehrere „ansässige Personen" – und damit Steuersubjekte - , die als Schuldner der Forderung in Frage kämen. Die Existenz mehrerer Schuldner im abkommensrechtlichen Sinne habe auch die Existenz mehrerer abkommensrechtlicher Forderungen zur Folge. Folglich spreche viel dafür, eine Forderung gegenüber einer Personengesellschaft für abkommensrechtliche Zwecke aufzuspalten in Forderungen gegenüber den einzelnen ansässigen Gesellschaftern. Insoweit beziehe der Gesellschafter grundsätzlich Einkünfte aus Art. 11 OECD-MA. Lediglich im Hinblick auf seinen eigenen Gesellschaftsanteil bestehe nicht die erforderliche Subjektverschiedenheit, so dass Art. 11 OECD-MA nicht zur Anwendung kommen könne, sondern dann eben Art.7 OECD-MA. Er sei insoweit im Ergebnis zu behandeln wie der Einzelunternehmer.

Ebenso seien Lizenzgebühren zuzuordnen[878], obwohl Art.12 OECD-MA keine Art. 11 Abs. 5 OECD-MA entsprechenden Anhaltspunkte enthalte. Allerdings spreche auch Art. 12 Abs. 4 OECD-MA vom „Schuldner". Diese Vorschrift entspreche wiederum Art. 11 Abs. 6 OECD-MA, die ebenfalls den Begriff des Schuldners enthalte, so dass aufgrund dieser Parallele und weiteren Parallelen zwischen Art. 11 OECD-MA und Art. 12 OECD-MA – auch hinsichtlich des Betriebsstättenvorbehalts – die zu Art. 11 OECD-MA gefundene Lösung auf Art. 12 OECD-MA übertragen werden könne[879].

Diese Argumentation ist anwendbar, wenn sowohl der Ansässigkeitsstaat des Gesellschafters wie auch der Sitzstaat der Personengesellschaft dieser keine Steuersubjekteigenschaft beimessen. Eine Differenzierung hinsichtlich der Fälle von subjektiven Qualifikationskonflikten bietet *Lang* nicht an. Folgerichtig dürfte allerdings bei Behandlung der Personengesellschaft als Steuersubjekt und daraus folgender Abkommensberechtigung nach Art. 3 Abs. 1 Buchst. a in Verbindung mit Art. 4 Abs. 1 OECD-MA durch den Sitzstaat die Aufteilung der Sondervergütungen nicht stattfinden, da Subjektverschiedenheit dann auch im Verhältnis zu jedem Gesellschafter als Gläubiger der Sondervergütungen und der Gesellschaft als deren Schuldnerin jedenfalls gegeben ist.

---

[878] Gassner, Wolfgang/Konezy, Gerd, in: Gassner, Wolfgang/Lang, Michael/Lehner, Eduard, Personengesellschaften im Recht der Doppelbesteuerungsabkommen, 2000, Wien, S. 246.
[879] Lang, Michael, Die abkommensrechtliche Behandlung von ausländischen Personengesellschaften mit Steuersubjektivität im Ausland, in: Kleinedam, Hans-Jochen (Hrsg.), Festschrift für Lutz Fischer, 1997, S. 713, (725).

(b) Qualifikation der Sondervergütungen in Abhängigkeit vom innerstaatlichen Recht der Vertragsstaaten

Knobbe-Keuk[880] unterscheidet nach der Behandlung der Sondervergütungen in den beteiligten Vertragsstaaten. Zunächst sei für die Entscheidung des Problems die Auslegung der einzelnen Artikel des jeweiligen Abkommens und des Sinnzusammenhangs dieser Regelungen entscheidend[881].

Sollte dies nicht zu einer eindeutigen Aussage führen, dann sei wie folgt zu differenzieren: Bei übereinstimmender Behandlung der Personengesellschaft in den Vertragsstaaten als transparent sei entscheidend, inwieweit sich die Vorstellungen beider Vertragsstaaten über die Struktur des gewerblichen Gewinns von Personengesellschaften deckten. Dies sei gewöhnlich der Fall hinsichtlich der Größe, die in Deutschland als Gewinnanteil aus der ersten Gewinnermittlungsstufe des Gesellschafters hergeleitet würde.

Bei der Verteilung des Besteuerungsrechts für die Sondervergütungen entsprechend den speziellen Abkommensartikeln bliebe es demnach, wenn der andere Vertragsstaat unter dem Gewinn einer Personengesellschaft den Gewinn der Gesellschaft exklusive dessen, was in der Bundesrepublik im Wege der Umqualifizierung als Sondervergütungen noch hinzukomme, verstehe. Die Auslegung des gemeinsam geschaffenen Abkommensrechts nach der lex fori sei hier wertlos, da so lediglich offenbar werde, dass das gemeinsame System versagt habe[882].

Anders sei dies, wenn der jeweils andere Vertragsstaat die Sondervergütungen - ähnlich wie die Bundesrepublik - beim Gesellschafter als gewerblichen Gewinn erfasse. Da sich dann im Verhältnis dieser Staaten die beiderseitigen Vorstellungen über den Umfang und die Struktur des bei den Gesellschaftern zu erfassenden gewerblichen Gewinns deckten[883], entspreche es dem Willen beider Vertragsstaaten, dass das Besteuerungsrecht des Staates, in dem die Personengesellschaft ihren Betrieb habe, gemäß Art. 7 Abs. 1 OECD-MA auch die an einen im anderen Vertragsstaat ansässigen Gesellschafter gezahlten Sondervergütungen erfasse[884].

Der übereinstimmende Wille der Vertragsstaaten erschöpft sich stets im kleinsten gemeinsamen Vielfachen der innerstaatlichen Steuerrechtsordnungen, so dass die Abweichungen im innerstaatlichen Steuerrecht der Vertragsstaaten

---

880 Knobbe-Keuk, Brigitte, RIW 1991, 306, (312); dies., Bilanz- und Unternehmenssteuerrecht, 9. Aufl. 1993, S. 546 ff.
881 Insoweit folgt Knobbe-Keuk der Rechtsprechung, insbesondere dem Urteil des BFH vom 27.02.1991 – I R 15/89, BFHE 164, 38, BStBl. II 1991, 444.
882 Knobbe-Keuk, Brigitte, RIW 1991, 306, (312).
883 Dies gilt beispielsweise für Österreich, die Niederlande oder Luxemburg.
884 Knobbe-Keuk, Brigitte, Bilanz- und Unternehmenssteuerrecht, 9. Aufl. 1993, S. 550; ebenso Loukota, Helmut, IStR 2006, 274, (275).

unbeachtlich bleiben. Letztlich würde sich nach dieser Auffassung Deutschland dem Verständnis des anderen Vertragsstaates anpassen. Ein Grund dafür könnte die oben angesprochene Tatsache sein, dass die abkommensrechtliche Behandlung mit der Behandlung nach dem innerstaatlichen Recht gleich laufen kann, soweit Übereinstimmung im innerstaatlichen Steuerrecht der Vertragsstaaten vorliegt. Soweit dies nicht mehr der Fall ist, ist für den Vertragsstaat mit dem weiter gefassten Verständnis der gewerblichen Einkünfte die Beurteilung des anderen Vertragsstaats maßgeblich.

Bei unterschiedlicher Subjektqualifikation seien die jeweiligen Spezialartikel des Abkommens anzuwenden. Soweit demnach dem deutschen Ansässigkeitsstaat des Gesellschafters das Besteuerungsrecht zugewiesen sei, handele es sich nicht um Einkünfte aus Gewerbebetrieb nach § 15 Abs. 1 Nr. 2 EStG. Der Wohnsitzstaat habe bei der Anwendung innerstaatlichen Rechts zu berücksichtigen, dass bei ihm ansässige Gesellschafter Bezüge von einem Unternehmen eines anderen Vertragsstaates erhielten und nicht als Mitunternehmer[885].

Für den Wohnsitzstaat des Gesellschafters soll demnach im Ergebnis die Wertung des Gesellschaftsstaates für die Besteuerung auch nach innerstaatlichem Recht maßgeblich sein.

cc) Finanzverwaltung der Bundesrepublik

Nach dem Betriebsstättenerlass[886] behandelt die Finanzverwaltung Sondervergütungen grundsätzlich als Unternehmensgewinne nach Art. 7 OECD-MA. Dabei unterstellt die Finanzverwaltung die tatsächliche Zugehörigkeit der Vermögenswerte, die den Sondervergütungen zu Grunde liegen, zur ausländischen Betriebsstätte als den Regelfall[887]. Die weitere Beurteilung hängt im hier behandelten Fall der ausländischen Personengesellschaft mit einem unbeschränkt steuerpflichtigen Gesellschafter davon ab, ob der ausländische Vertragsstaat die Sondervergütungen als Betriebsstättengewinn der Personengesellschaft besteuert. Ist dies der Fall, soll auch Deutschland die Sondervergütungen als Betriebsstättengewinn behandeln mit der Folge, dass das Besteuerungsrecht dem Betriebsstättenstaat, also nach Art. 7 Abs. 1 S. 1 2. Hs, OECD-MA dem Sitzstaat der Personengesellschaft zufällt. Anderenfalls, das heißt bei Behandlung der Sondervergütungen als Dividenden, Zinsen, Lizenzgebühren usw. und daraus folgender Freistellung oder reduzierten Quellenbesteuerung im ausländischen Vertragsstaat, seien diese nicht von der deutschen Bemessungsgrundlage ausgenommen. Dabei mache es keinen Unterschied, ob eine ausländische Personengesellschaft als abkommensberechtigte Person anerkannt sei oder nicht, denn nach der maß-

---

885 Knobbe-Keuk, Brigitte, RIW 1991, 306, (316); dies., Bilanz- und Unternehmenssteuerrecht, 9. Aufl. 1993, S. 556.

886 BMF vom 24.12.1999 – IV B 4 S – 1300 – 111/99, BStBl. I 1999, 1076, Tz. 1.2.3..

887 Müller, Marion/Wangler, Clemens, IStR 2003, 145, (149).

gebenden deutschen Rechtswertung sei der deutsche Gesellschafter einer ausländischen Personengesellschaft auch in diesem Fall Mitunternehmer[888]. Das Problem der unterschiedlichen Qualifikation von Sondervergütungen durch den Ansässigkeitsstaat des Gesellschafters einerseits und den Sitzstaat der Personengesellschaft andererseits wird demzufolge letztlich mit Hilfe des Methodenartikels gelöst[889]. Im Ergebnis weicht die Verwaltungsauffassung damit von der Auffassung des BFH ab, soweit Ansässigkeitsstaat des Gesellschafters und Sitzstaat der Personengesellschaft übereinstimmend Sondervergütungen als Einkünfte aus Gewerbebetrieb behandeln.

Der Text des Betriebsstättenerlasses ist allerdings keineswegs eindeutig und lässt zwei Interpretationen zu[890]. Zum einen zitiert das BMF die neuere Rechtsprechung. Demzufolge wäre Tz. 1.2.3. nicht dahingehend zu verstehen, dass Sondervergütungen generell Art. 7 OECD-MA unterfallen, ungeachtet der Subsidiaritätsklausel des Art. 7 Abs. 7 OECD-MA. Aufgrund des Zitats der neueren Rechtsprechung als „im Ergebnis" übereinstimmend in Satz 2 der Tz. 1.2.3. ist jedoch anzunehmen, dass die Finanzverwaltung, ähnlich wie die alte Rechtsprechung, Art. 7 Abs. 7 OECD-MA keine Bedeutung beimessen will und Sondervergütungen immer als Unternehmensgewinne erfassen will.

dd) OECD: Ansässigkeitsstaat folgt dem Quellenstaat

Der Fiskalausschuss der OECD hat sich im Partnership-Report mit den Fallbeispielen 13 und 15 der Problematik der Sondervergütungen angenommen, wobei im ersten Beispiel der Fall einer doppelten Freistellung behandelt wird und im zweiten Beispiel der Fall der Doppelbesteuerung[891].

Mögliche Qualifikationskonflikte sollen auf Ebene des Methodenartikels durch Wechsel der Methode zur Vermeidung der Doppelbesteuerung erfolgen. Qualifiziert etwa der Quellenstaat (Sitzstaat der Personengesellschaft) die Sondervergütungen als Dividenden, Zinsen oder Lizenzgebühren und sieht er sich nach dieser Zuordnung daran gehindert, diese Einkünfte voll zu besteuern, dann sollen die Sondervergütungen nicht von der Besteuerung im Ansässigkeitsstaat des Gesellschafters freigestellt sein, sondern in die Bemessungsgrundlage einbe-

---

[888] Krabbe, Helmut, Die Personengesellschaft im internationalen Steuerrecht, in: Steuerberaterjahrbuch 2000/2001, 183, (199).

[889] Lieber, Bettina, in: Becker, Helmut/Höppner, Horst-Dieter/Grotherr, Siegfried/Kroppen, Heinz-Klaus (Hrsg.), DBA - Kommentar, Teil 2, Loseblattsammlung, Stand Okt. 2005, Art. 7, Rn. 340; Günkel, Manfred, Personengesellschaften mit ausländischen Gesellschaftern - Zurechnung von Beteiligungen und Sonderbetriebsausgaben/-einnahmen, in: StBJB 2003/2004, S. 667, (673); siehe auch 2. Teil C)IV)2)a)dd).

[890] Göttsche, Max/Stangl, Ingo, DStR 2000, 498, (502).

[891] Übernommen wurden die dort niedergelegten Gesichtspunkte in Ziff. 32.1 ff OECD-MK zu Art. 23 OECD.MA; siehe auch Menck, Thomas, IStR 1999, 147 (148); Krabbe, Helmut, FR 2001, 129, (130).

zogen werden. Die ausländischen Quellensteuern sollen angerechnet werden[892]. Somit ist im Ergebnis der Ansässigkeitsstaat an die Qualifikation des Quellenstaates gebunden[893]. Dies entspreche auch dem Sinn und Zweck eines DBA, da gerade durch den Methodenartikel und demzufolge durch den Ansässigkeitsstaat Doppelbesteuerung zu vermeiden sei[894]. Ausdrücklich ist an dieser Stelle darauf hinzuweisen, dass dies nur gelten soll, wenn der Qualifikationskonflikt sich aufgrund der unterschiedlichen Behandlung der Sondervergütungen nach dem innerstaatlichen Recht des Quellenstaates ergibt und sich der Quellenstaat etwa aufgrund eines fehlenden Besteuerungstatbestandes in seinem innerstaatlichen Steuerrecht an der Besteuerung der Sondervergütungen gehindert sieht[895]. Für Fälle der drohenden doppelten Freistellung bei unterschiedlicher Auslegung von Abkommensvorschriften oder bei unterschiedlicher Sachverhaltswürdigung, soll diese durch Art. 23 A Abs. 4 OECD-MA vermieden werden[896], der die Anwendung der Freistellungsmethode explizit ausschließt. Dies wäre beispielsweise der Fall, wenn Deutschland bei der Frage der Qualifikation der Einkünfte eine Interpretation aus dem Abkommenszusammenhang außer Acht lassen würde und vorschnell auf das innerstaatliche Recht zurückgreifen würde. Bei doppelter Besteuerung bliebe dagegen nur das Verständigungsverfahren nach Art. 25 OECD-MA[897].

Im Partnership-Report hat die OECD eine teleologische reduzierte Auslegung des Methodenartikels entwickelt[898]. Nach Art. 23 A/B OECD-MA hat der Ansässigkeitsstaat des Gesellschafters ausländische Einkünfte freizustellen oder die Steuer des anderen Staates anzurechnen, wenn die Einkünfte nach dem Abkommen im anderen Vertragsstaat besteuert werden „können". Dies sei nicht mehr der Fall, wenn dieser Staat nach der ihm vom DBA nicht untersagten innerstaatlichen Qualifikation der Einkünfte diese nach dem DBA nicht mehr voll besteuern dürfe[899]. Daher soll der Ansässigkeitsstaat an die Qualifikation der Sondervergütungen im Quellenstaat gebunden sein. Wenn der Quellenstaat aufgrund seiner Qualifikation nicht damit rechne, dass der Ansässigkeitsstaat des

[892] OECD-Partnership-Report, Tz. 119.

[893] So im Ergebnis auch Avery Jones, John F./de Broe, Luc/Wielle, Micheline van de et al., BTR 1996, 212, (241) durch eine besondere Auslegung des Begriffs „Anwendung" des Abkommens („application").

[894] OECD-Partnership-Report, Tz. 109 f, Weggenmann, Hans, IStR 2002, 614.

[895] OECD-Partnership-Report, Tz. 105; Jacobs, Otto H., Internationale Unternehmensbesteuerung, Deutsche Investitionen im Ausland, Ausländische Investitionen im Inland, 5. Aufl. 2002, S. 577; Weggenmann, Hans, IStR 2002, 1, (4); ders. IStR 2002, 614, (619).

[896] OECD-Partnership-Report, Tz. 113 in Verbindung mit Tz. 112; Scapa, Anna/Henie, Lars A., Intertax 2005, 266, (273).

[897] OECD-Partnership-Report, Tz. 108 in Verbindung mit Tz. 112; Schmidt, Christian, Wpg 2002, 1134, (1144); Weggenmann, Hans, IStR 2002, 1, (4); ders., IStR 2002, 614, (615).

[898] Weggenmann, Hans, IStR 2002, 614, (615).

[899] Krabbe, Helmut, FR 2001, 129, (130).

Gesellschafters die Einkünfte freistellt, und die Freistellung im Ansässigkeitsstaat unter der Prämisse stehe, dass der Quellenstaat davon ausgehe, das volle Besteuerungsrecht zu haben, entspräche es nicht mehr dem Sinn des Ausgleichs der Doppelbesteuerung nach dem Methodenartikel, in diesen Fällen Freistellung zu gewähren[900]. Im Vordergrund steht für den Fiskalausschuss der OECD, ob eine Besteuerung von Einkünften durch den Quellenstaat abkommensrechtlich zulässig ist[901].

Diese Auffassung beruht auf der Theorie der Qualifikationsverkettung[902], wonach die einzelnen Ertragskategorien auf Abkommensebene zu qualifizieren seien. Maßgeblich sei die Qualifikation im Sitzstaat der Personengesellschaft, der der Ansässigkeitsstaat der Gesellschafter zu folgen habe, da auch an anderen Stellen des OECD-MA, nicht nur im Rahmen des Art. 23 A/B OECD-MA, auf das Recht des Quellenstaates abzustellen sei[903].

Dieses Vorgehen wird im Schrifttum kritisiert[904]. Letztlich werde durch diese Auslegung eine subject-to-tax-Klausel in den Methodenartikel hineininterpretiert. Die Interpretation des innerstaatlichen Rechts sei für die Auslegung von Abkommensfällen wie dem vorliegenden nicht von Relevanz. Aufgrund des Charakters des Abkommens als eigener Regelungskreis sei es für die Abkommensvorschriften nicht relevant, wie jenseits der gesetzten Schranken das innerstaatliche Recht gestaltet ist[905].

---

900 Krabbe, Helmut, IWB, Fach 3, Gruppe 2, S. 863, (866); ders., Die Personengesellschaft im internationalen Steuerrecht, in: Steuerberaterjahrbuch 2000/2001, 183, (200).

901 OECD-Partnership-Report, Tz. 103 und 104.

902 Vgl. zum Begriff Debatin, Helmut, DB 1985, Beilage Nr. 23, S. 4 f; ders, DStR 1992, Beihefter zu Heft 23, S. 4; Brinkmann, Jan, Der Einfluss des Europäischen Rechts auf die Unternehmensbesteuerung 1996, S.(108); a. A. Piltz, Detlev J., Grenzüberschreitende Sondervergütungen bei Personengesellschaften, in: Lüdicke, Jürgen (Hrsg.), Besteuerungspraxis bei grenzüberschreitender Tätigkeit, 2003, S. 137, (156), Fn. 30.

903 Art. 10 Abs. 3 OECD-MA, Art. 11 Abs. 3 OECD-MA, Art. 12 Abs. 2 OECD-MA; Jacobs, Otto H., Internationale Unternehmensbesteuerung, Deutsche Investitionen im Ausland, Ausländische Investitionen im Inland, 5. Aufl. 2002, S. 577.

904 Aigner, Hans-Jörgen/Züger, Mario, Die Lösung des OECD-Steuerausschusses für Qualifikationskonflikte bei Personengesellschaften, in: Gassner, Wolfgang/Lang, Michael/Lehner, Eduard, Personengesellschaften im Recht der Doppelbesteuerungsabkommen, 2000, Wien, S. 47, (66); Gündisch, Stephan, IStR 2005, 829, (830 f); Günkel, Manfred/Lieber, Bettina, FR 2000, 853, (856); Lang, Michael, Qualifikationskonflikte im Recht der Doppelbesteuerungsabkommen, in: Kirchhof, Paul/Lehner, Moris/Raupach, Arndt/Rodi, Michael (Hrsg.), Festschrift für Klaus Vogel, 2000, S. 907, (917); Schuch, Josef/Bauer, Josef, Die Überlegungen des OECD-Steuerausschusses zur Lösung von Qualifikationskonflikten, in: Gassner, Wolfgang/Lang, Michael/Lehner, Eduard, Personengesellschaften im Recht der Doppelbesteuerungsabkommen, 2000, Wien, S. 27, (37).

905 Günkel, Manfred/Lieber, Bettina, FR 2000, 853, (857).

Der Einwand, die Auslegung führe zu einer subject-to-tax-Klausel wird von den Befürwortern der OECD-Ansicht nicht geteilt[906]. Zu einer Freistellung der Einkünfte sei der Ansässigkeitsstaat nur nicht verpflichtet, wenn der Quellenstaat auf Grund seiner Abkommensanwendung für sich kein Besteuerungsrecht ableite, obwohl der Ansässigkeitsstaat an seiner Stelle zu einem solchen käme[907]. Es stünde dem Quellenstaat weiterhin grundsätzlich frei, von seinem Besteuerungsrecht Gebrauch zu machen oder nicht. Die Freistellung sei grundsätzlich auch dann nicht eingeschränkt, wenn eine doppelte Steuerbefreiung durch eine unterschiedliche Auslegung der Abkommensbestimmungen selbst oder durch unterschiedliche Subsumtion des Sachverhalts unter DBA-Bestimmungen entstehe. Für solche Fälle schließe nunmehr Art. 23A Abs. 4 OECD-MA die Freistellung aus[908].

Jedenfalls wird auch durch die Qualifikationsverkettung nicht der Qualifikationskonflikt vermieden, sondern lediglich dessen unerwünschten Rechtsfolgen[909]. Art. 23 OECD-MA ist nicht zu entnehmen, dass er eine der Rechtsordnungen der Vertragsstaaten für maßgeblich erklären will. Es geht alleine darum festzustellen, welcher Staat auf welche Art und Weise die Doppelbesteuerung zu vermeiden hat[910].

b) Ausländische Gesellschafter inländischer Personengesellschaften

Für den Fall der Beteiligung von Steuerausländern an Personengesellschaften mit Sitz im Inland sind für Sondervergütungen ebenfalls unterschiedliche Lösungsansätze zu finden. Ohne Berücksichtigung etwaiger Doppelbesteuerungsabkommen stellen die Sondervergütungen eines ausländischen Gesellschafters einer inländischen Personengesellschaft Einkünfte aus Gewerbebetrieb nach den §§ 15 Abs. 1 Nr. 2, 49 Abs. 1 Nr. 2 Buchst. a EStG dar.

---

906 OECD-Partnership-Report, Tz. 111 und 114; Krabbe, Helmut, Die Personengesellschaft im internationalen Steuerrecht, in: Steuerberaterjahrbuch 2000/2001, 183, (200 f); ders., FR 2001, 129, (131); Weggenmann, Hans, IStR 2002, 1, (4).

907 Weggenmann, Hans, IStR 2002, 1, (4); OECD-Partnership-Report, Tz. 111 und 114.

908 Krabbe, Helmut, Die Personengesellschaft im internationalen Steuerrecht, in: Steuerberaterjahrbuch 2000/2001, 183, (200 f); ders., FR 2001, 129, (131).

909 Jacobs, Otto H., Internationale Unternehmensbesteuerung, Deutsche Investitionen im Ausland, Ausländische Investitionen im Inland, 5. Aufl. 2002, S. 580; Staringer, Klaus, Leistungsbeziehungen zwischen der Personengesellschaft und den Gesellschaftern aus abkommensrechtlicher Sicht, in: Gassner, Wolfgang/Lang, Michael/Lehner, Eduard, Personengesellschaften im Recht der Doppelbesteuerungsabkommen, 2000, Wien, S. 103, (114).

910 Loukota, Helmut, SWI 1999, 70, (75).

aa) Rechtsprechung

Nach den Urteilen vom 27.02.1991[911], die zu der oben[912] dargestellten Outbound-Situtation ergangen sind, existiert keine höchstrichterliche Entscheidung, die sich mit der Beteiligung von ausländischen Gesellschaftern an inländischen Personengesellschaftern beschäftigt. Es besteht jedoch keine Veranlassung diese Konstellation anders zu behandeln als den Outbound-Fall[913], da der BFH seine Auffassung abkommensautonom begründet.

Zur Anwendung kämen wiederum die der jeweiligen Sondervergütungsart entsprechende spezielle Vorschrift im Abkommen. Die Folge wäre, dass die Bundesrepublik kein Besteuerungsrecht für Sondervergütungen hätte, mit Ausnahme der Vergütung für die Überlassung eines in Deutschland belegenen Grundstücks nach Art. 6 OECD-MA und eines etwaig bestehenden Quellenbesteuerungsrechts[914].

Das Finanzgericht Baden-Württemberg folgt in seiner nicht rechtskräftigen Entscheidung vom 22.11.2005[915] dieser lange als gesichert geltenden Rechtsprechung des BFH nicht. Das Urteil erging allerdings anders als das Grundsatzurteil des BFH vom 27.02.1991[916] nicht zum DBA-USA 1954/1965 sondern zum DBA-USA 1989. Im Fall ging es um Sondervergütungen in Form von Darlehenszinsen, die von zwei amerikanischen Kommanditisten einer deutschen KG bezogen wurden. Der Senat verweist auf die hier ebenfalls bereits dargestellte Auffassung von Wolff[917], wonach das DBA-USA 1989 - abweichend vom DBA-USA 1954/1965 - implizit davon ausgehe, dass die Vertragsstaaten für die Einkünftequalifikation derartiger Vergütungen nach der klaren Regelung in Art. 3 Abs. 2 DBA-USA 1989 auf ihr nationales Recht zurückgreifen dürften und dass etwaige Doppel- und Nichtbesteuerungen, die aufgrund von Qualifikati-

---

[911] BFH, Urteil vom 27.02.1991 – I R 15/89, BFHE 164, 38, BStBl. II 1991, 444; BFH, Urteil vom 27.02.1991 – I R 96/89, BFH/NV 1992, 385.

[912] Vgl. 2. Teil C)IV)2)a).

[913] So auch Brinkmann, Jan, Der Einfluss des Europäischen Rechts auf die Unternehmensbesteuerung 1996, S.(141); Schmidt, Christian, Wpg 2002, 1134, (1239); Piltz, Detlev J., in: Debatin, Helmut/Wassermeyer, Franz, Doppelbesteuerung Kommentar Band I, Loseblattsammlung, Stand Mai 2006, Art. 7, Rn. 109; Günkel, Manfred/Lieber, Bettina, FR 2001, 132; Kroppen, Heinz-Klaus, Ausgewählte Fragen zum Betriebsstättenerlass, StBJB 1999/2000, S. 139 (144); Fischer-Zernin, Justus, RIW 1991, 493; Lüdicke, Jürgen, Neue Entwicklungen der Besteuerung von Personengesellschaften im internationalen Steuerrecht, StBJB 1997/1998, S. 449, (473).

[914] Vgl. Art. 10 Abs. 2, 11 Abs. 2 OECD-MA.

[915] FG Baden-Württemberg, Urteil vom 22.11.2005 – 8 K 400/92, EFG 2006, 677; die Revision beim BFH trägt das Aktenzeichen I R 5/06.

[916] BFH, Urteil vom 27.02.1991 – I R 15/89, BFHE 164, 38, BStBl. II 1991, 444.

[917] Wolff, Ulrich, in: Debatin, Helmut/Wassermeyer, Franz, Doppelbesteuerung Kommentar Band VI, DBA-USA, Loseblattsammlung, Stand Mai 2006, Art. 7, Rn. 98.

onskonflikten entstünden, im Verständigungsverfahren nach Art. 25 DBA-USA 1989 und erforderlichenfalls aufgrund der Sonderregelungen in Prot. Nr. 21 zu beseitigen seien. Die Rechtsprechung des BFH beruhe erkennbar auf dem vom abkommensrechtlichen Begriff des "gewerblichen Gewinns" des DBA-USA 1989 abweichenden Gewinnbegriff des DBA-USA 1954/1965. Darüber hinaus stellt der Senat auf die Abweichung des Wortlauts des Betriebsstättenvorbehalts in Art. 11 Abs. 3 DBA-USA 1989 vom Wortlaut des OECD-MA ab, wonach die Forderung, für die die Zinsen bezahlt werden, Betriebsvermögen der Betriebsstätte sein müsse. Das Erfordernis der tatsächlichen Zugehörigkeit entfällt damit. Zum Betriebsvermögen der Betriebsstätte gehöre nach Art. 3 Abs. 2 DBA-USA 1989 aber auch das Sonderbetriebsvermögen der Gesellschafter.

Der BFH hat nun im Revisionsverfahren die Möglichkeit, sich zunächst ausdrücklich dazu zu äußern, ob seine bisherige Rechtsprechung auch auf den Inbound Fall anzuwenden ist. Darüber hinaus wäre eine Klärung der Frage wünschenswert, ob sich die Behandlung von Sondervergütungen auch im Rahmen von Abkommen, die – wie auch das OECD-MA - nur wenige ausdrückliche Anhaltspunkte zur Bestimmung des Begriffs des Unternehmensgewinns enthalten, nach den spezielleren Verteilungsartikeln richtet.

bb) Literatur

In der Literatur werden auch für den Inbound-Fall verschiedene Lösungen angeboten.

(1) Qualifikation nach dem innerstaatlichen Recht des Sitzstaates

Teilweise wird vertreten, dass die nationale Qualifikation der Sondervergütungen nach § 15 Abs. 1 Nr. 2 EStG auch im Abkommensrecht zu gelten habe[918]. Im Falle von *Bächle/Rupp* beruht diese Ansicht jedoch auf dem unzutreffenden Verständnis des Grundsatzurteils des BFH vom 27.02.1991[919]. Die Autoren gehen fälschlicherweise davon aus, der BFH habe eine Qualifikation der Zinszahlungen nach dem innerstaatlichen Recht des Sitzstaates der Personengesellschaft vorgenommen. Wie jedoch bereits mehrfach ausgeführt hat der BFH eine Auslegung ungeachtet der beteiligten innerstaatlichen Rechtskreise autonom nach dem Abkommen vorgenommen.

---

918 Bächle, Eberhard/Rupp, Thomas, Internationales Steuerrecht, 2002, S. 218.
919 BFH, Urteil vom 27.02.1991 – I R 15/89, BFHE 164, 38, BStBl. II 1991, 444.

(2) Berücksichtigung des besonderen Subsidiaritätsgedankens der Abkommen

Teile der Literatur[920] wenden die vom BFH entwickelten Grundsätze auch für den Inbound Fall an. Entscheidend dafür sei die abkommensautonome Lösung des BFH, die rechtliche Zuordnung nach innerstaatlichem Recht der Vertragsstaaten soll gerade keine Rolle spielen.

Unerheblich ist nach dieser Sichtweise, ob der Ansässigkeitsstaat des Gesellschafters eine Behandlung von Sondervergütungen wie die Bundesrepublik kennt oder nicht. Keine Rolle spielt es außerdem, wenn der Ansässigkeitsstaat des Gesellschafters die Personengesellschaft als eigenes Steuersubjekt behandelt. Das Ergebnis der abkommensautonomen Bestimmung der Sondervergütungen bleibt stets gleich.

Soweit Deutschland nach den speziellen Einkunftsartikeln des OECD-MA ein Quellensbesteuerungsrecht verbliebe[921], sei nationale Rechtsgrundlage für die Besteuerung § 49 Abs. 1 Nr. 2 Buchst. a EStG und nicht etwa eine andere Einkunftsart des § 49 EStG[922].

(3) Behandlung der Sondervergütungen nach Art. 7 OECD-MA

Für die Teile der Literatur[923], die Sondervergütungen unter den Unternehmensgewinnartikel subsumieren, fällt das Besteuerungsrecht für die Zahlungen an den ausländischen Gesellschafter Deutschland als Betriebsstättenstaat zu. Dies sei im Urteil des BFH vom 17.10.1990[924] für das DBA-Schweiz ausdrücklich bestätigt worden. Es gelte der Grundsatz, dass abkommensmäßig zu dem Gewinn eines Personengesellschaftsteilhabers auch gehöre, was er im Rahmen dieser Beteiligung an Sondervergütungen seitens der Gesellschaft erhalte. Nach Art. 7 Abs. 1 DBA-Schweiz seien Gewinne eines Unternehmens zu erfassen, die der inländischen Betriebsstätte zugerechnet werden könnten, was durch Art. 7 Abs. 8 DBA-Schweiz[925] klargestellt werde[926]. Die Zahlungen würden in

[920] Kroppen, Heinz-Klaus, Ausgewählte Fragen zum Betriebsstättenerlass, StBJB 1999/2000, S. 139, (144); Piltz, Detlev, J., in: Mössner, Jörg Manfred u. a., Steuerrecht international tätiger Unternehmen 3. Aufl., 2005, Tz. F 40; ders., Grenzüberschreitende Sondervergütungen bei Personengesellschaften, in: Lüdicke, Jürgen (Hrsg.), Besteuerungspraxis bei grenzüberschreitender Tätigkeit, 2003, S. 137, (151); Jacobs, Otto H., Internationale Unternehmensbesteuerung, Deutsche Investitionen im Ausland, Ausländische Investitionen im Inland, 5. Aufl. 2002, S. 456; Pyszka, Tillmann, IStR 1998, 745, (746).

[921] Vgl. Art. 10 Abs. 2, 11 Abs. 2 OECD-MA.

[922] Piltz, Detlev, J., in: Mössner, Jörg Manfred u. a., Steuerrecht international tätiger Unternehmen 3. Aufl., 2005, Tz. F 44.

[923] Debatin, Helmut, BB 1992, 1181, (1185); Köhler, Franz, RIW 1991, 1024, (1034).

[924] BFH, Urteil vom 17.10.1990 – I R 16/89, BFHE 163, 36, BStBl. II 1991, 211.

[925] Entspricht Art. 7 Abs. 7 OECD-MA.

der steuerlichen Wertung keine Entgelte wie zwischen Dritten darstellen, sondern seien für den Gesellschafter Ausfluss seiner Gesellschaftsbeteiligung. Unmaßgeblich sei, dass das Urteil auf die im DBA-Schweiz enthaltene Sonderbestimmung des Art. 7 Abs. 7 DBA-Schweiz verweisen konnte, die die Anwendung des Betriebsstättenprinzips ausdrücklich auf Einkünfte aus der Beteiligung aus einer Personengesellschaft verankert und zusätzlich klarstellt, dass die Regelung auch auf die einem Gesellschafter von der Gesellschaft zufließenden Sondervergütungen gilt, sofern sie im Staat der Gesellschaft den Einkünften des Gesellschafters zugerechnet werden. Schon das diesbezügliche Zugeständnis dieser Klarstellung durch die Schweiz, deren innerstaatliches Recht den gegenteiligen Weg wählt, belege, dass der Anerkennung des Grundprinzips, wonach zum Gewinn einer Personengesellschaft auch die dem Gesellschafter zufließenden Sondervergütungen gehörten, nicht zu entgehen gewesen sei[927].

(4) Differenzierende Lösungen

(a) Aufspaltung der Sondervergütungen gegenüber den einzelnen ansässigen Gesellschaftern

Die Aufspaltung der Sondervergütungen entsprechend *Lang*[928] in Einkünfte aus den jeweiligen Spezialvorschriften des Abkommens einerseits und in Einkünfte aus Art. 7 OECD-MA andererseits je nachdem, ob Empfänger der Sondervergütungen der persönliche Schuldner der Gegenleistung ist, die den Sondervergütungen zu Grunde liegt, oder einer der übrigen Gesellschafter, ist nur vorstellbar, wenn die Vertragsstaaten übereinstimmend die Steuersubjekteigenschaft der Personengesellschaft ablehnen. *Lang* führt hierzu nichts aus. Die andere Konstellation, in der der Ansässigkeitsstaat des Gesellschafters der Personengesellschaft diese als Steuersubjekt behandelt, ist nach dieser Ansicht kaum lösbar, da der Personengesellschaft aus Sicht des Ansässigkeitsstaates des Gesellschafters dann auch Abkommensberechtigung beizumessen ist. Es ist nicht davon auszugehen, dass der Ansässigkeitsstaat des Gesellschafters der Qualifikation des Sitzstaates der Personengesellschaft folgen wird und das Besteuerungsrecht für die dem aus deutscher Sicht wie einen Einzelunternehmer zu behandelnden Gesellschafter zufließenden Sondervergütungen der Bundesrepublik belässt, während sämtliche andere Gesellschafter in ihrem Ansässigkeitsstaat aufgrund Einkünftequalifikation nach den Spezialartikeln besteuert werden können.

---

[926] Köhler, Franz, RIW 1991, 1024, (1034).
[927] Debatin, Helmut, BB 1992, 1181, (1185).
[928] Lang, Michael, Die abkommensrechtliche Behandlung von ausländischen Personengesellschaften mit Steuersubjektivität im Ausland, in: Kleinedam, Hans-Jochen (Hrsg.), Festschrift für Lutz Fischer, 1997, S. 713, (724 f); siehe dazu 2. Teil C)IV)1)a)bb)(4)(a).

(b) Qualifikation der Sondervergütungen in Abhängigkeit vom innerstaatlichen Recht der Vertragsstaaten

Für den Fall der übereinstimmenden steuerlichen Behandlung der Personengesellschaft als transparent wurde oben[929] ausgeführt, dass entscheidend sei, inwieweit sich die Vorstellungen beider Vertragsstaaten über die Struktur des gewerblichen Gewinns von Personengesellschaften im Hinblick auf Sondervergütungen deckten. Auch im Inbound Fall entspreche es dem Willen beider beteiligter Vertragsstaaten, dass das Besteuerungsrecht des Betriebsstättenstaates (Sitzstaat der Personengesellschaft) nach Art. 7 Abs. 1 OECD-MA auch die an den ausländischen Gesellschafter gezahlten Sondervergütungen umfasse[930].

Bei unterschiedlicher Bestimmung des Steuersubjekts, wenn der ausländische Ansässigkeitsstaat des Gesellschafters die deutsche Personengesellschaft als Steuersubjekt behandelt, müsste nach der Ansicht *Knobbe-Keuks* der Ansässigkeitsstaat des Gesellschafters berücksichtigen, dass der Sitzstaat der Personengesellschaft das Besteuerungsrecht für die Sondervergütungen nach Art. 7 OECD-MA für sich in Anspruch nimmt.

cc) Finanzverwaltung der Bundesrepublik

Die Finanzverwaltung weicht bei der Behandlung der vorliegenden Fallgruppe von der Behandlung im Outbound-Fall ab und qualifiziert die Sondervergütungen, die der ausländische Gesellschafter von der inländischen Personengesellschaft erhält als Unternehmensgewinne nach Art. 7 OECD-MA[931], so dass das Besteuerungsrecht für die Sondervergütungen an Deutschland fällt. Eine Begründung hierzu wird nicht angeführt. Letztlich kann nur die Rechtsprechung des BFH bis 1991[932] herangezogen werden, der sich die Finanzverwaltung bis zum Betriebstättenerlass vom 24.12.1999 angeschlossen hatte[933]. Die Abkommen könnten die Anwendung von § 15 Abs. 1 Nr. 2 EStG nicht ausschließen, da diese zur Frage der Ermittlung der Höhe der Einkünfte keine Aussage enthielten. Von den Einkunftsarten, die die DBA vorhalten könne nicht auf die Gewinnermittlung nach deutschem innerstaatlichen Steuerrecht geschlossen werden.

Die neuere Rechtsprechung verkennt allerdings nicht, dass die Abkommen zur Ermittlung der Einkunftshöhe keine Regelungen treffen. Bei der Gewinner-

---

929 2. Teil C)IV)1)a)bb)(4)(b).

930 Knobbe-Keuk, Brigitte, Bilanz- und Unternehmenssteuerrecht, 9. Aufl. 1993, S. 550, dies. RIW 1991, 306, (313).

931 BMF vom 24.12.1999 – IV B 4 S – 1300 – 111/99, BStBl. I 1999, 1076, Tz. 1.2.3..

932 RFH, Urteil vom 30.11.1938 – I 42/38, RStBl. 1939, 544; BFH, Urteil vom 29.01.1964 – I 153/61 S, BFHE 78, 428, BStBl. III 1964, 165; BFH,Urteil vom 18.05.1983 – I 5/82, BFHE 1983, 548, BStBl. II 1983, 771; BFH, Urteil vom 10.11.1983 – IV R 62/82, BFHE 1985, 12, BStBl. II 1984, 605.

933 Vgl. z.B. BMF, vom 19.03.1987 – IV C 5 – S 1301 Schz – 22/87, DB 1987, 717.

mittlung wird berücksichtigt, dass die Sondervergütungen nach § 15 Abs. 1 Nr. 2 EStG nicht abzugsfähig sind und den Gewinnanteil der Gesellschafter entsprechend erhöhen. In einem zweiten Schritt sind die Einkünfte auf Gesellschafterebene aber unter Anwendung der jeweiligen Spezialvorschriften des einschlägigen DBA zu subsumieren und von der Besteuerung freizustellen[934].

dd) OECD: Ansässigkeitsstaat folgt dem Quellenstaat

Nach den bereits dargestellten Grundsätzen[935], die im Partnership-Report entwickelt wurden, soll der Ansässigkeitsstaat an die Qualifikation der Sondervergütungen im Sitzstaat der Personengesellschaft gebunden sein[936].

Danach müsste der Ansässigkeitsstaat des Gesellschafters berücksichtigen, dass der Sitzstaat der Gesellschaft als Quellenstaat Art. 7 OECD-MA anwendet[937]. Der Ansässigkeitsstaat sei daher verpflichtet sämtliche im Sitzstaat der Gesellschaft entrichteten Steuern anzurechnen oder die Sondervergütungen von der Besteuerung freizustellen[938] Im Ergebnis würde die Behandlung der Sondervergütungen durch Deutschland als Sitzstaat nach § 15 Abs. 1 Nr. 2 EStG auf die Abkommensebene durchschlagen und so zu einem Besteuerungsrecht Deutschlands für die Sondervergütungen nach Art. 7 OECD-MA führen. Dies wäre dann unabhängig von der Qualifizierung der Personengesellschaft als transparent oder intransparent und unabhängig von der Behandlung der Sondervergütungen auch für den Ansässigkeitsstaat des Gesellschafters zu berücksichtigen.

3) Stellungnahme

a) Hier vertretene Auffassung

Es ist der Rechtsprechung und der herrschenden Literaturmeinung zu folgen, die ein abkommensautonomes Verständnis der Einkünftequalifikation statuiert. Das OECD-MA geht, wie auch der BFH im Grundsatzurteil vom 27.02.1991[939], von einer zivilrechtlichen Betrachtungsweise aus. Zinsen sind nach Art. 11 Abs. 2 OECD-MA „Einkünfte aus Forderungen jeder Art", Lizenzgebühren sind nach Art. 12 Abs. 2 OECD-MA „Vergütungen jeder Art, die für die Benutzung oder für das Recht auf Benutzung von Urheberrechten (...) oder für die Mitteilung

---

[934] Kroppen, Heinz-Klaus, Ausgewählte Fragen zum Betriebsstättenerlass, StBJB 1999/2000, S. 139,(146).

[935] 2. Teil C)IV)2)a)dd).

[936] OECD Partnership-Report, Example 13 und 15, übernommen in Ziff. 32.1 ff OECD-MK zu Art. 23 OECD.MA; siehe auch Menck, Thomas, IStR 1999, 147 (148).

[937] OECD Partnership-Report, Example 15.

[938] OECD Partnership-Report, Tz. 123.

[939] BFH, Urteil vom 27.02.1991 – I R 15/89, BFHE 164, 38, BStBl. II 1991, 444.

gewerblicher, kaufmännischer oder wissenschaftlicher Erfahrungen gezahlt werden". Faktisch ist dies aufgrund von entsprechenden Vereinbarungen zwischen dem Gesellschafter und seiner Gesellschaft auch der Fall, losgelöst von den steuerrechtlichen Folgen, die § 15 Abs. 1 Nr. 2 EStG im innerstaatlichen deutschen Recht daran knüpft. Weniger eindeutig liegt die weitere Voraussetzung für die Anwendung der jeweiligen Spezialvorschriften des Abkommens vor. Die Zahlungen an den im Ausland ansässigen Mitunternehmer müssen aus dem Sitzstaat der Personengesellschaft „stammen". Das Vorliegen dieser weiteren Tatbestandsvoraussetzung ist vor allem problematisch, weil Art. 11 Abs. 5 Satz 1 OECD-MA bestimmt, dass Zinsen dann als aus einem Vertragsstaat stammend gelten, wenn der Schuldner (hier die Personengesellschaft mit Sitz in Deutschland) in diesem Staat ansässige Person ist, was aufgrund der fehlenden Steuersubjektivität der Personengesellschaft in Deutschland nicht der Fall ist. Einschlägig ist dann jedoch Art. 11 Abs. 5 Satz 2 OECD-MA, wonach Zinsen als aus dem Staat der Betriebsstätte stammend gelten, wenn der Schuldner der Zinsen ohne Rücksicht darauf, ob er in einem Vertragsstaat ansässig ist oder nicht, in einem Vertragsstaat eine Betriebsstätte hat und die Schuld, für die die Zinsen gezahlt werden, für Zwecke der Betriebstätte eingegangen worden ist und die Betriebsstätte die Zinsen trägt.

Dies ist in der vorliegenden Konstellation gegeben. Die inländische Personengesellschaft stellt eine Betriebsstätte in Deutschland dar, ist Schuldnerin der Zinsen und ist die Verpflichtung zur Zahlung der Zinsen für Zwecke dieser Betriebsstätte eingegangen.

Im Ergebnis führt dies dazu, dass die Beteiligung eines Steuerausländers an einer inländischen Personengesellschaft für ihn abkommensrechtlich eine Betriebsstätte in Deutschland begründet, während die inländische Personengesellschaft ebenfalls eine inländische Betriebsstätte unterhält. Diese Konsequenz folgt aus der Umsetzung der hier vertretenen Ansicht, dass die Beteiligung an einer gewerblich tätigen Personengesellschaft abkommensrechtlich einerseits eine Betriebsstätte des Gesellschafters begründet, andererseits im Rahmen der Art. 11 und 12 OECD-MA schuldrechtliche Beziehungen zwischen dem Gesellschafter und seiner Personengesellschaft bzw. Betriebsstätte anerkannt werden[940].

Mit der hier vertretenen Ansicht können Qualifikationskonflikte schon im Ansatz vermieden werden. Die Frage der Behandlung der Sondervergütungen nach Abkommensrecht ist Paradebeispiel für die konsequente Abgrenzung des in sich geschlossenen Rechtskreises des Abkommensrechts einerseits und des in sich geschlossenen Rechtskreises des innerstaatlichen Rechts andererseits[941]. Da die Auslegung beziehungsweise Begriffsbestimmung nach Abkommensrecht

---

[940] Pyszka, Tillmann, IStR 1998, 745, (747).
[941] Reith, Thomas, Internationales Steuerrecht, 2004, Tz. 4.197.

dem innerstaatlichen Verständnis der Vertragsstaaten vorgeht, sind die Zuordnungsnormen des Abkommens, also die Art. 10, 11 und 12 OECD-MA, von den Vertragsstaaten zur Bestimmung des Besteuerungsrechts anzuwenden. Wie die Bundesrepublik ihr durch das Abkommen zuerkannte Besteuerungsrecht umsetzt, ist dann eine Frage des innerstaatlichen Rechts, so dass dann § 15 Abs. 1 Nr. 2 EStG zur Anwendung kommen kann.

b) Ablehnung der Ansicht der Nichtanerkennung von Vertragsbeziehungen zwischen Gesellschafter und Personengesellschaft

Der Ansicht, wonach Vertragsbeziehungen zwischen einer Personengesellschaft und ihrem Gesellschafter abkommensrechtlich nicht anzuerkennen seien und auf die Gewinnabgrenzung und somit auf das Prinzip der Aufwands- und Ertragszuordnung abzustellen sei, kann nicht gefolgt werden. Ein DBA findet nur Anwendung auf die nach innerstaatlichem Recht ermittelten Einkünfte. Deshalb ist erst nach innerstaatlichem Recht zu entscheiden, ob die Sondervergütungen bei der Personengesellschaft nicht abziehbaren Aufwand darstellen oder ob sie den Gewinn der Personengesellschaft mindern und beim Gesellschafter als dessen Ertrag im Sonderbetriebsvermögen erfasst werden[942]. Die Frage der Gewinnabgrenzung stellt sich erst, nachdem festgestellt wurde, dass die fraglichen Einkünfte unter die Einkunftskategorie „Unternehmensgewinne" nach Art. 7 OECD-MA fallen. Erst im zweiten Schritt ist im Rahmen der Gewinnabgrenzung das Prinzip der Aufwands- und Ertragszuordnung zu beachten[943]. Gewinnminderungen wirken sich grundsätzlich im Gesellschaftsvermögen bei allen Gesellschaftern aus. Bei Sondervergütungen gibt es nur Auswirkungen beim Sonderbetriebsvermögen des betroffenen Gesellschafters. In Art. 15 Abs. 1 Nr. 2 EStG findet nicht nur eine begriffliche Trennung von Gewinnanteil und Sondervergütungen statt. Darüber hinaus werden sie auch anders ermittelt, was durch das OECD-MA nicht in Abrede gestellt wird[944]. Im übrigen erhält der betroffene Gesellschafter die Sondervergütungen anteilig von den übrigen Gesellschaftern[945], so dass die dargestellte Ansicht *Langs*[946] insoweit präziser ist.

---

942 Piltz, Detlev J., in: Debatin, Helmut/Wassermeyer, Franz, Doppelbesteuerung Kommentar Band I, Loseblattsammlung, Stand Mai 2006, MK Art. 7, Rn. 109a.

943 Riemenschneider, Sven, Abkommensberechtigung von Personengesellschaften und abkommensrechtliche Behandlung der Einkünfte aus Beteiligungen inländischer Gesellschafter an ausländischen Personengesellschaften, 1995, S. 148 ff.

944 Piltz, Detlev J., in: Debatin, Helmut/Wassermeyer, Franz, Doppelbesteuerung Kommentar Band I, Loseblattsammlung, Stand Mai 2006, MK Art. 7, Rn. 109a.

945 Lüdicke, Jürgen, Neue Entwicklungen der Besteuerung von Personengesellschaften im internationalen Steuerrecht, StBJB 1997/1998, S. 449, (474).

946 Siehe unter 2. Teil C)IV)2)b)(4)(a).

c) Ablehnung der Auslegung nach der lex fori

Ebenfalls nicht überzeugend ist das Heranziehen des innerstaatlichen Rechts über Art. 3 Abs. 2 OECD-MA. *Wolff*[947] überspannt den Geltungsbereich der Vorschrift, die gerade kein abkommensrechtliches Gebot der Anwendung innerstaatlichen Rechts statuiert - schon gar nicht in Fällen wie dem vorliegenden, in denen das Abkommen selbst die notwendigen Begriffsbestimmungen bereit hält. Die Auslegung nach der lex fori kann auch nicht in ausreichendem Maße die grundsätzliche Selbständigkeit des Abkommensrechts berücksichtigen und gerät in Konflikt, mit der aus Art. 7 Abs. 7 OECD-MA folgenden - im Vergleich zum deutschen innerstaatlichen Steuerrecht - umgekehrten Subsidiarität der Einkunftsarten.

d) Ablehnung der differenzierenden Auffassungen

Der Vorschlag von *Lang*[948] erscheint aus rein deutscher Sicht durchaus stimmig. Jedoch wird im Falle eines Zuordnungskonflikts die Aufteilung der Forderung auf alle Gesellschafter zu kaum überwindbaren Anwendungsschwierigkeiten führen. Zwar soll zunächst die Ermittlung der Einkunftsart aus dem Abkommen heraus vorgenommen werden. Anschließend greift *Lang* allerdings auf die Besonderheiten des deutschen Steuerrechts zurück, das Personengesellschaften keine Steuersubjekteigenschaft zuerkennt, so dass zwischen Schuldner und Gläubiger der Sondervergütungen keine Subjektverschiedenheit besteht, weshalb die Tatbestandsvoraussetzungen zum Beispiel des Zinsbegriffs im Abkommenssinn nicht erfüllt sein sollen. Wie dargestellt[949] setzt das OECD-MA gerade nicht voraus, dass Schuldner und Gläubiger der Sondervergütungen Steuersubjekte sind, so dass die Zahlung der Sondervergütungen zwischen einer Personengesellschaft und ihrem Gesellschafter abkommensrechtlich anzuerkennen sind, da beide Personen nach Art. 3 Abs. 1 Buchst. a OECD-MA sind.

Knobbe-Keuk favorisiert eine Lösung des Problems zugunsten einer (behaupteten) abkommensautonomen Auslegung. Das Ergebnis der abkommensautonomen Auslegung soll zu einer Behandlung der Sondervergütungen entsprechend einer übereinstimmenden Qualifikation der Vertragsstaaten in ihrem (übrigen) innerstaatlichen Recht führen. Problematisch ist, dass ungeklärt bleibt, was pas-

---

[947] Wolff, Ulrich, in: Debatin, Helmut/Wassermeyer, Franz, Doppelbesteuerung Kommentar Band VI, DBA-USA, Loseblattsammlung, Stand Mai 2006, Art. 7, Rn. 98.

[948] Lang, Michael, Die abkommensrechtliche Behandlung von ausländischen Personengesellschaften mit Steuersubjektivität im Ausland, in: Kleinedam, Hans-Jochen (Hrsg.), Festschrift für Lutz Fischer, 1997, S. 713, (724 f).

[949] Siehe unter 2. Teil C)IV)3)a).

siert, wenn sich Gesetz oder Rechtsprechung in einem der Vertragsstaaten ändert, während das DBA unverändert bleibt[950].

e) Ablehnung der Ansicht der deutschen Finanzverwaltung und der OECD

Der Ansatz der Finanzverwaltung ist meines Erachtens vorrangig darauf ausgerichtet, dem deutschen Fiskus ein möglichst umfangreiches Besteuerungsrecht zu belassen. Dies zeigt die Ungleichbehandlung von Outbound- und Inbound-Fall. Auch ist das Vorgehen der Finanzverwaltung nicht vereinbar mit dem aus Art. 7 Abs. 7 OECD-MA folgenden Grundsatz, dass die speziellen Einkunftsarten den Unternehmensgewinnen vorgehen. Die tatsächliche Zugehörigkeit der den Sondervergütungen zu Grunde liegenden Vermögenswerte zur ausländischen Betriebsstätte wird von der Finanzverwaltung offenbar als der Regelfall betrachtet. In Übereinstimmung mit der Systematik des OECD-MA betrachtet der BFH dies jedoch als die Ausnahme[951]. Wenn die in den Art. 10 Abs. 4, 11 Abs. 4, 12 Abs. 3 oder 21 Abs. 2 OECD-MA enthaltene Rückverweisung auf Art. 7 OECD-MA der Regelfall sein sollte, dann wäre Art. 7 Abs. 7 OECD-MA gesetzestechnisch verunglückt, da dann schon an dieser Stelle formuliert sein müsste, in welchen Fällen eine Behandlung der Einkünfte nach den Spezialartikeln ausscheidet.

Die OECD und die Finanzverwaltung unterscheiden nicht, ob die ausländische Personengesellschaft in ihrem Sitzstaat als transparent oder als intransparent behandelt wird[952]. Dennoch wird die Rechtspersönlichkeit und die daraus folgende Abkommensberechtigung nur partiell, beschränkt auf eine Einkünftezurechnung für Zwecke der Quellenbesteuerung, anerkannt. Die Einstufung als abkommensberechtigte Person müsste allerdings generell zu einer abkommensrechtlichen Zuordnung der Einkünfte führen. Die beschriebene Differenzierung danach, ob es um Quellenbesteuerung oder um die Zuordnung der Einkünfte geht, ist inkonsequent. Die Gewinne der Personengesellschaft selbst müssten dann Art. 7 Abs. 1 1. Hs. OECD-MA unterstellt werden, während Sondervergütungen unter die jeweiligen Spezialartikel zu subsumieren wären. Der Methodenartikel müsste für die Unternehmensgewinne (ohne Sondervergütungen) gar nicht zur Anwendung kommen, da im Outbound-Fall die Befreiung von der deutschen Besteuerung schon aus Art. 7 Abs. 1 1. Hs. OECD-MA resultieren würde. Die Sondervergütungen wären dann nach dem Methodenartikel zu behandeln[953]. Für den Outbound-Fall würde die deutsche Finanzverwaltung auch ohne der Auslegung des Fiskalausschusses der OECD zu folgen, zu einem Be-

---

950 Fischer-Zernin, Justus, RIW 1991, 493, (497).
951 Müller, Marion/Wangler, Clemens, IStR 2003, 145, (150).
952 Vgl. BMF vom 24.12.1999 – IV B 4 S – 1300 – 111/99, BStBl. I 1999, 1076, Tz. 1.2.3..
953 Schmidt, Christian, Wpg 2002, 1134, (1238).

steuerungsrecht der Bundesrepublik gelangen und zwar über die jeweiligen Spezialartikel ohne Anwendung des Methodenartikels[954].

In Beispiel 13 des Partnership-Reports kommt zum Ausdruck, dass die Einordnung der Einkünfte nach dem Recht des Quellenstaats auch für die abkommensrechtliche Einordnung und damit auch für den Ansässigkeitsstaat des Gesellschafters maßgeblich sei. Zumindest spricht der Hinweis auf Art. 3 Abs. 2 OECD-MA dafür. Dabei wird übersehen, dass ein Rückgriff auf das innerstaatliche Recht der Vertragsstaaten erst in Betracht kommt, wenn der fragliche Begriff nicht im Abkommen selbst definiert ist. Eine Definition für Zinsen und Lizenzgebühren findet sich allerdings in Art. 11 Abs. 3 und in Art. 12 Abs. 2 OECD-MA[955]. Schon aufgrund der Prämisse der Verbindlichkeit des innerstaatlichen Rechts eines der Vertragsstaaten steht die Ansicht der O-ECD auf unsicherem Boden[956]. Darüber hinaus spricht die Systematik des O-ECD-MA eher gegen die Auffassung des Fiskalausschusses im OECD-Partnership-Report. Art. 6 Abs. 2 und Art. 10 Abs. 3 OECD-MA verweisen ausdrücklich auf das innerstaatliche Recht des Quellenstaates zur Bestimmung von unbeweglichem Vermögen und Dividenden. Würde sich diese Bindung des Ansässigkeitsstaates an die Beurteilung des Quellenstaates schon aus Art. 23 Abs. 1 OECD-MA ergeben, wären die Verweise in Art. 6 Abs. 2 und Art. 10 Abs. 3 OECD-MA überflüssig[957].

Aufgrund des zivilrechtlichen Blickwinkels des Abkommens kann dem auch nicht entgegengehalten werden, die genannten Vorschriften bezögen sich lediglich auf die der Personengesellschaft von außen zufließenden Zahlungen[958]. Zivilrechtlich können Vertragsbeziehungen zwischen der Personengesellschaft und ihrem Gesellschafter wirksam vereinbart werden, was durch das OECD-MA nicht eingeschränkt werden kann. Das OECD-MA schließt Vereinbarungen zwischen nicht abkommensberechtigten Steuersubjekten nicht aus[959] und zumindest

954 Günkel, Manfred/Lieber, Bettina, FR 2000, 853, (856).

955 Günkel, Manfred/Lieber, Bettina, FR 2000, 853, (855).

956 Staringer, Klaus, Leistungsbeziehungen zwischen der Personengesellschaft und den Gesellschaftern aus abkommensrechtlicher Sicht, in: Gassner, Wolfgang/Lang, Michael/Lehner, Eduard, Personengesellschaften im Recht der Doppelbesteuerungsabkommen, 2000, Wien, S. 103, (120).

957 Lang, Michael, Qualifikationskonflikte im Recht der Doppelbesteuerungsabkommen, in: Kirchhof, Paul/Lehner, Moris/Raupach, Arndt/Rodi, Michael (Hrsg.), Festschrift für Klaus Vogel, 2000, S. 907, (916); Schuch, Josef/Bauer, Josef, Die Überlegungen des OECD-Steuerausschusses zur Lösung von Qualifikationskonflikten, in: Gassner, Wolfgang/Lang, Michael/Lehner, Eduard, Personengesellschaften im Recht der Doppelbesteuerungsabkommen, 2000, Wien, S. 27, (36).

958 So wie etwa Debatin, Helmut, BB 1992, 1181, (1185).

959 Vgl. Art. 11 Abs. 5 Satz 2 OECD-MA, der den Schuldner der Zinsen als Subjekt der Zinszahlung anerkennt, auch wenn er nicht als ansässig (und damit auch nicht als abkommensberechtigt) gilt.

Personeneigenschaft im Abkommenssinn nach Art. 3 Abs. 1 Buchst. a OECD-MA kommt sowohl der transparent besteuerten Personengesellschaft als sonstige Personenvereinigung zu wie auch dem Gesellschafter als natürliche Person. Demzufolge geht das OECD-MA davon aus, dass die Personengesellschaft Trägerin von Verbindlichkeiten gegenüber ihren Gesellschaftern sein kann, weshalb die abkommensrechtlichen Spezialartikel auf den aus der zu Grunde liegenden Vereinbarung resultierenden Zahlungsfluss anzuwenden sind.

Unbefriedigend ist auch der Umstand, dass nach Ansicht der OECD im Falle von Doppelbesteuerung aufgrund von falscher Abkommensauslegung oder falscher Sachverhaltswürdigung ein Verständigungsverfahren nach Art. 25 OECD-MA durchgeführt werden müsste[960]. Zum einen soll das Verständigungsverfahren nur abkommensrechtlich unvermeidbare Qualifikationskonflikte vermeiden und nicht der Regelfall für die Steuerfestsetzung sein[961]. Zum anderen würde dieses Vorgehen auch zu erhöhter Rechtsunsicherheit für den Steuerpflichtigen führen. In Fällen, in denen ein Staat bewusst auf die Besteuerung bestimmter Einkünfte oder Einkunftsteile verzichtet, erscheint der Übergang von der Freistellungs- zur Anrechungsmethode nicht sachgerecht[962].

Dem Quellenstaat würde außerdem durch die Auffassung der OECD und der Finanzverwaltung die Möglichkeit gegeben, durch eine Ausweitung der eigenen innerstaatlichen Besteuerung der gewerblichen Einkünfte auf die Verteilung des Besteuerungsrechts nach dem Abkommen Einfluss zu nehmen und damit gleichzeitig das Besteuerungsrecht des Ansässigkeitsstaats des Gesellschafters auszuhöhlen[963]. Dies hätte eine unausgewogene Verteilung des Besteuerungsrechts zwischen den Vertragsstaaten zur Folge.

Die hier vertretene Ansicht führt dazu, dass das Abkommen Deutschland im Inbound-Fall das Besteuerungsrecht entzieht. Dies kann auch nicht dadurch korrigiert werden, dass die Besteuerung rechtstechnisch durch die Versagung der Abzugsfähigkeit der Sondervergütungen bei der Einkunftsermittlung nach innerstaatlichem Bilanzsteuerrecht vorgenommen wird, da Deutschland kraft DBA auf die Besteuerung eines bestimmten Wertzuflusses verzichten muss[964]. Die

---

[960] Siehe unter 2. Teil C)IV)2)a)dd).

[961] Günkel, Manfred, Personengesellschaften mit ausländischen Gesellschaftern - Zurechnung von Beteiligungen und Sonderbetriebsausgaben/-einnahmen, in: StBJB 2003/2004, S. 667, (674).

[962] Meilicke, Wienand/Portner, Rosemarie, IStR 2004, 397, (400).

[963] Aigner, Hans-Jörgen/Züger, Mario, Die Lösung des OECD-Steuerausschusses für Qualifikationskonflikte bei Personengesellschaften, in: Gassner, Wolfgang/Lang, Michael/Lehner, Eduard, Personengesellschaften im Recht der Doppelbesteuerungsabkommen, 2000, Wien, S. 47, (67); Brenner, Dieter, Personengesellschaften im Internationalen Steuerrecht, in: Haarmann, Wilhelm (Hrsg.), Unternehmensstrukturen und Rechtsformen im Internationalen Steuerrecht, 1996, S. 63, (71).

[964] Piltz. Detlev J., in: Mössner, Jörg Manfred u. a., Steuerrecht international tätiger Unternehmen 3. Aufl., 2005, Tz. F 41.

fiskalische Folge im Falle der Versagung des Abzugs der Sondervergütungen bei der Gewinnermittlung wäre, dass ins Inland fließende Sondervergütungen steuerpflichtig wären, weil sie von der Freistellung nach den DBA nicht erfasst sind. Ins Ausland fließende Sondervergütungen wären steuerpflichtig, weil sie nach innerstaatlichem Steuerrecht nicht abzugsfähig sind. Dass dieses Resultat, das die Finanzverwaltung zu erreichen versucht, nicht zu einer ausgewogenen Steuerverteilung zwischen den Vertragsstaaten führt und daher von diesen nicht beabsichtigt sein kann, liegt auf der Hand.

4) Zusammenfassung 9

Zur abkommensrechtlichen Behandlung von Sondervergütungen werden vielfältigste Ansichten vertreten. Im Ergebnis ist zu entscheiden, ob Sondervergütungen als Unternehmensgewinne zu behandeln sind mit der Folge des Besteuerungsrechts im Sitzstaat der Personengesellschaft als Betriebsstättenstaat (so im Grundsatz die deutsche Finanzverwaltung und Teile der Literatur) oder ob die Sondervergütungen entsprechend ihrem zivilrechtlichen Charakter nach den dafür vorgesehenen speziellen Verteilungsnormen der DBA behandelt werden (so die Rechtsprechung und die herrschende Literaturansicht). Am relevantesten für den Rechtsanwender sind die Vorgehensweisen von Rechtsprechung und deutscher Finanzverwaltung. Einen gewissen Stellenwert hat auch die Interpretation des Fiskalausschusses der OECD.

Der BFH und mit ihm die herrschende Ansicht in der Literatur behandeln Sondervergütungen nicht als abkommensrechtliche Unternehmensgewinne. Zivilrechtliche Beziehungen zwischen Gesellschafter und Personengesellschafter seien anzuerkennen, so dass Sondervergütungen eigenständige Einkünfte im Sinne des OECD-MA sein könnten. Vorrangig vor Art. 7 OECD-MA sei die jeweils einschlägige speziellere abkommensrechtliche Verteilungsnorm (Zinsen, Dividenden, Lizenzgebühren) anzuwenden. Damit ist das ausschließliche Besteuerungsrecht nicht dem Betriebsstättenstaat (Sitzstaat der Personengesellschaft) zugewiesen und das Besteuerungsrecht des Ansässigkeitsstaates des Gesellschafters ist dadurch nicht ausgeschlossen. Dies folgt aus einer abkommensautonomen Interpretation der Zahlungen der Personengesellschaft an ihren Gesellschafter.

Die deutsche Finanzverwaltung differenziert dagegen zwischen Outbound- und Inbound-Fall. Im Outbound-Fall soll die Behandlung der Sondervergütungen durch den ausländischen Vertragsstaat maßgeblich sein. Besteuert dieser die Sondervergütungen als Betriebsstättengewinn, so habe dies die Bundesrepublik zu berücksichtigen und die Einkünfte von der Besteuerung freizustellen. Besteuert der andere Vertragsstaat die Sondervergütungen nach einer der speziellen Verteilungsnormen, könne Deutschland die Einkünfte in die eigene Bemessungsgrundlage einbeziehen.

Im Inbound-Fall nimmt die Finanzverwaltung für Sondervergütungen stets das Vorliegen von Unternehmensgewinnen an, so dass die Bundesrepublik stets das Besteuerungsrecht für diese Einkünfte in Anspruch nehmen können soll. Im Ergebnis unterscheiden sich beide Ansichten im Outbound-Fall, soweit beide Vertragsstaaten die Sondervergütungen als Einkünfte aus Gewerbebetrieb qualifizieren. Dann kommt die Finanzverwaltung anders als die Rechtsprechung zu einem umfassenden Besteuerungsrecht des Betriebsstättenstaates. Im Inbound-Fall geht die Rechtsprechung aufgrund der Annahme einer der speziellen Einkunftsarten von einem allenfalls beschränkten Quellensteuerrecht der Bundesrepublik aus, während die Finanzverwaltung dem Betriebstättenstaat Deutschland nach Art. 7 Abs. 1 OECD-MA ein uneingeschränktes Besteuerungsrecht einräumt. Auf diese gesicherten Grundlagen kann sich der Steuerpflichtige einstellen. Er muss es jedoch hinnehmen, dass er bestimmte Gestaltungsüberlegungen im Verhältnis zu den Finanzbehörden nicht durchsetzen kann und insoweit unter Umständen finanzgerichtliche Hilfe in Anspruch nehmen muss.

Der Fiskalausschuss der OECD hat im Partnership-Report eine neue Wortlautinterpretation des Methodenartikels entwickelt, die sich bei der Sondervergütungsproblematik auswirkt. Im Ergebnis soll der Ansässigkeitsstaat der Einkünftequalifikation durch den Quellenstaat folgen. Qualifiziert der Quellenstaat Sondervergütungen entsprechend ihrem zivilrechtlichen Charakter und besteuert diese Einkünfte daher aus Abkommensgründen nicht voll, soll auch der andere Vertragsstaat die Sondervergütungen nicht freistellen, sondern in seine Bemessungsgrundlage einbeziehen. Dieses Ergebnis könne durch Auslegung des Methodenartikels gewonnen werden. Danach habe der Ansässigkeitsstaat des Gesellschafters ausländische Einkünfte freizustellen oder die Steuer des anderen Staates anzurechnen, wenn die Einkünfte nach dem Abkommen im anderen Vertragsstaat besteuert werden „können“. Dies könne der andere Staat dann nicht mehr, wenn aus der ihm vom DBA nicht untersagten innerstaatlichen Qualifikation der Einkünfte nach seinem innerstaatlichen Recht folge, dass ihm nach dem DBA die volle Besteuerung untersagt sei. So kommt es im Ergebnis zu einer Bindung des Ansässigkeitsstaats an die Qualifikation der Sondervergütungen im Quellenstaat.

Der Verfasser teilt die Auffassung der Rechtsprechung sowie der herrschenden Literaturmeinung, wonach die Vertragsstaaten zur Bestimmung des Besteuerungsrechts für Sondervergütungen die Art. 7 OECD-MA vorgehenden spezielleren Vorschriften des jeweiligen Abkommens anzuwenden haben. Dies ist insbesondere zurückzuführen auf den in der vorliegenden Untersuchung favorisierten Grundsatz der vorrangig abkommensautonomen Einkünftequalifikation und auf den sich aus Art. 7 Abs. 7 OECD-MA ergebenden besonderen Subsidiaritätsgedanken des Abkommensrechts. Auf diese Art und Weise können Qualifikationskonflikte schon im Ansatz vermieden werden. Die Vorstellungen des innerstaatlichen Steuerrechts der Vertragsstaaten sind auszublenden, soweit sich eine Begriffsbestimmung aus dem Abkommen selbst ergibt. Aus diesem Grund sind auch die Ansichten abzulehnen, nach denen über Art. 3 Abs. 2 OECD-MA auch im Abkommensrecht § 15 Abs. 1 Nr. 2 EStG Anwendung finden soll. Die deutsche Finanzverwaltung begründet ihre Vorgehensweise nicht. Diese dürfte allerdings im Wesentlichen von fiskalischen Interessen getragen sein, was meines Erachtens die Behandlung des Inbound-Falles deutlich zeigt. Indem der Fiskalausschuss der OECD an das innerstaatliche Recht des Quellenstaates anknüpft, liegt ein Verstoß gegen den vom Verfasser vertretenen Grundsatz vor, dass ein Rückgriff auf das innerstaatliche Recht der Vertragsstaaten erst in Betracht kommt, wenn der fragliche Begriff nicht im Abkommen selbst definiert ist.

V) Die Atypisch stille Gesellschaft im Abkommensrecht

Im folgenden Abschnitt soll auf die atypisch ausgestaltete stille Gesellschaft eingegangen werden. Die typisch stille Gesellschaft, die in den §§ 230 ff HGB ausdrücklich geregelt ist, führt im deutschen innerstaatlichen Recht nicht zu gewerblichen Einkünften des stillen Gesellschafters, sondern nach § 20 Abs. 1 Nr. 4 Satz 1 EStG zu Einkünften aus Kapitalvermögen[965]. Demzufolge würde selbst bei einer Betrachtung ausschließlich nach deutschem innerstaatlichen Steuerrecht, keine Subsumtion unter Art. 7 OECD-MA in Betracht kommen. Untersucht wird nachfolgend lediglich die Besteuerung des atypisch still Beteiligten. Die Besteuerung des Inhabers des Handelsgeschäfts, an dem die stille Beteiligung besteht, führt zu keinen Besonderheiten.

Bei der Anwendung des innerstaatlichen Rechts ist es zunächst nur relevant, ob der andere Vertragsstaat die Rechtsform der atypisch stillen Gesellschaft kennt, und wie er eine solche Beteiligung einordnet. Allerdings ist für den Fall, dass die stille Gesellschaft im ausländischen Vertragsstaat unbekannt ist[966], bei einer etwaigen Ersatzkonstruktion an Stelle der Errichtung einer regulären atypisch stillen Gesellschaft im Ausland zu prüfen, ob die gewählte Gestaltung im Rahmen der Vertragsautonomie nach dem Recht des ausländischen Vertragsstaats, dem Ansässigkeitsstaat des Inhabers des Handelsgewerbes, zulässig ist. Soweit die oben näher beschriebenen Merkmale[967] der atypisch stillen Gesellschaft zulässigerweise gestaltbar sind, ist nach deutschem innerstaatlichen Recht

[965] Siehe auch 2. Teil A)V)2).

[966] Bekannt ist die stille Gesellschaft in Deutschland, Frankreich, Belgien, Österreich, Liechtenstein, Luxemburg, Niederlande, Schweden, Griechenland und Japan, Überblick in Blaurock, Uwe, Handbuch der Stillen Gesellschaft, 6. Aufl. 2003, Rn. 3.8 ff.

[967] Siehe 2. Teil, A)V)2)a): reine Innengesellschaft, Beteiligung an Gewinn und Verlust, an den stillen Reserven und am Geschäftswert, Beteiligung an der Geschäftsführung und/oder weitgehende Mitwirkungs- und Kontrollrechten.

eine atypisch stille Gesellschaftsbeteiligung zu bejahen[968]. Nach der Venezuela Entscheidung des RFH[969] ist das ausländische Rechtsgebilde anhand der Grundsätze des Typenvergleichs wie ein vergleichbares deutsches Konstrukt zu behandeln[970]. Es ist daher ohne weiteres möglich, eine atypische stille Gesellschaft nach deutschem Verständnis im Ausland zu errichten.

Die atypisch stille Gesellschaft bietet sich aus gestalterischen Gesichtspunkten aus mehreren Gründen an. Soweit insbesondere mittelständische Unternehmen in der Rechtsform der Personengesellschaft organisiert sind, hat die Gründung einer ausländischen Tochtergesellschaft in der Rechtsform einer Kapitalgesellschaft den Nachteil, dass Gewinnausschüttungen im Inland selbst bei Bestehen eines DBA, vergleichbar dem OECD-MA, nach der Art. 10 OECD-MA entsprechenden Vorschrift besteuert werden. Im Gegensatz zu Betriebsstättengewinnen werden die Ausschüttungen nach Art. 23 A Abs. 2 OECD-MA nicht steuerfrei gestellt, da mangels einer Kapitalgesellschaft als Muttergesellschaft keine Schachteldividenden vorliegen. Es erfolgt daher zunächst eine Besteuerung des Auslandsgewinns im Rahmen der ausländischen Körperschaftsteuer und zusätzlich zur Einkommensbesteuerung der ausgeschütteten Beträge in Deutschland, gegebenenfalls unter Anrechung oder Abzug der Quellensteuer. Aber auch ein Engagement im Ausland über eine Personengesellschaft ist nicht in allen Ländern durchführbar oder sinnvoll. Teilweise steht die Personengesellschaft als Gesellschaftsform im Ausland nicht für Ausländer zur Verfügung[971] oder es werden Investitionsanreize wie Steuerermäßigungen oder sonstige Subventionen nur inländischen Kapitalgesellschaften gewährt[972]. In diesen Fällen bleibt lediglich die atypisch stille Gesellschaft mit einer vom inländischen Unternehmen errichteten ausländischen Kapitalgesellschaft im Zielstaat. Die Kapitalausstattung der Tochterkapitalgesellschaft erfolgt dann größtenteils über die atypisch stille Beteiligung.

1) Beteiligung eines inländischen Gesellschafters an einem ausländischen Unternehmen

Die Finanzierung eines ausländischen Unternehmens über eine atypisch stille Beteiligung in einem Niedrigsteuerstaat würde hauptsächlich dann Sinn machen, wenn die Gewinnanteile aus der atypisch stillen Gesellschaft unter den Unternehmensgewinnartikel fielen und damit von der höheren deutschen Besteuerung

---

968 Strobl, Elisabeth/Schäfer, Karl, IStR 1993/206, (207).
969 RFH, Urteil vom 12.02.1930 – VI A 899/27, RFHE 27, 73.
970 Schmidt, Christian, IStR 1996, 213, (215); vgl. auch 1. Teil A)II)1).
971 So zum Beispiel. in der Volksrepublik China bis 1997, vgl. Schnieder, Ernst-August, IStR 1999, 392, (393).
972 So zum Beispiel auf den Philippinen oder auf Sri Lanka, vgl. Schnieder, Ernst-August, IStR 1999, 392, (393).

ausgenommen wären. Es soll daher untersucht werden, ob von dieser Annahme ausgegangen werden kann.

a) Übereinstimmende Behandlung der atypisch stillen Gesellschaft im innerstaatlichen Steuerrecht der Vertragsstaaten

Bei übereinstimmender Einordnung der atypisch stillen Gesellschaft als Mitunternehmerschaft in den Vertragsstaaten, stellen die Einkünfte des atypisch still Beteiligten auf Abkommensebene übereinstimmend Unternehmensgewinne im Sinne des Art. 7 OECD-MA dar.

aa) Eigene Betriebsstätte der atypisch stillen Gesellschaft

Der atypisch Stille betreibt nach herrschender Meinung im deutschen Ansässigkeitsstaat ein durch den Inhaber des ausländischen Handelsgewerbes vermitteltes anteiliges Unternehmen mit ausländischer Betriebsstätte[973]. Ohne weiteres ist dies jedoch nicht aus Art. 5 Abs. 1 OECD-MA herzuleiten. Der abkommensrechtliche Betriebsstättenbegriff setzt die Ausübung der Verfügungsmacht über eine feste Geschäftseinrichtung voraus[974]. Für die Gleichstellung des atypisch stillen Gesellschafters mit dem Gesellschafter einer Personenhandelsgesellschaft genügt die schuldrechtliche Berechtigung des atypisch stillen Gesellschafters am Betriebsstättenvermögen des Inhabers des Handelsgeschäfts[975].

Gleichfalls ist die von einer ausländischen Kapitalgesellschaft betriebene Betriebsstätte dem an der Kapitalgesellschaft atypisch still Beteiligten anteilig zuzurechnen. Zwar wird die Betriebsstätte nach außen nur von der ausländischen Kapitalgesellschaft betrieben, die auch regelmäßig Eigentümerin der Wirtschaftsgüter der Betriebsstätte ist. Für die abkommensrechtliche Zurechnung kommt es jedoch lediglich auf die wirtschaftliche Berechtigung an der Betriebsstätte an, welche aufgrund seiner vermögensmäßigen Beteiligung bei dem atypisch stillen Gesellschafter liegt[976].

---

[973] BFH, Urteil vom 21.07.1999 – I R 110/98, BFHE 190, 118, BStBl. II 1999, 812; Becker, Jan Dierk, Die atypisch stille Gesellschaft als Outbound-Finanzierungsalternative, 2005, S. 141; Lieber, Bettina, in: Becker, Helmut/Höppner, Horst-Dieter/Grotherr, Siegfried/Kroppen, Heinz-Klaus (Hrsg.), DBA - Kommentar, Teil 2, Loseblattsammlung, Stand Okt. 2005, Art. 7, Rn. 363; Krabbe, Helmut, IStR 1999, 591; Strobl, Elisabeth/Schäfer, Karl, IStR 1993, 206, (210); BMF vom 28.12.1999, IV D 3 – S 1300 – 25/99, Tz. 1, BStBl. I 1999, 1121.

[974] Müller, Rolf, IStR 1996, 266, (270); vgl. auch 2. Teil B)I)4).

[975] Strobl, Elisabeth/Schäfer, Karl, IStR 1993, 206, (210).

[976] Schnieder, Ernst-August, IStR 1999, 392, (394).

bb) Einzelne Abkommen, die die stille Gesellschaft im Dividendenartikel regeln

Von der Anwendung des Artikels über die Unternehmensgewinne hinsichtlich der Einkünfte des atypisch still Beteiligten ist auch auszugehen, wenn die Vertragsstaaten in dem betreffenden Abkommen die stille Gesellschaft beispielsweise in den Dividendenartikel aufgenommen haben[977]. Nach allgemeiner Ansicht[978] ist davon jedoch nicht der Gewinnanteil aus einer atypisch stillen Gesellschaft umfasst. Dies ergibt sich aus dem Wortlaut und dem Sinnzusammenhang des Abkommens. Der Dividendenbegriff des Art. 10 Abs. 3 OECD-MA umfasst Einkünfte aus „anderen Rechten - ausgenommen Forderungen – mit Gewinnbeteiligung sowie sonstigen Gesellschaftsanteilen"[979] als Auffangtatbestand. Der Ausdruck Gesellschaftsanteile umfasst nur Anteile an Gesellschaften im Sinne des Art. 3 Abs. 1 Buchst. b OECD-MA, also juristische Personen oder Rechtsträger, die wie eine juristische Person behandelt werden. Dadurch werden Einkünfte aus Anteilen an Mitunternehmerschaften schon ausgegrenzt. Der Begriff „andere Rechte" meint nur die in Wertpapieren verbrieften Beteiligungsrechte[980].

Darüber hinaus ist die stille Gesellschaft in ihrer vom Gesetzgeber in den §§ 230 ff HGB vorgegebenen Grundform einer Kapitalbeteiligung erheblich näher als einer unternehmerischen Betätigung. Diese Unterscheidung entspricht auch der im Abkommensrecht geltenden Abgrenzung von Anteilsrechten an Kapitalgesellschaften zu Mitunternehmerschaften[981].

Hinzu kommt, dass der Begriff „stille Gesellschaft" nicht nach dem Zivilrecht auszulegen ist, sondern nach dem Steuerrecht des Anwendestaates[982]. Der

---

[977] So zum Beispiel in Art. 10 Abs. 6 DBA-Schweiz und Art. 10 Abs. 4 DBA-Philippinen.

[978] Becker, Jan Dierk, Die atypisch stille Gesellschaft als Outbound-Finanzierungsalternative, 2005, S. 135; Müller, Rolf, IStR 1996, 266, (273); Strobl, Elisabeth/Schäfer, Karl, IStR 1993, 206, (210 f); Piltz, Detlev J., Hybride Finanzierungen in Doppelbesteuerungsabkommen, in: Piltz, Detlev J./Schaumburg, Harald, Unternehmensfinanzierung im Internationalen Steuerrecht, 1995, S. 125, (139); Tischbirek, Wolfgang, in: Vogel, Klaus/Lehner, Moris, Doppelbesteuerungsabkommen, Kommentar, 4. Aufl. 2003, Art. 10 Rn. 157; Wassermeyer, Franz, IStR 1999, 118, (119); a.A. nur FG Hamburg, Urteil vom 14.11.1995 – VII 46/93, EFG 1996, 240, das von einer handelsrechtlichen Sicht ausgeht, wonach die im Dividendenartikel des Abkommens die stille Gesellschaft als Oberbegriff auch die atypisch stille Gesellschaft erfasse. Die Verweisung in Art. 10 Abs. 6 DBA-Schweiz verweise auch nicht nur auf das deutsche Steuerrecht, sondern allgemein auf das deutsche Recht, so dass das Handelsrecht maßgebend sei.

[979] Die Subsumtion der Einkünfte aus der atypisch stillen Beteiligung unter den sonstigen Katalog des Art. 10 Abs. 3 OECD-MA kommt nicht in Betracht.

[980] Strobl, Elisabeth/Schäfer, Karl, IStR 1993, 206, (211).

[981] Müller, Rolf, IStR 1996, 266, (273).

[982] Schnieder, Ernst-August, IStR 1999, 392, (395); FG Rheinland-Pfalz, Urteil vom 12.10.1998 – 5 K 3314/97, EFG 1999, 175.

Begriff der typisch stillen Gesellschaft ist im deutschen innerstaatlichen Steuerrecht in § 20 Abs. 1 Nr. 4 S. 1 EStG zu finden, der ausschließlich auf die typisch stille Gesellschaft Bezug nimmt. Daraus folgt, dass der im Dividendenartikel verwendete Ausdruck „stille Gesellschaft" sich nur auf die typisch stille Gesellschaft beziehen kann und die atypisch stille Gesellschaft unter den Artikel für Unternehmensgewinne fällt[983].

Das Besteuerungsrecht für die Einkünfte aus der atypisch stillen Beteiligung steht bei übereinstimmender transparenter Einordnung der Personengesellschaft durch die Vertragsstaaten, trotz Erwähnung der stillen Gesellschaft in dem betreffenden Abkommen, demzufolge dem ausländischen Betriebsstättenstaat zu, während Deutschland als Ansässigkeitsstaat des atypisch Stillen diese Einkünfte nach Art. 7 OECD-MA freizustellen hat[984].

---

983 Schmidt, Christian, IStR 1996, 213, (219).

984 Burmester, Gabriele, Ausgewählte international-steuerrechtliche Probleme der stillen Gesellschaft, in: Haarmann, Wilhelm (Hrsg.), Unternehmensstrukturen und Rechtsformen im Internationalen Steuerrecht, 1996, S. 122, (130); Piltz, Detlev J., in: Debatin, Helmut/Wassermeyer, Franz, Doppelbesteuerung Kommentar Band I, Loseblattsammlung, Stand Mai 2006, MK Art. 7, Rn. 68 und 99; BMF vom 28.12.1999, IV D 3 – S 1300 – 25/99, BStBl. I 1999, 1121.

b) Unterschiedliche Behandlung der atypisch stillen Gesellschaft im innerstaatlichen Steuerrecht der Vertragsstaaten

In vielen Staaten ist die atypisch stille Gesellschaft unbekannt[985]. Dies führt regelmäßig dazu, dass Deutschland als Ansässigkeitsstaat des stillen Gesellschafters eine Qualifikation der Einkünfte aus der atypisch stillen Beteiligung nach Art. 7 OECD-MA annimmt, mit der Folge der Freistellung im Ansässigkeitsstaat des Gesellschafters. Im Sitzstaat des Unternehmens würde jedoch allenfalls eine Quellensteuer fällig, da der andere Vertragsstaat die Einkünfte aus der ihm unbekannten Gestaltung als Dividenden oder Zinsen qualifiziert. Dies würde zu teilbefreiten grauen Einkünften führen beziehungsweise zu doppelbefreiten weißen Einkünften[986].

aa) Rechtsprechung

Der BFH hat im Urteil vom 21.07.1999[987] im Zusammenhang mit dem DBA-Schweiz klargestellt, dass der Gewinnanteil des atypisch Stillen zu den Unternehmensgewinnen gehöre, wenn der Inhaber des Handelsgewerbes, auf das sich die atypisch stille Beteiligung bezieht, gewerblich tätig sei. Gegenstand der Ent-

---

[985] Dies ist beispielsweise in der Tschechischen Republik der Fall, vgl. Kocmánková, Jana, IStR 1999, 558, (559).
Die Schweiz behandelte gemäß Verfügung der EStV vom 30.04.1987 (ASA Bd. 56, 48 ff) die atypisch stille Gesellschaft als partiarisches Darlehen und qualifiziert die Erträge daraus folglich als Dividenden; Nach Edwards, Diskussionsbeitrag zum Vortrag von Burmester, Gebriele, Ausgewählte international-steuerrechtliche Probleme der stillen Gesellschaft, in: Haarmann, Wilhelm (Hrsg.), Unternehmensstrukturen und Rechtsformen im Internationalen Steuerrecht, 1996, S. 122, (149) galt dies allerdings nur für den Fall, dass der atypisch Stille Gesellschafter oder Aktionär der Gesellschaft des Handelsgewerbes ist. Allerdings komme dann teilweise auch die Behandlung als Zinsen in Betracht. Anderenfalls werde die atypisch stille Beteiligung für missbräuchlich gehalten.
Seit 2002 wendet auch die Eidgenössische Steuerverwaltung auf die atypisch stille Beteiligung Art. 7 OECD-MA an (EStV vom 15.07.2002, ASA Bd. 71, 208, (212)).
Im Anglo-amerikanischen Rechtskreis gibt es keine stille Gesellschaft als bloße Innengesellschaft. Gesellschafter, die nach außen nicht in Erscheinung treten, haften dennoch für Gesellschaftsschulden solidarisch. Nur in Form der Limited Partnership (KG) kann eine Haftungsbegrenzung herbeigeführt werden, Blaurock, Uwe, Handbuch der Stillen Gesellschaft, 6. Aufl. 2003, Tz. 3.78.

[986] Burmester, Gabriele, Ausgewählte international-steuerrechtliche Probleme der stillen Gesellschaft, in: Haarmann, Wilhelm (Hrsg.), Unternehmensstrukturen und Rechtsformen im Internationalen Steuerrecht, 1996, S. 122, (131).

[987] BFH, Urteil vom 21.07.1999 – I R 110/98, BFHE 190, 118, BStBl. II 1999, 812, nach zweifelnden Äußerungen in den Urteilen vom 31.05.1995 – I R 74/93, BFHE 178, 74, BStBl. II 1995, 683 und vom 23.10.1996 – I R 10/96, BFHE 182, 51, BStBl. II 1997, 313, in denen er BFH jeweils auf die abweichende Ansicht verwiesen hat, wonach auch die Subsumtion unter die spezielleren Artikel 10 bzw. 11 OECD-MA in Betracht komme.

scheidung war die atypisch stille Beteiligung eines unbeschränkt Steuerpflichtigen an einer Schweizer AG. Der BFH verweist vordergründig auf die Besonderheit des DBA-Schweiz, das in Art. 7 Abs. 7 bestimmt, dass Art. 7 des Abkommens auch für die Beteiligung an einer Personengesellschaft gilt, also auch für die atypisch stille Gesellschaft. Das Urteil stellt klar, dass Gewinnanteile aus einer atypisch stillen Beteiligung immer dann dem Anwendungsbereich des Art. 7 DBA-Schweiz unterfallen, wenn sich die Beteiligung auf ein Unternehmen bezieht, das seinerseits Unternehmensgewinne im Sinne des Art. 7 OECD-MA erzielt.

In der Vorinstanz hat das FG Rheinland-Pfalz[988] ausgeführt, dass eine Lösung nur durch Rückgriff auf das innerstaatliche Steuerrecht des Anwendestaates erfolgen könne. Nachdem die schweizer Seite die atypisch stille Beteiligung als partiarisches Darlehen auffasse, sei Art. 10 Abs. 4 des damals gültigen Abkommens dahingehend zu untersuchen, ob davon neben der typisch stillen Gesellschaft auch die atypisch stille Gesellschaft erfasst sei. Da sich aus dem Sinn- und Vorschriftenzusammenhang keine Lösung ergebe, bliebe nur die Möglichkeit, über Art. 3 Abs. 2 des Abkommens auf das innerstaatliche Recht des Anwendestaates zurückzugreifen, wonach Art. 7 des Abkommens anzuwenden sei[989]. Diese eindeutige und damit auch auf andere Abkommen als das DBA-Schweiz anzuwendende Erkenntnis formuliert der BFH in der Revisionsentscheidung nicht, so dass grundsätzlich offen ist, ob der Artikel über Unternehmensgewinne generell auf den Gewinnanteil an der atypisch stillen Gesellschaft anzuwenden ist. Es wird jedoch noch gezeigt werden, dass die Rechtsprechung des BFH auch Gültigkeit für dem OECD-MA nachgebildete Abkommen hat[990].

Zuvor hatte der BFH die Frage der abkommensrechtlichen Behandlung von Gewinnanteilen eines atypisch stillen Gesellschafters nicht entschieden. Im Urteil vom 31.05.1995[991] ging es um Sondervergütungen in Form von Zinsen aus einem Darlehen des atypisch still Beteiligten an eine US-Corporation und nicht um die Behandlung des Gewinnanteils des atypisch stillen Gesellschafters. Im

---

988 FG Rheinland-Pfalz, Urteil vom 12.10.1998 – 5 K 3314/97, EFG 1999, 175.

989 Die so entstehende Besteuerungslücke wurde im Verhältnis zur Schweiz zunächst ab dem Veranlagungszeitraum 1994 durch die Einführung des Art. 24 Abs. 1 Nr. 1 S. 1 Buchst. a) S. 2 DBA-Schweiz durch das Änderungsprotokoll vom 21.12.1992 (BStBl. II 1993, 1888) geschlossen. Ab dem Veranlagungszeitraum 2002 hat die Schweiz dann ihre Auffassung aufgegeben, wonach sie atypisch stille Beteiligungen als partiarische Darlehen qualifiziert hat. Nunmehr geht die Schweiz ebenfalls von Unternehmensgewinnen aus (EstV vom 15.07.2002, ASA 2002 Bd. 71, 208, (212)), Scherer, Thomas, in: Debatin, Helmut/Wassermeyer, Franz, Doppelbesteuerung Kommentar Band V, Loseblattsammlung, Stand Mai 2006, DBA-Schweiz Art. 7, Rn. 385.

990 Siehe unter 2. Teil C)IV)1)b)bb)(1).

991 BFH, Urteil vom 31.05.1995 – I R 74/93, BFHE 178, 74, BStBl. II 1995, 683.

Urteil des BFH vom 23.10.1996[992] musste die Frage ebenfalls nicht entschieden werden, da Gegenstand der Entscheidung die atypisch stille Beteiligung an einer Schweizer AG war, die Schifffahrtsgeschäfte tätigte. Der BFH kam zur Anwendung von Art. 8 DBA-Schweiz (Seeschifffahrt, Binnenschifffahrt und Luftfahrt).

bb) Literatur

In der Literatur werden verschiedene Ansätze im Hinblick auf die abkommensrechtliche Behandlung der Einkünfte aus einer atypisch stillen Beteiligung vertreten. Die herrschende Literaturansicht wendet Art. 7 OECD-MA auf die atypisch stille Beteiligung an. Andere lösen die Problematik ähnlich wie bei den bereits dargestellten Sondervergütungen[993] unter Hinweis auf die besondere Subsidiarität in den DBA.

(1) Herrschende Ansicht: Anwendung von Art. 7 OECD-MA

Schon vor der Entscheidung des BFH vom 21.07.1999[994] war die herrschende Ansicht in der Literatur, dass der Gewinnanteil des atypisch stillen Gesellschafters bei Fehlen einer ausdrücklichen Regelung im jeweiligen Abkommen auch abkommensrechtlich als Unternehmensgewinn zu behandeln sei. Dabei sei die dem Inhaber des Handelsgewerbes gehörende Betriebsstätte dem atypisch still Beteiligten für die Anwendung des Art. 7 OECD-MA zuzurechnen[995].

Steuerrechtlich sei die atypisch stille Gesellschaft laut BFH[996] selbständiges „Subjekt der Gewinnerzielung, Gewinnermittlung und Einkünftequalifikation". Beziehe der atypisch stille Gesellschafter somit nach deutschem Steuerrecht gewerbliche Einkünfte aus der als Gewinnerzielungssubjekt qualifizierten Innengesellschaft, schließe dies so gesehen jedenfalls die Annahme von Einkünften aus einer „Forderung jeder Art" im Sinne des Art. 11 Abs. 3 OECD-MA aus. Das OECD-MA selbst enthalte keine Grundlage für eine Unterscheidung von

---

[992] BFH, Urteil vom 23.10.1996 – I R 10/96, BFHE 182, 51, BStBl. II 1997, 313; es erfolgte jedoch ein Hinweis auf die Ansicht, die auf den Gewinnanteil des atypisch stillen Gesellschafters Art. 10 bzw. Art. 11 OECD-MA anwenden will.

[993] 2. Teil C)IV)2)a)bb)(1).

[994] BFH, Urteil vom 21.07.1999 – I R 110/98, BFHE 190, 118, BStBl. II 1999, 812.

[995] Lüdicke, Jürgen, Neue Entwicklungen der Besteuerung von Personengesellschaften im internationalen Steuerrecht, StBJB 1997/1998, S. 449, (479); ders., Neue Entwicklung zur beschränkten Steuerpflicht, StBKR 1996, S. 425, (427 f); Müller, Rolf, IStR 1996, 266, (269); Breuninger, Gottfried E./Prinz, Ulrich, DStR 1995, 927, (929); Tiefel, Torsten, IWB, Fach 3, Gruppe 2, 795, (798); Pyszka, Tillmann, IStR 1999, 577, (578); Schaumburg, Harald, Internationales Steuerrecht, 2. Aufl. 1998, Tz. 16.228 und 16.333; Strobl, Elisabeth/Schäfer, Karl, IStR 1993, 206, (210).

[996] BFH, Urteil vom 26.11.1996 – VIII R 42/94, BFHE 182, 101, BStBl. II 1998, 328; anders noch BFH, Urteil vom 12.11.1985 – VIII R 364/83, BFHE 145, 408, BStBl. II 1986, 311.

Innen- und Außengesellschaft[997]. Deutschland müsse daher den im OECD-MA nicht näher definierten Ausdruck nach dem innerstaatlichen Recht auslegen. Die Einordnung der atypisch stillen Gesellschaft als Subjekt der Gewinnerzielung führe nach allgemeinen Grundsätzen auch dazu, dass die von diesem Gewinnerzielungssubjekt verwirklichten sonstigen Tatbestandsmerkmale dem atypisch stillen Gesellschafter zuzurechnen seien. Dies gelte auch für das Innehaben einer Betriebsstätte[998].

Die Rechtsprechung des BFH zum DBA-Schweiz[999] sei auch auf Abkommen anzuwenden, die dem OECD-MA entsprechen. Letztlich wende der BFH zur Ergebnisfindung die allgemeinen Auslegungsgrundsätze des Art. 3 Abs. 2 OECD-MA an, was im vorbezeichneten Urteil allerdings nicht ausdrücklich kenntlich gemacht sei. Der BFH führe aus, dass Personengesellschaft im abkommensrechtlichen Sinn auch die atypisch stille Gesellschaft sei und verweise in diesem Zusammenhang auf das Urteil vom 23.10.1996[1000], wo es heiße: „nach Art. 3 Abs. 2 DBA-Schweiz ist mangels entsprechender Abkommensdefinition bei der Auslegung des Begriffs Personengesellschaft auf innerdeutsches Recht abzustellen". Da die atypisch stille Gesellschaft nach deutschem Recht regelmäßig eine Mitunternehmerschaft darstelle, sei sie auch abkommensrechtlich als Personengesellschaft einzuordnen, die Unternehmensgewinne im Sinne des Art. 7 OECD-MA erziele. Aufgrund der Besonderheit des Art. 7 Abs. 7 OECD-MA ziehe das Urteil vom 21.07.1999[1001] das innerstaatliche Recht nur erst auf einer weiteren Definitionsstufe heran, um dann zum gleichen Ergebnis zu kommen[1002].

Durch die mögliche Behandlung der Einkünfte im anderen Vertragsstaat als Dividenden oder Zinsen entstehen graue beziehungsweise weiße Einkünfte, was allerdings in Kauf zu nehmen sei[1003].

---

[997] Becker, Jan Dierk, Die atypisch stille Gesellschaft als Outbound-Finanzierungsalternative, 2005, S. 138.

[998] Lüdicke, Jürgen, Neue Entwicklungen der Besteuerung von Personengesellschaften im internationalen Steuerrecht, StBJB 1997/1998, S. 449, (481); Vor dem Urteil des BFH vom 26.11.1996 – VIII R 42/94, BFHE 182, 101, BStBl. II 1998, 328 gab es für die Begründung der Zurechnung der Betriebsstätte an den atypisch still Beteiligten verschiedene Ansätze, instruktiv: Müller, Rolf, IStR 1996, 266, (270 ff).

[999] BFH, Urteil vom 21.07.1999 – I R 110/98, BFHE 190, 118, BStBl. II 1999, 812.

[1000] BFH, Urteil vom 23.10.1996 – I R 10/96, BFHE 182, 51; BStBl. II 1997, 313.

[1001] BFH, Urteil vom 21.07.1999 – I R 110/98, BFHE 190, 118, BStBl. II 1999, 812.

[1002] Günkel, Manfred/Lieber, Bettina, IWB, Fach 3, Gruppe 2, S. 871, (878).

[1003] Günkel, Manfred/Lieber, Bettina, IWB, Fach 3, Gruppe 2, S. 871, (873).

(2) Behandlung der Einkünfte aus der atypisch stillen Gesellschaft als Zinsen

In Abkommen, die in Übereinstimmung mit dem OECD-MA geschlossen wurden, soll nach einer Mindermeinung in der Literatur für die atypisch stille Gesellschaft der Zinsartikel zur Anwendung kommen, da die Einlage des atypisch still Beteiligten eine „Forderung jeder Art" im Sinne des Art. 11 Abs. 3 OECD-MA sei. *Wassermeyer*[1004] begründet seine Auffassung damit, dass die gleichzeitige Erfassung von Beteiligungserträgen sowohl als Unternehmensgewinne nach Art. 7 OECD-MA als auch als Zinseinkünfte nach Art. 11 Abs. 3 OECD-MA möglich sei. Die Konkurrenz der beiden Normen müsse zugunsten des Spezialartikels gemäß Art. 7 Abs. 7 OECD-MA aufgelöst werden. Für die Behandlung der Einlage des atypisch stillen Gesellschafters als Darlehen und damit als „Forderung jeder Art" im Sinne des Art. 11 Abs. 3 OECD-MA spreche, dass der atypisch stille Gesellschafter nur schuldrechtliche Ansprüche gegen den Inhaber des Handelsgewerbes habe. Der Betriebsstättenvorbehalt des Art. 11 Abs. 4 OECD-MA sei unanwendbar, da eine „Forderung jeder Art" im Sinne des Art. 11 Abs. 3 OECD-MA ungeeignet sei, für den atypisch still Beteiligten im Ansässigkeitsstaat des Inhabers des Handelsgewerbes eine Betriebsstätte im abkommensrechtlichen Sinne zu begründen.

Piltz[1005] bezieht sich auf das Urteil des BFH vom 27.02.1991[1006], in dem der BFH eine zivilrechtliche Betrachtung zur Lösung der Frage anwendet, unter welche Verteilungsnorm die Zinszahlungen einer ausländischen Personengesellschaft an ihren inländischen Gesellschafter fallen[1007]. Es ging dabei auch um die Auslegung des Begriffes „Schuldverpflichtung" im Sinne des Art. 7 Abs. 1 DBA-USA 1954/65. Wenn dieser Begriff schuldrechtlich zu verstehen sei, sei es auch die „Forderung jeder Art" in Art. 11 Abs. 3 OECD-MA. Zivilrechtlich begründe die atypisch stille Gesellschaft nur eine schuldrechtliche Forderung gegen den Inhaber des Handelsgewerbes. Die Rückverweisung in Art. 11 Abs. 4 OECD-MA auf Art. 7 OECD-MA greife nicht ein, da die Forderung des Steuerinländers gegen den ausländischen Inhaber des Handelsgewerbes nicht tatsächlich zu dessen Betriebsstätte gehöre, was das zitierte Urteil des BFH vom 27.02.1991 klarstelle.

1004 Wassermeyer, IStR 1995, 49, (51).

1005 Piltz, Detlev J., Hybride Finanzierungen in Doppelbesteuerungsabkommen, in: Piltz, Detlev J./Schaumburg, Harald, Unternehmensfinanzierung im Internationalen Steuerrecht, S. 125, (140 f).

1006 BFH, Urteil vom 27.02.1991 – I R 15/89, BFHE 164, 38, BStBl. II 1991, 444.

1007 Siehe Abschnitt Sondervergütungen 2. Teil C)IV)2)a)aa).

Diese Auffassung wurde mittlerweile von *Piltz* ausdrücklich aufgegeben[1008]. Der atypisch still Beteiligte habe den vom Inhaber des Handelsgewerbes erzielten Gewinn anteilig zu versteuern und nicht den an ihn ausbezahlten Gewinnanteil. Der vom Inhaber des Handelsgewerbes erzielte Gewinn könne jedoch nicht gleichzeitig Zinsforderung im Sinne des Art. 11 Abs. 3 OECD-MA sein[1009].

Ebenfalls Bezug auf das Urteil des BFH vom 27.02.1991[1010] nimmt *Gündisch*[1011]. Der BFH wende sich mit dem Urteil vom 21.07.1999[1012] wieder von der seit 1991 verfolgten Linie ab, da der Begriff der „tatsächlichen Zugehörigkeit" anders ausgelegt werde. Er vertrete die Ansicht, dass ein zum Sonderbetriebsvermögen gehörendes Stammrecht dem Betriebsstättenvermögen zugerechnet werden könne. Dies stehe im Widerspruch zur bis dahin vertretenen Ansicht, dass nur die in der Einzelbilanz der Gesellschaft und nicht die in der Sonderbilanz eines Gesellschafters ausgewiesenen Vermögensgegenstände als tatsächlich zur Betriebsstätte gehörend anerkannt werden dürften. Aufgrund dieser Kritik ist davon auszugehen, dass *Gündisch* den mittlerweile aufgegebenen Ansatz von *Piltz*[1013] und *Wassermeyer*[1014] verfolgen will.

cc) Ansicht der Finanzverwaltung der Bundesrepublik

Die Finanzverwaltung hat sich zuletzt in dem BMF-Schreiben vom 28.12.1999[1015] der Behandlung der atypisch stillen Beteiligung angenommen. Zuvor waren Diskussionsgrundlage zwei Verfügungen der OFD-Düsseldorf vom 05.07.1989[1016] und vom 08.01.1991[1017]. Die ältere Verfügung zum DBA-USA 19954/65 geht davon aus, dass die atypisch stille Beteiligung eines Steuerinländers an einer US-amerikanischen Limited als Betriebsstätte des atypisch still Beteiligten gelte, und zwar sowohl für Abkommenszwecke als auch für

---

1008 Piltz, Detlev J., in: Debatin, Helmut/Wassermeyer, Franz, Doppelbesteuerung Kommentar Band I, Loseblattsammlung, Stand Mai 2006, Art. 7, Rn. 99.

1009 Wassermeyer, Franz, in: Debatin, Helmut/Wassermeyer, Franz, Doppelbesteuerung Kommentar Band I, Loseblattsammlung, Stand Mai 2006, Art. 11, Rn. 88.

1010 BFH, Urteil vom 27.02.1991 – I R 15/89, BFHE 164, 38, BStBl. II 1991, 444.

1011 Gündisch, Stephan, Personengesellschaften im DBA-Recht, 2004, S. 297 und 302.

1012 BFH, Urteil vom 21.07.1999 – I R 110/98, BFHE 190, 118, BStBl. II 1999, 812.

1013 Piltz, Detlev J., Hybride Finanzierungen in Doppelbesteuerungsabkommen, in: Piltz, Detlev J./Schaumburg, Harald, Unternehmensfinanzierung im Internationalen Steuerrecht, S. 125, (140 f).

1014 Wassermeyer, IStR 1995, 49, (51).

1015 BMF vom 28.12.1999, IV D 3 – S 1300 – 25/99, Tz. 2, BStBl. I 1999, 1121.

1016 OFD Düsseldorf, Verfügung vom 05.07.1989 – S 2118a A – St 11 H 1, DB 1998, 1700, zum DBA USA.

1017 OFD Düsseldorf, Verfügung vom 08.01.1991 – S 1301 A – Schweiz – St 115, DB 1991, 308, zum DBA-Schweiz.

Zwecke des innerstaatlichen deutschen Steuerrechts. Die gewerblichen Einkünfte der US-Betriebsstätte seien demnach in Deutschland freizustellen.

In der nachfolgenden Verfügung aus dem Jahr 1991 zum DBA-Schweiz vertritt die OFD-Düsseldorf die gegensätzliche Ansicht, nach der die abkommensrechtliche Qualifikation des Quellenstaates (Schweiz) durch den Ansässigkeitsstaat des atypisch still Beteiligten zu übernehmen sei, so dass die Einkünfte aus einer atypisch stillen Beteiligung nach dem Dividendenartikel zu behandeln seien.

Im Schreiben vom 28.12.1999 stellt das BMF klar, dass der atypisch still Beteiligte, vermittelt durch die Mitunternehmerschaft, am Sitz des ausländischen Handelsgewerbes eine Betriebsstätte besitze und Unternehmensgewinne erziele, die über den Methodenartikel von der deutschen Ertragsbesteuerung freigestellt werden müsse. Dies solle allerdings nur vorbehaltlich etwaiger Aktivitätsklauseln, subject-to-tax-Klauseln oder switch-over-Klauseln gelten. Insoweit geht die Finanzverwaltung über das Urteil des BFH vom 21.07.1999[1018] hinaus, das zunächst nur im Hinblick auf die Besonderheiten des DBA-Schweiz erging[1019]. Bei abweichender Qualifikation der Einkünfte des atypisch still Beteiligten durch den anderen Vertragsstaat als Dividenden, Zinsen oder andere Einkünfte im Sinne des Abkommens, so dass er an der vollen Besteuerung der Einkünfte gehindert sei, seien die Einkünfte nicht von der deutschen Besteuerung auszunehmen. Es komme zur Anrechung der möglichen ausländischen Steuer auf die deutsche Steuer. Die Finanzverwaltung folgt damit praktisch dem OECD-Partnership-Report[1020] und interpretiert in die Abkommen eine switch-over-Klausel hinein. Insoweit soll die Anwendbarkeit des Urteil des BFH vom 21.07.1999[1021] über den entschiedenen Einzelfall hinaus ausgeschlossen sein.

Diese Ansicht der Finanzverwaltung wird auch von Teilen der Literatur getragen[1022].

dd) OECD: Bindung des Ansässigkeitsstaates nach Art. 23 OECD-MA

Die hier behandelte Fallgruppe erwähnt der Fiskalausschuss im OECD-Partnership-Report nicht ausdrücklich. Es spricht allerdings vieles dafür, dass zur Vermeidung von Doppelbesteuerung eine Bindung des Ansässigkeitsstaates des atypisch still Beteiligten an die Qualifikation durch den Quellenstaat ange-

1018 BFH, Urteil vom 21.07.1999 – I R 110/98, BFHE 190, 118, BStBl. II 1999, 812.

1019 Stegemann, Dieter, IStR 2002, 329, (330).

1020 OECD Partnership-Report, Tz. 94 ff.

1021 BFH, Urteil vom 21.07.1999 – I R 110/98, BFHE 190, 118, BStBl. II 1999, 812.

1022 Krabbe, Helmut, Die Personengesellschaft im internationalen Steuerrecht, in: Steuerberaterjahrbuch 2000/2001, 183, 197; ders. IWB, Fach 3, Gruppe 2, S. 863 (870); ders. IStR 1999, 591; ders. FR 2001, 129, (131); Bächle, Eberhard/Rupp, Thomas, Internationales Steuerrecht, 2002, S. 212.

nommen werden würde. Abzuleiten wäre diese Lösung wiederum aus dem Wortlaut des Art. 23 A Abs. 1 OECD-MA[1023].

Die doppelte Nichtbesteuerung würde demnach so gelöst, dass der Wohnsitzstaat des atypisch Stillen keine Freistellung für Einkünfte zu gewähren bräuchte, wenn der Quellenstaat sich durch sein nationales Recht daran gehindert sähe, diese Einkünfte zu besteuern.

2) Beteiligung eines ausländischen Gesellschafters an einem inländischen Unternehmen

Bei einer Beteiligung eines ausländischen atypisch stillen Gesellschafters an einem inländischen Handelsgewerbe begründet dieser im Inland eine Betriebsstätte. Diese Konstellation ist deutlich weniger in der Diskussion als der Outbound-Fall und kann deshalb kürzer abgehandelt werden.

Grundsätzlich unterliegt der atypisch Stille in Deutschland mit seinen Mitunternehmereinkünften der beschränkten Steuerpflicht nach § 49 Abs. 1 Nr. 2 Buchst. a EStG. Im Ausland ist er unbeschränkt steuerpflichtig mit seinen Einkünften, die als Unternehmens-, Dividenden- oder Zinseinkünfte behandelt werden können.

a) Übereinstimmende Behandlung der atypisch stillen Gesellschaft im innerstaatlichen Steuerrecht der Vertragsstaaten

Bei übereinstimmender Einordnung und Behandlung der atypisch stillen Gesellschaft durch Deutschland als Ansässigkeitsstaat des Inhabers des Handelsgewerbes als Quellenstaat und durch den Ansässigkeitsstaat des atypisch still Beteiligten ergeben sich keine Besonderheiten. Es gilt das zum Outbound-Fall gesagte[1024]. Die Einkünfte des atypisch still Beteiligten sind auf Abkommensebene für beide Vertragsstaaten Unternehmensgewinne im Sinne des Art. 7 OECD-MA. Dies gilt selbst dann, wenn die Vertragsstaaten die typisch stille Gesellschaft ausdrücklich in den Dividendenartikel aufgenommen haben[1025].

Der atypisch Stille betreibt in seinem ausländischen Ansässigkeitsstaat ein durch den Inhaber des inländischen Handelsgewerbes vermitteltes anteiliges Unternehmen mit inländischer Betriebsstätte[1026]. Das Besteuerungsrecht steht Deutschland als Betriebsstättenstaat zu, während der andere Vertragsstaat die Einkünfte nach Art. 7 OECD-MA freizustellen hat.

[1023] Vgl. dazu 2. Teil C)IV)2)a)dd).

[1024] Siehe unter 2. Teil C)V)1)a).

[1025] Schmidt, Christian, IStR 1996, 213, (219.), siehe im Übrigen bereits unter 2. Teil C)V)1)a).

[1026] Müller, Rolf, IStR 1996, 266, (271).

b) Unterschiedliche Behandlung der atypisch stillen Gesellschaft im innerstaatlichen Steuerrecht der Vertragsstaaten

Deutschland als Betriebsstättenstaat wird in dieser Variante nach innerstaatlichem Steuerrecht regelmäßig Einkünfte aus Gewerbebetrieb des atypisch still Beteiligten annehmen, der ausländische Ansässigkeitsstaat des Stillen dagegen entweder Dividenden- oder Zinseinkünfte. Bei der Übernahme dieses Verständnisses in das Abkommensrecht kommt es zu einer Doppelbesteuerungssituation. Bei jeweils isolierter Abkommensanwendung der beiden Vertragsstaaten, nimmt Deutschland das Besteuerungsrecht als Betriebsstättenstaat in Anspruch, während der Ansässigkeitsstaat des atypisch still Beteiligten aufgrund der Subsumtion der Einkünfte unter den Dividenden- oder Zinsartikel ebenfalls ein Besteuerungsrecht ableitet, gegebenenfalls unter Anrechung der deutschen Quellensteuer.

Im Gegensatz zum Outbound-Fall droht damit in der vorliegenden Variante die Doppelbesteuerung der Einkünfte des atypisch stillen Gesellschafters. Es wird zu untersuchen sein, ob diese Konsequenz verhindert werden kann oder ob dieses für den Steuerpflichtigen unliebsame Ergebnis hinzunehmen ist.

aa) Rechtsprechung

Die Rechtsprechung hat zu der vorliegenden Konstellation bisher keine Stellung genommen. Es besteht jedoch kein Anlass, anzunehmen, dass der BFH einen anderen Ansatz wählen würde als im Outbound-Fall[1027], so dass er die Einkünfte des atypisch still Beteiligten unter den Unternehmensgewinnartikel subsumieren wird[1028]. Die Bundesrepublik hätte demzufolge das Besteuerungsrecht für die Einkünfte des Steuerausländers als Betriebsstättenstaat. Durch die mögliche Behandlung der Einkünfte im anderen Vertragsstaat als Dividenden oder Zinsen nimmt dieser für sich ebenfalls ein Besteuerungsrecht in Anspruch, so dass es zu einer Doppelbesteuerung der Einkünfte des atypisch Stillen kommt.

bb) Literatur

In der Literatur werden verschiedene Ansätze vertreten. Im Fall der herrschenden Literaturansicht wird die Argumentation für den Outbound-Fall auf den Inbound-Fall adaptiert.

[1027] BFH, Urteil vom 21.07.1999 – I R 110/98, BFHE 190, 118, BStBl. II 1999, 812.

[1028] Es wurde oben bereits gezeigt, dass die Rechtsprechung des BFH als Folgeentscheidung des Urteils des FG Rheinland-Pfalz vom 12.10.1998 (AZ.: 5 K 3314/97, EFG 1999, 175) auch auf Abkommen entsprechend dem OECD-MA anwendbar ist, siehe unter 2. Teil C)V)1)b)bb)(1).

(1) Herrschende Literaturansicht: Anwendung von Art. 7 OECD-MA

Die Literatur beschäftigt sich fast ausschließlich mit dem bereits beschriebenen Outbound-Fall[1029]. Die Übertragung der Argumentation auf die Investition eines Steuerausländers in Form der atypisch stillen Beteiligung an einem inländischen Handelsunternehmen führt zu einem Besteuerungsrecht der Bundesrepublik als Betriebsstättenstaat und aus deutscher Sicht zur Freistellung der Einkünfte im Ansässigkeitsstaat des atypisch still beteiligten Steuerausländers nach Art. 7 OECD-MA. Durch Art. 10 Abs. 1 OECD-MA beziehungsweise Art. 11 Abs. 1 OECD-MA wäre aber auch der andere Vertragsstaat zur Besteuerung der Einkünfte berechtigt. Aus dem Abkommen heraus wäre die Doppelbesteuerungssituation nicht aufzulösen, so dass letztlich nur das Verständigungsverfahren bliebe.

(2) Lösung von Qualifikationskonflikten durch das Verständigungsverfahren

Nach einer Literaturansicht[1030] ist die innerstaatliche Qualifikation des Quellenstaates Deutschland maßgeblich. Da innerstaatlich die Einkünfte nach § 49 Abs. 1 Nr. 2 Buchst. a EStG erfasst würden, sei auch abkommensrechtlich der Unternehmensgewinnartikel anzuwenden. Bei abweichender Qualifikation der Einkünfte durch den Ansässigkeitsstaat des atypisch still Beteiligten und daraus folgender Doppelbesteuerung, sei es Sache des anderen Staates, die Doppelbesteuerung zu vermeiden. Es sei ein Verständigungsverfahren zu beantragen.

(3) Abkommensautonome Qualifikation

Burmester[1031] geht in Fortschreibung der Rechtsprechung zu Sondervergütungen seit 1991[1032] von einer abkommensautonomen Ermittlung der Verteilungsnorm aus. Auch ohne spezielle Qualifikationsverkettung seien die speziellen Dividen-

---

[1029] Lüdicke, Jürgen, Neue Entwicklungen der Besteuerung von Personengesellschaften im internationalen Steuerrecht, StBJB 1997/1998, S. 449, (479); ders., Neue Entwicklung zur beschränkten Steuerpflicht, StBKR 1996, S. 425, (427 f); Müller, Rolf, IStR 1996, 266, (269); Breuninger, Gottfried E./Prinz, Ulrich, DStR 1995, 927, (929); Tiefel, Torsten, IWB, Fach 3, Gruppe 2, 795, (798); Pyszka, Tillmann, IStR 1999, 577, (578); Schaumburg, Harald, Internationales Steuerrecht, 2. Aufl. 1998, Tz. 16.228 und 16.333; Strobl, Elisabeth/Schäfer, Karl, IStR 1993, 206, (210).

[1030] Bächle, Eberhard/Rupp, Thomas, Internationales Steuerrecht, 2002, S. 212.

[1031] Burmester, Gabriele, Ausgewählte international-steuerrechtliche Probleme der stillen Gesellschaft, in: Haarmann, Wilhelm (Hrsg.), Unternehmensstrukturen und Rechtsformen im Internationalen Steuerrecht, 1996, S. 122, (142).

[1032] Vgl. BFH, Urteil vom 27.02.1991 – I R 15/89, BFHE 164, 38, BStBl. II 1991, 444.

den- und Zinskategorien des Abkommens einschlägig. Mangels tatsächlicher Zugehörigkeit der Forderung des ausländischen atypisch still Beteiligten zur inländischen Betriebsstätte des Geschäftsinhabers komme der Betriebsstättenvorbehalt nicht zur Anwendung. Die Folge wäre eine ausschließliche Steuerberechtigung des ausländischen Ansässigkeitsstaates beziehungsweise eine Quellensteuerberechtigung für Deutschland. Durch die Vereinheitlichung der Einkunftskategorie für beide Vertragsstaaten entfalle der Qualifikationskonflikt und damit unmittelbar die auf dem Zuordnungskonflikt beruhende Doppelbesteuerung.

Damit würde nach diesem Ansatz über die Abkommensanwendung ein anderes Ergebnis erzielt werden als bei isolierter Anwendung des eigenen innerstaatlichen Rechts der Vertragsstaaten auf den Abkommensfall.

cc) Finanzverwaltung

Das bereits zitierte BMF-Schreiben vom 28.12.1999[1033] geht auch auf den Inbound-Fall ein. Auch hier sei der die Unternehmensgewinne betreffende Abkommensartikel anzuwenden. Bei einer abweichenden Einkünftequalifikation durch den Ansässigkeitsstaat des atypisch still Beteiligten und einer daraus folgenden vollständigen oder teilweisen Doppelbesteuerung der Einkünfte, sei es Sache dieses Staates, die Doppelbesteuerung zu vermeiden. Zur Begründung wird ebenfalls auf den OECD-Partnership-Report verwiesen[1034].

Erforderlichenfalls sei ein Qualifikationskonflikt durch die nach dem Abkommen zuständigen Behörden im Konsultationsverfahren zu regeln.

dd) OECD: Bindung des Ansässigkeitsstaates nach Art. 23 OECD-MA

Die OECD wird auch im Inbound-Fall nicht von den im Partnership-Report[1035] entwickelten Grundsätzen abweichen und sich für eine Bindung des Ansässigkeitsstaates des atypisch Stillen an die Qualifikation des Quellenstaates (Ansässigkeitsstaat des Inhabers des Handelsgewerbes) aussprechen, aufgrund der besonderen Lesart des Art. 23 A Abs. 1 OECD-MA.

Deutschland als Ansässigkeitsstaat des Inhabers des Handelsgewerbes und Quellenstaat würde die Einordnung der atypisch stillen Gesellschaft als Unternehmen vorgeben. Das sich dann aus Art. 7 OECD-MA ergebende alleinige Besteuerungsrecht des Betriebsstättenstaates Deutschland müsste von dem anderen Vertragsstaat hingenommen werden.

1033 BMF vom 28.12.1999, IV D 3 – S 1300 – 25/99, Tz. 3, BStBl. I 1999, 1121.
1034 OECD-Partnership-Report, Tz. 94 ff.
1035 OECD-Partnership-Report, Tz. 94 ff.

3) Stellungnahme

Die Einkünfte eines atypisch stillen Gesellschafters sind als Unternehmensgewinne zu qualifizieren. Dies ergibt sich für Staaten, die Personengesellschaften transparent besteuern aus einer abkommensautonomen Bestimmung des Unternehmensbegriffs. Weiße Einkünfte ebenso wie Doppelbesteuerung sind die Folge mangelnder Abkommensregelung[1036] und demzufolge hinzunehmen oder im Verständigungsverfahren auszuräumen.

a) Ablehnung der Anwendung des Zinsartikels

Vor der Prüfung des Dividendenartikels ist zu prüfen, ob die Einkünfte des atypisch stillen unter den Zinsartikel zu fassen sind. Dies folgt daraus, dass Art. 10 Abs. 3 OECD-MA zwar auch Rechte mit Gewinnbeteiligung erfasst, aber „ausgenommen Forderungen"[1037]. Die Behandlung von Einkünften aus einer atypisch stillen Beteiligung nach dem Zinsartikel als „Forderung jeder Art" im Sinne des Art. 11 Abs. 3 OECD-MA begegnet erheblichen Bedenken. Art. 3 Abs. 2 OECD-MA findet auf den Zinsbegriff keine Anwendung, da Art. 11 Abs. 3 OECD-MA Zinsen abschließend definiert[1038]. Der abkommensrechtliche Zinsbegriff ist aus sich heraus auszulegen[1039]. Dabei ist entscheidender Ansatzpunkt die Frage des Unternehmerrisikos. Bei der reinen Kapitalüberlassung, wofür als Entgelt Zinsen fällig werden, fehlt regelmäßig das Unternehmerrisiko, so dass hierin ein maßgeblicher Unterschied zu Dividenden und Unternehmensgewinnen liegt[1040]. Der atypisch stille Gesellschafter trägt Unternehmerrisiko durch seine vermögensmäßige Beteiligung, womit er sich wirtschaftlich vom Darlehensgeber unterscheidet, der einem Unternehmen lediglich Kapi-

---

[1036] Lüdicke, Jürgen, Neue Entwicklungen der Besteuerung von Personengesellschaften im internationalen Steuerrecht, StBJB 1997/1998, S. 449, (481); ähnlich auch Gündisch, Stephan, Personengesellschaften im DBA-Recht, 2004, S. 356, der fiskalisch vorteilige oder nachteilige Ergebnisse in den Abkommen angelegt sieht.

[1037] Sutter, Franz Philipp, Die Abkommensrechtliche Stellung der atypisch stillen Beteiligung, in: Gassner, Wolfgang/Lang, Michael/Lehner, Eduard, Personengesellschaften im Recht der Doppelbesteuerungsabkommen, 2000, Wien, S. 205, (211).

[1038] Pöllath, Reinhard, in: Vogel, Klaus/Lehner, Moris, Doppelbesteuerungsabkommen, Kommentar, 4. Aufl. 2003, MK 2003, Art. 11, Tz. 59; Davon geht auch der OECD-MK in Tz. 19 aus: Die Zinsdefinition des Art. 11 Abs. 3 OECD-MA umfasse praktisch alle Einkunftsarten, die nach dem innerstaatlichen Recht der verschiedenen Staaten als Zinsen gelten.

[1039] Wassermeyer, Franz, in: Debatin, Helmut/Wassermeyer, Franz, Doppelbesteuerung Kommentar Band I, Loseblattsammlung, Stand Mai 2006, Art. 11, Rn. 71.

[1040] Pöllath, Reinhard, in: Vogel, Klaus/Lehner, Moris, Doppelbesteuerungsabkommen, Kommentar, 4. Aufl. 2003, MK 2003, Art. 11, Tz. 62; Sutter, Franz Philipp, Die Abkommensrechtliche Stellung der atypisch stillen Beteiligung, in: Gassner, Wolfgang/Lang, Michael/Lehner, Eduard, Personengesellschaften im Recht der Doppelbesteuerungsabkommen, 2000, Wien, S. 205, (211 f).

tal überlässt, das verzinst wird. Wesen des Darlehens ist es, dass mindestens das dem Unternehmen überlassene Kapital zurückgezahlt wird, während die vermögensmäßige Beteiligung des atypisch still Beteiligten je nach der unternehmerischen Entwicklung zu einer Werterhöhung aber eben auch zu einem Wertverlust führen kann, insbesondere auch zum Totalverlust des überlassenen Kapitals. Da die Beteiligung des atypisch Stillen an den stillen Reserven des Handelsgewerbes ein Mehr im Vergleich zu einer bloßen Gläubigerstellung darstellt, ist bei einer atypisch stillen Beteiligung nicht von einem bloßen Gläubiger-/Schuldnerverhältnis auszugehen[1041] und es ist sachgerecht, dass die Einkünfte aus einer atypisch stillen Beteiligung an einem Handelsgewerbe als Unternehmensgewinn nach Art. 7 OECD-MA behandelt werden[1042]. Die Frage, ob sich die atypisch stille Beteiligung nicht gleichzeitig als eine Forderung im Sinne des Art. 11 Abs. 3 OECD-MA darstellt, geht auch deshalb an der Sache vorbei, da bei transparenter Besteuerung der Personengesellschaft anteilig nur der von dem Inhaber des Handelsgewerbes erzielte Gewinn und nicht etwa die Erfüllung des Anspruchs des stillen Gesellschafters auf den Gewinnanteil besteuert wird[1043].

Damit schließt letztlich die gesellschaftsrechtliche Struktur der atypisch stillen Gesellschaft die Einstufung als „Forderung jeder Art“ aus[1044].

b) Ablehnung der Anwendung des Dividendenartikels

Ohne ausdrückliche Regelung der atypisch stillen Gesellschaft im anzuwendenden DBA scheidet eine Behandlung der Gewinnanteile des atypisch stillen Gesellschafters nach dem Dividendenartikel aus. Nachfolgend wird aufgezeigt werden, dass die Voraussetzungen der Norm nicht gegeben sind, so dass auch der Verweis des Art. 7 Abs. 7 OECD-MA ins Leere geht.

Dividenden liegen vor bei Ausschüttung einer in einem Vertragsstaat ansässigen Gesellschaft an eine in dem anderen Vertragsstaat ansässigen Person (Art. 10 Abs. 1 OECD-MA). Unter Gesellschaft im abkommensrechtlichen Sinn ist eine juristische Person oder Rechtsträger, die für die Besteuerung wie eine juristische Person behandelt werden, wie dies Art. 3 Abs. 1 Buchst. b OECD-MA bestimmt. Die Gesellschaftseigenschaft im abkommensrechtlichen Sinne setzt demzufolge eine Anerkennung als Steuersubjekt voraus. Damit unterscheiden sich Unternehmensgewinne und Dividenden im Wesentlichen darin, dass Art. 10 OECD-MA Einkünfte aus der Beteiligung an einem selbständigen Steuersubjekt erfasst[1045], während Art. 7 OECD-MA Einkünfte eines Gesellschafters

[1041] Breuninger, Gottfried E./Prinz, Ulrich, DStR 1995, 927, (929).

[1042] Schnieder, Ernst-August, IStR 1999, 392, (397).

[1043] Piltz, Detlev J., in: Debatin, Helmut/Wassermeyer, Franz, Doppelbesteuerung Kommentar Band I, Loseblattsammlung, Stand Mai 2006, Art. 7, Rn. 99.

[1044] Schaumburg, Harald, Stbg 1999, 97 und 156, (164).

[1045] Aigner, Hans-Jörgen/Züger, Mario, SWI 2000, 254, (257).

aus einer transparent besteuerten Personengesellschaft betrifft[1046]. Die atypisch stille Gesellschaft ist jedoch nach deutschem innerstaatlichen Steuerrecht weder „Gesellschaft“ im abkommensrechtlichen Sinn, noch ist sie ansässig im Sinne des Art. 4 Abs. 1 OECD-MA[1047].

c) Ablehnung der Auffassung der Finanzverwaltung und der OECD

Soweit für den Fall von Doppelbesteuerung oder Doppelfreistellung der Einkünfte des atypisch still Beteiligten der Wohnsitzstaat der Wertung des Quellenstaates folgen soll, kann dies dem Wortlaut des Abkommens nicht entnommen werden und führt zu einem unzulässigen Methodenwechsel[1048].

Da sich die Methoden zur Vermeidung der Doppelbesteuerung ausschließlich an den Wohnsitzstaat richten, wird ihn die Behandlung des Quellenstaates nicht interessieren. Deutlich wird dies bei der Behandlung der Einkünfte des atypisch stillen Gesellschafters als Unternehmensgewinne durch Deutschland als Ansässigkeitsstaat. Der Ansässigkeitsstaat wird im Fall von doppelter Nichtbesteuerung bei der Anwendung des Methodenartikels von Einkünften ausgehen, die im Quellenstaat besteuert werden können und diese demzufolge freistellen[1049]. Die Freistellungsmethode ist grundsätzlich darauf ausgerichtet, schon die virtuelle (denkbare) Doppelbesteuerung zu vermeiden[1050]. Da bereits die abstrakte Möglichkeit der Doppelbesteuerung für die virtuelle Besteuerung ausreichend ist, kommt es für die Steuerfreistellung gerade nicht darauf an, ob im anderen Staat tatsächlich eine Besteuerung der betreffenden Einkünfte stattfindet. Die doppelte Nichtbesteuerung zu vermeiden ist demzufolge kein dem Abkommen immanentes Ziel[1051].

[1046] Schnieder, Ernst-August, IStR 1999, 392, (394); Lang, Michael/Wimpissinger, Christian, Die Einkünfte von Gesellschaftern einer Personengesellschaft aus abkommensrechtlicher Sicht, in: Gassner, Wolfgang/Lang, Michael/Lehner, Eduard, Personengesellschaften im Recht der Doppelbesteuerungsabkommen, 2000, Wien, S. 85, (92).

[1047] Burmester, Gabriele, Ausgewählte international-steuerrechtliche Probleme der stillen Gesellschaft, in: Haarmann, Wilhelm (Hrsg.), Unternehmensstrukturen und Rechtsformen im Internationalen Steuerrecht, 1996, S. 122, (132).

[1048] Näheres bereits bei Sondervergütungen unter 2. Teil C)IV)2)a)dd).

[1049] Günkel, Manfred/Lieber, Bettina, IWB, Fach 3, Gruppe 2, S. 871, (875).

[1050] RFH, Urteil vom 29.02.1940 – III 206/39, RFHE 48, 191, RStBl. 1940, 532; BFH Urteil vom 14.12.1988 – I R 148/87, BFHE 155, 374, BStBl. II 1989, 319; BFH Urteil vom 05.03.1995 – II R 10/92, BFHE 177, 132, BB 1995, 2151; Schaumburg, Harald, Internationales Steuerrecht, 2. Aufl. 1998, Tz. 16.534; Debatin, Helmut, BB 1992, 1181, (1183) Köhler, Franz, RIW 1991, 1024.

[1051] Günkel, Manfred/Lieber, Bettina, IWB, Fach 3, Gruppe 2, S. 871, (876); Lang, Michael, Vermeidung der Doppelbesteuerung und der doppelten Nichtbesteuerung als Auslegungsmaxime für Doppelbesteuerungsabkommen?, in: Haarmann, Wilhelm (Hrsg.), Auslegung und Anwendung von Doppelbesteuerungsabkommen, 2004, S. 83, (92).

d) Hier vertretene Ansicht

Vorliegend wird im Ergebnis der herrschenden Ansicht in der Literatur und der Rechtsprechung gefolgt. Nach den dargestellten Erwägungen[1052], liegen schon tatbestandlich keine Dividenden- oder Zinseinkünfte vor, so dass es auf die Frage der „tatsächlichen Zugehörigkeit" im Rahmen des Betriebsstättenvorbehalts nicht ankommt. Der atypisch Stille erwirbt einen direkten anteiligen Anspruch an dem im Ausland erzielten Unternehmensgewinn. Es handelt sich dabei nicht um den Gewinnanspruch des Stillen als Forderungsrecht, sondern um unmittelbare Einkünfte aus der mitunternehmerischen Beteiligung, die auch besteuert wird[1053].

aa) Präzisierung der herrschenden Meinung

Fraglich ist jedoch, ob in allen Konstellationen mit der herrschenden Meinung Keinmal- oder Doppelbesteuerung hinzunehmen ist.

Die Aussagen der herrschenden Meinung sind zunächst, dass aus deutscher Sicht auf den Gewinnanteil des atypisch stillen Gesellschafters Art. 7 OECD-MA anzuwenden sei und dass sich dieses Ergebnis durch Rückgriff auf das innerstaatliche deutsche Steuerrecht ergebe. Dies führt aber wiederum dazu, dass der andere Vertragsstaat ebenfalls durch Rückgriff auf sein nationales Recht zu einer anderen Einkünftequalifikation gelangt. Nimmt der andere Vertragsstaat ein partiarisches Darlehen an, wird er die Einkünfte des atypisch Stillen als Zinsen beurteilen; behandelt er das Konstrukt der atypisch stillen Gesellschaft als eigenständiges Steuersubjekt, wird er Dividenden annehmen. Dem liegt die Annahme zu Grunde, dass das OECD-MA selbst für die Betätigung des atypisch stillen Gesellschafters keine passende Einkunftskategorie bereit hält.

Es stellt sich die Frage, ob eine einheitliche Qualifikation der Einkünfte des atypisch Stillen als Unternehmensgewinne durch die Vertragsstaaten aus abkommensrechtlichen Gründen zwingend werden kann. Existieren mit anderen Worten Ausgestaltungen, bei denen beide Vertragsstaaten übereinstimmend die Tätigkeit des atypisch still Beteiligten als unternehmerische Tätigkeit beurteilen müssten?

Ein solcher zwingender Grund würde vorliegen, wenn die Ausübung der Tätigkeit des atypisch stillen Gesellschafters als Ausübung einer Geschäftstätigkeit im Sinne des Art. 3 Abs. 1 Buchst. c OECD-MA und mithin als "Unternehmen" im Abkommenssinn einzuordnen wäre. Da nach der in dieser Arbeit vertretenen Ansicht der Unternehmensbegriff möglichst mit Bindungswirkung für beide Abkommensstaaten abkommensautonom auszulegen ist, insbesondere in Ab-

---

[1052] Siehe dazu unter 2. Teil C)V)3)a) und b).

[1053] Becker, Jan Dierk, Die atypisch stille Gesellschaft als Outbound-Finanzierungsalternative, 2005, S. 138.

grenzung zur reinen Vermögensverwaltung[1054], könnte auch der ausländische Vertragsstaat für den Gewinnanteil des atypisch Stillen weder Art. 10 OECD-MA noch Art. 11 OECD-MA anwenden. Voraussetzung wäre allerdings die Behandlung der atypisch stillen Gesellschaft übereinstimmend als transparente Mitunternehmerschaft, da anderenfalls der ausländische Vertragsstaat beanstandungslos den Dividendenartikel anwenden könnte.

bb) Der atypisch stille Gesellschafter als Unternehmer

Wenn die atypisch stille Beteiligung als Mitunternehmerschaft Unternehmen im Sinne des Art. 7 OECD-MA sein soll, dann ist dies abhängig von der abkommensrechtlichen Unternehmensdefinition, der so auch der andere Vertragsstaat folgen müsste, so dass er die atypisch stille Beteiligung als Unternehmen einordnen und nach Art. 7 OECD-MA behandeln müsste. Wo die atypisch stille Gesellschaft zugleich Mitunternehmerschaft ist, hat dies auch ohne weiteres zu gelten[1055].

Für die Qualifikation bestimmter Einkünfte auf Abkommensebene kommt es auf das Gesamtbild der Rechtsstellung des abkommensberechtigten Steuersubjekts an, das die zu beurteilenden Einkünfte erzielt. Im Ergebnis ist daher die Anwendung von Art. 7 OECD-MA zu bejahen, wenn die zivilrechtliche Position des atypisch stillen Gesellschafters diejenige eines Unternehmers annimmt. Durch aktive gestaltende Einflussnahme des atypisch Stillen auf die unternehmerischen Vorgänge im Handelsgewerbe, beispielsweise durch Ausübung der Geschäftsführung, wird Unternehmensrisiko und Unternehmensinitiative in einem Maße begründet, dass der atypisch stille Gesellschafter im Rahmen der Gesamtwürdigung seiner Rechtsstellung auf *Abkommensebene* einem Unternehmer gleichzustellen ist. Dies ändert sich auch nicht durch die Aussage des Art. 7 Abs. 7 OECD-MA. Der dort festgeschriebene Vorrang der speziellen Einkunftsarten erfasst nur Einkünfte eines Unternehmers, die bei isolierter Betrachtungsweise unter die speziellere Verteilungsnorm fallen würden. Davon erfasst ist nicht die unternehmerische Tätigkeit, aus der von vornherein Unternehmensgewinne resultieren[1056].

[1054] Siehe unter 2. Teil B)I)3)d).

[1055] Baranowski, Karl-Heinz, IStR 1999, 724, (725).

[1056] Müller, Rolf, IStR 1996, 266, (274), Tz. 35 des MK zu Art. 7 stelle klar, dass von der Subsidiarität des Abkommens nur die Zinseinnahmen eines Unternehmens aus seiner unternehmerischen Tätigkeit und nicht die vorher auftauchende Frage erfasst sind, ob ein bestimmter wirtschaftlicher Sachverhalt auf Abkommensebene als unternehmerische Tätigkeit zu qualifizieren ist oder als reines Schuldverhältnis.

cc) Ergebnis

Die Einkünfte aus einer atypisch stillen Beteiligung werden bei übereinstimmender Behandlung der atypisch stillen Gesellschaft der Vertragsstaaten als transparent bei dem atypisch still Beteiligten aufgrund des Vorliegens von Unternehmerrisiko und Unternehmerinitiative zu Unternehmensgewinnen. Aufgrund der abkommensautonom vorzunehmenden Bestimmung des Unternehmensbegriffs, ist dies auch vom ausländischen Staat so zu sehen, gleichgültig ob dieser die atypisch stille Gesellschaft in seinem innerstaatlichen Recht kennt oder nicht. Die Qualifikation der Einkünfte des atypisch Stillen hängt somit von der Intensität der vertraglichen und tatsächlichen Ausgestaltung seiner Betätigung ab. Je stärker er berechtigt aber auch verpflichtet ist, Einfluss auf die unternehmerischen Vorgänge im übergeordneten Handelsgewerbe zu nehmen[1057], desto eher bezieht der atypisch still Beteiligte abkommensrechtlich Einkünfte gemäß Art. 7 OECD-MA.

Bei intransparenter Behandlung der atypisch stillen Gesellschaft als Personengesellschaftskonstruktion im anderen Abkommensstaat, wird sich Doppel- oder Keinmalbesteuerung nicht vermeiden lassen, da dann der andere Vertragsstaat den Gewinnanteil des atypisch Stillen als Dividende qualifizieren müsste. Es bleibt in diesem Fall bei den Konsequenzen, die sich aus der Anwendung der herrschenden Ansicht in Rechtsprechung und Literatur ergeben. Dieses Ergebnis beruht jedoch nicht in erster Linie auf einer unterschiedlichen Qualifikation der Einkünfte des atypisch stillen Gesellschafters, sondern ist zwingende Folge der Einordnung der Personengesellschaft als ansässige und damit abkommensberechtigte Person in dem Vertragsstaat, der auf die Personengesellschaft das Intransparenzprinzip anwendet. Die Doppel- oder Keinmalbesteuerung ergibt sich mithin aus einem Zuordnungskonflikt.

Einen Ausweg könnte die Ansicht *Sutters*[1058] bedeuten, wonach bei intransparenter Behandlung der atypisch stillen Gesellschaft durch ihren Sitzstaat auch der Ansässigkeitsstaat des atypisch still Beteiligten dessen Beteiligungseinkünfte nach Art. 10 OECD-MA behandeln müsse[1059]. Zu diesem Ergebnis kommt *Sutter*, indem er feststellt, dass der Sitzstaat die Gesellschaft als ansässig im Sinne des Art. 4 Abs. 1 OECD-MA betrachte. Maßgeblich sei die Steuersituation der Gesellschaft in dem Staat, in dem der von Art. 4 Abs. 1 OECD-MA vorausgesetzte örtliche Bezug bestehe. Aus der Ausle-

---

[1057] Müller, Rolf, IStR 1996, 266, (273).

[1058] Sutter, Franz Philipp, Die Abkommensrechtliche Stellung der atypisch stillen Beteiligung, in: Gassner, Wolfgang/Lang, Michael/Lehner, Eduard, Personengesellschaften im Recht der Doppelbesteuerungsabkommen, 2000, Wien, S. 205, (234).

[1059] Vorausgesetzt, die atypisch stille Gesellschaft ist so ausgestaltet, dass der Kapitalgeber am Unternehmensrisiko teilnimmt und nicht nur eine bloße Gläubigerstellung einnimmt. Dann sei Art. 11 OECD-MA anzuwenden.

gung des Art. 4 Abs. 1 OECD-MA ergebe sich die Maßgeblichkeit des Rechts desjenigen Staates, in dem der notwendige örtliche Bezug gegeben sei. Art. 4 Abs. 1 OECD-MA spreche davon, dass die Person „nach dem Recht dieses Staates dort (...) steuerpflichtig“ sein müsse. Aus dieser Formulierung folge, dass Prüfungsgegenstand das Recht des potenziellen Sitzstaates der Personengesellschaft sein müsse[1060].

Nach der hier vertretenen Ansicht[1061] gibt das OECD-MA jedoch keine Anhaltspunkte für die Übernahme der Behandlung der Personengesellschaft nach dem Recht ihres Sitzstaates durch den anderen Vertragsstaat. Das Wort „dort“ in Art. 4 Abs. 1 OECD-MA soll lediglich klarstellen, dass der örtliche Bezug der abkommensrechtlichen Person in einem der Vertragsstaaten bestehen muss.

4) Zusammenfassung 10

Stille Gesellschaften sind nicht in allen Staaten bekannt. Über Ersatzkonstruktionen, die im Rahmen der Vertragsautonomie nach dem Recht des jeweiligen ausländischen Vertragsstaats zulässig sein können, lassen sich die Wirkungen einer atypisch stillen Gesellschaft letztlich aber erreichen. Dies folgt aus dem Verfahren des Typenvergleichs, wonach ausländische Rechtsgebilde wie vergleichbare innerstaatliche Rechtsformen zu behandeln sind. Teilweise stehen Personengesellschaften im Ausland nicht zur Verfügung, so dass nur die Gründung einer Kapitalgesellschaft bleibt. Für deren Finanzierung bieten sich atypisch stille Beteiligungen vor allem für mittelständische Unternehmen an, da diese häufig als Personengesellschaft organisiert sind. Die direkte Finanzierung der Tochtergesellschaft ist nachteilig, da aufgrund der Mutterpersonengesellschaft keine Schachteldividenden gegeben sind.

Soweit einzelne Abkommen die stille Gesellschaft im Dividendenartikel regeln, ist davon nur die typische stille Gesellschaft erfasst. Die stille Gesellschaft kann sich nur nach dem Recht des Anwendestaates bestimmen, da die Abkommen regelmäßig keinen Hinweis auf das Verständnis des Begriffs enthalten. Für Deutschland als Anwendestaat ist die stille Gesellschaft in § 20 Abs. 1 Nr. 4 Satz 1 EStG gesondert von der atypisch stillen Gesellschaft geregelt. Daher kann eine Einbeziehung auch der atypisch stillen Gesellschaft in den Dividendenartikel nicht beabsichtigt gewesen sein.

Behandeln nun beide Vertragsstaaten die atypisch stille Gesellschaft als Mitunternehmerschaft, werden beide Vertragsstaaten auch auf Abkommensebene von Unternehmensgewinnen im Sinne des Art. 7 OECD-MA ausgehen. Nach

---

1060 Sutter, Franz Philipp, Die Abkommensrechtliche Stellung der atypisch stillen Beteiligung, in: Gassner, Wolfgang/Lang, Michael/Lehner, Eduard, Personengesellschaften im Recht der Doppelbesteuerungsabkommen, 2000, Wien, S. 205, (221).

1061 Vgl. 1. Teil E)II)2)f); vgl. auch speziell für die atypisch stille Gesellschaft Becker, Jan Dierk, Die atypisch stille Gesellschaft als Outbound-Finanzierungsalternative, 2005, S. 136.

herrschender Meinung betreibt der atypisch stille Gesellschafter in seinem Ansässigkeitsstaat ein durch den Inhaber des Handelsgewerbes im anderen Vertragsstaat vermitteltes anteiliges Unternehmen mit ausländischer Betriebsstätte.

Einige Staaten beurteilen die atypisch stille Gesellschaft aufgrund ihres innerstaatlichen Steuerrechts nach Art. 10 oder Art. 11 OECD-MA.

Der BFH[1062] hat zum DBA-Schweiz dennoch entschieden, dass der Gewinnanteil des atypisch Stillen zu den Unternehmensgewinnen gehöre, wenn der Inhaber des Handelsgewerbes, auf das sich die atypisch stille Beteiligung bezieht, gewerblich tätig sei. Es spricht jedoch einiges dafür, dass das Gericht entsprechend für DBA entscheiden würde, die dem OECD-MA nachgebildet sind.

In der Literatur werden zur abkommensrechtlichen Behandlung der atypisch stillen Gesellschaft verschieden Ansichten vertreten. Die wohl herrschende Meinung ist, dass der Gewinnanteil des atypisch Stillen Art. 7 OECD-MA unterfällt. Die atypisch stille Gesellschaft sei eigenständiges Subjekt der Gewinnerzielung, Gewinnermittlung und Einkünftequalifikation. Dem Gewinnbezugsrecht des atypisch still Beteiligten liege daher insbesondere keine „Forderung jeder Art" im Sinne des Art. 11 Abs. 3 OECD-MA zu Grunde.

Nach einer anderen Literaturmeinung seien die Einkünfte des atypisch Stillen jedoch als Zinsen zu beurteilen, da diese grundsätzlich sowohl Unternehmensgewinne als auch Zinseinkünfte nach Art. 11 Abs. 3 OECD-MA sein könnten. Art. 7 Abs. 7 OECD-MA zwinge zur vorrangigen Anwendung des Zinsartikels. Dafür spreche auch, dass die atypisch stille Gesellschaft nur eine schuldrechtliche Forderung gegen den Inhaber des Handelsgewerbes begründe.

Die Deutsche Finanzverwaltung nimmt seit dem Erlass vom 28.12.1999[1063] für den atypisch Stillen Einkünfte im Sinne des Art. 7 OECD-MA an. Die Finanzverwaltung stellt dabei klar, dass der atypisch still Beteiligte, vermittelt durch die Mitunternehmerschaft, am Sitz des ausländischen Handelsgewerbes eine Betriebsstätte besitze und Unternehmensgewinne erziele, die über den Methodenartikel von der deutschen Ertragsbesteuerung freigestellt werden müsse. Im Outbound-Fall seien bei abweichender Qualifikation durch den anderen Vertragsstaat die Einkünfte jedoch nicht von der deutschen Besteuerung auszunehmen. Etwaige ausländische Steuern seien auf die deutsche Steuer anzurechnen. Demgegenüber sei es im Inbound-Fall bei abweichender Einkünftequalifikation durch den Ansässigkeitsstaat des atypisch still Beteiligten und einer daraus folgenden vollständigen oder teilweisen Doppelbesteuerung der Einkünfte Aufgabe dieses Staates, die Doppelbesteuerung zu vermeiden. Im Ergebnis führt dies zu einer Bindung des Ansässigkeitsstaats des Gesellschafters an die Qualifikation

---

[1062] BFH, Urteil vom 21.07.1999 – I R 110/98, BFHE 190, 118, BStBl. II 1999, 812. Damals behandelte die Schweiz die atypisch stille Gesellschaft gemäß Verfügung der EStV vom 30.04.1987 (ASA Bd. 56, 48 ff) als partiarisches Darlehen und qualifizierte die Erträge daraus folglich als Dividenden.

[1063] BMF vom 28.12.1999, IV D 3 – S 1300 – 25/99, Tz. 2, BStBl. I 1999, 1121.

im Quellenstaat, wie sie der Fiskalausschuss der OECD im Partnership-Report für Sondervergütungen vertritt.

Der Verfasser folgt grundsätzlich der herrschenden Literaturansicht, die wohl auch der BFH vertritt, wonach die Einkünfte eines Gesellschafters eines Rechtsgebildes, das nach deutschem innerstaatlichen Steuerrecht als atypisch stille Gesellschaft einzuordnen wäre, abkommensrechtlich Unternehmensgewinne nach Art. 7 OECD-MA darstellen. Allerdings ist meines Erachtens wie folgt weiter zu präzisieren:

Behandeln beide Vertragsstaaten Personengesellschaften übereinstimmend als transparent können beide Vertragsstaaten auf den Gewinnanteil des atypisch Stillen nur Art. 7 OECD-MA anwenden. Dies gilt unabhängig von der Beurteilung der atypisch stillen Gesellschaft nach ihrem innerstaatlichen Recht. Eine Anwendung des Dividenden- oder Zinsartikels scheidet dann schon tatbestandlich aus. Dies beruht auf der Überlegung, dass ein atypisch still Beteiligter Unternehmerrisiko trägt und Unternehmerinitiative entfalten muss. Wie schon an anderer Stelle dieser Untersuchung gezeigt[1064], sind dies die beiden elementaren Wesensmerkmale des Unternehmensbegriffs im Sinne des Art. 7 OECD-MA. Ein Rückgriff auf das innerstaatliche Recht des Anwendestaates ist gerade nicht notwendig, da der Begriff „Unternehmen" abkommensautonom zu bestimmen ist. Deshalb muss auch der ausländische Vertragsstaat zur Anwendung des Art. 7 OECD-MA kommen. In Abkommensfällen ist für die Qualifikation der Einkünfte des atypisch still Beteiligten demzufolge entscheidend das Maß der Intensität seiner vermögensmäßigen Beteiligung an dem Handelsgewerbe, an dem die atypisch stille Beteiligung besteht, ebenso wie die Einflussmöglichkeiten auf die Geschäftsführung. Dabei gilt, dass je umfassender die Rechte und Pflichten des atypisch Stillen ausgestaltet sind, er umso eher abkommensrechtlich Einkünfte gemäß Art. 7 OECD-MA bezieht. Auf den Betriebsstättenvorbehalt kommt es im Rahmen der atypisch stillen Beteiligung nicht an, da die tatbestandlichen Voraussetzungen der alternativ in Betracht kommenden Art. 10 und 11 OECD-MA nicht vorliegen.

Ordnet der ausländische Vertragsstaat die atypisch stille Gesellschaft dagegen als intransparentes Gebilde ein, lässt sich Doppel- oder Keinmalbesteuerung nicht vermeiden. Der andere Vertragsstaat nimmt dann zulässigerweise bei der gebotenen abkommensautonomen Qualifikation der Einkünfte des atypisch still Beteiligten Dividenden an. Dieses Ergebnis widerspricht nicht der in dieser Untersuchung vertretenen These, dass die Einkünftequalifikation bei Personengesellschaften stets aus dem Abkommen selbst erfolgen kann. Die unbefriedigende Besteuerungssituation beruht vielmehr auf der unterschiedlichen Einordnung der atypisch stillen Gesellschaft durch die Vertragsstaaten als Körperschaft beziehungsweise als transparent zu besteuerndes Rechtsgebilde und ist demzufolge

[1064] Siehe 2. Teil B)I)3)d).

auf einen Zuordnungskonflikt zurückzuführen. Es bleibt aber dabei, dass beide Vertragsstaaten die Bestimmung der fraglichen Einkünfte aus dem Abkommen selbst heraus und ohne Übernahme des jeweiligen innerstaatlichen Verständnisses vornehmen.

3. Teil: Ausblick und Thesen

A) Ausblick

Die Behandlung von Personengesellschaften im Recht der Doppelbesteuerungsabkommen ist nach wie vor beherrscht von vielen Problemkreisen, was zu erheblichen Schwierigkeiten bei der Abkommensanwendung und infolgedessen zu Rechtsunsicherheit für den Steuerpflichtigen führt. Diese ergeben sich vor allem, weil viele Abkommen keine expliziten Regelungen für die Behandlung von Personengesellschaften und insbesondere deren Unternehmensgewinne vorhalten. Es wäre wünschenswert, wenn die Verhandlungsführer bei der Verhandlung neuer Doppelbesteuerungsabkommen entsprechende Regelungen träfen. Nach der hier vertretenen Auffassung wäre schon die Festschreibung der Abkommensberechtigung von Personengesellschaften ein großer Schritt in diese Richtung, da sich die anzuwendenden Verteilungsnormen grundsätzlich mit den im OECD-MA enthaltenen Vorschriften eindeutig bestimmen lassen.

Unter Umständen wäre im Sinne der Entwicklung und Festigung einer „internationalen Steuersprache“[1065] die Installierung eines Internationalen Steuergerichtshofs weiter zu verfolgen[1066].

Andererseits bieten Personengesellschaften aufgrund ihrer oft uneinheitlichen Behandlung durch die jeweiligen Abkommensstaaten immer noch großen Spielraum für „steueroptimierte“ Gestaltungen im internationalen Wirtschaftsverkehr.

Die Unternehmenssteuerreform 2008 der großen Koalition, auf deren Eckpunkte man sich am 12.12.2006 geeinigt hat, wird aus Sicht der Bundesrepublik keinen Einfluss auf das Problem der Abkommensberechtigung von Personengesellschaften haben. Dem Bundesfinanzministerium lagen ursrünglich die Entwürfe des Sachverständigenrats und der Stiftung für Marktwirtschaft zur Prüfung vor. Die Stiftung Marktwirtschaft schlägt eine allgemeine Unternehmenssteuer vor, bei der sämtliche Unternehmen nach dem Trennungsprinzip behandelt werden. Der Sachverständigenrat plant die Dual Income Tax, bei der Personengesellschaften weiterhin transparent besteuert werden.

Das Modell der Stiftung für Marktwirtschaft hätte die Steuersubjektivität von Personengesellschaften im Sinne des Art. 4 Abs. 1 OECD-MA bedeutet und ihr damit Abkommensberechtigung gegeben. Dies hätte bisherige abkommensrechtliche Zuordnungskonflikte beseitigt, hätte aber auch neue Zuordnungskonflikte

[1065] Vogel, Klaus, in: Vogel, Klaus/Lehner, Moris, Doppelbesteuerungsabkommen, Kommentar, 4. Aufl. 2003, Einl. Rn. 163.

[1066] Dazu näher: van Raad, Kees, International Coordination of Tax Treaty Interpretation and Application, in: Kirchhof, Paul/Lehner, Moris/Raupach, Arndt/Rodi, Michael (Hrsg.), Festschrift für Klaus Vogel, 2000, S. 1093.

im Verhältnis zu Staaten geschaffen, die das Transparenzprinzip bei der Besteuerung von Personengesellschaften verfolgen.

Nach dem Vorschlag der Stiftung für Marktwirtschaft hätte sich bei der abkommensrechtlichen Behandlung von Personengesellschaften aller Voraussicht nach nichts geändert. Es wären die gleichen Probleme geblieben, aber auch die gleichen Chancen, die Steuerbelastung von Unternehmen zu „optimieren".

Am 03.11.2006 hat nun das Bundesfinanzministerium die wachstumsorientierte Unternehmensteuerreform für Deutschland vorgestellt[1067]. Eine Gleichstellung von Personen- und Kapitalgesellschaften soll jedoch nur hinsichtlich der tatsächlichen tariflichen Belastung herbeigeführt werden. Zu einer Behandlung nach einem einheitlichen Besteuerungskonzept wird es nicht kommen.

[1067] Siehe: http://www.bundesfinanzministerium.de/cln_05/nn_54/DE/Aktuelles/046.html.

B) Thesen

I) Ziel der Arbeit

Die vorliegende Untersuchung widmet sich der Behandlung von Unternehmensgewinnen von Personengesellschaften im Abkommensrecht, insbesondere bei Beteiligung von Deutschland als Vertragsstaat. Es sollen die Unterschiede zwischen Unternehmensgewinnen von Personengesellschaften im Abkommensrecht und im innerstaatlichen deutschen Steuerrecht herausgearbeitet werden unter Berücksichtigung einiger Besonderheiten des § 15 EStG, die im internationalen Vergleich nicht unbedingt eine Entsprechung finden.

Dazu werden die Lösungsvorschläge in Rechtsprechung, Literatur und Finanzverwaltung dargestellt. Ein Augenmerk liegt dabei auch auf den Ausarbeitungen des Fiskalausschusses der OECD. Der Verfasser unternimmt den Versuch einer kritischen Würdigung der jeweiligen Ansätze und erarbeitet gegebenenfalls eigene Lösungsvorschläge zu den angesprochenen Problemkreisen.

II) Ergebnisse

Die vorliegende Untersuchung hat gezeigt, dass die Behandlung von Unternehmensgewinnen von Personengesellschaften im Recht der Doppelbesteuerungsabkommen viele nicht eindeutig geklärte Fragen aufwirft. Insbesondere ergeben sich Schwierigkeiten aus dem Zusammentreffen von drei Rechtskreisen: des Vertragsrechts und der beiden innerstaatlichen Rechtsordnungen der beteiligten Vertragsstaaten. Anders als das Internationale Privatrecht wollen Doppelbesteuerungsabkommen nicht bestimmen, welche der Rechtsordnungen der Vertragsstaaten zur Anwendung kommen soll. Vielmehr beanspruchen sie zunächst eine eigene Wirkung, die die innerstaatlichen Rechtsordnungen der Vertragsstaaten überlagert, soweit der abkommensrechtliche Regelungsbereich reicht.

1. Da ausländische Wirtschaftsgebilde beschränkt steuerpflichtig sein können, ist festzustellen, ob sie entweder als Personengesellschaften oder als Kapitalgesellschaft einzuordnen sind. Nach dieser Einordnung beurteilt sich dann, ob ein an dem Wirtschaftsgebilde beteiligter unbeschränkt Steuerpflichtiger Einkünfte aus Gewerbebetrieb oder aus Kapitalvermögen bezieht. Für diese Prüfung hat bereits der RFH das Verfahren des Typenvergleichs entwickelt, das auch die herrschende Meinung anwendet. Nach diesem Verfahren sind die Strukturmerkmale der ausländischen Gesellschaft zu ermitteln, bevor ein vergleichbarer Rechtstyp des innerstaatlichen Rechts ermittelt wird. In die Untersuchung ist entsprechend der herrschenden Ansicht nur das innerstaatliche Steuerrecht ohne Berücksichtigung des Internationalen Privatrechts einzubeziehen. Gemäß der je-

denfalls in der Literatur vorherrschenden individuell-konkreten Betrachtung ist dabei sowohl das gesetzliche Leitbild der zu beurteilenden ausländischen Gesellschaft heranzuziehen als auch deren Satzung.

Für die Durchführung des Typenvergleichs sind grundsätzlich folgende Kriterien heranzuziehen:

- Geschäftsführung und Vertretung
- Haftung
- Verkehrsfähigkeit der Gesellschaftsanteile
- Gewinnverteilung
- Kapitalaufbringung
- Lebensdauer der Gesellschaft
- Gewinnverteilung
- Formale Gründungsvoraussetzungen

So verfährt auch die Finanzverwaltung in ihrem Schreiben zur Einordnung der US-LLC. Keines der genannten Kriterien kann alleine ausschlaggebend für die Einordnung eines ausländischen Wirtschaftsgebildes sein. Das ausländische Wirtschaftsgebilde ist demnach wie diejenige innerstaatliche Organisationsform zu behandeln, für die die Mehrzahl der genannten Kriterien spricht. Grundsätzlich sind die Kriterien gleich gewichtet. Jedoch ist das Kriterium der Lebensdauer der Gesellschaft nur heranzuziehen, wenn das ausländische Gesellschaftsrecht oder der Gesellschaftsvertrag eine Begrenzung der Lebensdauer vorsieht. Im Übrigen ist zu unterscheiden zwischen Hauptkriterien (Kriterien 1 bis 5) und Nebenkriterien (Kriterien 7 und 8). Dabei kann meist alleine mit den fünf Hauptkriterien eine zuverlässige Einordnung vorgenommen werden. Die Nebenkriterien sind dann als ausschlaggebend heranzuziehen, wenn sich bei ausnahmsweiser Einbeziehung des Kriteriums „Lebensdauer der Gesellschaft" zwischen den dann sechs Hauptprüfkriterien eine Pattsituation ergibt. (S. 37 – S. 48)

2. Allgemein anerkannt ist, dass DBA einen eigenständigen Regelungskreis bilden, unabhängig vom innerstaatlichen Recht der Vertragstaaten. Dies ist bei der Anwendung von DBA stets zu berücksichtigen. Soweit in den Abkommen Begriffe verwendet werden, die auch im innerstaatlichen Steuerrecht der Vertragsstaaten vorkommen, ist grundsätzlich von einem unterschiedlichen Begriffsinhalt auszugehen. Es besteht allenfalls Begriffsparallelität, jedoch keine Begriffsidentität. Eine Ausnahme von diesem Grundsatz gilt nur, falls das Abkommen ausdrücklich am Recht der Vertragsstaaten anknüpft. (S. 51 – S. 53)

3. Bei der Auslegung von DBA ist der normative Gehalt der anzuwendenden Vorschrift zu ermitteln. Dieser ergibt sich aus dem normativen Willen der

Vertragsparteien. Zu ermitteln ist der im Vertragstext objektivierte Wille der Vertragsparteien. Der Auslegungsvorgang folgt den allgemeinen Auslegungsregeln für völkerrechtliche Verträge der Art. 31 ff WÜRV. Demnach kommt dem Wortlaut der Abkommensnormen eine wichtige Bedeutung zu, jedoch nicht in dem Sinne, dass die Wortlautauslegung anderen zulässigen Auslegungsregeln wie der grammatischen, teleologischen, systematischen oder historischen Auslegung vorgeht. Da aber der Wortlaut einer Abkommensvorschrift die Vermutung für sich hat, am ehesten den Willen der vertragsschließenden Parteien widerzuspiegeln, ist das so gewonnene Ergebnis mit Hilfe der anderen Auslegungsmethoden zu überprüfen. (S. 53 – S. 57)

4. Art. 3 Abs. 2 OECD-MA, wonach jeder im Abkommen nicht definierte Ausdruck die Bedeutung hat, die ihm nach dem innerstaatlichen Recht des Anwendestaates zukommt, „wenn der Zusammenhang nichts anderes erfordert", ist so zu verstehen, dass die Abkommensauslegung vorrangig aus dem Abkommen selbst heraus vorzunehmen ist. Das innerstaatliche Recht der Vertragsstaaten ist demzufolge erst heranzuziehen, wenn sich nach Ausschöpfung aller Auslegungsmöglichkeiten aus dem Abkommen selbst kein Ergebnis ermitteln lässt. Erst, wenn die abkommenseigenen Definitionen, der Wortlaut des Abkommens wie auch der Sinn und Vorschriftenzusammenhang des DBA zu keinem Ergebnis führen, ist auf die Begriffsbestimmungen des innerstaatlichen Rechts der Vertragsstaaten zurückzugreifen. Die Anwendung dieser sogenannten völkerrechtlichen Theorie entspricht der herrschenden Meinung in der Literatur und der Rechtsprechung des BFH. (S. 57 – S. 65)

5. Falls es für Zwecke der Auslegung von Abkommensvorschriften ausnahmsweise erforderlich ist, auf das innerstaatliche Recht des Anwendestaates zurückzugreifen, sei es aufgrund ausdrücklicher Anordnung in einzelnen Abkommensvorschriften oder ausnahmsweise aufgrund von Art. 3 Abs. 2 OECD-MA, ist das innerstaatliche Recht in der Fassung zu dem Zeitpunkt anzuwenden, zu dem sich der jeweils zu beurteilende Sachverhalt zugetragen hat. Damit wird in der vorliegenden Arbeit der Theorie der wandelbaren Interpretation von DBA gefolgt. (S. 65 – S. 69)

6. Für das in der Rechtswissenschaft entwickelte Gebot der Entscheidungsharmonie, das besagt, dass eine Auslegung von DBA anzustreben sei, die am ehesten die Aussicht bietet, in beiden beteiligten Vertragsstaaten akzeptiert zu werden, lässt sich weder im Völkerrecht noch im innerstaatlichen Recht eine Rechtsgrundlage finden. Zwar erscheint ein solches Gebot grundsätzlich sinnvoll, da nur so die Verteilung des Steuerguts zwi-

schen den Vertragsstaaten angemessen und effektiv erfolgen kann und die nach Anwendung eines DBA verbleibende Besteuerung in einem Vertragsstaat mit der Besteuerung im anderen Vertragsstaat harmonieren kann. Jedoch ist außerdem problematisch, dass das Gebot der Entscheidungsharmonie die Vertragsstaaten zur Manipulation der ursprünglich gewollten Verteilung des Steuerguts einladen könnte. Bestimmend für die Abkommensauslegung wäre bei Berücksichtigung des Gebots der Entscheidungsharmonie nämlich die jeweils restriktivere Rechtsordnung. (S. 69 – S. 70)

7. OECD-MA und OECD-MK entfalten für die Gerichte der Vertragsstaaten keine Bindungswirkung, da ihnen eine entsprechende Legitimation durch Gesetzgebungsorgane fehlt. Der OECD-MK hat aber für die Abkommensauslegung Bedeutung als Auslegungshilfe oder Empfehlung für die Auslegung von Abkommen, die dem OECD-MA nachgebildet sind. Dabei ist der Musterkommentar aber insbesondere kein Mittel der Auslegung, das anderen Auslegungsargumenten vorgeht. In diesem Sinne wendet auch der BFH den OECD-MK an. Ein gewisses Gewicht erhält der O-ECD-MK dadurch, dass er von einem hochrangigen Autorenteam verfasst wurde. Der Rechtsanwender hat den Musterkommentar damit nach Auffassung des Verfassers als die Wiedergabe der herrschenden Meinung zu den kommentierten Problemkreisen zu berücksichtigen. (S. 71 – S. 75)

8. Im Zusammenhang mit Doppelbesteuerungssituationen oder mit Situationen doppelter Nichtbesteuerung wird häufig der Begriff „Qualifikationskonflikt“ verwendet, ohne dass klar gemacht wird, was unter „Qualifikation“ oder „Qualifikationskonflikt“ zu verstehen ist. Im Unterschied zur Handhabung einer Vielzahl von Autoren sollte der Begriff des Qualifikationskonflikts im Abkommensrecht nur auf bestimmte Fallgruppen angewendet werden, da ihm ansonsten keine Ordnungsfunktion mehr zukommt und er damit letztlich unbrauchbar würde. Der Verfasser versteht unter dem Begriff „Qualifikationskonflikt“ im Abkommensrecht nur die Situation, die entsteht, wenn die Vertragsstaaten bei der Subsumtion von Einkünften unter abkommensrechtliche Verteilungsnormen unterschiedliche Verteilungsnormen annehmen. Dies gilt jedoch nur soweit dies auf dem divergierenden Verständnis von Begriffen beruht, die sowohl im Abkommen als auch im jeweiligen innerstaatlichen Steuerrecht der Vertragsstaaten verwendet werden. Darüber hinaus ist von Qualifikationskonflikten bei Konflikten innerhalb derselben Verteilungsnorm zu sprechen. So können die Vertragsstaaten unterschiedlicher Auffassung sein hinsichtlich des Vorliegens einer Betriebsstätte, über den Arbeitsort bei selbständiger Tätigkeit oder über die Angemessenheit von Zinsen oder Lizenzgebühren.

Dieser Fall führt zu Unterschieden im Besteuerungsergebnis, obwohl beide Vertragsstaaten dieselbe Verteilungsnorm anwenden. Wesentlich für einen Qualifikationskonflikt ist demzufolge, dass er sich bei der Auslegung von materiell-rechtlich geprägten Begriffen im Abkommensrecht ergibt, die den innerstaatlichen Rechtsordnungen der Vertragsstaaten bekannt sind.

Nicht von Qualifikationskonflikt sondern von Zuordnungskonflikt ist zu sprechen, wenn die beteiligten Vertragsstaaten im Rahmen der Besteuerung von Personengesellschaften unterschiedliche Personen als Steuersubjekt ansehen. Diese Situation kann sich ergeben, wenn einer der Vertragsstaaten das Transparenzprinzip anwendet und demzufolge die jeweiligen Gesellschafter als Steuerschuldner betrachtet, während der andere Staat dem Intransparenzprinzip folgt und so die Gesellschaft selbst als Steuerschuldner auffasst. Auch die Bestimmung, ob eine ausländische Gesellschaft nach dem Typenvergleich für Abkommenszwecke als Personen- oder Kapitalgesellschaft zu behandeln ist, ist kein Qualifikationsvorgang. Meines Erachtens sollte hier von der „Einordnung" einer Gesellschaft gesprochen werden. (S. 79 – S. 90)

9. Abkommensberechtigung ist das Recht einer Person im Sinne des Art. 3 Abs. 1 Buchst. a OECD-MA, Abkommensnormen und damit auch den Schutz des jeweils anwendbaren Abkommens in Anspruch zu nehmen. Die DBA müssen bestimmen, wen ihre Rechtswirkungen treffen. Eine Personengesellschaft, die nach deutschem innerstaatlichen Steuerrecht keine juristische Person ist, ist als „andere Personenvereinigung" im Sinne des Art. 3 Abs. 1 Buchst. a OECD-MA eine abkommensrechtliche Person. Abkommensschutz genießen jedoch nur Personen, denen nach dem innerstaatlichen Recht ihres Ansässigkeitsstaates Einkünfte steuerlich zugerechnet werden, weil das Recht dieses Staates ihnen Steuersubjektivität zuerkennt, was in Art. 4 Abs. 1 OECD-MA zum Ausdruck kommt. Die steuerliche Zurechnung der zu beurteilenden Einkünfte zu einem Steuersubjekt bestimmt sich ausschließlich nach dem innerstaatlichen Recht der Vertragsstaaten. Daher kommt aus Sicht des deutschen innerstaatlichen Steuerrechts Personengesellschaften keine Abkommensberechtigung zu. Abkommensberechtigt können dann nur die Gesellschafter sein. Behandeln die Vertragsstaaten Personengesellschaften steuerlich unterschiedlich, der eine transparent, der andere intransparent, werden die Vertragsstaaten von unterschiedlichen abkommensberechtigten Personen ausgehen. Entgegen der herrschenden Meinung, die von einer Bindung des Quellenstaates an die Beurteilung des anderen Staates ausgeht, ist die Zuordnungsentscheidung des innerstaatlichen Rechts beider Vertragsstaaten zu berücksichtigen. In dieser Arbeit wird damit einer in der Literatur ent-

wickelten Mindermeinung gefolgt, wonach eine eigenständige Behandlung der Personengesellschaft durch jeden Vertragsstaat nach dessen eigenen innerstaatlichen Steuerrecht stattfindet. Dazu unterstellt jeder Vertragsstaat einen Sachverhalt, der bestünde, wenn der jeweils andere Vertragsstaat von einer gleichgearteten Einordnung ausgegangen wäre. Damit erhält keine Person einen Erstattungsanspruch, die nicht auch in ihrem Ansässigkeitsstaat steuerpflichtig ist. (S. 93 – S. 112)

10. Im innerstaatlichen deutschen Steuerrecht legt § 15 Abs. 2 EStG die Voraussetzungen für die Gewerbebetriebseigenschaft einer Personengesellschaft fest. Erforderlich ist demnach eine selbständige, nachhaltige Betätigung mit Gewinnerzielungsabsicht und eine Beteiligung am wirtschaftlichen Geschäftsverkehr, sofern es sich dabei weder um die Ausübung von Land- und Forstwirtschaft noch um die Ausübung eines freien Berufes oder einer anderen selbständigen Arbeit handelt. Die Tätigkeit darf darüber hinaus nicht nur private Vermögensverwaltung darstellen. Das Tatbestandsmerkmal der Selbständigkeit setzt die Betätigung auf eigene Rechnung und Gefahr (Mitunternehmerrisiko) voraus sowie die Möglichkeit an unternehmerischen Entscheidungen mitzuwirken (Mitunternehmerinitiative). Daneben kennt das deutsche innerstaatliche Steuerrecht mit § 15 Abs. 3 Nr. 1 EStG (gewerbliche Infektion), § 15 Abs. 3 Nr. 2 EStG (gewerbliche Prägung) und § 15 Abs. 1 Nr. 2 S. 1 2. Hs. EStG (Sondervergütungen) Vorschriften, die ursprünglich nicht gewerbliche Einkünfte in Einkünfte aus Gewerbebetrieb umqualifizieren. Ebenfalls Einkünfte aus Gewerbebetrieb erzielt nach § 15 Abs. 1 Satz 1 Nr. 2 EStG der atypisch stille Gesellschafter. (S. 115 – S. 143)

11. Im Hinblick auf die gewerbliche Prägung einer Personengesellschaft nach § 15 Abs. 3 Nr. 2 EStG nimmt der Verfasser mit Teilen der Literatur wie wohl auch mit der Rechtsprechung und der deutschen Finanzverwaltung an, dass auch eine ausländische Kapitalgesellschaft einer inländischen Personengesellschaft die gewerbliche Prägung geben kann. Ebenso können auch insgesamt ausländische Personengesellschaften gewerblich geprägt sein. Dem Wortlaut des § 15 Abs. 3 Nr. 2 EStG ist kein Anhaltspunkt für eine Differenzierung zwischen ausländischen und inländischen Gesellschaften zu entnehmen. (S. 121 – S. 127)

12. Die Behandlung von Unternehmensgewinnen richtet sich im Abkommensrecht nach Art. 7 OECD-MA. Dieser enthält in Abs. 1 S. 1 2. Hs. das sogenannte Betriebsstättenprinzip. Demzufolge können der Betriebsstätte eines Unternehmens zurechenbare Gewinne durch den Betriebsstättenstaat besteuert werden. Durch das Kriterium der Zurechenbarkeit wird klarge-

stellt, dass im Betriebsstättenstaat kein Attraktionsprinzip gilt, so dass es im Übrigen beim Besteuerungsrecht des Sitzstaates des Unternehmensstammhauses bleibt. (S. 147 – S. 148)

13. Der Begriff „Unternehmensgewinn" im Sinne des Art. 7 OECD-MA setzt sich aus den Elementen „Unternehmen" und „Gewinn" zusammen.

Die Bedeutung des Teils „Gewinn" lässt sich weder aus dem Wortlaut noch aus dem Gesamtzusammenhang des Abkommens bestimmen. Die Begriffsbedeutung ist damit aus dem innerstaatlichen Recht der Vertragsstaaten abzuleiten. Allgemein ist der Gewinn demzufolge die Bemessungsgrundlage für die Besteuerung nach innerstaatlichem Recht.

Der Begriff des Unternehmens nach Art. 7 OECD-MA ist demgegenüber entgegen der herrschenden Meinung in der Literatur nicht nach dem innerstaatlichen Recht der Vertragsstaaten zu bestimmen. Nach Ansicht des Verfassers lässt sich die Bedeutung des Begriffs autonom aus dem OECD-MA gewinnen. Eine ausdrückliche Begriffsdefinition enthält das OECD-MA jedoch nicht. Der Begriffsinhalt ergibt sich vielmehr aus dem Abkommenszusammenhang, insbesondere aus der Zusammenschau der Art. 3 Abs. 1 Buchst. d und Art. 3 Abs. 1 Buchst. c OECD-MA und der besonderen Abkommenssystematik, nach der ein Vorrang der spezielleren Einkunftsarten vor den allgemeineren Unternehmensgewinnen besteht. Der Ausdruck „betreiben" in Art. 3 Abs. 1 Buchst. d OECD-MA und der Bezug zur Ausübung einer Geschäftstätigkeit in Art. 3 Abs. 1 Buchst. c OECD-MA machen deutlich, dass der Betreiber eines Unternehmens eine aktive Tätigkeit derart ausüben muss, dass er die Geschicke der Gesellschaft beeinflusst. Insbesondere sind aufgrund dessen Unternehmensgewinne von den Einkünften aus Vermögensverwaltung abzugrenzen. Dem Erfordernis einer aktiven Betätigung ist auch zu entnehmen, dass der Unternehmer darüber hinaus ein Geschäftsrisiko tragen muss. Daher kann nach Ansicht des Verfassers als Voraussetzung für eine unternehmerische Tätigkeit im Sinne des Art. 7 OECD-MA das Vorliegen von Unternehmerrisiko und Unternehmerinitiative herangezogen werden. Die Elemente, die die Begriffe Mitunternehmerinitiative und Mitunternehmerrisiko im innerstaatlichen deutschen Steuerrecht ausfüllen, prägen demzufolge auch den abkommensrechtlichen Unternehmensbegriff. (S. 148 – S. 158)

14. Nach absolut herrschender Meinung betreiben aus der Sicht von Staaten, die Personengesellschaften nach dem Transparenzprinzip besteuern, die Gesellschafter der Personengesellschaft jeweils das eigentliche Unternehmen. Sie bilden die Unternehmensstammhäuser. Die Betriebsstätte eines solchen Unternehmens ist die Personengesellschaft. Die Betriebsstät-

ten der Personengesellschaft werden wiederum ebenfalls anteilig in Höhe seiner Beteiligung an der Gesellschaft dem Gesellschafter zugerechnet. (S. 169 – S. 161)

15. In Art. 7 Abs. 1 OECD-MA ist das Betriebsstättenprinzip niedergelegt. Es dient der Abgrenzung des Besteuerungsrechts des Sitzstaates eines Unternehmens. Ihm liegt die Überlegung zu Grunde, dass Einkünfte aus einer Erwerbstätigkeit erst dann von einem anderen Staat als dem Sitzstaat des Unternehmens besteuert werden dürfen, wenn die Erwerbstätigkeit zu einer intensiven geschäftlichen Bindung an diesen anderen Staat beziehungsweise zu einer hinreichenden Verdichtung der Aktivitäten in diesem Staat geführt hat (Prinzip der Wirtschaftszugehörigkeit). An diesem Erfordernis sind auch die Voraussetzungen für das Vorliegen einer abkommensrechtlichen Betriebsstätte ausgerichtet. Eine Definition des Betriebsstättenbegriffs findet sich in Art. 5 OECD-MA. Demnach muss eine feste Geschäftseinrichtung vorliegen, durch die die Geschäftstätigkeit eines Unternehmens ganz oder teilweise ausgeübt wird. Dies ist der Fall, wenn eine Einheit unternehmerisch nutzbarer, sachlicher Mittel vorliegt, über die das Unternehmen nicht nur vorübergehend Verfügungsgewalt durch tatsächliche physische Nutzung besitzt. In zeitlicher Hinsicht ist eine Tätigkeit von sechs Monaten erforderlich aber auch ausreichend. (S. 158 – S. 164)

16. Im deutschen innerstaatlichen Steuerrecht ist die Betriebsstätte in § 12 AO geregelt. Danach muss die Betriebsstätte der Tätigkeit des Unternehmens nur dienen, während Art. 5 OECD-MA für das Abkommensrecht die Ausübung der Geschäftstätigkeit des Unternehmens selbst durch die Betriebsstätte verlangt. Daraus kann geschlossen werden, dass der Betriebsstättenbegriff des deutschen innerstaatlichen Rechts weiter als der Abkommensbegriff ist. Das ebenfalls weite Verständnis des Betriebsstättenbegriffs, das im OECD-MK zum Ausdruck kommt ist daher insbesondere mit Blick auf das deutsche innerstaatliche Recht problematisch. Die beiden Betriebstättenbegriffe sind jedoch ohnehin voneinander zu trennen, da ihnen unterschiedliche Funktionen zukommen. Im innerstaatlichen deutschen Steuerrecht dient der Begriff „Betriebsstätte" zur Bestimmung der materiellen Steuerpflicht, im Abkommensrechts ist er dagegen maßgeblich für die Zuordnung des Besteuerungsrechts an einen der Vertragsstaaten. Aus diesem Grund vertritt der Verfasser mit einer Mindermeinung in der Literatur, dass beide Betriebstättenbegriffe nebeneinander stehen und Art. 5 OECD-MA insbesondere keine Vorrangstellung im Sinne einer lex specialis Norm vor § 12 AO einnimmt. (S. 164 – S. 166)

17. Obwohl die Anforderungen an eine abkommensrechtliche Betriebsstätte höher sind als im innerstaatlichen Recht, können automatische Einrichtungen wie Internetserver auch im Abkommensrecht Betriebsstätten darstellen. Auch ein Internetserver kann die Tätigkeit eines Unternehmens ausüben. Deutlich wird dies, wenn der Server Musik, Bildmaterial oder andere digitalisierte Informationen direkt als Ware Kunden zur Verfügung stellt. Er übernimmt dann keine andere Funktion als ein herkömmliches Ladenlokal. Der Betriebsstättenbegriff ist aufgrund der Änderung der Wirtschaftswirklichkeit einem ständigen Wandel unterworfen. Nach meiner Auffassung ist anhand einer Analyse der Leistungsbeiträge der verschiedenen Unternehmensteile festzustellen, welche Rolle die jeweiligen Einheiten für den Erfolg des Gesamtunternehmens spielen. Daraus ergibt sich, dass ein Server grundsätzlich einen Leistungsbeitrag zum Erfolg des Gesamtunternehmens erbringen kann. Ausgehend von einer solchen Analyse wird klar, dass es für das Vorliegen einer Betriebsstätte nicht darauf ankommen kann, ob bestimmte Funktionen innerhalb eines Unternehmens durch Personal, durch Maschinen oder Computerprogramme ausgeübt werden. Es ist allerdings zu beachten, dass die durch den Server ausgeübte Tätigkeit nicht nur eine reine Hilfs- oder Vorbereitungstätigkeit (vgl. Art. 5 Abs. 4 OECD-MA) darstellt. Einen Anhaltspunkt dafür kann aus einem Abgleich mit dem satzungsmäßigen Unternehmenszweck gewonnen werden. Im Ergebnis folgt die vorliegende Arbeit damit der wohl herrschenden Meinung in der Literatur und der Ansicht des Fiskalausschusses der OECD. Die deutsche Rechtsprechung scheint ebenfalls dahin zu tendieren, während die deutsche Finanzverwaltung zumindest ausländischen Servern die Betriebsstätteneigenschaft absprechen will. (S. 166 – S. 172)

18. Nach Sinn und Zweck des Betriebsstättenvorbehalts, der für Dividenden, Zinsen oder Lizenzgebühren in den Art. 10 Abs. 4, Art. 11 Abs. 4 und Art. 12 Abs. 3 OECD-MA niedergelegt ist, soll das Besteuerungsrecht für Erträge aus Wirtschaftsgütern, die von der Betriebsstätte genutzt werden und zu ihrem Ergebnis beigetragen haben, dem Betriebsstättenstaat zukommen. Der Betriebsstättenvorbehalt schreibt damit das Betriebsstättenprinzip fort. Die Zuteilung des Besteuerungsrechts folgt demzufolge den tatsächlichen wirtschaftlichen Verhältnissen. Für das Eingreifen des Betriebsstättenvorbehalts muss das Stammrecht der jeweiligen Spezialeinkünfte „tatsächlich" zu der Betriebsstätte gehören. Die Bedeutung des zentralen Ausdrucks „tatsächliche Zugehörigkeit" lässt sich aus dem Abkommenszusammenhang ermitteln. Insoweit ist der herrschenden Meinung in der Literatur und der Rechtsprechung zu folgen, wonach „tatsächliche Zugehörigkeit" vorliegt, wenn ein funktionaler Zusammenhang der

betreffenden Vermögenswerte zu der in der Betriebstätte ausgeübten Tätigkeit besteht. Es kann jedoch nicht generell gesagt werden, dass die rein rechtliche Zuordnung, die § 15 Abs. 1 Nr. 2 und Abs. 3 EStG im innerdeutschen Steuerrecht bestimmen, nicht ausreichend ist. Dieses Verständnis des Begriffs ist meines Erachtens nicht zwingend. Nach Sinn und Zweck des Betriebsstättenprinzips und des Betriebsstättenvorbehalts rechtfertigt eine intensive Beziehung einer Betriebsstätte zum Staat ihrer Ansässigkeit, dass die Besteuerung der der Betriebsstätte zurechenbaren Einkünfte im Betriebsstättenstaat erfolgt. Entsprechendes muss gelten, wenn einzelne Vermögenswerte derart in die Betriebsstättenorganisation eingebunden sind, dass sie nicht weggedacht werden können, ohne dass das Unternehmen seine Tätigkeit nicht mehr ausüben kann. Maßgeblich sind die tatsächlichen Verhältnisse in der zu beurteilenden Gesellschaft. Dabei sind stets auch die Entscheidungen der Geschäftsführung hinsichtlich der internen Organisation des Unternehmens zu berücksichtigen, sofern sie nicht offensichtlich missbräuchlich sind und nicht in krassem Widerspruch zu kaufmännischen und wirtschaftlichen Erwägungen stehen. Dies führt in Abweichung von der herrschenden Meinung dazu, dass auch Sonderbetriebsvermögen unter vorerwähnten Voraussetzungen tatsächlich zu einer Betriebsstätte gehören kann. (S. 175 – S. 183)

19. Mit der noch herrschenden Meinung ist davon auszugehen, dass sich der Betriebsstättenvorbehalt auch an beide Vertragsstaaten richtet. Die neuere Literaturansicht, die den Betriebsstättenvorbehalt nur im Quellenstaat gelten lassen will, vermag nicht zu überzeugen. Diese Ansicht hätte zur Folge, dass der Ansässigkeitsstaat Betriebsstätteneinkünfte, die ursprünglich Unternehmensgewinne sind, gleichzeitig aber auch die Voraussetzungen einer speziellen Verteilungsnorm erfüllen, weiterhin nach den Art. 10 Abs. 1, 11 Abs. 1 und Art. 12 Abs. 1 OECD-MA behandeln kann und damit nicht freistellen muss. Diese Ansicht übersieht, dass der Betriebsstättenvorbehalt lediglich ein Konkurrenzverhältnis regelt. Dabei geht es aber nicht um die Konkurrenz verschiedener Einkunftsarten, die durch die vorhandenen Legaldefinitionen eindeutig festgelegt sind, sondern um eine Rechtsfolgenkonkurrenz. Es soll lediglich entschieden werden, unter welchen *zusätzlichen* Voraussetzungen für die Einkünfte welche Rechtsfolge gilt. Sinn und Zweck der DBA ist die Vermeidung von Doppelbesteuerung. Dieses Ziel kann effektiver mit der hier vertretenen Ansicht erreicht werden, da beide Vertragsstaaten dieselbe Abkommensnorm anwenden, wodurch Qualifikationskonflikte weitestgehend vermieden werden. (S. 184 – S. 188)

20. § 15 Abs. 3 Nr. 1 und Nr. 2 EStG haben im OECD-MA keine Entsprechung und wirken sich auf das Abkommensrecht nicht aus. Dies ergibt sich schon aus dem Verständnis des abkommensrechtlichen Unternehmensbegriffs. Dieser ist nach Ansicht des Verfassers aus dem Abkommenszusammenhang heraus ermittelbar[1068], weshalb nicht originär gewerbliche Tätigkeiten keine Unternehmensgewinne nach Art. 7 OECD-MA sein können. Eine Ausnahme besteht jedoch im Hinblick auf § 15 Abs. 3 Nr. 1 EStG, wenn gewerbliche und nicht gewerbliche Tätigkeit untrennbar voneinander abhängen, zwischen ihnen also ein so enger sachlicher und wirtschaftlicher Zusammenhang besteht, dass beide Tätigkeiten als Einheit anzusehen sind. Die abkommensrechtliche Qualifikation richtet sich dann nach dem Schwerpunkt der Betätigung.

Demgegenüber greifen die deutsche Finanzverwaltung und Teile der Literatur zur Bestimmung des Begriffs „Unternehmensgewinne" im Sinne des Art. 7 OECD-MA über Art. 3 Abs. 2 OECD-MA auf das deutsche innerstaatliche Steuerrecht zurück. Daher sollen gewerbliche Einkünfte aus § 15 Abs. 3 Nr. 1 und Nr. 2 EStG auch Unternehmensgewinne nach Art. 7 OECD-MA darstellen, was jedoch der besonderen Abkommenssystematik widerspricht. Nach Art. 7 Abs. 7 OECD-MA sind Einkünfte, die die Voraussetzungen einer spezielleren Einkunftsart erfüllen, nicht als Unternehmensgewinne zu behandeln, sondern nach den jeweiligen speziellen Verteilungsnormen. Insoweit besteht im Vergleich zum innerstaatlichen deutschen Steuerrecht, nach dem Einkünfte vorrangig als Einkünfte aus Gewerbebetrieb behandelt werden, im Abkommensrecht eine umgekehrte Subsidiarität. Diese systematische Grundentscheidung darf nicht über Art. 3 Abs. 2 OECD-MA in ihr Gegenteil verkehrt werden. (S. 191 – S. 207)

21. Für die Behandlung von Sondervergütungen in Abkommensfällen ist zu entscheiden, ob diese als Unternehmensgewinne zu verstehen sind mit der Folge des Besteuerungsrechts im Sitzstaat der Personengesellschaft als Betriebsstättenstaat (so im Grundsatz die deutsche Finanzverwaltung und Teile der Literatur) oder ob sie entsprechend ihrem zivilrechtlichen Charakter nach den dafür vorgesehenen speziellen Verteilungsnormen der DBA behandelt werden (so die Rechtsprechung und die herrschende Literaturansicht). Beide Ansichten unterscheiden sich im Outbound-Fall, soweit beide Vertragsstaaten die Sondervergütungen als Einkünfte aus Gewerbebetrieb qualifizieren. Nach der Finanzverwaltung besteht in diesem Fall anders als nach der Rechtsprechung ein umfassendes Besteuerungsrecht des Betriebsstättenstaates. Im Inbound-Fall geht die Rechtsprechung

[1068] Siehe 2. Teil B)I)3)d).

aufgrund der Annahme einer der speziellen Einkunftsarten von einem allenfalls beschränkten Quellensteuerrecht der Bundesrepublik aus, während die Finanzverwaltung dem Betriebstättenstaat Deutschland nach Art. 7 Abs. 1 OECD-MA ein uneingeschränktes Besteuerungsrecht einräumt.

Der Verfasser teilt die Auffassung der Rechtsprechung sowie des überwiegenden Teils der Literatur, wonach die Vertragsstaaten zur Bestimmung des Besteuerungsrechts für Sondervergütungen die spezielleren Verteilungsnormen des jeweiligen Abkommens anzuwenden haben, die Art. 7 OECD-MA vorgehen. Dies folgt schon aus dem in dieser Untersuchung vertretenen Grundsatz der vorrangig abkommensautonomen Einkünftequalifikation und auf dem sich aus Art. 7 Abs. 7 OECD-MA ergebenden besonderen Subsidiaritätsgedanken des Abkommensrechts. Die Vorstellungen des innerstaatlichen Steuerrechts der Vertragsstaaten sind auszublenden, soweit sich eine Begriffsbestimmung aus dem Abkommen selbst ergibt. Aus diesem Grund sind die Ansichten abzulehnen, wonach über Art. 3 Abs. 2 OECD-MA auch im Abkommensrecht § 15 Abs. 1 Nr. 2 EStG anzuwenden sein soll. Auf diese Art und Weise können Qualifikationskonflikte häufig schon im Ansatz vermieden werden. (S. 208 – S. 237)

22. Der herrschenden Meinung kann gefolgt werden, soweit sie davon ausgeht, dass der atypisch stille Gesellschafter in seinem Ansässigkeitsstaat ein durch den Inhaber des Handelsgewerbes im anderen Vertragsstaat vermitteltes anteiliges Unternehmen mit ausländischer Betriebsstätte betreibt. (S. 241 - 242)

23. Einzelne Abkommen regeln die stille Gesellschaft in ihrem Dividendenartikel. Davon ist jedoch nur die typische stille Gesellschaft erfasst. Die Bestimmung des Begriffs der stillen Gesellschaft kann nur nach dem Recht des Anwendestaates erfolgen, da die Abkommen regelmäßig keinen Hinweis auf das Verständnis dieses Begriffs enthalten. Für Deutschland als Anwendestaat ist die stille Gesellschaft in § 20 Abs. 1 Nr. 4 Satz 1 EStG gesondert von der atypisch stillen Gesellschaft geregelt. Daher kann eine Einbeziehung auch der atypisch stillen Gesellschaft in den Dividendenartikel nicht beabsichtigt gewesen sein. (S. 242 – S. 243)

24. Einige Staaten beurteilen die atypisch stille Gesellschaft aufgrund ihres innerstaatlichen Steuerrechts nach Art. 10 oder Art. 11 OECD-MA. Auch in der deutschen Literatur wird teilweise angenommen, der atypisch stille Gesellschafter beziehe vermittelt durch seine Beteiligung Zinsen nach Art. 11 OECD-MA, denen eine „Forderung jeder Art“ im Sinne des

Art. 11 Abs. 3 OECD-MA zu Grunde liege. Die Finanzverwaltung nimmt dieses Ergebnis ebenfalls an, wenn der Quellenstaat von Dividenden- oder Zinseinkünften ausgeht. Dies bedeutet im Ergebnis eine Bindung des Ansässigkeitsstaats des Gesellschafters an die Qualifikation im Quellenstaat. Der Verfasser folgt allerdings in Bezug auf die abkommensrechtliche Behandlung von atypisch stillen Gesellschaften grundsätzlich der herrschenden Literaturansicht, die wohl auch der BFH vertritt, wonach der Gesellschafter eines Rechtsgebildes, das nach deutschem innerstaatlichen Steuerrecht als atypisch stille Gesellschaft einzuordnen wäre, abkommensrechtlich Unternehmensgewinne nach Art. 7 OECD-MA bezieht. Dies wird regelmäßig von den Vertragsstaaten dann unproblematisch so gehandhabt, wenn beide Vertragsstaaten die atypisch stille Gesellschaft als Mitunternehmerschaft behandeln. Jedoch bedarf dieses Ergebnis meines Erachtens einer Präzisierung.

Behandeln beide Vertragsstaaten Personengesellschaften übereinstimmend als transparent müssen beide Vertragsstaaten auf den Gewinnanteil des atypisch stillen Gesellschafters Art. 7 OECD-MA anwenden. Dies gilt unabhängig von der Beurteilung der atypisch stillen Gesellschaft nach ihrem innerstaatlichen Recht. Eine Anwendung des Dividenden- oder Zinsartikels scheidet dann schon tatbestandlich aus. Dies beruht auf der Überlegung, dass ein atypisch still Beteiligter Unternehmerrisiko trägt und Unternehmerinitiative entfalten muss. Dies sind die beiden elementaren Wesensmerkmale des Unternehmensbegriffs im Sinne des Art. 7 OECD-MA. Ein Rückgriff auf das innerstaatliche Recht des Anwendestaates ist gerade nicht notwendig, da der Begriff „Unternehmen" abkommensautonom zu bestimmen ist. Deshalb muss auch der ausländische Vertragsstaat zur Anwendung des Art. 7 OECD-MA kommen. Demzufolge ist in Abkommensfällen für die Qualifikation der Einkünfte des atypisch still Beteiligten entscheidend das Maß der Intensität seiner vermögensmäßigen Beteiligung an dem Handelsgewerbe, an dem die atypisch stille Beteiligung besteht, ebenso wie die Einflussmöglichkeiten auf die Geschäftsführung. Dabei gilt, dass je umfassender die Rechte und Pflichten des atypisch Stillen ausgestaltet sind, er umso eher abkommensrechtlich Einkünfte gemäß Art. 7 OECD-MA bezieht. Auf den Betriebsstättenvorbehalt kommt es im Rahmen der atypisch stillen Beteiligung nicht an, da die tatbestandlichen Voraussetzungen der alternativ in Betracht kommenden Art. 10 und 11 OECD-MA nicht vorliegen.

Ordnet der ausländische Vertragsstaat die atypisch stille Gesellschaft dagegen als intransparentes Gebilde ein, lässt sich Doppel- oder Keinmalbesteuerung nicht vermeiden. Der andere Vertragsstaat nimmt dann zulässigerweise bei der gebotenen abkommensautonomen Qualifikation der Einkünfte des atypisch still Beteiligten Dividenden an. Dieses Ergebnis widerspricht nicht der in dieser Untersuchung vertretenen These, dass die Einkünftequalifikation bei Personengesellschaften stets aus dem Abkommen selbst erfolgen kann. Die unbefriedigende Besteuerungssituation beruht vielmehr auf der unterschiedlichen Einordnung der atypisch stillen Gesellschaft durch die Vertragsstaaten als Körperschaft beziehungsweise als transparent zu besteuerndes Rechtsgebilde und ist demzufolge auf einen Zuordnungskonflikt zurückzuführen. Es bleibt aber dabei, dass beide Vertragsstaaten die Bestimmung der fraglichen Einkünfte aus dem Abkommen selbst heraus und ohne Übernahme des jeweiligen innerstaatlichen Verständnisses vornehmen. (S. 244 – S. 261)

Kolibri 360 GmbH
Ferdinand-Jühlke-Straße 7
99095 Erfurt, Deutschland
produktsicherheit@kolibri360.de

Druck:
CPI Druckdienstleistungen GmbH
im Auftrag der
Kolibri 360 GmbH
Ferdinand-Jühlke-Str. 7
99095 Erfurt